L'YSTOIRE DE LI NORMANT.

LA CHRONIQUE DE ROBERT VISCART.

A PARIS,
DE L'IMPRIMERIE DE CRAPELET,
RUE DE VAUGIRARD, Nº 9.

M DCCC XXXV.

L'YSTOIRE
DE LI NORMANT,

ET

LA CHRONIQUE

DE ROBERT VISCART,

PAR AIMÉ, MOINE DU MONT-CASSIN;

PUBLIÉES POUR LA PREMIÈRE FOIS,

D'après un Manuscrit françois inédit du xiij^e siècle,

APPARTENANT A LA BIBLIOTHÈQUE ROYALE,

POUR LA SOCIÉTÉ DE L'HISTOIRE DE FRANCE,

PAR M. CHAMPOLLION-FIGEAC.

A PARIS,

CHEZ JULES RENOUARD,

LIBRAIRE DE LA SOCIÉTÉ DE L'HISTOIRE DE FRANCE,
RUE DE TOURNON, N° 6.

1835.

À

L'ACADÉMIE ROYALE DES SCIENCES

DE TURIN

HOMMAGE RESPECTUEUX

DE L'ÉDITEUR

L'UN DE SES ASSOCIÉS CORRESPONDANS

ET EN TÉMOIGNAGE

DE LA PLUS VIVE GRATITUDE

POUR LE MONUMENT

QU'ELLE A CONSACRÉ

AVEC L'AGRÉMENT DU ROI

DANS SON MUSÉE ÉGYPTIEN

A LA MÉMOIRE

DE CHAMPOLLION LE JEUNE.

EXTRAIT DU RÉGLEMENT

DE LA SOCIÉTÉ DE L'HISTOIRE DE FRANCE.

Art. 12. « Le Conseil désigne les ouvrages à publier, et choisit les personnes les plus capables d'en préparer et d'en suivre la publication.

« Il nomme, pour chaque ouvrage à publier, un commissaire responsable qui sera chargé d'en surveiller l'exécution.

« Le nom de l'éditeur sera placé à la tête de chaque volume.

« Aucun volume ne pourra paroître sous le nom de la Société sans l'autorisation du Conseil, et s'il n'est accompagné d'une déclaration du commissaire responsable, portant que ce travail lui a paru mériter d'être publié. »

M. Hase, Membre du Conseil, ayant été nommé commissaire responsable, par décision du Conseil en date du 7 avril 1834, pour l'édition de l'*Ystoire de li Normant* et de la *Chronique de Robert Viscart*, a délivré le certificat suivant :

« Je déclare, en vertu de l'article 12 du Réglement de la Société de l'Histoire de France, que l'édition de l'*Ystoire*

EXTRAIT DU RÉGLEMENT.

de li *Normant* et de la *Chronique de Robert Viscart*, d'après un manuscrit inédit de la Bibliothèque du Roi, avec des *Prolégomènes* et un *Appendix*, telle que M. Champollion-Figeac l'a conçue et exécutée, m'a paru mériter d'être publiée, conformément aux décisions de la Société en date des 7 avril et 2 juin 1834. »

Fait à Paris, le 1er février 1835.

Signé HASE.

Certifié, le Secrétaire de la Société de l'Histoire de France.
Signé J. DESNOYERS.

PROLÉGOMÈNES.

§. I. Du Manuscrit. — §. II. De l'Ystoire de li Normant. — §. III. De son Auteur. — §. IV. De la version françoise. — §. V. Du texte latin restitué. — §. VI. De la Chronique de Robert Viscart. — §. VII. De son Auteur. — §. VIII. De la version françoise. — §. IX. Du texte latin. — §. X. Du Traducteur des deux ouvrages, de son style, et de son époque. — §. XI. De l'Édition des deux ouvrages. — §. XII. De l'Appendix qui les suit.

§. I. *Du Manuscrit.*

Le manuscrit inédit, appartenant à la Bibliothèque royale, dont nous nous occupons dans cette première section de nos Prolégomènes, est un volume de format in-folio, sur vélin, très bien conservé, et qui a été relié depuis peu d'années, comme on l'apprend par des N surmontés de la couronne impériale de France, empreints en ornement doré sur le volume. Il est cependant depuis bien des années dans cette bibliothèque. On le trouve porté sous le n° 7135, au catalogue des Manuscrits, qui fut rédigé en 1729; il y est décrit sous ce titre : « Chronique depuis la création du monde, particulièrement du royaume de Sicile et de Naples. » Il est désigné par le même numéro et par le même titre dans le précédent catalogue dressé en l'année 1682, et c'est par une note écrite à la marge de cet ancien inventaire des manuscrits du Roi, qu'on apprend que ce volume, n° 7135, provenoit de la bibliothèque du cardinal Mazarin ; il étoit l'article n° 1043 des manuscrits qui, de la bibliothèque de ce prélat, passèrent dans celle du Roi en 1668. Il y a donc plus de 160 années qu'elle possède ce beau volume, jusqu'ici bien peu remarqué.

Avant d'entrer dans la bibliothèque du cardinal, ce manuscrit avoit cependant appartenu à des savans bien capables d'en apprécier le mérite.

André Duchesne, qui publia en 1619 la première partie de ses écrivains de l'histoire des Normands, connoissoit ce volume, et en avoit fait copier une portion en 1612. L'ouvrage françois étoit alors dans la bibliothèque d'un conseiller nommé Jean-Pierre Olivier. Enfin, il avoit appartenu précédemment à l'illustre Peiresc, qui, très vraisemblablement, avoit enrichi la France de ce précieux manuscrit, évidemment exécuté en Italie.

La première page est ornée d'un encadrement large d'un doigt et dont le fond en marqueterie est colorié et rehaussé d'or. Le haut de cette première page, dans l'intérieur de cet encadrement, est occupé dans toute la largeur, par une miniature divisée en huit compartimens, un peu plus hauts que larges, dont le fond, colorié et doré, est alternativement losangé, à cartels en sautoir, échiqueté, ou fleurdelisé, et dans lesquels sont représentées, par des personnages de 18 à 20 lignes de hauteur, les principales scènes de la création du monde selon la Bible (1).

La baguette supérieure de l'encadrement de cette première page, est plus étroite que celle du bas ; le milieu de celle-ci est orné d'un écusson attentivement effacé ; il avoit des anges pour support. Plusieurs autres manuscrits de la Bibliothèque Royale, venus également d'Italie, portent le même écusson, presque toujours effacé ; on y a parfois substitué les armes de France.

D'autres scènes, qui sont aujourd'hui presque détruites, étoient peintes en miniature à la marge inférieure de cette même page. On peut y distinguer encore un guerrier armé, un lion et une femme, qui rappelleront, si l'on veut, les infortunes de Pyrame et de Thisbé. Le reste de cette peinture est entièrement dégradé.

Les lettres armoriées ou historiées et les lettres d'or abondent dans ce manuscrit, qui est d'une exécution riche et soignée ; les plus grandes de ces lettres, ornées tout à la fois avec goût et avec réserve, sont au commencement de chaque ouvrage

---

(1) Le Créateur est figuré avec deux têtes humaines, et des ailes : c'est un symbole de la Trinité.

et de chacun de ses Livres ; les plus petites, au commencement de chaque chapitre. Des premières, il en manque trois dans l'ensemble du volume (3 P), et l'on doit en regretter la perte, chacune des grandes lettres du manuscrit ayant dans son blanc de jolies miniatures représentant des personnages de conditions variées, et d'un grand intérêt pour l'étude des costumes du temps. Ces figures, par la nature des ouvrages où on les a placées, peuvent avoir trait aux usages des Lombards et des Normands d'Italie. On y voit aussi (page 255) une figure d'empereur ; et ailleurs, des figures allégoriques de femmes. Les ornemens y sont très variés ; mais on ne voit de fleurs de lis dans aucun blason. Ce beau volume fut exécuté hors de France et pour un prince d'Italie.

L'écriture du corps du manuscrit est une minuscule italique, massive, serrée, sans traits superflus, à montans peu élevés. Tout, dans ce précieux manuscrit, lui donne pour date la fin du treizième siècle ou les premières années du quatorzième.

Comme toutes les autres pages du texte du manuscrit, la première, qui occupe l'espace que les ornemens y ont laissé vide, est partagée en deux colonnes, contenant un avertissement dont l'importance est annoncée par ce titre en rubrique :

« Ci se comence le prohème de la translata-
« tion, laquel a fait faire le seignor conte de Mi-
« litrée, etc. »

Ce prohème est ainsi conçu :

« Secont ce que nous dit et raconte la sage
« phylosofo, tout home naturalment desirre de
« savoir, et la raison si est ceste : car toute choze
« covoite et desirre sa perfection. Mès il n'est
« nulle choze qui face l'ome plus parfait que
« science, quar par la science est homo fait sem-
« blable à Dieu. Adonc l'omo doit desirrer et
« covoitier come pour sa perfection la science. Et
« toutes voiez savoir et science sont acquestées
« et sçuez, par espécialment, par littérature. Et
« non portant toz les homes qui sont, ne poent
« pas estre si grans maistres en littérature qu'il
« puissent entendre la sentence de la letre, et pour
« ce juste choze est que ceauz lesquelz ne poent
« prestement entendre la grammère par laquelle
« sont ordenez et faiz les livres, qu'il facent
« translater la lettre en alcune vulgal langue, pour
« ce qu'il puissent savoir et entendre aucunes
« escritures desquelles il ont délectation et vo-
« lenté de savoir. Et pour ceste choze devant dite,
« plot et pensa monseignor conte de Militrée,
« qu'il feroit translater en vulgal la Cronique de
« Ysidorre secont la lettre, et pour ce qu'il set
« lire et entendre la lengue fransoize et s'en dé-
« litte, a fait translater par ordre secont la lettre
« en françois la devant ditte Cronique, et espé-
« cialment pour sa délectation, et pour la dé-
« lectation de ses amis. Més pour la rayson de ce
« que aucune foiz plusors Croniques parlent trop
« brief, je, qui li livre escrive de lettre en vulgal,

« se je puiz j'ajondrai aucunes bonnes paroles de
« vérité. *Explicit prologus.* »

Le traducteur paroît donc s'être proposé spécialement de mettre en *vulgal sermon* et *en lengue fransoize, pour la délectation* de son seigneur et de ses amis, la Chronique d'Isidore; toutefois, en y ajoutant *aucunes bonnes paroles de vérité,* quand il trouve que la Chronique parle trop bref.

La *translatation* de l'ouvrage d'Isidore suit en effet immédiatement le prohème, et elle est précédée de cette autre rubrique :

« Ci se comence li livre de la Cronique del vail-
« lant evesque Ysodore, lequel a fait exposition
« en aucune choze del premier livre de la Bible,
« et après, de moult croniques de papes et d'em-
« perators, et de moult autres estoires et batailles
« et conquestes. »

Une autre rubrique termine cette traduction, à la page 21 :

« Ci se finist la Cronique de Ysodore, la est
« escripte en vulgal fransoiz. »

Vient ensuite (page 22) une autre sorte de prohème du traducteur, annoncé par ces mots : « Ci comence le prologue en vulgal », et c'est par ce prologue que le plan de ce traducteur se manifeste plus clairement, et nous porte à penser que, dans l'intention de suppléer à l'extrême brièveté de l'ouvrage d'Isidore de Séville, et pour satisfaire plus sûrement aux désirs et à la volonté du prince, il a *alongié* la chronique d'Isidore d'autres chroniques et histoires, dans l'intention évidente de composer, par cet assemblage de chroniques et d'histoires particulières, traduites du latin en françois, un corps d'histoire générale de l'Italie, depuis le commencement du monde jusqu'au milieu du douzième siècle de l'ère chrétienne. Ce recueil, qui est notre manuscrit même, s'ouvre en effet par la Chronique d'Isidore qui remonte à la création du monde et descend jusqu'au règne de l'empereur Héraclius, embrassant un intervalle de temps que le traducteur estime à cinq mille ans. A cette chronique succède le sommaire de l'histoire romaine par *Eutrope*, d'après la rédaction et avec les additions de Paul diacre, commençant au règne de Janus et finissant au milieu de celui de Justinien. Vient ensuite l'histoire des Lombards par le même Paul; enfin le recueil est terminé par l'Histoire et la Chronique des Normands d'Italie et de Sicile, lesquelles finissent vers l'an 1135, époque où Roger II s'étoit déjà fait roi de Sicile depuis quelques années.

Laissons parler le traducteur françois et écoutons son prologue, qui va réellement nous apprendre quelques faits intéressans et encore ignorés dans l'histoire littéraire du moyen âge.

« Car Ysidoire parla moult brèvement par toute
« la matière. Come se puisse alongier, *juste cose*
« *est, d'altre choze et d'autre cronique et ystoire,*
« *metre main* à ce que misire le conte plus plè-
« nement et sa volonté soit contente. Et pour ce

« dirons et raconterons en li capiule de souz, ce
« que Eutroppe romain escrit de l'ystoire de
« Rome, laquel Paul dyacono et moine de Mont-
« de-Cassim aorna par diversez ajonctions. Digne
« choze est à lui de translater en vulgal sermon,
« et de savoir que cestui Paule dui foiz escript
« ceste ystoire de le devant dit Eutrope, à la pé-
« tition de dui nobillissime marit et moillier de
« Bonivent, li compaire del devant dit dyacono.
« Mès pour ce que celle première estoit trop fort
« stille alla dame, une autre foiz celle meissme
« ystoire comensa : *Ensi coment dient li autre.*
« Toutez voiez pour celle seconde est trop pro-
« lixe et trop longue; et non pour tant par ma-
« nière de ystoire quant par manière de prédica-
« tion (1) procede à exponner la première, laquelle
« encomence : *Premier en Italie;* et adonc plasoit
« à l'escrivain de (la) recevoir (2), lequel cerche
« par son pooir à servir à vostre comandement. »

Le traducteur donne ensuite la version françoise du *Breviarium* d'Eutrope tel que Paul diacre le rédigea; et c'est sur cet abrégé que le prologue qui vient d'être transcrit nous fournira quelques données curieuses et quelques faits réellement nouveaux pour l'histoire des ouvrages de ce même Paul, l'un des savans religieux du Mont-Cassin.

On connoît sous son nom, ordinairement joint

---

(1) Instruction, leçon, enseignement.
(2) Choisir, préférer.

à celui d'Eutrope, une composition historique relative aux temps anciens de l'Italie, dont le *Breviarium* d'Eutrope fait réellement le fond, mais qui a été diversement modifiée, revue, corrigée, augmentée, dans les diverses éditions qui en ont été données depuis la première, qui date de l'année 1471.

Ces éditions nous font connoître en effet :

1°. L'ouvrage même de l'abréviateur Eutrope, divisé en dix Livres, commençant avec la fondation de Rome par Romulus, et finissant au règne de Valentinien ;

2°. Un autre ouvrage sous le nom du même Eutrope, conservant l'ordre des matières du premier, mais augmenté d'assez fréquentes additions qui ne peuvent pas être de la main d'Eutrope. Les dix premiers Livres ne dépassent pas non plus le règne de Valentinien, mais ils sont plus étendus, par le fait même de ces additions. Enfin, ces dix Livres sont suivis d'un supplément de six ou sept autres Livres, qui en portent le nombre à seize ou dix-sept, et font descendre la narration primitive d'Eutrope jusqu'au règne de Justinien. Paul diacre est reconnu, sans contestation, pour l'auteur de ce supplément et de ces additions au texte primitif d'Eutrope : c'est l'Eutrope rédigé et augmenté par Paul diacre ;

3°. Sous le nom d'Eutrope encore, et de Paul diacre, et d'un certain Landulphus Sagax, une autre composition historique, également revue, corrigée et augmentée, où les seize ou dix-sept livres de la seconde rédaction sont portés à vingt-quatre et même à vingt-six, et où la narration est conduite jusqu'au règne de l'empereur Léon l'Arménien. Cette composition est connue sous le titre de *Historia Miscella;*

4°. Enfin, et dans cette *Historia Miscella*, on discerne facilement un quatrième ouvrage, portant aussi les noms d'Eutrope et de Paul diacre, en seize Livres seulement, comme le deuxième ouvrage de notre série, mais qui, commençant par les mêmes mots que ce second ouvrage, arrêtés à la même phrase, traitant des mêmes sujets, dans le même ordre et dans les mêmes termes, sauf le plan, se compose dans le quatrième état de quinze mille lignes d'une justification typographique déterminée, tandis qu'il n'en avoit pas plus de cinq mille dans le second, et il n'y a cependant encore ici pour auteurs que les mêmes Eutrope et Paul diacre.

Muratori a inséré en tête de sa Collection des écrivains de l'histoire d'Italie, l'*Historia Miscella* tout entière, décrite sous notre n° 3, et conduite jusqu'au neuvième siècle. Mais on voit dans la préface que ce savant critique a publiée sur cette composition historique (1), combien d'opinions ont partagé les savans au sujet de l'origine ou des origines de l'*Historia Miscella;* de la part plus

---

(1) *Rer. Italicarum Scriptores*, tom. I, pars 1.

ou moins grande que Paul diacre y avoit eue; de celle qu'il falloit faire à ses continuateurs, enfin sur l'authenticité et la légitimité des textes latins de cette même histoire, et des quatre rédactions si différentes que nous venons de faire remarquer.

Pour se reconnoître dans ce dédale de textes si dissemblables entre eux, il suffira peut-être d'examiner avec quelque attention un certain nombre de manuscrits de ces mêmes textes, et de voir si les différences qu'on y trouvera ne pourroient pas s'expliquer au moyen des renseignemens nouveaux et précis que fournit le prologue transcrit un peu plus haut.

La Bibliothèque royale possède dix-huit manuscrits latins portés aux catalogues sous les noms d'Eutrope et de Paul diacre. Le plus ancien est assigné au douzième siècle, et le plus moderne au quatorzième.

En les comparant entre eux sous le rapport du texte latin et de son étendue, on range ces dix-huit manuscrits en trois classes très distinctes l'une de l'autre.

A la première appartiennent trois manuscrits de l'ancien fonds numérotés 5802, 7240, 6113, et le volume n° 50 du fonds de Notre-Dame de Paris;

A la deuxième classe, les volumes numérotés 5796, 5797, 5798, 5799, 5800, 2320 A, 4963 B, 5692, 5693, 6815, de l'ancien fonds, et les manuscrits n° 127 de Notre-Dame, 289 de Saint-Victor;

Et à la troisième classe, les deux manuscrits de l'ancien fonds marqués n° 4998 et 5795.

Les quatre manuscrits de la première classe qui commencent par les mots *Res romanas,* ou bien *Romanum imperium,* et finissent par ceux-ci : *ad majorem scribendi diligentiam reservamus,* n'ont rien de commun avec Paul diacre ; c'est le *Breviarium* d'Eutrope, en dix livres, pur de toute addition, et tel que les meilleurs critiques l'ont publié; il n'y a de différent que les leçons plus ou moins utiles à l'amélioration du texte de cet abréviateur.

Paul diacre, au contraire, est l'auteur et le rédacteur du texte des douze manuscrits de la deuxième classe. Ils contiennent le même *Breviarium* d'Eutrope, tel que Paul diacre l'a allongé au moyen d'additions de toute espèce, tirées des écrivains sacrés ou profanes. Tous ces manuscrits commencent par ces mots : *Primus in Italia, ut quibusdam placet, regnavit Janus.* C'est Paul diacre qui a fait remonter jusqu'au règne de Janus le précis historique commencé par Eutrope à la naissance de Romulus, et cette addition, de quatre pag. in-8° d'étendue, conduit le lecteur aux premiers mots d'Eutrope, *Romanum imperium,* qui se rattachent naturellement à cette première addition de Paul, à l'aide d'une simple conjonction, *Romanum* IGITUR *imperium.* Celui-ci a continué de suivre fidèlement le texte de l'abréviateur romain; mais, comme l'a dit notre *translateur*, « Paul diacone l'a aorné par diverses « adjonctions », et on peut le dire, il n'a pas fait long-temps attendre ces *adjonctions*. Après la huitième ligne du texte profane d'Eutrope, arrive, d'après les historiens sacrés, la mention des dix tribus d'Israël exilées par Sennachérib. Paul puise aussi à d'autres sources, et c'est ainsi qu'entre le quatrième et le cinquième chapitre du deuxième Livre d'Eutrope, il ajoute la mention d'une grande peste qui, durant deux années, affligea la ville de Rome après la mort de Camille; et pour l'année d'après, le gouffre et le dévouement de Curtius. A la fin du sixième chapitre du même Livre, il ajoute, comme des événemens contemporains du combat de Valérius Corvus contre les Gaulois, une prolongation surnaturelle de la nuit, une pluie de pierres, et la naissance d'Alexandre-le-Grand; et avec le secours du mot *interea* ou d'autres analogues à celui-là, Paul donne à sa narration composée réellement de pièces et de morceaux, l'apparence d'une composition produite d'un seul jet : c'est néanmoins le texte des dix Livres d'Eutrope interpolé et augmenté par Paul diacre. Il y a de plus ajouté un supplément qui porte le nombre total des Livres de dix à seize ou dix-sept; mais tous ces manuscrits n'avertissent pas de ces circonstances diverses; quelques uns indiquent tout simplement le commencement du onzième Livre, après le *explicit* du dixième. D'autres donnent une première indication qui mentionne les additions faites au texte d'Eutrope, mais non pas sa continuation : *Explicit liber X^{us}. Hucusque hystoriam Romanorum Eutropius composuit; cui tamen aliqua Paulus diaconus addidit. Incipit Romanæ historiæ liber XI^{us}*. Quelques manuscrits préservent le critique de toute méprise sur ce sujet, par ces mots ajoutés à la note précitée : *Deinde quæ sequuntur idem Paulus ex diversis auctoribus proprio stilo connexuit. Incipit liber XI^{us}*. D'où il suit positivement que ces manuscrits renferment les dix Livres d'Eutrope avec les additions de Paul diacre, plus le supplément rédigé par ce même Paul, et qui forme les Livres XI et suivans des manuscrits de la deuxième classe. L'édition de 1471 a été arrangée avec une parfaite connoissance de ces détails; les éditions postérieures l'ont généralement suivie, et seulement les unes ont divisé en dix-sept Livres la même matière réduite à seize dans les autres; enfin les éditions ne sont pas uniformes sur la partie du texte où doit finir le travail de Paul diacre, et nous reviendrons sur cette difficulté pour la résoudre au moyen d'un témoignage nouveau et des plus authentiques.

Nous arrivons à la troisième classe de manuscrits; elle n'en comprend que deux (1), commençant par les mêmes mots que les manuscrits de la

---

(1) Ceux qui sont numérotés 4998 et 5795, ancien fonds.

deuxième classe, *Primus in Italia, ut quibusdam placet, regnavit Janus;* mais de nouvelles additions aux additions même faites par Paul diacre, s'y font bientôt remarquer ; dès la deuxième page, deux phrases formant quatre lignes se présentent comme nouvelles; un peu plus bas, une autre interpolation de seize lignes entières; ainsi il n'y a pas moins de 260 lignes d'additions au premier Livre, qui n'en a que 700 en tout, ce qui fait un tiers d'additions dans l'étendue totale de ce premier Livre, et cette proportion ne diminue certainement pas dans les Livres suivans jusqu'au XVIe inclusivement.

L'ouvrage entier a vingt-quatre Livres, et c'est celui que Muratori a publié sous ce titre (1) : Eu-tropii historia, *cui Paulus Aquileiensis diaconus addidit....;* (eam) *deinde idem Paulus.... usque ad tempora Justiniani perduxit : quem Landulphus Sagax sequutus,.... perduxit* (historiam) *usque ad imperium Leonis;* compilation plus connue sous le titre de *Historia Miscella,* plusieurs fois imprimée, et qui est conforme aux deux manuscrits de notre troisième classe, divisés l'un et l'autre en vingt-six Livres, quoiqu'ils ne contiennent rien de plus que les vingt-quatre Livres de l'édition donnée par Muratori.

Voilà bien l'ouvrage d'Eutrope et de Paul diacre dans toute son ampleur; mais ce sont réel-

---

(1) Ouvrage cité.

lement quatre ouvrages en un seul, et qui furent rédigés à quatre époques différentes : essayons de les discerner et d'en dresser en quelque sorte la généalogie.

Des vingt-quatre Livres de l'*Historia Miscella*, les huit derniers, dit Muratori (1), ont été sans nul doute tirés presque en entier des écrivains grecs qui ont été traduits en latin par Anastase le bibliothécaire. Or, cet Anastase vécut et écrivit plus d'un demi-siècle après la mort de notre Paul diacre : les huit derniers Livres de l'*Historia Miscella* sont donc totalement étrangers à notre Paul, et nous n'avons plus à considérer, relativement à cet écrivain, que les seize premiers Livres de cette histoire mêlée, telle qu'elle existe dans les manuscrits de la deuxième classe et dans ceux de la troisième. Dans les uns et dans les autres, elle reste dans les limites chronologiques de l'Eutrope rédigé et augmenté par Paul diacre; la narration s'ouvre également dans tous ces manuscrits par le règne de Janus, et se termine au milieu du règne de Justinien; mais dans les manuscrits de la troisième classe, cette même narration, également divisée en seize Livres, comme dans ceux de la deuxième classe, et bornée, dans les deux classes, au même intervalle de temps, est plus longue d'un tiers dans les manuscrits de la troisième classe, comparés à ceux de la deuxième.

---

(1) Préface déjà citée.

De cet ouvrage donc, universellement attribué à Paul diacre, et contenu en seize Livres, nous aurions ainsi deux rédactions, toutes deux traitant les mêmes sujets, se proposant le même but, rédigées dans le même esprit, renfermées dans le même intervalle chronologique, commençant et finissant par les mêmes mots, identiques dans la contexture des phrases, dans l'ensemble du langage; et ne différant absolument entre elles que par la plus grande étendue de l'une des deux, qui est d'un tiers plus longue que l'autre.

Cette identité dans les caractères essentiels de cette composition, porte naturellement le critique à attribuer au même écrivain ces deux rédactions différentes du même ouvrage. La plus courte des deux appartient sans nul doute, de l'avis de tous les savans, et d'après le témoignage de tous les manuscrits, à Paul diacre, moine du Mont-Cassin. L'autre rédaction lui appartiendroit-elle également, et Paul diacre auroit-il refait son ouvrage, moins pour le perfectionner, pour en étendre la narration au-delà de l'époque historique à laquelle il s'étoit d'abord arrêté, que pour amplifier son récit, pour parler plus au long des mêmes temps renfermés dans le même intervalle?

C'est précisément ce que certifie l'auteur du prologue rapporté plus haut, et dans des termes on ne peut pas plus affirmatifs. « Digne chose est

« de savoir, dit-il, que cestui Paule dui foiz
« escript ceste ystoire de lo devant dit Eutrope, à
« la pétition de dui nobillissime marit et moillier...
« Mès pour ce que celle première estoit trop fort
« stille alla dame, une autre foiz celle meissme
« ystoire comensa : *Ensi coment dient li autre.*
« Toutez voiez pour celle seconde est trop prolixe
« et trop longue; et non (pour) tant par manière
« de ystoire quant par manière de prédication
« procède à exponner la première, laquelle enco-
« mence : *Premier en Ytalie;* et adonc plasoit à
« l'escrivain de (la) recevoir (préférer). »

Il est donc acquis aujourd'hui à l'histoire littéraire du moyen âge, que Paul diacre rédigea deux fois le Précis de l'Histoire romaine pour lequel le *Breviarium* d'Eutrope lui servit de cadre; que la première composition commençoit par les mots latins qu'un traducteur françois du treizième siècle a rendus par ceux-ci : *Premier en Ytalie;* que les premiers mots latins de la seconde composition se traduisoient en françois par ceux-ci : *Ensi coment dient li autre,* etc.

Il s'agiroit maintenant de reconnoître laquelle, des deux rédactions qui nous sont connues, fut la première, laquelle des deux fut la seconde. Les phrases latines précitées seroient peu utiles pour parvenir à cette distinction, puisque les deux phrases françoises *Premier en Ytalie,* et *Ensi coment dient li autre,* sont la traduction de la phrase *Primus in Italia, ut quibusdam placet,* qui est la première de l'une et de l'autre rédaction.

Mais le prologue de notre translateur nous sert encore merveilleusement pour distinguer l'ordre successif des deux ouvrages de Paul diacre. Ce traducteur déclare qu'il a préféré et qu'il traduit la *première* rédaction commençant par *Premier en Ytalie;* cette traduction suit en effet le prologue; le plus léger examen y fait reconnoître la version françoise du texte latin tel que le donnent les douze manuscrits de la deuxième classe, divisés en seize Livres, et reproduits dans les éditions de 1471, et de Paris 1512 (1), commençant par le règne de Janus, et finissant à celui de Justinien. Le texte de ces douze manuscrits, celui des éditions de 1471 et 1512, en tout conformes à la version françoise de notre manuscrit, est donc la première rédaction de l'histoire de Paul diacre; et il en résulte nécessairement que la seconde existe dans les seize premiers Livres de l'*Historia Miscella* des manuscrits de la troisième classe, où cette histoire est en effet la même, mais *plus longue*, *plus prolixe*, comme l'a dit notre savant translateur (2).

C'est ce texte plus long et plus prolixe de la

---

(1) Celle-ci étant bornée au septième Livre des Additions.

(2) Muratori fait observer dans la même préface, page 2, qu'il y a toutefois quelques interpolations postérieures à Paul diacre, dans les textes mêmes qui lui appartiennent bien certainement.

deuxième rédaction, que Muratori a publié; et par la manière dont il est typographiquement exécuté, il représente, par un heureux hasard sans doute, les deux rédactions fondues en une seule, mais bien distinctes l'une de l'autre; la première, la plus brève, y étant imprimée en caractères romains, et la deuxième, la plus longue, en caractères italiques : il en est ainsi pour les seize Livres tout entiers. Ces seize Livres nous représentent donc à la fois le *Breviarium* d'Eutrope, les deux amplifications successivement rédigées par Paul diacre; et en y ajoutant le supplément tiré d'Anastase, nous connoissons distinctement les quatre ouvrages ou les quatre générations du même corps d'ouvrage qui a été publié sous le titre d'*Historia Miscella*.

Eutrope, écrivain romain, a fourni le premier fond jusqu'au règne de Valentinien; Paul diacre, moine chrétien, a travaillé deux fois à l'étendre jusqu'au règne de Justinien, en y introduisant principalement les faits de l'*Histoire sainte;* d'autres ont conduit cette compilation jusqu'au neuvième siècle de l'ère vulgaire, et nous savons aujourd'hui avec certitude, que Paul diacre a travaillé deux fois sur cette compilation, et qu'en ôtant des seize premiers Livres de l'*Historia Miscella,* le peu qui en appartient à Eutrope, tout le reste est sorti, mais en deux fois, de la plume de Paul diacre; qu'il entreprit ce travail pour plaire à une duchesse de Bénévent; que cette dame ayant d'abord jugé l'ouvrage de *trop fort stille*, Paul diacre en fit une nouvelle rédaction *plus longue, plus prolixe* que la première; enfin que, des dix-huit manuscrits que nous avons examinés, les douze manuscrits de la deuxième classe sont le texte même de la première rédaction, que les deux manuscrits de notre troisième classe sont, dans leurs seize premiers Livres, le texte même de la seconde, et que les quatre manuscrits de la première classe ne contiennent que le texte primitif du *Breviarium* d'Eutrope. Il seroit peut-être de quelque utilité, ce seroit du moins de l'exactitude, d'avoir égard à ces notions positives dans la classification bibliographique et le catalogue des ouvrages d'Eutrope, de Paul diacre, et de leurs continuateurs.

Les douze manuscrits de la deuxième classe, qui contiennent la première rédaction de Paul diacre, traduite en françois dans le volume que nous décrivons, se terminent uniformément à la défaite des Goths par Narsès, envoyé contre eux en Italie par Justinien, après quoi, dit le texte, *toute Ytalie retorna à lo impère*. La version françoise finit par ces mots, qui sont aussi les derniers de nos manuscrits, et cette concordance suppose que, dès les temps les plus anciens, l'ouvrage de Paul diacre, qui vit Charlemagne, s'arrêtoit néanmoins au règne de Justinien.

On le savoit par des témoignages assez certains, quoique de quelques siècles postérieurs à

Paul diacre. Ainsi Léon d'Ostie nous disoit (1) : *Duos libellos à tempore Juliani apostatæ, in quem ipsam historiam Eutropius terminaverat, usque ad tempora primi Justiniani imperatoris eidem annexuit.* Les manuscrits et les éditions disoient aussi que Paul avoit entrepris son ouvrage par l'ordre de la princesse de Bénévent, Adelperga, fille de Didier, dernier roi des Lombards, et femme du prince Arighis (Arigise), mort en 787, Paul diacre, fils de Warnefride et d'origine lombarde, ayant été le secrétaire du roi Didier, et étant demeuré fidèle à sa mémoire et à sa famille. Mais nous avons aussi de tous ces faits un témoignage contemporain, jusqu'ici inédit, dont l'existence est à la fois révélée et accréditée par le manuscrit françois qui est le sujet de ce premier chapitre de nos Prolégomènes.

Après le curieux prologue dont le texte est transcrit plus haut, on lit dans ce manuscrit, page 22, en rubrique :

« Ce est la Epystole de Paul dyacone et mo-
« nache de Mont de Cassino, à son très excellent
« et excellente compere et commere siens de Bo-
« nivent. »

L'*Epystole* annoncée est en effet une épître dédicatoire aux seigneurs de Bénévent, le gendre et la fille du roi Didier, épître qui est restée in-

---

(1) *Chronic. Cassin.*, lib. I, cap. 15, pages 117 et 118; Ncap., 1616, in-4°.

connue à tous les éditeurs de Paul diacre, et que nous a conservée en françois notre translateur, qui l'accrédite en effet par son ancienneté. J'ai dû m'empresser de la chercher dans nos manuscrits, et j'en ai trouvé deux copies en tête des deux manuscrits numérotés 5800 et 4963, B ; une troisième copie est transcrite, après coup, mais anciennement, à la marge d'un troisième manuscrit, de celui qui porte le n° 2320, A. Voici le texte latin de cette épître inédite, avec l'ancienne traduction françoise en regard :

Rubrica. EPISTOLA PAULI DYACONI, MONASTERII SANCTI
BENEDICTI.

« Domne ADILPERGE eximie summeque Ductrici, PAULUS exiguus et supplex. Cum ad imitationem excellentissimi comparis, qui nostre etatis solus pœne principum sapientie palmam tenet, ipsa queque subtili ingenio, sagacissimo studio, prudentium archana rimeris, ita ut phylosophorum aurata eloquia poetarumque gemmea tibi dicta in promptu sint; hystoriis etiam seu commentis tam divinis inhereas quam mundanis : ipse, qui elegantie tue studiis semper fautor extiti, legendam tibi Eutropii hystoriam tripudians obtuli. Quam cum avido, ut tibi moris est, animo perlustrasses, hoc tibi in eius textu, preter immodicam etiam brevitatem, displicuit, quia, utpote vir gentilis, in nullo divine hystorie cultusque nostri fecerit mentionem. Placuit itaque tue excellentie ut eandem hystoriam paulo latius, congruis in locis, extenderem, eique aliquid ex Sacre textu Scripture, quo ejus narrationis tempora evidentius clarerent, aptarem. At ego, qui tuis semper venerandis imperiis parere desidero, utinam tam efficaciter imperata facturus, quam libenter arripui! Ac primum, paulo superius ab ejusdem textu hystorie narrationem capiens, eamque pro loci merito extendens, quedam etiam temporibus ejus congruentia ex divina lege interserens, eandem sacratissime hystorie consonam reddidi. Et quia Eutropius usque ad Valentis tantummodo imperium narrationis sue in ea seriem deduxit, ego deinceps, meo ex maiorum dictis stilo subsecutus, sex in libellis, superioribus in quantum potui haud dissimilibus, usque ad Iustiniani Augusti tempora perveni; promittens, Deo presule, si tamen aut vestre sederit voluntati, aut mihi, vita comite, ad huiuscemodi laborem maiorum dicta suffragium tulerint, ad nostram usque ætatem eandem hystoriam protelare. Vale, divinis Domina mater fulta presidiis, celso cum compare, tribusque natis, et utere felix!

PROLÉGOMÈNES.

CE EST LA ÉPYSTOLE DE PAUL DYACONE ET MONACHE DE MONT DE CASSINO, A SON TRÈS EXCELLENT ET EXCELLENTE COMPERE ET COMMERE SIENS DE BONIVENT.

« A misire Adelpergo pitouz et alla dame et somme dame Ductrice, Paul vostre petit ami et bien voillant, salut, et o prière vouz escrit. Coment soit choze que à la unité et à l'ornor del tres excellent compère Adelpergo, liquel estez en vostre aage tenut autresi comme palme de sapience; et vouz autresi, madame Ductrice, o subtil enging et sage estude, les chozes de li sage home cerché, si que à vouz sont empront li raisonnable parlement de li philosophe et li parole pleinez de gemmez de li phylosofe et de li poete; et autresi vouz apoiez à l'estoire, tante devine quante mundane! Je, à la vaillantize à laquelle m'estudie de plaire, me offre liéement à lire la ystoire de Eutrope, loquel, seconde que vouz avez en acostumance, grant volenté vous receustes; mès il vouz desplot, que estoit trop brieve : et pour ce que le devant dit Eutrope estoit pagane, non fist mention en nulle manière de l'ystoire de Dieu ne de la régule Christiane, plot à la excellence vostre que celle ystoire en cert lieuz s'estendist en acomenceant, et aioniant à elle aucune cose qui en la Sainte escripture et en chascun temps clarement se racontast. Mès je, qui desirre à obédir à vostre vénérable commandement, prenant la narration de celle ystoire, et estendant celle meisme estoire, et aiongant aucune chose covenable de la Sainte escripture, laquelle en science et lieu a elle ystoire son consonant, la vouz rent appareillié. Et que Eutrope mena son dit et sa narration iusque à l'empire de Valentin, et je de celle hore en avant del mon stille et dit et secutai li mien maior, aioingnant sex livrez non semblablez à cil desus, en descendant iusque à lo temps de Iustinien impéréour. Et promet à Dieu o tot la soe aiutoire, s'il plaist à vostre volenté, et la vie m'acompaingnera, et se li dit de li ancessor mie et maior me aideront, iusque à la nostre aage estendre ceste ystoire. Diex te salve dame de Dieu, mere adjudée de lo adjudeor, del lo grant compére, et de troiz fils! Soies benoite! »

La version françoise de ce texte latin, telle du moins que le manuscrit nous la donne, feroit supposer que le traducteur a pris le nom d'Adelperge pour celui du duc de Bénévent, et ce nom est celui de la duchesse. Il est vraisemblable, toutefois, que cette méprise est du fait du calligraphe ; elle est évitée partout ailleurs où elle auroit dû être commise si elle eût été un effet de l'ignorance du translateur. Ce qui doit être particulièrement remarqué dans cette épître, c'est ce que Paul diacre y dit de lui-même et de son ouvrage. Il vante d'abord l'érudition de la duchesse à qui les propos *dorés* des philosophes, les sentences *gemmées* des poètes, et les *dits* des historiens sacrés ou profanes, sont très familiers. Aussi, Eutrope a-t-il déplu à la savante duchesse par sa concision d'abord, ensuite parce qu'en sa qualité de *pagane,* il ne dit rien de l'histoire chrétienne. Pour ces motifs, Paul a entrepris de compléter l'histoire abrégée d'Eutrope; il avertit qu'il l'a en conséquence commencée plus haut; qu'il a ensuite étendu le texte en y introduisant ce qui lui a paru de plus intéressant, tiré surtout de l'histoire sainte; et que Eutrope n'ayant conduit sa narration que jusqu'au règne de *Valentin,* il l'a prolongée jusqu'au temps de Justinien, au moyen de six nouveaux Livres de sa composition. C'est dans cet état que notre manuscrit contient la version françoise de l'Eutrope de Paul diacre, en seize Livres, précédée de cette autre rubrique :

« Ci se commence l'ystoire romaine, de Eu-
« trope romain, faite et composte, et puiz après
« de Paul, dyacone et moine del Mont de Cassin,
« aornée de addictions catholiques; de laquelle
« ystoire vouz trouverez le prohème escrit dedens
« le livre. Et ci se commence autresi li premier
« Livre.

Le *prohème* ici indiqué est celui même qui est déjà rapporté plus haut (pages vij et viij), et qui précède immédiatement *la epystole de Paul* et cette rubrique. Vient ensuite le texte de Paul diacre, traduit en françois; et à la fin du dixième Livre, page 117 du manuscrit, on trouve cet avertissement:

« Ci se fenist li décime livére et toute la expo-
« sition de Eutroppe, et ce que Paul dyacone
« a joinst auvec lo dit de Eutroppe par le com-
« mandement de madame Adelperga, ducesse de
« Bonivent, dame christianissime, et moillier de
« misire Arechis. Ci commence li Livre onze. »

La traduction des six Livres du texte de Paul diacre occupe les vingt-six pages suivantes; cette traduction, toutefois, n'y est partagée qu'en trois Livres; Paul diacre a lui-même déclaré qu'il en avoit composé six; mais la traduction est un peu abrégée et finit néanmoins comme les manuscrits de la deuxième classe et les textes imprimés, par la narration de la victoire de Narsès sur les Goths en Italie.

Dans le texte publié par Muratori, c'est au milieu d'une des premières phrases de la page 108 (première colonne) de son édition, que tombent les derniers mots de nos manuscrits et de la traduction françoise : *Italiam ad reipublicæ jura reduxit, et toute Ytalie retorna à lo impère.* Dans le texte de Muratori, le reste de la phrase est relatif aux Lombards et à leur alliance temporaire avec l'empire de Byzance.

Nos Manuscrits ne contiennent pas cette mention des Lombards ; au contraire, ils porteroient à croire que Paul diacre avoit réellement terminé son travail avec le mot *reduxit* précité, vers le milieu du règne de Justinien, se proposant toutefois de compléter l'histoire de ce règne : *quia vero restant adhuc quæ de Justiniani Aug. felicitate dicantur, in sequenti, Deo presule, libello promenda sunt.* Mais le Livre suivant, qui auroit été le septième, ne paroît pas avoir été rédigé, et Paul, dans son épître à Adelperge, déclare n'en avoir ajouté que six. Il faut donc, quant au nombre des Livres, s'en tenir à nos Manuscrits, ainsi qu'à notre version françoise ; et quant à leur phrase finale, on pourroit, d'après un autre avertissement de notre traducteur, croire que la dernière partie de cette phrase, telle que Muratori l'a donnée, et relative aux Lombards, appartient réellement à Paul diacre, qui auroit dit : *Universamque Italiam ad reipublicæ jura reduxit, et Longobardos honoratos multis muneribus ad propria remisit, omnique tempore, quo Longo-*

bardi possederunt Pannonias, Romanæ reipublicæ adversus æmulos adjutores fuerunt. (1)

Notre manuscrit françois, après ces mots, qui sont les derniers de la traduction : « Et toute Ytalie retorna à lo impère », et après un blanc destiné à une rubrique de quelques lignes, ajoute ceux-ci : « Parlé avoit Paul dyacone, exponant et
« adjongeant à lo ystoire de Rome secont Eu-
« troppe, quant ce venoit à la matière de li Goth
« et de li Wivole ou Longobart; toutes foiz secont
« la matière, prisée estoit trop petite ou quasi
« noient laquelle est ditte. Adonc mostrant toutes
« les chozes que que dire s'en peust, de li Longo-
« bart fist especial livres, et les parti en VI Li-
« vres de li Lomgobart, secont que met en son
« livre Paul dyacone, mes poi ou noient si peut
« adjoindre » (pages 143 et 144).

Le traducteur semble donc nous avertir que, après le texte de Paul diacre, qu'il vient de traduire, l'auteur latin ajoutoit quelques lignes au moins sur les Lombards, mais que ce qu'il en disoit étant jugé trop laconique, eu égard à l'importance de la matière, il en avoit fait le sujet d'un ouvrage spécial en six Livres.

C'est en effet celui qui nous est parvenu sous ce titre : *Pauli Warnefridi Langobardi, diaconi Forojuliensis, de gestis Langobardorum, Libri VI* (2),

---

(1) Muratori, *Script. rerum Ital.*, I, pars 1, p. 108.
(2) *Ibid.*, 395.

et dont la traduction françoise occupe les pages 145 à 251 de notre Manuscrit. A sa traduction parfois abrégée, l'écrivain en *vulgal sermon* a fait aussi quelques additions tirées souvent de l'histoire de son temps, et quoiqu'il vécût quatre ou cinq siècles après Paul diacre : nous aurons plus bas l'occasion de discuter une de ces additions ou *ajonctions* du traducteur de l'histoire des Lombards.

Le texte françois de cette histoire finit à la deuxième colonne de la 251ᵉ page de notre Manuscrit, et avec cette rubrique : « Ci se complit « l'ystoire de li Lomgobart, laquelle compila un « moine de mont de Cassin, et li manda à lo abbé « Désidère du mont de Cassym. »

Il n'est pas besoin d'une grande attention à ce texte pour s'apercevoir des inexactitudes qu'il renferme. Ce seroit en effet une grave erreur de dire que Paul diacre, contemporain de Charlemagne, dédia son histoire des Lombards à Désidère, qui ne fut abbé du Mont-Cassin que dans le douzième siècle. Il y a donc ici une lacune et non pas une grossière erreur. La rubrique devoit annoncer deux choses : d'abord la fin de l'histoire des Lombards par Paul diacre, et ensuite le commencement de l'ouvrage qui suit immédiatement cette rubrique, lequel ouvrage, composé par un écrivain moine du Mont-Cassin, étoit dédié à Désidère, abbé de cette maison; et comme l'ouvrage qui vient après cette rubrique est l'*ys*-

toire de li Normant, en huit livres, il est évident que cette rubrique s'exprimoit en ces termes dans son intégrité :

« Ci se complit l'ystoire de li Lomgobart, et
« se commence l'*ystoire de li Normant*, laquelle
« compila un moine de Mont de Cassin, et li manda
« à lo abbé Désidère de mont de Cassym. »

Examinons cette *Ystoire* qui, avec la *Chronique* en deux Livres, à sa suite, complette notre manuscrit. Il se termine avec la deuxième colonne de la page 424, entièrement écrit de la même main, parfaitement conservé, et sans autres notes ou rubriques qui nous paroissent dignes de quelques remarques générales.

§. II. *De l'Ystoire de li Normant.*

Le texte de cette *ystoire* est fidèlement reproduit dans cette édition, qui en est la première. L'ouvrage entier du moine du Mont de Cassin, qui en est l'auteur, se compose, 1°. d'une épître dédicatoire à Désidère (ou Didier), abbé de ce monastère célèbre, fondé par saint Benoît; 2°. d'une invocation, jadis en vers, *pour clamer de Dieu l'aide de sa main destre;* 3°. de l'*ystoire* proprement dite, divisée en huit Livres, dont chacun, composé d'un nombre inégal de chapitres, est précédé de la table de leurs sujets principaux. Les quinze premiers du premier Livre parlent des Normands en général, de l'île de *Nora*, leur habitation primitive, de leurs émigrations suscitées par la surabondance de la population, de leur prééminence dans tous les pays où ils pénétrèrent, enfin de leurs invasions en Espagne, en Angleterre, et de la délivrance fortuite de la ville de Salerne par des chevaliers normands qui revenoient de la Terre Sainte. Ce fut l'occasion, et c'est là le premier fait de l'histoire de l'établissement des Normands français en Italie et en Sicile.

Un grand nombre de seigneurs de Normandie prirent part à ces entreprises successives; comme toutes celles de cette nature, elles leur coûtèrent beaucoup d'hommes, beaucoup de temps, et ce ne fut qu'après un siècle entier d'héroïsme et de combats, que le second fils du dernier des douze fils de Tancrède de Hauteville en réalisa les résultats, en plaçant sur sa tête la couronne royale de Sicile.

Notre historien, en parlant de tous les guerriers dont le nom fut illustré par ces entreprises, s'attache cependant avec quelque préférence à deux des enfans de Tancrède, à Richard, prince de Capoue, et à Robert, duc de Calabre, parce qu'il voit accomplie en ces deux princes la parole que Dieu dit à Cyrus, selon le prophète Isaïe : « Et pour ce, ajoute-t-il, ai-je mise ma volenté et « mon corage à escrivre l'ystoire lor. » On trouve, en effet, dans presque tous les chapitres de cette ystoire, la mention de ces deux princes qui, par l'autorité qu'ils avoient acquise à la pointe de leur épée, devoient naturellement dominer tous les faits de cette narration. Elle se termine à la mort de Richard, survenue le Jeudi-Saint de l'année 1078. L'auteur n'y ajoute que ce qu'il a promis, dit-il, « au commencement de ceste ovre, de dire « brèvement lo bien qu'il firent à nostre monas- « tier ces ij seignors. » Richard, en effet, se montra défenseur attentif des intérêts du monastère, il détruisit ceux qui détruisoient ses possessions; il lui donna plusieurs châteaux, « à ce que li frère « priassent Dieu pour lui continuement, et quant « il jéjunoient, les consoloit de poisson. »

Quoique la mort de Richard, prince de Capoue, en 1078, soit le fait le plus récent de cette *Ystoire,* elle auroit pu néanmoins être composée bien des années après; on pourroit supposer aussi que la narration de cet événement a été postérieurement ajoutée au texte primitif; mais la dédicace de l'ouvrage à Didier, abbé de Mont-Cassin, démontre que l'auteur fut un des contemporains du prince Richard, et qu'il a écrit les événemens de son pays et de son temps. Cet abbé Didier fut en effet élu pape sous le nom de Victor III, le 24 mai de l'année 1086 : cette *Ystoire* fut donc rédigée, et dédiée à Didier, quand il étoit encore abbé et avant son élévation à la papauté. L'auteur donne d'ailleurs, au chap. 49, Livre III, la biographie de l'abbé Didier; il parle de l'ouvrage que cet abbé composa sous le titre de *Dialogues,* au sujet des hommes distingués de l'ordre de

Saint-Benoît ; « kar, dit l'historien, se non laissa
« de dire la nativeté et la vie de li autre home,
« coment se peut tacer de cestui abé et père de
« lo monastier ? » et il termine sa biographie
par ces mots : « Je désirre de morir à lo temps de
« cestui saint abbé, et voil qu'il vive après ma
« mort, et que cestui à l'ultime jor de ma vie me
« face absolution de mes péchiez. Et par ceste
« parole se mostre (ajoute aussitôt le traducteur
« françois) que cestui moine fu à lo temps de
« cestui abbé Désidère. » Ainsi notre histoire des
Normands fut composée entre les années 1078 et
1086.

Cette donnée est curieuse par sa précision ; elle
sera aussi d'une grande importance pour faire la
recherche du nom de l'auteur d'une composition
du onzième siècle de notre ère, qui a pour sujet
l'un des événemens les plus extraordinaires de
cette époque.

§. III. *De l'Auteur de l'Ystoire.*

Muratori a inséré dans sa collection des écrivains de l'histoire d'Italie, tous les ouvrages latins, en prose ou en vers, qui traitent spécialement de l'établissement des Normands en ce pays, au onzième siècle de l'ère chrétienne. Les plus considérables de ces ouvrages sont l'Histoire, en vers et en cinq Livres, de l'écrivain connu sous le nom de Guillaume de la Pouille, *Guillielmi*

Appuli historicum poema (1), et la relation en prose et en quatre Livres, de Malaterra, *Gaufredi Malaterræ Historia sicula* (2). L'*Ystoire de li Normant* est entièrement différente de tous les ouvrages publiés par Muratori, non pas en ce qui concerne les faits, les lieux, les dates et les personnages ; mais dans ce qui constitue l'ouvrage lui-même, la forme, la division, le style, l'étendue et la rédaction. Notre *Ystoire* fut composée avant que Didier, abbé du Mont-Cassin, fût élevé à la papauté, c'est-à-dire avant l'année 1086, et Guillaume de la Pouille déclare qu'il entreprend sa relation, en vers latins, à la demande de Urbain II, qui fut le successeur de ce même Didier pape sous le nom de Victor III, et à celle de Roger, fils et successeur de Robert Viscart, duc de Calabre, mort en 1085. De même, l'Histoire de Malaterra comprend la vie entière de Roger, comte de Sicile, qui mourut en l'année 1101, quatorze ans après l'abbé Didier, à qui notre *Ystoire* fut dédiée. Il faut donc chercher hors de la liste des écrivains dont les ouvrages sont déjà publiés, l'auteur de l'*Ystoire de li Normant*, et la connoissance précise de l'époque où elle a été composée, rétrécissant nécessairement le terrain de nos recherches, doit les rendre peut-être plus certaines, au moins plus circonscrites.

---

(1) Muratori, tome V, page 245.
(2) *Ibidem*, tome V, page 537.

Nous pensons trouver, dès l'abord, le signalement de notre ouvrage, et le nom de son auteur, dans une chronique commencée par un écrivain qui fut son contemporain, qui vécut avec l'abbé Didier, et qui mourut peu d'années après lui : c'est la Chronique du Mont-Cassin (1) de Léon d'Ostie (*Leo cardinalis et episcopus Ostiensis*). Au chapitre 35 du Livre III, on rappelle les noms de quelques hommes distingués, du temps de l'abbé Didier, par leur science et leurs écrits, tels que Albéric, le médecin Constantin d'Afrique, Alphane, archevêque de Salerne, moine du Mont-Cassin, et on ajoute à cette liste un Amat, auteur d'une histoire des Normands, dédiée à l'abbé Didier : « AMATUS *quoque episcopus, et hujus monasterii monachus, his diebus scripsit versus de Gestis apostolorum...;* YSTORIAM QUOQUE NORMANNORUM COMPONENS, NOMINI EJUSDEM ABBATIS (DESIDERII) DICAVIT. »

Le continuateur de Léon d'Ostie, dont les paroles n'ont pas moins d'autorité, Pierre diacre, moine et bibliothécaire du Mont-Cassin, contemporain aussi de l'abbé Didier, mentionne très expressément, dans son opuscule sur les hommes illustres du Mont-Cassin, ce même auteur Amat et ce même ouvrage, en ces termes : AMATUS *episcopus, et Casinensis monachus, in Scripturis di-*

---

(1) *Chronica Casinensis*, lib. III, cap. 35. Ap. Murator., IV, 455, A.

sertissimus et versificator admirabilis. Scripsit ad Gregorium papam versus de Gestis apostolorum... Historiam quoque Nortmannorum edidit, eandemque in libros octo divisit. *Fuit autem temporibus supradictorum imperatorum* (1). (Alexis I en Orient, et Henri IV en Occident.)

Il est impossible de désigner plus formellement et plus complétement notre *Ystoire de li Normant*, composée par un moine du Mont-Cassin, dédiée à lo abbé Désidère, et divisée en huit Livres. Le signalement ne laisse rien à désirer; l'identité est hors de doute; nous avons donc sous les yeux une version françoise de l'Histoire de l'établissement des Normands en Italie et en Sicile, composée en latin par le moine et évêque Amat ou Aimé, *Amatus*, qui fut contemporain de ce grand événement.

Les savans de tous les pays ont unanimement déploré la perte de cet ouvrage (2); nous ne partagerons plus leurs justes regrets, puisque notre beau manuscrit est une bonne copie en françois de cette Histoire, et qu'à ce premier mérite déjà bien grand, il joindra encore celui de nous faire retrouver la presque totalité du texte latin, comme nous le dirons au paragraphe V ci-après.

---

(1) *Petri diaconi opusculum de Viris illustribus Casinensibus;* ap. Murator., VI, p. 1, et cap. xx, p. 35.

(2) Ang. de Nuce, apud Murator., *Script. Rerum Italic.*, V, 455, not. 4. — *Hist. littéraire de la France*, IX, p. 230, et les Biographies modernes.

Quoiqu'on ne fît aucun doute de la perte de cette histoire des Normands, on ne se dispensa pas pour cela de chercher à en connoître l'auteur. L'ouvrage de Pierre diacre, sur les hommes illustres du Mont-Cassin, et la Chronique du même monastère, avoient révélé son nom et la liste de ses écrits en prose ou en vers; ce ne fut cependant qu'assez tard que les éditeurs de ces deux compositions s'attachèrent à les éclaircir par quelques notes. On n'en trouve aucune, du moins de relative à Amat moine et évêque, dans les éditions du *Chronicon* de Léon d'Ostie, faites à Venise en 1513, à Paris en 1603, à Naples en 1616; mais dans la première qui fut donnée de l'opuscule de Pierre diacre (Rome, 1655), par le chanoine Marus, d'après un manuscrit de la bibliothèque Barberine (édition reproduite textuellement par Muratori (1)), l'éditeur, à l'article *Amatus* (cap. 20), dit que cet évêque, d'un siége qu'on ne peut indiquer, étoit originaire de la Campanie. Dans une quatrième édition du *Chronicon*, donnée à Paris, par Angelo de Nuce, en 1668 (et réimprimée également dans la collection de Muratori) (2), le commentateur, au sujet de l'historien des Normands, *Amatus*, se contente de renvoyer à la note précitée de Marus sur Pierre diacre, en ajoutant seulement que

---

(1) Ouvrage cité, VI, 1.
(2) *Ibidem*, IV, 247.

l'espérance de Marus, au sujet de l'existence d'un manuscrit d'Amat dans la bibliothèque du Mont-Cassin, est malheureusement vaine. Les savans d'Italie ne poussèrent pas plus loin leurs recherches, et il faut convenir que les moyens leur manquèrent réellement, plutôt, sans doute, que la bonne volonté. On doit donc louer leur réserve à ce sujet. Mais en France, peu d'années après, le docte Baluze fit, inopinément, de la personne et des ouvrages d'Amat, une question d'histoire littéraire nationale. Il trouva en 1661, et publia en 1679, dans le deuxième volume de ses *Miscellanea* (1), une narration du différend survenu entre les moines de Saint-Aubin d'Angers et ceux de la Trinité de Vendôme, au sujet de l'église de Saint-Clément de Craon, différend remis par le pape Urbain II au jugement de son légat dans l'Aquitaine, nommé Amat et archevêque de Bordeaux. De quelques mots de cette narration, et de la qualification de *domnus Amatus*, par laquelle l'archevêque de Lyon, dans quelques unes de ses lettres, désignait cet Amat archevêque de Bordeaux, Baluze conclut d'abord que cet évêque Amat fut aussi moine; et comme Pierre diacre, dans ses Hommes illustres du Mont-Cassin, parle d'un Amat, évêque et moine, qui vécut du temps de Grégoire VII; que de plus, ce fut par ce même pape qu'Amat, évêque

---

(1) Page 168.

d'Oleron d'abord, et ensuite archevêque de Bordeaux, fut nommé légat en Aquitaine, Baluze conclut, en second lieu, qu'Amat, moine et évêque d'Oleron, et Amat moine et évêque dont parle Pierre diacre, sont un seul et même individu : *conjectura non levi certè neque contemnenda ducor ad suspicandum illum* (Amatum, Oleronensem episcopum) *non esse diversum ab eo qui fuit monachus Casinensis* (1); et par là, ce même Amat d'Oleron et de Bordeaux se trouvera être l'auteur de l'histoire de l'invasion et de l'établissement des Normands en Italie.

Cette conjecture de Baluze ne demeura pas stérile ; on la recueillit dans les Annales de l'ordre de saint Benoît, et le célèbre éditeur de cet ouvrage, D. Mabillon, l'accrédita par son adhésion formelle (2). Les bénédictins de Saint-Maur adhérèrent aussi pleinement, dans l'Histoire littéraire de la France (3), aux conjectures de Baluze et de Mabillon, et ils dirent, en 1750, qu'Amat, archevêque de Bordeaux, étoit l'auteur de l'histoire des princes normands. Mais dom Ceillier, dans son Histoire des auteurs ecclésiastiques, tome XXI, publié en 1757, relata avec une neutralité remarquable l'opinion de Baluze et de Mabillon. Il est vrai que les auteurs du nouveau

---

(1) *Miscellaneorum lib. II*, Præf., p. v.
(2) Annal. ord. S. Benedicti, tome V (1713), lib. 67, n° 28 à 32, p. 239 à 241.
(3) Tome IX, page 226.

Gallia christiana lui avoient déjà donné l'exemple d'une pareille réserve (1). Les biographies, en se copiant successivement, n'ont nullement avancé, depuis, la solution de ces difficultés.

On en conçoit aisément toute la diversité dans une question environnée, dès son origine jusqu'à ce jour, d'éternelles incertitudes que l'autorité de quelques faits nouveaux pouvoit seule dissiper : ce moment est venu, puisque nous avons acquis la connoissance incontestable de quelques faits réellement nouveaux, et du plus important sans doute, qui est la possession de l'ouvrage même dont on cherche l'auteur. Nous le disons d'avance et à regret, l'Histoire des Normands en Italie ne peut pas être attribuée à Amat, archevêque de Bordeaux; l'auteur de cet ouvrage n'étoit pas François.

On se rappelle les termes de la conjecture de Baluze; je ne pense pas que celles que Mabillon y a ajoutées puissent intéresser autrement que par le nom de leur auteur; ni les unes ni les autres n'énoncent des faits propres à entraîner la conviction; il n'y a rien de certain dans leur solution de la question qui est examinée. A ce doute général on peut substituer diverses considérations qui en éclairciroient peut-être certains points; il se peut en effet qu'un moine et évêque Amat, du Mont-Cassin, fût le même qu'Amat archevêque

---

(1) Tome II, page 806, publié en 1720.

de Bordeaux; mais voilà la fin assez insignifiante où conduiroit la discussion; elle n'apprend rien réellement; il valoit peut-être autant s'abstenir, comme l'ont fait les auteurs du *Gallia christiana* et de l'Histoire des écrivains ecclésiastiques.

Les rédacteurs de l'Histoire littéraire ajoutent à tout ce qu'ont dit Baluze et Mabillon, qu'Amat, promu à l'épiscopat, légat du saint siége, occupé d'un nombre immense d'affaires, président fréquemment des conciles en Espagne, dans l'Aquitaine, et trop éloigné des lieux où la guerre des princes normands s'étoit passée, avoit sans doute composé leur histoire avant d'être élevé à l'épiscopat, et que depuis il n'auroit eu ni le temps ni les moyens de s'en occuper (1). Or, Amat fut nommé évêque d'Oleron en 1073, et l'Histoire des Normands ne se termine qu'à la mort de Richard, prince de Capoue, en 1078; il a même écrit jusqu'après l'année 1085 : il n'y a donc rien à conclure de cette autre considération des auteurs de l'Histoire littéraire, et il n'en reste que cette opinion fort juste et qui leur est propre, savoir, que l'archevêque Amat ne put s'occuper d'écrire une histoire qu'avant l'année 1073; or, celle des Normands en Italie s'étendant jusqu'aux années 1078 et même 1085, l'archevêque Amat ne peut donc pas, dans le système même de l'Histoire littéraire, en être l'auteur.

---

(1) IX, page 230.

Les motifs de cette déduction sont tirés de l'ouvrage manuscrit que nous avons sous les yeux, et qui fut inconnu à nos illustres Bénédictins. Nous rectifions leurs conjectures, non certes point avec le secours de notre humble érudition, sincèrement respectueuse devant de tels noms et de tels ouvrages, mais par l'usage de quelques documens ignorés de leur temps, que le hasard a heureusement révélés au nôtre; et la raison commande, pour un tel bonheur, un bien modeste orgueil.

Les auteurs du *Gallia christiana* (1) disent qu'Amat, évêque d'Oleron, et ensuite archevêque de Bordeaux, étoit, selon l'opinion commune, Béarnois de naissance. C'est Pierre de Marca, qui, dans son Histoire de Béarn, indiqua le premier cette origine de l'évêque Amat; il entre, au sujet de ses fonctions de légat du saint siége, dans quelques minutieux détails, « pour l'ornement, dit-il, de cette histoire, et du païs de Béarn, qui a produit un personnage de si grande considération » (2). Les auteurs de l'Histoire littéraire, considérant l'évêque d'Oleron comme étant le même que l'historien des Normands, s'appliquent à faire voir comment, quoique Béarnois, cet Amat, évêque, a pu d'abord être moine du Mont-Cassin (3). Mais cette démonstration

---

(1) Première édition, III, 829, A; et 2ᵉ édit., 1, col. 1265.
(2) Liv. IV, p. 328, un vol. in-fol., publié à Paris en 1640.
(3) IX, 230.

étoit encore inutile, car le chanoine Marus, éditeur des Biographies de Pierre diacre, affirme, dans ses notes, qu'Amat, moine du Mont-Cassin, et auteur de l'Histoire des Normands, étoit originaire de la Campanie : *Fuit Amatus provincia Campania, scriptor..... non contemnendus, ac deinceps episcopus* (1). Ces deux opinions, d'après lesquelles Amat, archevêque de Bordeaux, fut originaire du Béarn, et Amat, auteur de l'Histoire des Normands, le fut de la Campanie, distinguent singulièrement ces deux personnages l'un de l'autre, et s'opposent de plus en plus à ce que la critique les confonde en un seul; une autorité nouvelle tirée de notre manuscrit, conduit inévitablement à ce même résultat, et fait cesser tous les doutes sur la patrie de l'historien Amat.

Le traducteur en françois de l'Histoire latine de ce moine ajoute souvent des réflexions ou des éclaircissemens sommaires aux divers chapitres du texte, et il commence le VIIIe Livre par cet avertissement : « Puis par ordéne de lo Ystoire « devons dire la prise *de la cité de* SALERNE, « DONT FU CESTUI MOINE » (2). Ainsi, d'après le témoignage du traducteur même de l'*Ystoire*, son auteur, Amat, étoit de Salerne, et on n'a jamais donné cette ville pour patrie à l'archevêque de Bordeaux. L'assertion du traducteur est ici

---

(1) Muratori, VI, 36, *annotatio*, col. 2.
(2) L'*Ystoire*, page 228 ci-après.

d'une grande autorité; et celle de Marus, qui fait naître l'historien des Normands dans la Campanie, lui est tout-à-fait analogue, semblable même, et de plus, comme on le verra, le siége épiscopal d'Amat dépendoit de l'archevêché de Salerne.

Il faut donc, ce nous semble, laisser définitivement à l'Italie, à la Campanie, à la ville de Salerne, ou à l'un des lieux de son voisinage, des dépendances de son archevêché ou de sa principauté, Amat, évêque, moine du Mont-Cassin, l'auteur de l'Histoire des Normands divisée en huit Livres, dédiée à l'abbé Didier avant qu'il fût le pape Victor III; lequel n'a plus rien de commun avec Amat, béarnois, et archevêque de Bordeaux. C'est aussi des églises d'Italie qu'il faut fouiller les annales, à la recherche d'un évêque Amat dont la vie puisse s'accorder avec toutes les circonstances que nous connoissons déjà de celle de notre historien des Normands.

La seconde édition de l'*Italia sacra*, de Ferdinand Ughelli (1), mentionne huit évêques d'Italie du nom d'*Amatus*. De ce nombre, sept sont hors d'examen relativement à notre sujet, par le fait seul de l'époque où ils ont vécu, longtemps avant ou long-temps après l'abbé Didier et l'établissement des Normands en Italie. Le huitième personnage de ce nom, au contraire, se place sans aucun effort, pour les faits, les lieux

---

(1) Venetiis, Coleti, 1721, 10 vol. in-fol.

et les dates, dans les conditions déjà connues de la vie de l'évêque Amat, auteur de l'Histoire des Normands.

Cet Amat fut évêque de Nusco (*Nuscum Hirpinorum*), dans la Province ultérieure, à vingt milles à l'est de Bénévent, dans la Campanie même, et cet évêché étoit suffragant de l'église métropolitaine de Salerne (1). Ce fut l'archevêque de cette ville, Alphane, contemporain de l'abbé Didier et nommé dans notre Ystoire, qui fit, dit-on, créer cet évêché. Amat, évêque, fut éminemment distingué par la sainteté de sa vie et par son instruction dans les lettres : *litteris moribusque sanctissimis exornatus* (2). Cet évêque fut moine aussi, car l'office de cet Amat, devenu saint, fut introduit très anciennement dans la liturgie de l'église de Nusco; et dans l'hymne pour ses secondes vêpres, on lit cette strophe, qui est la deuxième (3) :

> *Amatus fide claruit,*
> *Carens parentum nebulâ;*
> *Deo servire studuit*
> *Sub regula monastica.*

Enfin cet Amat mourut, dans un âge très avancé, l'an de l'ère chrétienne 1093 (4).

---

(1) Ughelli, *Italia sacra*, VII, 532.
(2) Ughelli, *ibidem*.
(3) *Acta sanctorum*, 31 Aug., p. 703.
(4) Ughelli, *ibid.*, et Noja, *Discorsi critici, etc.*; Fr. Orlendius in *Orbe sacro et prof.*, II, 4, cap. xi; Acta SS., 31 Aug., p. 709, §. V.

On trouve dans les Bollandistes, au dernier jour du mois d'août, une discussion de vingt-deux pages in-folio sur cet Amat et les circonstances de sa vie. Elles ont été, en Italie, le sujet de vives et de longues controverses ; elles sont examinées, résumées et jugées dans les *Acta sanctorum*. Ughelli, que nous suivons ici, fait naître et mourir Amat dans le onzième siècle ; ses antagonistes ajoutoient uniformément cent ans à toutes les dates données par Ughelli, et ils plaçoient Amat dans le douzième siècle, n'en apportant réellement d'autre raison que celle qu'ils tirent de l'époque de la fondation du monastère de Montevirgine (dans la Province ultérieure), à laquelle ils donnent ce douzième siècle pour date (1). Mais les Bollandistes n'adoptent nullement cette opinion (2) ; s'il y eut un Amat dans l'ordre de Montevirgine fondé au douzième siècle, ce ne fut pas l'évêque de Nusco, dont la mort est généralement fixée, par les autorités que nous venons de citer, à l'année 1093.

On n'est pas d'accord sur l'année de la fondation de l'évêché de Nusco ; mais on l'attribue unanimement à l'archevêque de Salerne Alphane, qui occupa ce siège de 1058 à 1085 (1). Ce qui est certain, c'est premièrement qu'une bulle du

---

(1) Vers 1123 ; Acta SS. ; 31 Aug., p. 724, not. *f*.
(2) *Ibidem*, p. 715, A.
(3) Ughelli, VII, 379 à 391.

pape Léon IX, de l'année 1051, dans laquelle sont mentionnés tous les évêchés alors suffragans de l'archevêché de Salerne, ne fait aucune mention de l'évêché de Nusco (1); il en est de même en 1071, sous Alexandre II, dans l'acte de la dédicace, faite par le pape, de la nouvelle église du Mont-Cassin, où assistent trente-huit évêques, y compris les suffragans de Salerne; et c'est vraisemblablement sur le témoignage fort significatif de cet acte pontifical, que Francesco Noja, qui a écrit sur la vie de l'évêque Amat, fonde l'opinion d'après laquelle l'érection de l'évêché de Nusco seroit postérieure à cette même année 1071 (2).

Il est vrai que Ughelli a publié une pièce latine qu'il donne pour le testament véritable de l'évêque Amat, pièce datée de l'année 1093, et dans laquelle le testateur se dit le premier évêque de Nusco, et être à la quarante-cinquième année de son épiscopat. Les critiques postérieurs à Ughelli ont réuni dix bonnes raisons contre la véracité de ce testament, et ceux d'entre eux qui se sont rendus exprès à Nusco pour examiner cette pièce, n'ont pas même réussi à la voir; aussi a-t-on unanimement conclu, et les Bollandistes avec tous les critiques dont ils résument les observations (3), que ce prétendu testament d'Amat

---

(1) Ughelli, *ibid.*, 533, note 1.
(2) Acta SS., 31 Aug., 712, C.
(3) Acta SS., 31 Aug., 706, F.

étoit une pièce apocryphe fabriquée par un faussaire, et qu'elle ne méritoit aucune confiance.

Il résulte de tout ce qui vient d'être dit sur Amatus, évêque de Nusco, qu'il étoit originaire de la Campanie et de l'archevêché de Salerne; qu'il fut à la fois moine et évêque; qu'il étoit distingué par son instruction et adonné à la culture des lettres; qu'il vécut dans le onzième siècle et fut le contemporain de l'établissement des Normands en Italie et en Sicile; qu'il mourut, dans un âge avancé, en 1093; et comme de tous les prélats qui portèrent en Italie le nom d'Amat, il est le seul de ce nom sur qui se réunissent toutes ces conditions de temps, de lieu, de science et de profession; le seul aussi à qui puissent s'appliquer sans restriction comme sans effort toutes les notions réunies sur Amat, auteur de l'Histoire des Normands, données par la Chronique du Mont-Cassin de Léon d'Ostie, et par Pierre diacre son continuateur : l'évêque de Nusco est par conséquent aussi le seul auquel puisse être attribuée l'Histoire des Normands, de même, comme on le verra plus bas, que la Chronique qui la suit dans notre précieux manuscrit.

A ces motifs généraux nous pouvons en ajouter de plus spéciaux, tirés du texte même de notre *Ystoire*, et pour cela de plus en plus concluans.

1°. L'Histoire des Normands, comme nous l'avons déjà dit, finit à la mort de Richard, prince de Capoue, arrivée en 1078; la Chronique de

Robert Viscart, si elle est du même auteur, finit aussi à la mort de ce Robert, qui est de l'année 1085 : et Amat, évêque de Nusco, ne mourut qu'en l'année 1093.

2°. Au Chapitre 10 du premier Livre, le traducteur dit qu'un « merveilleux signe, l'estoille « qui se clame comète, apparut moult de nuiz, « pour une forte bataille à venir (dans l'année), « laquelle bataille fu faite en lo temps de cestui « qui escrist ceste Ystoire, quar cestui moine fu « à lo temps que ces Normans vindrent. » Il s'agit de l'apparition indiquée par les Chroniques à l'année 1066, et des victoires des Normands en Italie; l'âge d'Amat, évêque de Nusco, mort vingt-sept ans après cette apparition, et après l'établissement des Normands en diverses principautés d'Italie, s'accorde ainsi entièrement avec le renseignement fourni par notre traducteur françois.

3°. L'ouvrage a été écrit au-delà des Alpes; au chap. 19 du premier Livre, l'historien dit que, parmi les seigneurs de Normandie engagés à passer en Calabre, « alcun se donnèrent bonne « volenté et corage à venir en ces parties *de sà* », c'est-à-dire en Italie, et le moine et évêque Amat demeuroit dans cette même contrée.

4°. Un autre passage fixe expressément sa demeure dans la Campanie même et les pays aujourd'hui napolitains. Au chapitre 10 du septième Livre, racontant les marches du duc Robert sur les possessions du prince Richard, il dit que Robert alla de Bénévent à Capoue; qu'il brûla toutes les villes d'alentour; que de là il alla avec le fils de Burielle « à la Padulle près de Canoville, plène « de villes et de bestes, et garnie de aiguez pro- « fondissimes, métant tout à proie; et puiz vin- « drent de sà de la rippe de Garigiane, et illec « estendirent lor paveillons..... Cil de la cité de « Trajette et de Sule se donèrent à lo duc avant « qu'il i venist à eaux ». Ainsi, le duc Robert, marchant en ennemi sur les terres de son frère Richard, se rend de Bénévent à Capoue, et s'avance ensuite au nord-ouest, jusqu'au-delà du Garigliano, sur la rive droite où sont les villes de Trajetto et de Sujo, qu'il occupe; puis il repasse le Garigliano, et revient *de sà*, dit l'historien, sur la rive gauche, où il écrit son ouvrage; et c'est ainsi, et non pas autrement, qu'a dû s'exprimer notre Amat en écrivant l'Histoire des Normands au Mont-Cassin, à Salerne, à Nusco, dans la Campanie enfin, puisque le Garigliano, l'antique Liris, séparoit le Latium, sur la rive droite, de la Campanie, sur la rive gauche (1), où habitoit notre moine historien.

Nulle part il n'est qualifié d'évêque dans ses écrits, ni dans les additions du traducteur; et ceci s'explique d'abord par l'incertitude même de l'époque où Amat fut appelé à l'évêché de Nusco, ou en 1048, ou en 1071, ou bien plus

---

(1) Cam. Pellegrino, *Campania felice*, I, 61.

tard encore. Toutefois, quatre dates sont certaines à l'égard de cette circonstance : 1°. l'histoire que Amat, avec sa qualité de simple moine, dédia à l'abbé Didier, finit avec l'année 1078; 2°. cet abbé Didier fut élu pape en 1086; 3°. Amat mourut en 1093; 4°. dès 1104, et même auparavant, Guido est nommé dans l'histoire comme le successeur d'Amat à l'évêché de Nusco. Un autre fait non moins certain que ces chiffres, c'est que Amat fut évêque de Nusco : il n'est question de ce siége, suffragant de Salerne, que long-temps après l'année 1071; le testament d'Amat, d'après lequel ce siége auroit été établi en 1048 et auroit été occupé par Amat pendant quarante-cinq ans, est une pièce apocryphe et sans autorité aucune : il est donc certain que jusqu'à l'époque où finit notre Histoire des Normands par Amat, c'est-à-dire jusqu'en 1078, il n'est absolument parlé nulle part de l'évêché de Nusco; il n'en est pas davantage question jusqu'en 1086, année où l'abbé Didier est élu pape sous le nom de Victor III; enfin, cet évêché est mentionné pour la première fois à l'occasion de la mort d'Amat, à un âge très avancé, et qui occupa ce siége jusqu'en 1093.

Ces dates nous disent hautement qu'une histoire qui se termine à l'année 1078, composée par un moine qui n'est pas encore évêque, et dédiée à un abbé qui n'est pas encore pape, a dû être rédigée entre cette année 1078 et l'année 1086, qui est celle où l'abbé a été élu pape ; et qu'alors, en 1086 ou 1087, l'abbé élu pape a pu faire évêque le moine qui lui avoit dédié cette Histoire, et qui mourut évêque en 1093. Nous pouvons ainsi, ce me semble, et en ne s'écartant aucunement des règles les plus impérieuses de la critique historique, conclure de tous ces faits combinés, que le moine Amat, qui dédia son Histoire des Normands à Didier abbé du Mont-Cassin, et qui la composa entre les années 1078 et 1086, fut fait évêque de Nusco par ce même Didier, élu pape sous le nom de Victor III en cette même année 1086 ou 1087, et que Amat, déjà avancé en âge lors de son élévation à l'épiscopat, occupa ce siége six ou sept années seulement, jusqu'à l'année 1093, qui fut celle de sa mort.

Nous avon cherché soigneusement et sans préoccupation, mais sans succès, des faits contraires à cette conclusion. Les textes que nous publions fourniroient plutôt quelques considérations de plus très propres à l'appuyer. Ainsi, à la page 106 (ci-après), chap. 50 du troisième Livre, le moine Amat parle fort irrévérencieusement de la cour de Rome. « L'onor y défailly, dit-il, puiz « que faillirent li Thodesques ; quar si je voill « dire la costume et lo élection lor, ou me co- « vient mentir, et se je di la vérité, aurai-je l'yre « de li Romain. » Et ceci s'appliquoit aux trois papes successeurs d'Étienne IX, contemporains de notre moine historien, qui, par ces sentimens, ne s'ouvroit certainement pas la voie qui menoit à l'épiscopat. Les ouvrages de Léon d'Ostie et de Pierre diacre confirment aussi notre conclusion au sujet de la tardive élévation d'Amat à cet épiscopat; car ces historiens du Mont-Cassin, qui, dans les passages de leurs ouvrages déjà cités (1), donnent le titre d'évêque au moine Amat, n'ont écrit qu'après sa mort, Léon d'Ostie, son contemporain et habitant aussi le Mont-Cassin, ayant entrepris sa Chronique par l'ordre de l'abbé Oderisius, qui fut le successeur immédiat de l'abbé Didier, et Pierre diacre, continuateur de Léon, n'ayant composé son ouvrage que cinquante ans plus tard, vers 1150 (2).

Nous concluons de la longue discussion contenue dans ce troisième paragraphe:

1°. Que Amat, évêque d'Oleron, légat du saint-siége en Aquitaine, archevêque de Bordeaux, né dans le Béarn, est un personnage différent du moine du Mont-Cassin et évêque Amat, né dans la Campanie, qui écrivit l'Histoire des Normands dédiée à l'abbé Didier;

2°. Que cette Histoire a pour auteur Amat, Campanien d'origine, moine du Mont-Cassin pendant que Didier en étoit l'abbé (de 1058 à 1086), qui fut ensuite nommé, très vraisemblablement, par ce même Didier élu pape en 1086

---

(1) *Suprà*, pages xxxvj et xxxvij.
(2) *Chronicon monast. Cassinensis; Prologus libri IV.*

sous le nom de Victor III, à l'évêché de Nusco, qu'il occupa jusqu'à sa mort, survenue en l'année 1093 ; et qu'à ce même Amat appartiennent aussi les autres ouvrages que Léon d'Ostie et Pierre diacre attribuent à l'auteur de notre Histoire des Normands.

Occupons-nous maintenant de la vieille traduction françoise de cette Histoire, de son origine, de son époque, et des circonstances qui nous l'ont conservée.

§. IV. *De la Version françoise de l'Ystoire.*

Cette version françoise des compositions historiques de notre moine Amat, n'étoit pas demeurée inaperçue par les savans ni par les bibliographes. Nous avons déjà indiqué (1) la copie qui en fut faite pour André Duchesne en 1612, et c'est de cette copie qu'il a été parlé depuis dans plusieurs ouvrages. Le P. Lelong, dans la première édition de sa Bibliothèque historique de la France, publiée en 1719, au chapitre relatif à l'histoire civile de la Normandie, a indiqué cette copie manuscrite qui se trouvoit alors « dans la bibliothèque de M. Colbert, entre les manuscrits de Duchesne », et le P. Lelong lui a fait ce titre, qui n'existe nulle part : « Traduction en viel
« roman françois de l'histoire de li Normant, ou

---

(1) *Suprà*, page ij, note 1.

« des Normands qui conquirent la Pouille, divi-
« sée en dix Livres, et composée par un moine
« du Mont-Cassin, dédiée à Désidère, abbé de
« ce monastère, et la traduction de l'histoire de
« Robert Guiscard, in-fol. » (1). Il est évident que
le P. Lelong donne dix Livres à l'histoire des
Normands, parce qu'aux huit Livres de l'*Ystoire* proprement dite, il ajoute les deux de la
Chronique, ce dont son titre n'avertit pas du
tout. Aussi les écrivains postérieurs ont-ils attribué dix Livres à l'*Ystoire*, quoiqu'elle n'en ait
réellement que huit, et cette méprise du P. Lelong
a peut-être empêché qu'on remarquât plus tôt,
au moyen de ce nombre de Livres bien certainement de huit, que cette histoire pourroit bien
être l'ouvrage du moine Amat, que Pierre diacre
disoit expressément être divisé en ce même nombre de Livres. Dom Remy Ceillier, dans son Histoire générale des auteurs sacrés et ecclésiastiques (2), est encore bien autrement inexact
dans ce qu'il dit de notre manuscrit; et c'est bien
de cette même copie qu'il parle, puisqu'il l'indique d'après la Bibliothèque du P. Lelong, et
comme étant entre les manuscrits de M. Colbert
dans la Bibliothèque du Roi. Il la considère donc
« comme la traduction en langue romane, de
l'histoire de Sicile composée par Geoffroy de

---

(1) Bibliothèque historique. Paris, 1719, p. 748, n° 14643; et nouv. édit., Paris, 1771, tom. III, n° 34995.

(2) Tom. XXI, p. 95.

Malaterre; il attribue cette traduction au moine Atton, chapelain de l'impératrice Agnès, morte en 1077, lequel avoit mis en vers romans quelques ouvrages de son maître, le médecin Constantin, et avoit divisé en dix Livres, comme on le voit par notre manuscrit, l'histoire que Malaterre avoit partagée en quatre; enfin, ce fut à l'abbé Didier que Atton dédia sa version romane.» Ceillier est toutefois un peu embarrassé pour faire concorder avec l'élévation de Didier à la papauté en 1086, et avec sa mort en 1087, la dédicace à ce même Didier abbé, de la traduction en françois d'un ouvrage latin qui s'étend jusqu'à l'an 1098; et cet embarras naît de l'erreur principale de Ceillier, qui prend mal à propos notre histoire d'Amat pour celle de Malaterre (1). Il n'est pas, je crois, plus fondé à attribuer notre version françoise au moine Atton et au onzième siècle; nous reviendrons sur cette question, et il résulte de ce qui vient d'être dit, que D. Ceillier n'avoit pas suffisamment examiné, ou n'avoit peut-être pas vu, notre copie manuscrite de l'*Ystoire de li Normant*. Enfin, pour être juste, il faut dire que D. Ceillier n'a fait que copier, en 1757, sans en avertir, ce que l'Histoire Littéraire de la France avoit publié, sans plus de fondement, en 1746. (2)

---

(1) *Suprà*, page xxv.
(2) Tom. IX, Avertissement, p. lxj.

André Duchesne devoit employer cette copie, faite pour lui, dans ses *Historiæ Normannorum scriptores antiqui,* collection destinée à réunir tous les écrivains relatifs aux guerres des Normands dans la France, l'Angleterre, la Pouille, la principauté de Capoue, la Sicile et l'Orient, dont le premier volume a été seul publié en 1619. C'est par sa préface que nous apprenons que le tome deuxième devoit renfermer spécialement les relations relatives à l'établissement des Normands dans la Pouille et la Sicile (1), et par conséquent les deux ouvrages d'Amat dont Duchesne avoit fait faire la copie.

Ce projet ne fut point réalisé par Duchesne, qui mourut en 1640, et il ne paroît pas que son manuscrit, qui passa avec sa collection dans la bibliothéque de Colbert, et de là dans celle du Roi, où il existe encore (n° 9612, *A*mm, *A*nn.), ait été l'objet de beaucoup d'attention depuis D. Ceillier (2). En 1830, il fut consulté par M. Gauttier d'Arc, qui publia, cette même année, la pre-

---

(1) *Horum (scriptorum) præcipuos, qui tàm latino,* quàm vernaculo *sermone lucubrationes suas texuerunt, in tres divisi tomos.... Chronicum vero cœnobii Beccensis.... in tomum II hujus collectionis rejeci, unà cum Historiis de rebus à Normannis per Siciliam et Apuliam gestis.* Præf., pages i et v.

(2) Madame V. de C........ a suivi Malaterra dans sa noble et poétique histoire des Chevaliers normands en Italie et en Sicile: Paris, 1816. — M. Scrofani n'a pas non plus consulté notre manuscrit dans ses *Discorsi della Dominazione degli stranieri in Sicilia;* Paris, 1824.

PROLÉGOMÈNES.   lix

mière partie de son Histoire des conquêtes des Normands en Italie, en Sicile et en Grèce. Averti par M. Floquet (1) de l'existence de ce manuscrit, M. Gauttier alla l'examiner : « Il reconnut, « dit-il, que cette chronique, en langue romane, « n'étoit autre chose qu'une traduction de la « chronique d'Aimé, qui n'a jamais été publiée... » Il lui parut que ce manuscrit avoit été la propriété de M. Peiresc, conseiller au parlement (2). M. Gauttier en donne ensuite le titre, qui, comme nous l'avons dit, est d'invention moderne, et de plus quelques fragmens dans les notes de son texte, et à la fin, la table des huit Livres de l'*Ystoire*, sans faire aucune mention de la *Chronique* qui la suit et la complète.

Dans tout ce travail, M. Gauttier d'Arc a éprouvé tout le désavantage qui résulte de l'emploi de la mauvaise copie d'un texte dont on n'a pas l'original (3).

C'est sur cette copie seule, faite pour André Duchesne, en 1612, que les savans désignés au commencement de ce paragraphe, ont tous fondé

---

(1) Ancien élève de l'École des Chartes, et qui a publié, en 1833, une intéressante et consciencieuse *Histoire du Privilége de Saint-Romain* (Rouen, Legrand, 2 vol. in-8º.), bien digne des honorables suffrages qu'elle a unanimement obtenus.

(2) Préface, p. xix, et *Notice*, p. 439.

(3) M. Leroux de Lincy avoit entrepris de conférer cette copie avec l'ancien manuscrit original, le nº 7135. Il y a renoncé, le nombre des erreurs ou des omissions étant trop considérable.

les opinions diverses qu'ils ont émises de cet ouvrage ; l'ancien manuscrit, sur lequel cette copie fut faite, leur étant inconnu. Il n'a été, en effet, remarqué que très récemment, par suite du dépouillement détaillé des nombreux volumes manuscrits de la Bibliothéque royale, où sont contenus plusieurs ouvrages ; et c'est M. P. Paris, premier employé, chargé de ce dépouillement, qui a signalé le premier cet ancien texte.

L'état du manuscrit original, décrit au premier paragraphe, prouve assez l'identité de la copie de Duchesne avec cet ancien volume. L'enlèvement de deux lettres armoriées et historiées (1) aux feuillets 189 et 209 (aux pages 379 et 419), a occasionné une lacune à chacune des pages précédentes de l'ancien manuscrit. Ces deux lacunes se retrouvent exactement dans la copie de Duchesne ; elle a donc été faite sur cet ancien manuscrit, et il en résulte un mérite de plus pour notre beau volume, n° 7135, puisqu'il peut être considéré comme l'unique exemplaire ancien des ouvrages françois qu'il renferme, ouvrages qui sont tous d'un très grand intérêt, les uns comme étant la plus ancienne version françoise d'historiens latins qui nous sont parvenus (2), et pour

---

(1) *Suprà*, page iv.

(2) Le manuscrit françois n° 7856 est aussi une ancienne version d'Eutrope en neuf Livres ; mais elle est plus moderne que celle qui se trouve dans notre manuscrit n° 7135.

quelques autres, cette version françoise représentant pour nous des textes latins qui ne nous ont pas été intégralement conservés. Il en étoit ainsi de la rédaction originale de l'*Ystoire de li Normant* : nous devons nous occuper maintenant des notions qui nous restent de cet ancien texte latin.

§. V. *Du texte latin de l'Ystoire, restitué.*

Nous avons rappelé dans un des précédens paragraphes combien de justes regrets avoient été exprimés au sujet de la perte des ouvrages historiques composés par Amat, la dernière espérance, celle d'en trouver une copie dans la bibliothéque du Mont-Cassin, s'étant même évanouie (1). Le manuscrit de la Bibliothéque Royale nous rend donc une traduction à peu près complète de ces ouvrages; et, de plus, il nous aide en même temps à nous enquérir avec succès, si quelque écrivain contemporain d'Amat, ou ayant vécu un peu après lui, n'auroit point, selon les habitudes de ces temps anciens, où il y avoit si peu de copies du même ouvrage, profité des écrits d'Amat de manière à nous laisser reconnoître encore aujourd'hui les emprunts partiels qu'il auroit pu leur faire, et à nous aider par ces emprunts à restituer le texte latin de ces écrits qu'on a dû considérer comme perdus.

---

(1) Biographie universelle, art. AMAT, de feu Ginguené.

Parmi les écrivains de l'Histoire des Normands en Italie, on connoît, comme contemporains d'Amat, Léon d'Ostie, Guillaume de la Pouille, Geoffroy Malaterra ; et après eux, Orderic Vital, et Pierre diacre, continuateur de Léon.

Ce Léon, de Marsi, évêque d'Ostie, entreprit la Chronique, ou l'histoire dans l'ordre des temps, du monastère du Mont-Cassin, par l'ordre de l'abbé Oderisius, le successeur immédiat de l'abbé Didier. Oderisius gouverna cette maison de 1087 à 1105 ; ce fut donc durant cet intervalle que Léon composa sa chronique. Il annonce, dans le prologue de son ouvrage, qu'il a consulté les annales des empereurs romains et des papes, l'histoire des Lombards, la chronique de l'abbé Jean (mort en 936), les chartes originales qui avoient échappé aux deux incendies du monastère ; et pour les temps modernes, ceux qui avoient pu en apprendre prochainement les événemens ou même en être les témoins. Notre historien des Normands Amat mourut en 1093 ; Léon le connut sans nul doute ; il dut aussi ne pas ignorer l'existence de son *Historia Normannorum, nomini abbatis Desiderii dicata*, mentionnée dans l'ouvrage même de Léon, soit par lui-même, soit par son continuateur. On pourroit donc retrouver dans la chronique de Léon des morceaux plus ou moins considérables de l'Histoire d'Amat : c'est en effet ce qui arrive. Léon a copié Amat dans tout ce qu'il rapporte des Normands selon le plan de son ouvrage; nous en donnons ici trois exemples, qui suffiront pour justifier notre assertion :

I. LÉON D'OSTIE. LIVRE II, CHAP. 67.

Per idem tempus dux Moniacus ab imperatore Constantinopolitano cum exercitu ad debellandos Saracenos in Siciliam transmissus, cum Apuliæ atque Calabriæ milites in auxilium ascivisset, ad Guaimarium quoque legatos direxit, exorans ut Normannorum illi suffragium mitteret. Qui ejus precibus annuens, Gulielmum, Draconem, et Humfridum Tancredi filios, qui noviter a Normannia venerant, cum trecentis aliis Normannis illi in auxilium misit.

Cumque maxima jam pars Siciliæ recepta esset, et Syracusana civitas capta, a sene quodam præfato duci mausoleum sanctæ virginis Luciæ proditum, ejusque sacrum corpus inde sublatum, et in argentea theca cum omni reverentia positum, Constantinopolim est transmissum.

I. YSTOIRE. LIVRE SECONT, CHAP. VIII ET IX.

VIII. En cellui temps lo exercit de li Grex (commandée par Maniacès) estoit mandé en Sycille pour la veinchre, et à si fatigose bataille estoient constreint li Puilloiz et li Calabroiz o solde e deniers de li impéreor, et li gentil et lo pueple estoit excité à ceste chose. Mès que la protervité de li Sarrazin non se pooit domer per fièble main, la potesté impérial se humilia à proier l'aide de Guaimère, laquel pétition vouloit Gaymère aemplir, et fist capitain Guillerme filz de Tancrède, liquelle novellement estoit venut des partiez de Normendie, avec .ij. frères, Drugone et Unfroide, avec liquel manda trois .c. Normant.

IX. Puiz que la cité de Sarragosse (Syracuse) fu prise et vainchue, vint un home cristien à Maniachin duc de tout l'ost et lo exercit, home aorné de une honorable canicie, et il soul afferma qu'il savoit où estoit li cors de sainte Lucie, virge et martyre.... De l'ome viell chrestien fu mostré lo sépulcre, de loquel traïrent la sainte pucelle, autresi entière et fresche comment lo premier jor qu'elle i fu mise. Et se rapareilla de argent la case où li saint cors de la bénédite vierge estoit, e fu mandé en Costentinoble.

II. LÉON D'OSTIE. MÊME LIVRE, MÊME CHAPITRE.

Huic Arduinus quidam Lombardus, de famulis scilicet sancti Ambrosii, aurum non modicum offerens, candidati ab illo honore donatus, et nonnullis Apuliæ civitatibus prælatus est.

Hic in superiori expeditione apud Siciliam, cum Saracenum quemdam stravisset, ejusque insignem equum victor cepisset ; cumque a supradicto Moniaco idem equus expetitus, et ab Arduino constanter illi negatus fuisset, cum vi tandem atque dedecore equus illi sublatus est. Hujus autem injuriæ Arduinus ex tunc, aptum retributionis tempus patientia dolosa expectans, et tandem invenisse se putans, omni conamine Græcis molitur insidias.

Orationis igitur gratia Romam ire se simulans, Aversam venit, et Rainulfo comiti causam suam aperiens, ad universam Apuliam se duce facilè acquirendam animum illius accendit.

II. YSTOIRE. LIVRE SECONT, CHAP. XIV, XVI ET XVII.

XIV. Quant la bataille de Sycille, dont nous avons parlé devant, se faisoit, un qui se clamoit Arduyn, servicial de saint Ambroise, archevesque de Melan, combatant soi en celle bataille, e abati un Sarrazin ; e lo caval de lo Sarrazin estoit moult bel, si lo mena à son hostel : et li duc de la militie troiz foiz manda pour lo cheval, et Arduine non lui vouloit mander, e dist que o sa main victoriose l'avoit conquesté et o l'aide de Dieu. Et par lo commandement de lo superbe duc, injuriosement fu mené Arduino et lo cheval; et secont la pessime costumance de li Grex, fu batut tout nu, et li cheval lui fu levé. Et ensi ot vergoigne de son cors pour ce qu'il non voloit donner lo cheval de sa volenté ; il s'apensa et s'appareilla de soi vengier. Mès en ceste manière ramainst ceste cose, et souffri l'ynjure, et toutes voiez la tint en son cuer qu'il devoit faire puiz.

XVI. Et Arduyn, loquel avoit en lo cuer l'ynjure qu'il avoit receue, ala à cestui duchane (le Catapan), et lui dona moult or, et fu honorablement receu, et fu en hautesce de honor fait, et fu fait préfet de moult de citez.... Après ce, Arduine fist semblant d'aler à Rome à la pardonnance ; et ainsi s'appareilla à guaitier à li Grex, et ala à la cité d'Averse plène de chevalerie, et parla à lo conte Raynulfe, et lui dist, etc.

III. LÉON D'OSTIE. LIBER III, CAP. XVI.

Sed cum (Robertus) pauper admodum esset, vicinæ urbis dominum, quæ Bisinianum vocatur, Petrum videlicet Tyræ, divitem valde virum, vocatum ad colloquium, cepit ; à quo utique viginti millia aureos pro ejus absolutione recepit. Huic ad fratrem pergenti, Girardus de Bono Alipergo occurrens, primus omnium illum Guiscardum, quasi per jocum, appellavit, ejusque demum miles effectus, Alveradam illi amitam suam in matrimonium junxit ; sicque simul ingressi Calabriam, brevi tempore universas fere illius urbes ceperunt.

III. YSTOIRE. LIVRE III, CHAP. X ET XI.

Et puis torna Robert à lo frère, e lui dit sa poureté.... En une cité qui lui estoit après, laquelle se clamoit Visimane, riche d'or et de bestes et de dras preciouz, habitoit Pierre fil de Tyre. Robert fit covenance avec cestui... et Pierre fut mené à la roche Saint-Martin... et Pierre... XX mille solde de or paia. Après ces choses faites, si come dit l'Estoire, Robert vint en Puille pour veoir son frère. Et Gyrart lui vint qui se clamoit de Bone-Heberge, et coment se dist, cestui Gyrart lo clama premèrement Viscart.... Et adont prist Robert la moillier, laquelle se clamoit Alverade, et fu Girart son chevalier de Robert, et puiz vint en Calabre et acquesta villes et chasteaux.

Ces trois exemples, dont nous pourrions facilement accroître le nombre, servent à la fois à prouver que tout le texte de l'Histoire d'Amat n'est point perdu, et ils encouragent à en faire la recherche avec un juste espoir de succès. La comparaison de la version françoise de notre manuscrit avec le texte latin de Léon, ce latin ayant passé par les mains d'un abréviateur, et le françois par celles d'un traducteur qui abrégeoit aussi ce texte ou bien l'allongeoit de ses commentaires au gré de ses propres vues, nous avertit aussi que, dans cette recherche, on ne doit pas exiger une parfaite identité de rédaction entre le latin et le françois, et que l'on peut attribuer au moine Amat, contemporain des premières guerres et de l'établissement définitif des Normands en Italie, tous les textes d'une rédaction analogue à notre version françoise, qui se retrouvent dans des chroniques ou des histoires composées après la mort d'Amat, arrivée en 1093. Les historiens spéciaux des Normands en Italie ont dû profiter de son ouvrage. La narration métrique de Guillaume de la Pouille, l'Histoire de Geoffroy de Malaterra, venus après lui, ne racontent en effet ces longues guerres d'Italie que d'après lui. Amat fut sans nul doute le premier qui écrivit sur ces grands événemens, puisqu'il retraçoit ce qu'il avoit vu se passer sous ses yeux; Guillaume et Malaterra ne pouvoient que le prendre pour guide dans la narration des mêmes faits, qu'ils exposoient toutefois à leur manière, l'un en prose et l'autre en vers; enfin, il ne devoit pas leur répugner de suivre pas à pas Amat leur prédécesseur, puisqu'ils écrivoient pour un motif et sur un sujet spécial bien différents de ceux d'Amat. Amat, en effet, donne l'histoire de Richard prince de Capoue; puis celle de Robert Viscart duc de Pouille et de Calabre; Guillaume de la Pouille écrit pour Roger fils de ce même Viscart, et Geoffroy de Malaterra, pour les Roger de Sicile. Ce sont ainsi quatre sujets et quatre personnages distincts que ces trois historiens ont célébrés. Amat s'arrête à l'année 1085; Guillaume ne va pas plus loin, mais il a écrit entre les années 1088 et 1099; et Malaterra s'étend jusqu'à cette même année 1099. Ces deux derniers racontent quelques uns des événemens dont Amat a décrit les premières circonstances; et pour ce qu'ils n'avoient pas vu, ils ont dû suivre et ils ont suivi en effet les annales écrites par leur prédécesseur. Léon d'Ostie leur en avoit donné l'exemple; plusieurs autres auteurs ne s'étoient pas dispensés davantage de l'imiter, et nous devons aujourd'hui presque honorer leurs plagiats, puisqu'ils seront pour notre temps, nous en avons la certitude, autant de matériaux de bon aloi pour restituer le texte peut-être entier de l'Histoire des Normands écrite par Amat, qui n'est plus réellement perdue, et sur laquelle nous reviendrons bientôt.

§. VI. *De la Chronique de Robert Viscart.*

La fin de l'Histoire des Normands n'est point annoncée dans notre manuscrit par une rubrique particulière; elle se termine à la page 297, où commence un autre ouvrage, désigné simplement par ces mots : *De un noble Baron de Normendie, liquel estoit père Robert.* Ce seroit donc l'intitulé d'un récit relatif au noble baron qui fut le père de Robert Viscart et de ses frères.

Mais le premier examen du texte que cet intitulé précède, y fait reconnoître une narration historique relative aux guerres des Normands en Italie, divisée en deux Livres, composés de 41 chapitres, dont le premier mentionne en effet Tancrède de Hauteville, père de nos guerriers normands; le 36e (ou 9e du deuxième Livre), la mort de Robert Viscart; le 39e, la mort du comte Roger; et les deux suivans, quelques actes de la vie du roi Roger son fils.

Rapprochée des textes latins recueillis par Muratori, on reconnoît bientôt que cette narration en deux Livres est une version françoise de l'ouvrage publié d'abord par Carusius en 1723 (1), et une seconde fois, d'après celui-ci, par Muratori en 1726 (2). Carusius se servit du manuscrit latin du Vatican, numéroté 6206, collationné

---

(1) *Bibliotheca historica regni Siciliæ*, II, p. 827 à 859.
(2) Tome VIII, p. 740.

sur le n° 4936 de la même bibliothéque. Aucun des deux manuscrits latins, dont les critiques précités nous laissent ignorer l'âge, ne donne un titre à cet ouvrage; de sorte que Carusius lui fit celui-ci : *Anonymi historia sicula, à Normannis ad Petrum Aragonensem, ex bibliotheca Vaticana.* Muratori préféra écrire : *Anonymi Vaticani historia sicula, ab ingressu Normannorum in Apuliam, usque ad annum* 1282.

Je ne sais si les manuscrits de ce texte sont bien rares dans les bibliothèques de l'Europe, mais celle du Roi en possède deux (*Anc. fonds*, n° 5911, et n° 6176, in-4°.), et il est assez singulier que tous deux donnent le titre réel de cet ouvrage latin, en ces termes : *Cronica Roberti Biscardi, et fratrum, ac Rogerii comitis Mileti;* et notre ancienne version françoise prouve que ce titre n'est pas d'invention moderne, puisqu'on lit en tête du chapitre 28 de notre texte : *Ci se commence le secont Livre de l'amirabile duc Viscart;* l'ouvrage entier étoit donc en effet la Chronique de l'amirabile duc Robert Viscart et de ses frères. J'ai dû, comme je l'ai fait, restituer ce titre françois en tête de mon édition; et il en résulte que l'*Historia sicula* de Carusius et de Muratori doit, à l'avenir, prendre le titre de *Chronica Roberti Viscardi, etc.;* qu'il existe quatre manuscrits de ce texte latin, deux à la bibliothéque du Vatican à Rome, et deux dans celle du Roi à Paris, et que notre précieux volume, nº 7135, renferme une traduction françoise, du treizième siècle, de cette même chronique. L'intitulé déjà cité : *De un noble Baron liquel estoit père Robert,* n'est donc plus que celui du premier chapitre relatif en effet à Tancrède de Hauteville, à sa femme Murielle, à la naissance et à l'éducation de leurs enfans, qui « furent de lo père ensaigniez « de chevalerie, et de lui honorablement furent « ordenez chevaliers. »

En publiant le texte latin de cette chronique, Carusius et Muratori se sont accordés à en parler avec assez peu d'estime. Le premier, Carusius, la trouve trop abrégée, l'auteur touchant à peine du bout du doigt l'histoire des rois de Sicile, et il ne l'insère dans son Recueil qu'afin de ne pas s'exposer au reproche de ne l'y avoir pas comprise à cause de son sujet, malgré son foible mérite. Le second, Muratori, adhère à ce sentiment de Carusius, et il réimprime l'ouvrage pour les mêmes motifs; le jugeant cependant avec plus d'attention, avec plus d'équité, il a vu que la narration des événemens relatifs aux premiers Normands qui allèrent dans la Pouille et la Sicile, et particulièrement à Robert Viscart et à son frère Roger, y est assez convenablement rédigée; mais que les faits qui se passèrent après la mort de ces deux princes, et jusqu'à l'année 1282, où s'arrête le texte latin publié, y sont à peine mentionnés, dit-il, du bout des lèvres. Enfin Muratori avoit deviné tout ce qui sera démontré dans la suite de cette discussion, en premier lieu, que cet ouvrage latin, commençant par l'histoire de Tancrède de Hauteville, finissant aux *Vêpres siciliennes* et au couronnement de Pierre d'Aragon en 1282, embrassant ainsi un intervalle de près de trois siècles, n'appartient pas à un seul auteur (1); et en second lieu, que la marche de la narration est très sensiblement inégale (2). Et en effet, sur les 36 colonnes du texte donné par Muratori, les 33 premières sont consacrées à l'histoire de Tancrède, de Robert Viscart et du comte Roger, qui comprend à peu près 120 années; et il ne reste que les 3 dernières colonnes pour les 180 années qui séparent le comte Roger de Pierre d'Aragon. Il auroit peut-être fallu voir et dire tout de suite, qu'il y avoit dans ce texte latin, premièrement, une bonne histoire de Robert Viscart, et de plus une ou plusieurs additions de quelques pages, et d'une autre main, contenant une indication très sommaire de quelques faits de l'histoire de Sicile depuis les dernières années du comte Roger jusqu'aux *Vêpres siciliennes*: c'est en effet ce qui sera démontré par la suite de ces Prolégomènes, et en particulier par le résultat de nos recherches sur l'auteur et le texte original de notre Chronique.

---

(1) *Quis ejus auctor (si tamen unus est) et quo tempore vixerit, planè ignotum.* Muratori, VIII, Monitum, p. 743.

(2) *Sed non eodem pede ubique proceditur.* Ibidem.

§. VII. *De l'Auteur de la Chronique.*

Cet ouvrage n'a été attribué jusqu'ici qu'à un anonyme, et il est publié sous le titre trop général de *Historia Sicula*, embrassant un intervalle de trois siècles. Pour être juste envers les critiques qui s'en sont occupés, il ne faut pas les blâmer de n'avoir rien retiré de leurs recherches sur le nom de l'auteur, puisqu'il leur manquoit deux choses indispensables pour réussir dans ce travail, c'est-à-dire de connoître, premièrement les limites réelles de l'ouvrage, lesquelles devoient borner ces recherches à un intervalle moindre d'un siècle, puisque l'auteur ne pouvoit pas raconter ce qui s'étoit passé depuis sa mort ; secondement, l'existence des seules indications précises qui restent sur cet auteur, et qui étoient en quelque sorte noyées dans les 424 pages de notre manuscrit, duquel on s'occupoit d'ailleurs fort peu. C'est en effet ce manuscrit qui nous révèle les intimes rapports d'origine qui existent entre l'*Ystoire de li Normant* et la *Cronique de Robert Viscart*, placées l'une à la suite de l'autre dans le volume dont nous nous occupons ; et nous pensons que l'examen dont nous allons présenter ici le résultat, pourra doublement intéresser, puisqu'il est presqu'entièrement tiré des notes du traducteur même de l'*Ystoire* et de la *Cronique*.

Il ajoute parfois, nous l'avons déjà dit, au

texte de sa traduction, des commentaires ou des avertissemens. De ces derniers, plusieurs sont d'une grande utilité pour l'objet actuel de nos recherches, et ils se trouvent tous dans l'*Ystoire*.

On lit au chapitre 22 du troisième Livre de cette *Ystoire*, la mention de la mort de Drogon : « Drogo, dit-elle, ala tout soul à l'églize, « et l'apostèrent ses anemis. » Le traducteur ajoute aussitôt : « Non se trove escript qui furent « ces anemis, mès cestui fu un compère sien, li- « quel se clamoit Riso,.... *come se trove en autre « estoire*. Mès puis fu taillié Rizo pièce à pièce, et « tuit li sien compaignon furent mort, et furent « pris à Mont-Alègre de li Normant et de lo frère « de Drogo. » Si l'on examine les chapitres 9 et 10 du premier Livre de la *Cronique*, on y trouve justement, et dans les termes annoncés par l'*Ystoire*, la narration détaillée de l'assassinat de Drogon, par le « traitor Riso, loquel, dit la *Cro- « nique*, fu chief de lor malvaistié, il lui furent « tailliez toutes les membres l'une après l'autre,... « et au derrain, avant qu'il morust, vif lo sou- « terrèrent; et li autre furent pendut, et nulle « autre pène non orent plus. » Ainsi la Chronique répond au renvoi ajouté à l'Histoire par le traducteur.

Au chapitre 36 du troisième Livre de l'*Ystoire*, et au sujet des entreprises du pape Léon IX contre les Normands, il est dit que le pape « vint à un « chastel qui se clame La Cité, quar là lui vindrent

« encontre li Normant, *comment se trove en autre
« Ystoire* »; et l'on voit encore, au chapitre 11
du premier Livre de l'autre Histoire, c'est-à-dire
de la *Cronique*, la narration détaillée de ce qui
se passa à La Cité, dans la Pouille, durant les
années 1053 et 1054, entre le pape Léon IX prisonnier, et les Normands, qui le comblèrent de
respects et de présens.

Au chapitre 23 du cinquième Livre de l'Histoire, se trouve le récit d'une grande bataille
livrée en Sicile par Robert Viscart et Roger, contre les Sarrasins, près du lieu nommé Chastel-Johan. « Li cayci (les chefs des Sarrasins), dit
« l'Histoire, issirent defors, liquel estoit accom-
« paigniez de xv mille chevaliers et cent mille
« pédons. » Le traducteur fait aussitôt observer
que « *une Ystoire* non met que li pagani fussent
« senon xv mille, mès force que non fait men-
« tion de li pédon; et li chrétien furent solement
« vij cent. » Et au chapitre 14 du premier Livre
de la *Cronique*, on trouve le nombre des *Arabic*
et des *Affricain, et moult Sycillien*, qui « es-
« toient en universe .xv. mille hommes ; et ceux
« de lo duc entre à cheval et à pié estoient .vij.
« cent crestiens. » Ainsi, c'est encore la *Cronique*
qui répond au renvoi fait dans l'*Ystoire* par le
traducteur.

Il est dit au même chapitre de l'*Ystoire*, que,
dans ce combat très meurtrier, « fu une cose
« merveillouse et qui jamaiz non fu oïe, car nul

« de li chevalier ne de li pédon (chrestien) non
« fu occis ne férut; mès de li païen tant en furent
« occis que nul home non puet savoir le nombre. »
A ces exagérations évidentes, le judicieux traducteur oppose l'autorité de l'*autre Ystoire*, qui
« met que de li chrestien en furent alcun mort,
« mès petit, et de li Sarrazin furent mort
« x mille;.... et met celle Ystoire que non furent
« soul li Sycillien, mès furent autresi de Arabe
« et de Affrica »; et c'est, en termes absolument
semblables, ce qui se lit au chapitre 14 précité
du premier Livre de la *Cronique*.

Durant le siége de Bari, qui se rendit au duc
Robert au mois d'avril 1071, un jeune Grec sortit
secrètement de la ville, entra pendant la nuit
dans le camp des Normands, pénétra dans la tente
du duc, lança un dard contre lui, ne l'atteignit
pas, et parvint à se sauver. L'*Ystoire* où le siége
de Bari est raconté assez au long (chapitre 27,
Livre V), ne fait pas mention de cette curieuse
aventure, mais le traducteur a le soin d'avertir
que l'*autre Ystoire* la raconte; que le duc « se fist
« faire ensuite une maison de pierres pour estre
« la nuit à ségur; et que lo jovène qui mena lo
« dart fu tant légier qu'il non post estre pris. »
(Page 161 du texte imprimé.) C'est en effet ce
que la *Cronique* rapporte textuellement au chapitre 22 de son premier Livre; et il est évident
par cet exemple, comme par ceux qui le précèdent, que quand le traducteur de l'Histoire des

Normands indique *une autre* ou *l'autre Ystoire*, comme complément de celle qu'il traduit, cette *autre Ystoire* n'est réellement que la *Cronique* qui la suit dans notre manuscrit.

Au sujet de ce même siége de Bari, l'auteur de l'*Ystoire*, parlant fort au long des hauts faits de Robert Viscart dans la Pouille et la Calabre, oublie un peu les belles actions du comte Roger en Sicile ; le traducteur en avertit le lecteur ; « et est « de noter, dit-il (Livre V, chap. 28), que l'*autre* « *Ystoire* met moult merveilloze victoire que fist « lo conte Rogier, frère de lo duc, en Sycille, « avant que venist à Bar; mès *ceste Ystoire* n'en « met noient. » La *Cronique* contient en effet, aux chapitres 18, 19 et 20, le récit des grandes victoires de Roger sur les Sarrasins, qui avoient réuni trente mille chevaliers et pédons sans nombre dans les environs de Cerrane ; et cette *Cronique* est encore ici l'*autre Ystoire* que cite notre traducteur.

On voit déjà que ces deux ouvrages se lient par des points bien remarquables, que leur forme a été combinée dans des rapports prévus et réciproques, et cette unité de combinaison conduit nécessairement à supposer qu'ils sont l'un et l'autre l'ouvrage du même écrivain. Si l'Histoire se tait sur certains détails, la Chronique les raconte. Si dans un des deux ouvrages un fait est présenté en termes équivoques, on trouvera dans l'autre le moyen de lever toutes les incertitudes, et ce qui est omis dans l'*Histoire* se trouve inséré dans la *Chronique*. Il y eut entre le duc Robert et le comte Roger de vives dissentions soutenues par la violence des armes et de mutuelles déprédations; l'*Ystoire* n'en parle pas, mais la *Cronique* les raconte fort au long (p. 281 à 285), et le traducteur ne fait faute de nous en avertir expressément (p. 159). Enfin, c'est lui qui lève entièrement le voile d'anonyme qui couvre l'auteur de la Chronique de Robert Viscart, au moyen de cet autre avertissement qui se lit à la fin du chapitre 4 du premier Livre de l'Histoire, à propos d'une bataille livrée par les Normands vers l'année 1066, « laquelle fut faite en lo temps de cestui « qui escrist ceste Ystoire, quar (ajoute le traduc- « teur annotateur) cestui moine fu à lo temps « que ces Normands vinrent; MAIS IL LO DIRA EN « L'AUTRE YSTOIRE »; et comme cette *autre Ystoire* c'est la *Cronique de Robert Viscart*, où l'on trouve en effet racontées (chapitres 19, 20 et 21) les batailles livrées par les Normands, en Sicile et en Calabre, dans l'intervalle des années 1063 à 1068; et que cette Chronique n'est que l'*Historia Sicula* de l'*Anonymus Vaticanus*, publiée par Carusius et par Muratori, il en résulte que cette *Cronique de Robert* est du même auteur que l'*Ystoire de li Normant;* et que l'*Ystoire* et la *Cronique* sont ainsi l'une et l'autre l'ouvrage de l'évêque AMAT, moine du Mont-Cassin.

Les commentaires et les annotations du traducteur de l'*Ystoire,* tels qu'ils sont consignés dans notre manuscrit, conduisent évidemment à cette conclusion ; elle se trouve ainsi fondée sur l'opinion d'un homme instruit et judicieux, qui vécut à une époque peu éloignée de celle de l'auteur des deux ouvrages qu'il a traduits et commentés. Il a pu les illustrer l'un par l'autre, parce qu'ils sont rédigés d'après un système qui les a placés dans une réciproque dépendance; et qui, sans le secours qu'ils se prêtent mutuellement avec une merveilleuse exactitude, les rendroit mutuellement incomplets. Enfin, quand le traducteur annonce que *l'auteur dira dans l'autre Ystoire* ce qu'il ne dit pas dans la première, il ne fait que déclarer et reconnoître cette unité d'origine des deux compositions, déjà révélée par cette unité de plan pour toutes les deux, fidèlement réalisée dans leur rédaction primitive.

Toutefois, le texte même des deux ouvrages fournit, en apparence du moins, deux objections contre cette conclusion. Nous nous empressons de les signaler pour les détruire.

On lit au second Livre de l'*Ystoire* (chap. 33, pages 58 et 59 ci-après) la délivrance fortuite de quelques jeunes seigneurs que Guaymar, prince de Salerne, avoit fait enfermer dans un château nommé la Major-Torre. Ils séduisirent le geôlier Martin, endormirent les gardes avec de la « cla- « rère, du subtillissime péperce pour mengier « avec la char, noicelles qui les purgioient, et

« pévrée où estoit la médicine. Li prison déli-
« vrés chevauchèrent..... et s'en vont à lo chastel
« de Matelone. [Je croi, lit-on de suite dans
« le texte, je croi qu'il veut dire Madalone, quar
« jà estoit faite Caserte et Magdalone, *coment ai-ge*
« *dit en l'Ystoire de li Longobart*, liquel vin-
« drent en Ytalie avant que li Normant.] » Si
cette explication étoit de l'auteur de l'*Ystoire
de li Normant*, il faudroit que cet auteur eût fait
aussi une histoire des Lombards, et nous man-
querions absolument d'autorités pour attribuer
ces deux histoires au moine Amat; notre *Ystoire*
même ne seroit plus son ouvrage, puisqu'elle ne
pourroit plus appartenir qu'à un écrivain qui auroit aussi composé une histoire des Lombards,
et les annales littéraires du moyen âge n'attribuent à Amat aucun écrit de ce genre. Mais toute
la difficulté se résoudroit d'elle-même si cette
explication, relative à Caserta et Maddaloni, deux
villes du royaume de Naples, n'étoit qu'un de ces
nombreux commentaires ou éclaircissemens ajoutés au texte de la traduction françoise de l'*Ystoire*,
par le traducteur lui-même; ce commentaire
étant ainsi absolument étranger à l'ouvrage et à
la personne d'Amat, n'infirmeroit pas le moins
du monde nos conclusions précédentes. Et en
effet, ce commentaire appartient au traducteur de
notre *Ystoire*; il a aussi mis en françois, comme
nous l'avons dit plus haut (page xxix), l'Histoire
des Lombards de Paul diacre. On lit au cha-

pitre 23 du troisième Livre de cette traduction de Paul diacre (page 189, 2ᵉ colonne de notre manuscrit), les détails d'une grande inondation dans le pays de Venise et dans la Ligurie; elle arriva le 16 du mois de novembre (l'an 589), et deux mois après, un incendie détruisit la plus grande partie de la ville de Vérone. « Et en celui « temps, dit aussitôt notre texte manuscrit, fu « faite Caserte en Terre de Labor, laquelle estoit « premèrement clamée *Casa Erecta*. Et autresi « en cellui temps fu faite Mathelone, laquelle pre- « mèrement (se clama) *Metadelione*, ensi come « Azo, évesque de Caserte, lo déclare en sa Cro- « nica, laquelle il fist de li évesque de Caserte et « de Calatine » (1). Vient ensuite immédiatement la mention des effets de ce *déluge* à l'égard du Tibre, qui passa par-dessus les murs de Rome, et dans ses eaux on vit un dragon monstrueux, suivi d'un grand nombre de serpens, se jetant dans la mer en suivant le cours du fleuve. Tous ces miraculeux événemens, racontés dans notre manuscrit, se retrouvent, mot pour mot, dans le texte

---

(1) Voici encore l'indication d'un fait inconnu dans l'histoire littéraire de l'Italie : Azo, évêque de Caserte, de 1288 à 1310, composa une Chronique des évêques de Caserte et de Calatine (*Cajasso*); ni Muratori, ni Ughelli, ne mentionne Azo ni sa chronique. Cette note, tirée de notre manuscrit, et due à l'érudition de notre traducteur de Paul diacre en *vulgal sermon*, invitera sans doute à chercher dans les bibliothèques de l'Europe, l'évêque et sa chronique, et les fera peut-être découvrir.

latin de Paul diacre (1), EXCEPTÉ toutefois la mention de la fondation des villes de Caserta et de Maddaloni, dont Paul diacre ne cite pas même les noms, ni dans ce 23° chapitre du troisième Livre, ni dans aucune autre partie de son histoire. Ce qui est dit dans l'*Ystoire de li Normant*, de Caserta et de Maddaloni, est donc, comme nous l'avons annoncé plus haut, une explication du traducteur de cette *Ystoire,* lequel renvoie à sa traduction de l'*Ystoire de li Longobart secont Paul dyacone;* et ce curieux commentaire ne peut contredire en aucune façon, ni l'époque d'Amat, ni ses ouvrages, ni les conclusions de nos recherches, qui lui attribuent à juste titre cette Histoire des Normands.

La deuxième objection est plus grave encore dans ses apparences, mais elle n'est pas plus réelle; elle est tirée de la *Cronique* de Robert Viscart. Cette Chronique, ainsi que nous l'avons dit, descend jusqu'à Pierre d'Aragon, couronné roi de Sicile en 1282. Comment Amat, qui mourut en 1093, en seroit-il aussi l'auteur? La solution de cette autre difficulté se trouve dans le paragraphe qui suit, relatif au texte latin de l'*Historia Sicula* de l'*Anonymus Vaticanus,* publiée par Carusius et Muratori.

---

(1) Muratori, I, par. 1, p. 447, col. 2ª; lib. III, cap. 23.

§. IX. *Du texte latin de la Chronique.*

On est assez naturellement porté, par les résultats de la discussion qui précède le présent paragraphe, à considérer Amat comme l'auteur des deux relations publiées aujourd'hui en françois, pour que l'on présume avec quelque confiance que l'objection qui vient d'être énoncée sera pleinement détruite par l'examen critique du texte latin de la seconde de ces relations, la *Cronique* de Robert Viscart.

Ce texte, publié par Carusius et Muratori, parle de Tancrède de Hauteville dès les premières lignes, et de Pierre d'Aragon dans les dernières. S'il étoit l'ouvrage de la même main, ce texte n'auroit pas été composé avant la fin du treizième siècle, et ne pourroit pas avoir pour auteur l'évêque Amat, qui mourut à la fin du onzième.

Mais en se rappelant la remarque faite par Muratori (*suprà* pages lxx et lxxj) au sujet de la difformité des proportions de cette Chronique, relativement à l'intervalle de temps qu'elle embrasse et à la marche inégale de la narration, on présumera qu'elle a été composée de plusieurs parties rapprochées et jointes ensemble par la suite des années, qui n'a pas permis de discerner cet assemblage, et aucun intérêt n'a même incité à l'examiner. Notre travail en fournit pour la première fois l'occasion à la critique littéraire, et la comparaison des manuscrits va éclairer cet examen d'une lumière certaine, et nous conduire à des résultats très dignes de confiance.

Des deux manuscrits du Vatican dont Carusius se servit, et Muratori après lui, cet éditeur adopta le texte du n° 6206, et releva les variantes fournies par le n° 4936. Ces deux premiers manuscrits diffèrent déjà essentiellement par leur étendue. L'un, le n° 6206, se termine par le récit de quelques actions mémorables de Roger II de Sicile, qui vient de se faire roi, et d'acquérir Tripoli avec plusieurs autres possessions sur la côte de Barbarie; et la date de ces conquêtes porte cette narration jusqu'à l'année 1149.

Le second manuscrit, le n° 4936, va plus loin, et s'étend jusqu'à Pierre d'Aragon, en 1282, au moyen d'une addition qui remplit dans le texte de Muratori trois colonnes entières (1).

D'autre part, ce même manuscrit, le plus étendu des deux, a de moins que le premier un paragraphe entier relatif à Simon, le successeur immédiat du comte Roger (2).

Cette addition qui se trouve dans le manuscrit n° 4936 (3), et qui porte la narration, du règne du roi Roger, encore vivant, jusqu'à l'année 1282, est donc, d'après le manuscrit n° 6206,

---

(1) Tome VIII, pages 778 et 779.
(2) *Ibidem*, page 778, col. 1, *Post hunc Simon*, etc.
(3) *Idem, ibidem*, *Post mortem comitis Rogerii*, etc.

où elle ne se trouve pas, un morceau isolé et postérieurement ajouté à ce qui précède. Il ne s'y rattache en effet que très maladroitement, puisque, après la relation de la mort et des obsèques du comte Roger, le texte primitif mentionne le court règne de l'aîné de ses enfans, nommé Simon; ensuite l'avénement de Roger II, ainsi que les principaux faits de son règne jusque vers l'année 1150; et que l'addition reprend pour la seconde fois ces événemens à la mort de Roger Ier en 1101. Il est donc permis de rejeter du texte latin cette addition qui y fait une si fâcheuse disparate; elle se trouve, il est vrai, dans les deux manuscrits de Paris (1), comme dans le n° 4936 du Vatican; mais les manuscrits de Paris sont modernes; le plus ancien des deux, d'une écriture et sur un papier d'Italie, remonte tout au plus à la fin du seizième siècle; et dans notre antique manuscrit français, dans notre ancienne version en vulgal sermon, cette addition est complétement inconnue, ainsi que dans le manuscrit du Vatican n° 6206 : elle n'est donc pas une portion légitime du texte latin de la *Cronique de Robert Viscart*, puisque notre translateur ne l'a pas traduite.

---

(1) Ces deux manuscrits contiennent, avec la *Cronica Roberti Biscardi*, deux autres ouvrages que je n'ai pas trouvés dans les *Scriptores* de Muratori; ces deux ouvrages sont intitulés : 1°. *Cronica Trium Tabernarum, et de civitate Catanzarii, quomodo fuit ædificata*; 2°. *Cronica de civitate Salerni, quomodo fuit ædificata*.

Son *Explicit*, qui certifie l'état réel du texte latin de la Chronique à la fin du treizième siècle, est en effet apposé après le paragraphe où est rappelée assez emphatiquement la prise de Tripoli de Barbarie par le roi Roger, et où l'auteur, déposant la plume, n'ose célébrer tant de gloire et de hauts faits, puisque toute l'éloquence de Cicéron ne pourroit y suffire, *quoniam Ciceronis eloquentiam insufficientem fuisse reputo*. Ce même paragraphe latin forme les deux derniers chapitres de la version françoise (page 313 ci-après).

A la page précédente de notre texte (page 312), la phrase qui commence par ces mots, « Et lo « sanctissime conte, quant il vit que non avoit « fils, fit proière à Dieu, etc. », répond à ces mots du texte latin : *Post, sanctissimus comes à virili prole orbatus*, etc., 1re colonne, page 777 du tome VIII de Muratori. Le texte s'étend jusqu'à la fin de la *Chronique*, et aux premiers mots de l'addition rejetée plus haut; mais ce texte n'est encore qu'une addition illégitime à la Chronique de Robert Viscart ; car Muratori l'a publié isolément, dans le tome V de sa collection (1), d'après un manuscrit où ce texte se trouve comme un appendix et une continuation du dernier chapitre de l'Histoire de Malaterra, et comme une suite de la vie du comte Roger, dont Malaterra ne relate pas la mort. C'est donc encore ici une addition

---

(1) Page 603.

à rejeter, malgré son ancienne adjonction au texte de la Chronique.

Ainsi, trois fragmens de la fin de notre Chronique latine peuvent en être détachés très légalement; le dernier, et le plus étendu, manque dans trois manuscrits et dans la traduction françoise; le second, qui est le paragraphe relatif au prince Simon, ne se trouve pas dans celui des deux manuscrits du Vatican qui a été suivi par Carusius comme étant le meilleur; enfin l'autre fragment, dont le second est une portion, existe dans un autre manuscrit, comme étant le complément du texte de Malaterra; et il s'y rattache en effet, ce fragment étant relatif aux dernières années du comte Roger, mort en 1101, et Malaterra n'ayant poussé sa relation que jusqu'en 1099.

En faisant attention que les remarques qui nous ont révélé l'illégitimité de ces trois fragmens à l'égard de la Chronique de Robert Viscart, sont dues au hasard et non à l'examen prémédité de ce texte, on pourroit supposer avec toute raison, qu'un examen critique de ce genre nous mettroit à même de poursuivre avec le même succès l'application de cette méthode d'élimination, dans l'objet réellement utile de ramener le second ouvrage du moine Amat à sa forme et à ses limites primitives.

Dans celles que lui laisse la suppression des trois paragraphes précités, cet ouvrage s'étend encore jusqu'à l'année 1099, c'est-à-dire à six années après la mort de notre Amat. Mais il nous reste un moyen d'une autorité irréfragable pour reconnoître cette forme, ces limites primitives de la Chronique, et ce moyen consiste dans le titre même tel que le donne notre ancien manuscrit françois; or, ce titre n'annonce qu'une relation historique expressément relative à Robert Viscart. En tête du premier Livre, l'intitulé dit qu'on va parler du noble baron qui fut le père de ce Robert Viscart; et le nom d'aucun des frères du duc Robert n'est mentionné dans ce titre après le sien. Au second Livre, l'intitulé est encore tout-à-fait analogue, et également exclusif de tout autre nom que celui de Robert : *Ci se comence le secont (Livre) de l'amirabile duc Viscart :* c'est donc l'histoire ou la Chronique de ce Robert Viscart que ce second ouvrage d'Amat doit contenir.

Notre Chronique la contient en effet, et même au-delà, mais l'état de ce surplus de texte le signale encore positivement, non comme complémentaire, mais comme superflu.

Et, en effet, au chapitre 9 du second Livre de notre Chronique, est racontée (page 310) la mort du duc Robert, indiquée au 15 juillet 1085; et au chapitre 10, qui suit immédiatement, la relation est reprise à cinq années en arrière de celle de cette mort, à l'année 1080, pour ne plus parler que du comte Roger. Tout ceci est étranger, premièrement, au sujet de l'ouvrage annoncé sur le titre, et en même temps à l'ordre chronologique, lequel règle immuablement, dans la Chronique comme dans l'Histoire, la marche de la narration.

La Chronique finissoit donc primitivement avec la mort de Robert Viscart, survenue en l'année 1085; et comme celle d'Amat, son auteur, arriva huit années plus tard, en 1093, son ouvrage est ainsi ramené à sa rédaction et à ses limites primitives, finissant avec le chapitre 9 du second Livre du manuscrit, et à la p. 310 de notre édition (1).

Si maintenant on examine le surplus du texte latin, qui reprend la narration à l'année 1080, lorsque celle des événemens est déjà épuisée jusqu'en 1085, on reconnoîtra que ce texte ne consiste qu'en deux ou trois anecdotes isolées, rapportées sans aucun ordre de temps ni de lieu, et qui sont tirées fidèlement de l'Histoire même de Malaterra.

Ainsi le chapitre 10, qui est le premier du texte que nous appelons superflu, est relatif au danger que courut le comte Roger d'être pris par les Sarrasins pendant le siége de Taormina; et cette historiette est un abrégé, mais dans les mêmes termes, du texte du chapitre 15 du Livre III de Malaterra. Le sujet du chapitre 11 de la Chronique est aussi tiré du chapitre 30 du même Livre de Malaterra; c'est la trahison de Benci-

---

(1) Notre texte françois sera d'un grand secours pour une meilleure rédaction du texte latin, qui laisse beaucoup à désirer.

mine, qui commandoit à Catane pour les Normands, et qui livra la ville aux Sarrasins. Enfin, le texte françois du chapitre 12 de notre Chronique a été fait, pour le commencement, d'après les chapitres 14 et 18 du IVe Livre du même auteur latin Malaterra, et pour la fin qui est postérieure à l'époque où ce même écrivain s'arrête, d'après le fragment déjà désigné dans un autre manuscrit comme étant le complément de ce même Malaterra. La comparaison du texte françois des chapitres 10, 11, 12, 13 et 14 du dernier Livre de notre Chronique, avec le texte latin des chapitres de l'Histoire de Malaterra ci-dessus désignés, et avec le fragment qui en est le complément, fera certainement reconnoître ce texte françois comme une traduction abrégée, en mauvais ordre, et quelquefois erronée, de ces mêmes textes latins.

Cette portion du texte françois est donc étrangère à Amat; sa Chronique de Robert Viscart finira ainsi avec la narration de la mort de ce prince; l'ancien titre latin doit donc être restitué à cet ouvrage d'après les manuscrits de Paris, et borné toutefois à ces mots, *Chronica Roberti Biscardi;* les mots *et fratrum, ac Rogerii comitis Mileti* ayant été ajoutés à ce titre quand on eut ajouté aussi au texte de la Chronique les suites qui sont étrangères à son sujet réel, c'est-à-dire les trois fragmens déjà désignés plus haut comme absolument superflus.

Tel sera donc le texte primitif et authentique de la Chronique de Robert Viscart, composée par le moine Amat, auteur à la fois et de l'*Ystoire de li Normant*, et de la *Cronique de Robert Viscart*, qui sont bien l'*Ystoire* et l'*autre Ystoire* mentionnées et si souvent citées par notre judicieux translateur françois, et que notre manuscrit nous a si heureusement conservées l'une à la suite de l'autre, s'éclairant et se complétant réciproquement, comme doivent le faire deux ouvrages traitant des deux parties du même sujet, d'après un plan préalable dont l'unité révèle assez un seul auteur pour les deux ouvrages.

§. X. *Du Traducteur des deux ouvrages, de son époque et de son style.*

L'opinion qui, sur un motif inadmissible, attribuoit au moine Atton le texte françois de l'*Ystoire* et de la *Cronique*, a été réfutée au quatrième paragraphe de ces Prolégomènes (pages lxvj et lxvij); ce motif, ou plutôt cette erreur à part, il ne nous reste aucune raison de considérer comme traducteur de ces deux ouvrages, un écrivain dont l'histoire littéraire du moyen âge parle, il est vrai, avec distinction, qu'on suppose même avoir été François, puisqu'il étoit chapelain de l'impératrice Agnès, fille du comte de Poitiers, duc d'Aquitaine (1), et qui, enfin, est inscrit

---

(1) *Histoire Littéraire de la France*, VII, p. 110.

par Pierre diacre (1) parmi les hommes illustres du Mont-Cassin, pour ses élégantes traductions en langue romane des nombreux ouvrages latins du médecin Constantin d'Afrique : *Atto.... ea quæ Constantinus de diversis linguis transtulerat, cothurnato sermone in romanam linguam descripsit.*

Quelques faits d'une autorité toute puissante prouvent, au contraire, que cette traduction est absolument étrangère au moine Atton, qui florissoit vers l'an 1070, époque de la mort d'Agnès, femme de l'empereur Henri III. Notre traducteur, en effet, mentionne dans ses annotations, des faits historiques postérieurs de deux siècles à l'époque d'Atton; et ceci nous dispenseroit presque d'ajouter que la constitution grammaticale de l'idiome françois de notre texte, le montre bien autrement avancé qu'il ne pouvoit l'être au onzième siècle de notre ère.

Il ne faut pas pousser bien loin l'examen de ce texte pour y reconnoître combien il abonde en *italicismes,* et nous qualifions par ce mot, faute d'un autre plus exact, non seulement les mots exclusivement italiens d'origine et de forme, étrangers en même temps à la langue françoise de toutes les époques, mais surtout les mots, de plusieurs espèces, qui sont les élémens essentiellement constituans du langage, c'est-à-dire les

---

(1) Muratori, VI, col. 42.

formes grammaticales; et ces formes, dans l'examen comparatif de deux idiomes, méritent un tout autre intérêt, sont d'une tout autre autorité que des mots isolés, ou même des familles entières de mots, qui peuvent avoir été introduites par l'usage souvent fortuit du plus insignifiant des individus de cette famille.

Le court glossaire imprimé à la suite de nos deux anciens textes françois, pages 315 à 318, abonde en mots de la langue italienne, dont on n'a pas même modifié les désinences: *ape*, abeille; *bestiame*, bétail; *conoscentico*, connoisseur; *deffette*, négligence; *diacono*, diacre; *flaccolle*, flambeau; *lo frede*, le froid; *grate*, claie en osier; *manco*, moins; *noce*, noix et noyer; *pignotte* (*pignatta*), pot de terre; *pollistre*, poulains et pouliches; *principe*, prince; *tidue*, tous les jours, sont des mots tout italiens. Un proverbe italien, tiré des mœurs supposées de l'aspic, est employé dans notre ancien texte, page 29; et ce proverbe existe encore résumé en ces mots: *far come l'aspido*, faire comme l'aspic, c'est-à-dire fermer les oreilles de peur d'ouïr. Les locutions *tant.... quant*, pour tant.... que; *de*, pour par, *de Eutrope composte*, par Eutrope composée; *de* avec le sens du *de* latin, *livre de li Longobart*, livre sur les Lombards; *que*, pour comme, parce que, *cùm* des Latins; *que*, pour afin que; *si*, pour ainsi, aussi; *quant qu'il trovoit*, tant qu'il trouvoit; *puis que*, pour après que, et bien d'autres locutions non moins identiques avec les lois qui ont réglé ou l'acception ou l'arrangement des mots de l'italien, donnent à notre texte françois une physionomie bien caractérisée, qui annonce l'origine même de ce texte : c'est, si on peut le dire, de l'ancien françois d'Italie.

De très savans hommes, tels que Falconet, l'abbé Lebeuf, les auteurs de l'Histoire littéraire, et Legrand d'Aussy après eux, ont déjà dit comment les Normands introduisirent en Italie l'idiome vulgaire du nord de la France, et en accréditèrent l'usage par leurs victoires (1). L'Italien Tiraboschi ne contredit pas leurs assertions (2); ces écrivains citent des versions françoises de divers siècles, depuis le onzième de l'ère chrétienne jusqu'à l'invention de l'imprimerie ; et celui des textes françois, dont ils parlent plus particulièrement, et qui doit le plus intéresser l'objet actuel de nos recherches, c'est le *Trésor* de Brunetto Latini, Florentin, qui vint chercher à Paris un refuge nécessaire contre les triomphes sanguinaires du parti politique qu'il avoit combattu, et y composa, après l'année 1260, son immense Trésor encyclopédique en langue françoise. « Et se aucuns, dit cet écrivain, demandoit

---

(1) Falconet, *Acad. des Belles-Lettres*, VII, *Hist.*, 292. — Lebeuf, *idem*, XVII, 709. — *Hist. Litt.*, VII, *Avertiss. et Discours*. — Legrand d'Aussy, *Notices des Manuscrits*, V, 268.

(2) *Storia della Lett. italiana*, IV, 303; V, 407. Roma, 1783, in-4°.

« pourcoi chius livres est escris en roumanch, se-
« lonc le patois de Franche, puis ke nous sommes
« Ytalijen, je diroie que ch'est pour deus raisons :
« l'une, que nous sommes en Franche; l'autre,
« pour chou que la parleure est plus délitable, et
« plus kemune à tous langages. » (Ms. fr., n° 7068.)
A la même époque, Martin de Canale, Vénitien,
écrivoit aussi en françois une Chronique de Venise, « par ce que lengue franceise cort parmi lo
« monde, et est la plus délitable à lire et à oïr que
« nulle autre » (1). Tel étoit alors pour l'Italie, au
treizième siècle, l'effet de l'influence des Normands du onzième, influence dont l'origine est
constatée et certifiée par un historien leur contemporain, Guillaume de la Pouille, qui rappelle
les soins attentifs de ces seigneurs pour faire
adopter, dans le pays subjugué, leurs mœurs et
leur langue, afin de ne faire des vainqueurs et des
vaincus qu'une seule nation :

> *Moribus et lingua, quoscumque venire videbant,*
> *Informant propria, gens efficiatur ut una* (2);

et le docte Pétrarque ajoute que, avec leur langue,
les Normands portèrent encore en Italie la poésie
françoise et l'usage de la rime (3). L'avénement
des premiers princes d'Anjou au trône de Naples,

---

(1) Tiraboschi, IV, 308.
(2) *De Normannis*, lib. I. — Muratori, V, 255, D.
(3) Préface de ses *Lettres familières*.

PROLÉGOMÈNES.

en 1266, ne nuisit certainement pas au crédit dont la langue françoise jouissoit alors en Italie depuis plus de deux cents ans; ce crédit subsistoit encore à la fin du treizième siècle, et l'usage de la langue françoise étoit fréquent parmi les écrivains italiens (1), quand fut faite la traduction françoise des ouvrages qui composent notre beau volume manuscrit.

Pour les mêmes raisons que Brunetto Latini et Martin de Canale, qui écrivirent en françois parce que cette parleure étoit plus délitable à lire et à oïr, notre translateur emploie aussi la même langue, parce que son seigneur s'en délitte ainsi que ses amis (2). C'est le même motif pour les trois traducteurs (3), qui rendent ainsi témoignage en faveur du même fait et pour la même époque; car Brunetto vécut jusqu'en 1295, et notre translateur écrivoit vers ces temps-là même.

Nous tirons du texte de ses ouvrages les

---

(1) *Essi (gli prosatori italiani a' quali piacque di scrivere in lingua francese) non furon pochi, e non pochi sono i monumenti, che ancora ce ne rimangono, benchè niun di essi sia mai stato, per quanto io sappia, dato alla luce.* Tiraboschi, tom. IV, lib. III, pag. 307.

(2) *Suprà*, p. v.

(3) Brunetto Latini traduit textuellement ses Extraits, qu'il prend dans les auteurs latins. Martin avoit d'abord composé sa Chronique en latin; notre translateur n'est aussi qu'un traducteur de textes connus.

preuves de cette opinion, faute de toute autre donnée sur son nom et sur son origine.

Paul diacre raconte la mort d'Athaulphe, roi des Goths, qui fut assassiné par les siens à Barcelonne: *deinde apud Barcinonam fraude suorum occisus est* (1); et ce traducteur ajoute aussitôt: *laquelle* (Barcelonne) *est en Catholoingne* (2). Or, les recherches de Baluze sur l'époque où la Marche d'Espagne porta le nom de Catalogne, nous apprennent que l'usage de cette dénomination n'est pas antérieur au règne d'Alphonse II, roi d'Aragon, depuis 1162 jusqu'à 1196 (3) : notre traducteur vint donc après la plus ancienne de ces deux époques.

Il explique, au chap. 29 du second Livre de l'*Ystoire* (*inf.* p. 55), que *la cité de Syponte maintenant est clamée Manfrédone.* Or, Manfrédonia fut fondée, non loin des ruines de l'antique Siponte, par Mainfroi, fils naturel de Frédéric II, en l'année 1250 : notre traducteur est donc aussi postérieur à cette même année.

Enfin Azo, auteur d'une Chronique des évêques de Caserta et de Calatine, est cité par ce même traducteur dans un passage textuellement rapporté au septième paragraphe de nos Prolégomènes, et cet Azo y est nommé avec sa qualité

---

(1) Muratori I, 1, p. 92, A.
(2) Manuscrit, p. 124, à la fin de la deuxième colonne.
(3) *Marca Hispanica, præfatio,* 69.

d'évêque de Caserte : or, Azo ne fut nommé à ce siége qu'en 1288 (1); cette date prouve donc encore que notre traducteur écrivit après cette dernière année.

Toutefois, ce fait est le plus récent de tous ceux, en assez grand nombre, qui sont mentionnés dans les additions faites par le traducteur aux textes, déjà très étendus, qu'il a mis en françois, et qui sont réunis dans notre beau manuscrit (2); et cette circonstance historique, d'accord pour l'ordre des temps avec les caractères paléographiques du volume, concourt également à fixer l'époque des traductions, du traducteur et du manuscrit, à la fin du treizième siècle ou aux premières années du quatorzième.

Il nous a été, d'ailleurs, impossible de découvrir aucune notion certaine sur le nom et la personne de ce judicieux écrivain. Il sembloit, toutefois, que l'absence de données positives sur tout ce qui le concerne, notamment sur l'époque précise où il a vécu, devoit cesser par l'effet de celles qu'il paroît possible, dès l'abord, de retirer de la désignation du prince pour lequel le traducteur

---

(1) Ughelli, *Italia sacra*, VI, 486.

(2) Nous n'hésitons pas à attribuer au même traducteur la version des cinq ouvrages que ce manuscrit renferme; le *prohème* inséré page v ci-dessus en avertit suffisamment ; et quand le traducteur de l'*Ystoire de li Normant* renvoie à sa traduction de l'*Ystoire de li Longobart*, qui fait partie du même volume, il ne peut rester aucun doute à ce sujet.

se livre à sa longue entreprise : il la dédie, en effet, à son seigneur le comte de Militrée, qui la lui a fait faire (1). Mais nous avouons également avoir cherché vainement, et le lieu, et le comté, et le comte de *Militrée*. Nous n'avons tiré d'autre fruit de nos attentives perquisitions, sur ce point important de notre travail, qu'une conviction : c'est que le prince, pour qui *savoir lire et entendre la langue françoise et s'en délitter* fut un mérite proclamé par le traducteur (Prohème, page v), n'étoit pas un prince françois ni habitant de la France. Et quant au lieu de *Militrée*, qui donne le titre du comté dont ce prince étoit revêtu, nous n'y pouvons reconnoître que la ville de Mileto, dans la Calabre ultérieure, nommée indifféremment Miletum, Mileto ou Melito par les géographes, et Mélit dans notre *Ystoire* et dans notre *Cronique* : lieu célèbre dans les annales de nos princes normands en Italie; où Roger Ier fit édifier une magnifique cathédrale (2), dans laquelle il célébra son mariage (3), choisit sa sépulture, et fut en effet inhumé (4); où les princes de Sicile étoient baptisés et couronnés, comme dans la ville sainte et la capitale théocratique de leurs possessions dans ces contrées.

---

(1) *Suprà*, pages iv et v.
(2) *Itinerario delle due Sicilie*, p. 203. Napoli, 1827, in-8°.
(3) *Cronique*, p. 281 ci-après.
(4) *Ibidem*, p. 312. — *Itinerario*, *ibidem*.

C'est à Mileto que Roger Ier fit sa résidence habituelle avant de s'établir en Sicile, et c'est pour cela que notre Chronique le désigne par ces mots : le comte Rogier de Mélit, titre qui, par le laps de temps, et transporté dans un idiome étranger à la contrée, fut très vraisemblablement altéré et changé sans effort en celui de comte de Militrée.

Le nom du premier Roger répandit sur ce titre assez d'illustration pour prévenir sa désuétude; il dut être conservé par les descendans du comte, qui s'affublèrent à profusion de titres pompeux, multipliés en proportion de leur nombre et de la grande fécondité de leur lignée. A l'âge de quatre ans, Roger II étoit qualifié de comte de Sicile et duc de Calabre, et c'est encore à lui qu'appartient, sans nul doute, le titre de comte de Melito, Mélit, Mileto ou Militrée : *Rogerius comes Mileti*, qui se lit, au titre latin de la *Chronique*, dans deux manuscrits de Paris : *Chronica Roberti Biscardi, et fratrum*, AC ROGERII COMITIS MILETI ; car il s'agit dans ce titre d'un Roger qui n'est pas du nombre des frères de Robert Viscart, et c'est de ce Roger II, et de lui seul, que la Chronique, dans toute l'étendue de texte que lui suppose ce triple intitulé, parle expressément, après avoir mentionné la mort de Robert et de tous ses frères. Trois des enfans mâles de ce Roger II reçurent les titres de duc de Pouille, prince de Capoue, duc de Naples; on ne connoît pas les qualifications dont les autres furent revêtus, mais celle de comte de Melito, Mileto ou Militrée, dut être conservée dans la famille royale de Sicile, qui posséda en même temps et la Sicile et la Calabre. Enfin, les premiers comtes d'Anjou, maîtres de ces mêmes possessions, y trouvèrent peut-être encore ce titre subsistant, ou furent dans la nécessité de le rétablir pour quelqu'un des princes de leur nombreuse descendance, auxquels on n'économisa pas non plus les qualifications ni les fiefs napolitains ou siciliens. On peut donc conjecturer, avec une grande vraisemblance, que ce comte de Mileto ou Militrée, auquel notre traducteur dédia son ouvrage, fut un des fils de Charles II, roi de Naples, qui, né en 1246, laissa en mourant, en 1309, dix enfans mâles, composant la troisième génération des princes napolitains de la maison d'Anjou. Quelques documens encore inconnus pourront un jour peut-être, par de plus sûres données, confirmer ou rectifier ces diverses conjectures sur le nom du seigneur pour qui fut faite notre version françoise des deux ouvrages du moine Amat.

§. XI. *De l'Édition des deux ouvrages françois.*

Quoique fort étendues, et trop peut-être au gré de nos lecteurs, les recherches qui précèdent ce paragraphe ne sont cependant pas les seules dont notre précieux manuscrit pourroit fournir d'utiles sujets; nous aurons ailleurs l'occasion de les reprendre. Il ne nous reste qu'à dire quelques mots sur l'édition des textes publiés aujourd'hui pour la première fois. Cette dernière circonstance nous a imposé tous les devoirs d'éditeur primitif, c'est-à-dire l'obligation de reproduire une copie très fidèle du texte du manuscrit. On la trouvera dans notre imprimé; il n'y a rien de moins, et il n'y a de plus que la ponctuation et les accens indispensables, ce qui est encore pour le premier éditeur un périlleux devoir : nous soumettons le résultat de nos efforts à l'indulgence des savans. D'après leurs conseils, et à leur exemple, nous avons scrupuleusement respecté l'orthographe du texte manuscrit, même pour les noms propres les plus maltraités, et c'est par l'effet de ce scrupule qu'on devra expliquer les manières différentes dont le même mot ou le même nom se trouvera parfois écrit dans les anciens textes de ce volume. Le copiste avoit commis plusieurs erreurs dans ce long travail, soit des omissions, soit des répétitions de mots ou de portions de phrase; elles pouvoient embarrasser quelquefois le sens du discours. Nous en avons prévenu le lecteur, en plaçant entre deux crochets [ ] les répétitions oiseuses, et entre deux parenthèses ( ) le très petit nombre de mots ajoutés pour l'intelligence du texte; les mêmes parenthèses signalent aussi, comme additions, quelques dates et quelques noms qu'il nous a paru nécessaire d'insérer pour l'exacte détermination de l'ordre des faits principaux.

Il nous a paru également essentiel de faire distinguer ce qui, dans nos textes, est propre et personnel au traducteur françois. Il en a agi, à l'égard du texte latin, avec une indépendance qui ne seroit pas de saison dans notre temps; il abrége, à son gré, tel chapitre dont il ne donne qu'un sommaire; il étend aussi tel autre par des explications, il est vrai, généralement utiles à l'éclaircissement des faits de cette Histoire : un chapitre entier (le 16° du premier Livre de l'*Ystoire*) est même exclusivement son ouvrage. Ces extensions du texte original, du moins les plus considérables, nous les avons aussi distinguées par des crochets, et l'on a vu, plus haut, comment quelques unes de ces annotations nous ont été réellement utiles pour l'histoire du manuscrit, de l'ouvrage et de l'auteur qui nous occupent. Peut-être en reste-t-il encore d'importantes qu'il étoit de notre devoir de faire également remarquer; il en est surtout une sur laquelle nous avons plus particulièrement hésité : la voici. On a rapporté plus haut le sentiment de notre auteur au sujet de la cour pontificale où « l'onor défailli, dit-il, puiz que faillirent li Thodesques. » Bientôt après il parle de la cour impériale de manière à faire croire qu'il ne fut pas plus charmé de la générosité de ces Thodesques qu'il ne paroissoit l'être de l'onor de Rome : « En la cort de l'empéreor de Alemaingne, dit-il en effet, est costumance que qui done parole, parole rechoit. » Les habitans de Capoue envoyèrent l'archevêque de cette ville demander du secours à l'empereur contre le prince Richard, qui les assiégeoit; « mais por ce que noient i porta, noient en raporta, et que nulle choze non donna, nulle choze lui fut donnée. Non porta deniers pour paier li solde à li chevaliers, et non fist doms à lo empéreor, et ensi non fist nulle choze vers l'empéreor; et s'en torna arrière » (1). Ce jugement remarquable et singulier est-il du fait de l'auteur ou bien du traducteur? L'opinion qu'il révèle date-t-elle du onzième ou du treizième siècle? Je l'ignore; mais elle est certainement fort curieuse, n'importe la date ou l'auteur, et elle n'exige aucun commentaire.

Nous nous en sommes aussi abstenu complétement à l'égard de nos anciens textes; et puisque la forme et les bornes de notre publication nous ont imposé cette réserve, le lecteur n'en devra rien inférer de défavorable envers ces textes. Ils fourniroient, au contraire, une ample matière à des notes d'un intérêt réel pour l'histoire des lieux, des opinions, des arts et des personnages du temps. On y suppléera sans doute; et plus tard, il nous sera peut-être permis de réunir ces mêmes textes françois en regard des textes latins qui nous restent, et de les accompagner des notes, des éclaircissemens et des pièces inédites qu'un premier travail nous a déjà donné l'occasion de

---

(1) Page 125 ci-après.

réunir. L'*Appendix* qui termine ce volume en contient une partie.

§. XII. *De l'Appendix.*

Nous aurons peu de chose à dire sur cette dernière section de notre ouvrage; elle ne paroîtra, nous osons l'espérer, ni longue ni oiseuse.

Le *Glossaire* est très borné; les lexiques généraux de l'ancienne langue françoise sont assez répandus, pour qu'il ne soit pas nécessaire d'en réimprimer une partie avec chaque texte du moyen âge qui est mis au jour; nous nous sommes déterminé selon ce sentiment assez généralement adopté.

Le fragment latin publié sous le n° II de l'*Appendix,* intéressera comme étant inédit. Quoique fort court et ne contenant rien de bien nouveau, il s'y trouve cependant quelques opinions sur des faits importans qui ont été diversement présentés par les divers historiens des princes normands; c'est pour ces motifs aussi que nous l'avons publié.

Les deux chartes datées de 1093 et 1103 (n° III et IV) ne se trouvent dans aucun des nombreux ouvrages nationaux ou étrangers que j'ai consultés, et cependant l'Italie a produit de vastes collections de pièces relatives à son histoire. Je les donne comme inédites, et à ce titre, dans leur état naturel, avec tous leurs mérites et tous leurs défauts. Le latin de la charte de 1093 est particulièrement, et à la fois, barbare par les mots et incorrect par les phrases; je n'ai pas cru devoir, par des rectifications quelconques, faire les auteurs de cette charte plus savans et meilleurs humanistes que ne l'annonce leur ouvrage, qui devoit, comme eux, ressembler à leur siècle. Je n'ai jamais approuvé le rhabillage grammatical des vieux textes, et il m'a toujours semblé qu'en cela on vicioit à plaisir les sources de l'histoire des anciens idiomes. La charte de 1103 est curieuse par la topographie très minutieuse qu'elle donne des environs de Sciacca, l'antique *Thermæ Selinuntiæ*, en Sicile, par les dénominations arabes qui y abondent, et par quelques traditions qui s'y sont conservées. La Bibliothèque Royale possède deux copies anciennes de cette charte; leur comparaison a fourni un assez grand nombre de variantes; je les ai relevées, mais leur minime intérêt ne m'a pas porté à les insérer ici.

Le travail inédit de Ducange sur *les familles normandes* avoit plus de droit à notre attention. Il est parfaitement à sa place dans notre volume. C'est la généalogie même des héros dont nos vieux textes françois rappellent les exploits. Je n'ai pas besoin de dire combien d'autorité le nom de Ducange donne à un pareil travail; le petit nombre de rectifications que ces vieux textes, qui furent inconnus à Ducange, nous ont fourni, témoigne également, pour la millième fois, et de la science profonde et de la tenace perspicacité de cet illustre critique. Je n'ai pas publié son manuscrit en entier, je me suis borné aux générations mentionnées dans nos deux anciennes histoires; M. Leroux de Lincy avoit fait une copie de ce manuscrit, qui est surchargé d'additions et de renvois; ce texte exige une grande attention de la part de ceux qui l'étudient; je le publie d'après la copie de M. Leroux de Lincy, soigneusement conférée avec l'autographe de Ducange. Des notes renferment mes observations; celles qui ne sont pas signées appartiennent à Ducange.

Les éclaircissemens que j'ai réunis sous le n° VI, page 367, sont en petit nombre. J'ai déjà dit les motifs de ma réserve. Un glossaire des lieux et des personnes auroit été très utile, il est composé; un assez grand nombre d'articles auroient amené d'utiles notions de géographie comparée ou de généalogie historique : mais en ce point les motifs déjà assignés me serviront encore d'excuses.

Je n'ose cependant pas en adresser aux lecteurs instruits, pour les imperfections qu'ils remarqueront dans mon ouvrage, car mon devoir étoit, sans nul doute, de n'y en laisser subsister aucune; ce devoir, j'en ai fait le but de mes efforts, bien convaincu que mon entier désintéressement dans cette grave entreprise, ne me dispensoit d'aucune de mes obligations envers le public et envers les maîtres de la science, parmi lesquels je dois trouver des juges. Que dirai-je donc?.... J'ai fait tout ce que j'ai pu pour l'honneur de la science, de l'ouvrage, de l'auteur, et de l'éditeur.

C. F.

A la Bibliothéque du Roi, ce 26 mai 1835.

L'YSTOIRE
DE LI NORMANT,

LAQUELLE COMPILA UN MOINE DE MONT DE CASSIN,
ET LA MANDA A LO ABBÉ DÉSIDERE
DE MONT DE CASSYM.

PROHÈME DE LO STORIOGRAPHE.

A LO MOLT RÉVÉRENT ET SAINT MESSIRE DÉSIDERE,
SERVE DE LI SERVICIAL TOE.

Je voi en dui, c'est en Richart et en Robert, princes de Normendie, est complie la parole que Dieu dist à Cyre, roi de Persie : « A lo christ mien Cyre », — c'est à lo roy mien Cyre; quar en moult d'escripture li rois et li prestre se clament Christe, pource que sont onte de crisme; — Et adont dist Dieu par Ysaie, prophète, « A lo roy mien Cyre, à loquel je ai prise la main droite, à ce que devant la face soe soient subjecte la gent, et li roy tornent l'espaule devant la soe face; je irai devant lui, et lo plus gloriouz de la terre humilierai, et combatrai-je contre la porte (de) rame, et romprai les chaines de fer; devant lui ovrerai les portes et nulle non l'en sera cloze devant ». Et pour ce que je voi, lo Père mien, Abbé moult bénigne, ceste parole et toutes autres qui la sequte estre aempliez en ces .ij. principes, et pour ce ai-je mise ma volenté et mon corage a escrivre l'ystoire lor. Et croi que non dirai-je tant solement lo fait de li home, mès ce que fu concédut par dispensation de Dieu que fust fait par li home. Et pense que je me prendrai alli menachi de la parole de alcun, liquel diront : Non covient à un moine escrive les batailles de li seculer. Mès à moi pensant, ceste choze me recorda que Paul dyacone et moine de cest monastier dont je sui, escrist li fait de li Longobart, coment il vindrent et demorèrent en Ytalie ; et fut home cler de vie, de science et de doctrine. Et autresi me recorda que ces grans homes sont tant liberal et devot à nostre monastier, et por la mérite que par aucun de lo monastier le fait lor par perpétuel mémoire soit escrit. Et toutes foiz je non sui si hardi que je tochasse d'escrire se premèrement la vostre volenté non oïsse, et seusse s'il plaist à vouz ; et que je oi et sace qu'il non te desplaist. O la licence et bénédiction vostre, et o tout l'aide de la grace de Dieu ai-je comencié secont ce que je avoie en cuer ; et li fait de li Normant, liquel sont digne de mémoire, ai-je en viij volume de livre distincté. Et à ce que non soit fatigue de chercier à ceuz qui volissent alcune chose lire de l'ystoire, chascun volume ai-je noté o cert capitule ; en toute ceste choze plus voille estre à vostre jugement, Père, que de mon escriptor. Et pert à moi, pour clamer la grace de Dieu, sans laquelle nulle parfaite opération non puet estre faite, tout avant ferai alcuns vers pour clamer l'aide de sa main destre. Et sache tout home que à null ne faudra de ce qu'il le proie de bon cuer et de prierie juste ; quar ensi lo dist Jéshucrist qui est vérité : Ce que vouz déproierés en oration, croiez qu'il vouz sera donné sans faille.

[Et adont dist cestui bon moine :]

INVOCATION.

O Dieu père éternel, concordable avec lo Fill et avec li Saint-Esperit, et retient vénérable équalité de siége, de splendor et de somme honor de déité; tu sez la pensée des homes, tu commandes à la fontaine de geter l'eaue, et la terre stable de faire herbe florie; et à toi obéist lo solloill, et la soror de lo sol, c'est la lune, laquelle secont lo dit de li poëte est soror de lo sol pource qu'elle est enluminée de lo sol. A toi obéist la grandesce de lo ciel, et toutes les chozes qui sont sur terre, et toutes les chozes qui volent par l'air, et toutes les chozes qui natent en l'aigue. Et autresi obéist à toi infer, et à toute home est manifeste que tuit li temporal t'obéissent. La premèrevaire fait li flor dont s'engendre toute chose; l'esté commande que li home taillent li labor; la autompne fait lo moust, et l'yver se séminent li labor, et ensi fait lo monde coment ta main lo governe. Tu pitouz et saint! regarde nostre opération et que faisons choze dont soions amez, et aions mérite dont par li aspre fait de li moult mal dont doions aler en enfer. La toe main sur tant grant poiz fai estre fort; adont je abatut en terre pour lo péchié a demande toi souveraine vertu. Quar, comme se dit en l'Évangile : li larron, c'est lo péchié, m'ont desrobé et levé la bone grace et au ome ferute, débilitant la vertu sensitive. Adont tu me portez à l'estable, c'est à la mérite de sainte Éclize, et aies cure de moi que non muire, et me concède li don que je te requier, et fai que je die choze véraie; et fai que e escrive choze juste; quar tu, Roy, conservez et governes la rayson de li royalme, et destrui li superbe et hausce li humile; quar sanz toi nulle choz est digne, nulle cose est bénigne en cest monde. Et adont maintenant que est lo temps à ce que je puisse faire ce que je ai commencié, te pri que tu me doies benedicere, et me fai dire cose dont la grace toe sempre remaingne avec moi. Amen.

Ci finissent li vers de la Invocation,

Et comment li Capitule de lo premier Livre. RJ. 1.

LI CAPITULE

DE LO PREMIER LIVRE.

Cap. I. De lo siége de la terre laquel li Normant tienent, et porquoi se clément Normant.

Cap. II. Coment s'espartirent par lo monde, et coment traitoient la gent del païz où il aloient.

Cap. III. Coment lo conte Guillame ala en Engleterre, et la vainchi; et coment vainchi la grant multitude qui fu mandée del grant roy de li Danoiz au roy d'Engleterre.

Cap. IIII. Coment apparut l'estoille comète.

Cap. V. Coment par lo consentement de li meillor manda Robert Crespin en Espaingne o exercite de diverse gent, et coment il veinchi.

Cap. VI. Coment fut prise la cité de Barbastie, et donée en garde à Robert Crespin.

Cap. VII. Coment li Chrestien perdirent la cité et furent vainchut.

Cap. VIII. Coment Robert ala en Ytalie, et puiz ala en Costentinople, et là fu mort.

Cap. VIIII. Coment Uerselle vint en Costentinople.

Cap. X. Coment par lo conseill de l'empéreor la moillier de son père, c'est sa mère, fist monache, et se sa moillier mist en prison Urselle.

Cap. XI. Coment lo impéreor dona la fille del roy de Thurchie et son filz, et fu délivré avec Orselle.

Cap. XII. Coment fu pris li empéreor et racheté de grant monnoie.

Cap. XIII. Coment, par le comandement de Césaire, fu li père crevé les oilles, par laquel cose il fu mort.

Cap. XIIII. Coment leva la moillier de l'empéreor par force, de prison.

Cap. XV. Coment Ursel fu doné en prison de li Turche à li Grex.

Cap. XVI. [De la défeusion que fist cestui monache escriptor, que paroit que non ordena bien ceste ystoire.]

Cap. XVII. Coment Salerne fu délivrée de li Sarrazin par li Normant qui venoient del sain sépulcre de proier Dieu.

Cap. XVIII. Coment li prince prièrent li Normant qu'il demorassent, et lor offrirent deniers à doner et faire toute lor volonté ; et il respondirent qu'il non pooient demorer.

Cap. XVIIII. Coment li prince mandèrent as parties de Normendie présens, et lor mandèrent proiant qu'il venissent habiter en lor contrée.

Cap. XX. De la sédition de Gisilbère et Guillerme, et coment Gisilbère avec ses frères vint à Capue.

Cap. XXI. Coment entra en li confine de Puille, et combatirent v fois contre li Grex.

Cap. XXII. Coment li empéreor assembla pour deniers moult de gent, et petit de Normant vindrent contre lui à combatre.

Cap. XXIII. Coment puiz moult de Normant vindrent pour combatre et veinchirent touz lor anemis.[1]

Cap. XXIIII. Coment Melus ala à l'empéreor, et lui dist qu'il venist en Ytalie, et là puiz fu mort.

[1] Les chapitres XXII et XXIII de cette *Table* n'en forment qu'un seul dans *l'ouvrage*, le XXII°; le chap. XXIIII de la Table est donc le XXIII° de l'ouvrage, et ainsi de suite jusqu'à la fin de ce premier Livre.   C. F.

Cap. XXV. Coment impéreor entra en Ytalie, et vint soupre Troie ; et Belgrinie fu mandé pour prendre lo prince de Capue et la cité de Salerne, et comment fu délivrée puiz et fu pris lo prince.

Cap. XXVI. Pourquoi li impéreor fu esmut en ire contre Pandolfe.

Cap. XXVII. Coment Atenulfe abbé, foiant en Costentinoble fu noiez en mer. — Coment lo impéreor fist prince de Capue un autre Pandulfe.

Cap. XXVIII. Coment fist Téobalde abbé de mont de Cassin, et lui dona moult de possessions, et rachata lo trésor de la sainte Églize.

Cap. XXVIIII. Coment il ot la rétribution de Deu de lo bien qu'il avoit fait. — Coment lo impéreor aempli à sez neveuz ce qu'il avoit promis à Melo.

Cap. XXX. Coment li Normant, volant à enciter lo commandement de lo roy, maudèrent Pierre et Melo à Renier marchise.

Cap. XXXI. Coment li Normant o grant multitude de pierres veinchirent.

Cap. XXXII. Coment li prince de Salerna manda grans domps à Pandolfe, et lui donna la principe.

Cap. XXXIII. Coment Théobalde abbé fouy et habita en lo cénobie Libérator, et là fu mort.

Cap. XXXIIII. Coment Pandulfe se converti à tout mal.

Cap. XXXV. Coment Basile fu fait abbé de mont de Cassin.

Cap. XXXVI. Coment il mist en prison Ylaire abbé de Saint-Vincent et Anulphe archevesque.

Cap. XXXVII. Coment Eldeprande bastart de lo prince fut faist archevesque, et coment celui qui l'estoit rendi l'anel et la croce.

Cap. XXXVIII. Coment Pandulfe fit mal à ceaux de la cité et à ses parens.

Cap. XXXIX. Coment chasa Sierge maistre de la chevalerie de la cité, et comment Sierge la recovra puiz.

Cap. XL. Coment fist Averse,

Cap. XLI. Et la concédi puiz à Raynolfe et lui dona la soror pour mollier.

Cap. XLII. Coment l'onor de li Normant crésoit, et coment la moillier de Raynolfe fu morte.

Cap. XLIII. Coment Raynolfe et Palde (Pandulfe) s'asemblèrent à parlé ensemble.

Cap. XLIIII. Coment Raynulfe prist pour moillier la népote de Pandulfe, et faist fu maistre de la chevalerie.

Ci se finissent li Capitule,

Et si ce commence li premier Livre de l'Ystoire de li Normant.

LIVRE PREMIER.

Cap. I. [Nous trovons en cest premier capitule de l'estoire de li Normant que] en la fin de France est une plane plene de boiz et de divers frut; en celui estroit lieu habitoit grant multitude de gent moult robuste et forte, laquel gent premérement habitèrent en une ysulle qui se clamoit Nora, et pour ce furent clamez *Nor-Mant*, autresi comme home de Nore. *Man*, est à dire en langue thodesche *home*; et en tant estoit cressute la multitude de lo pueple, que li champ ne li arbre non souffisoit à tant de gent de porter lor nécessaires dont peussent vivre.

Cap. II. Adont par diverses parties del munde s'espartirent sà et là, c'est en diverses parties et contrées, quar secont les diverses disposition del ciel sont diverses contrées, lesquelles sont dites climate. Et se partirent ceste gent, et laissèrent petite choze pour acquester assez, et non firent secont la costumance de moult qui vont par lo monde, liquel se metent à servir autre; mès simillance de li antique chevalier, et voilloient avoir toute gent en lor subjettion et en lor seignorie. Et prisrent l'arme, et rompirent la ligature de paiz, et firent grant exercit et grant chevalerie; et por ce vouz dirons coment ils s'espartirent par lo monde, et coment faisoient lor·vie.

Cap. III. De ceste fortissime gent en armes fu li conte Guillerme, et assembla avec lui .c. mille chevaliers, et .x. mille arbalestier et autres pédons sans nombre, et prist son navie et vint jusque en Engleterre (l'an 1066). Et Aldoalde loquel séoit sur son siege et trône royal d'Engleterre, loquel Aldoalde régnoit puiz la mort de Adéguarde juste roy, estoit malédit home. Contre cestui ala premérement Guillerme, et combati contre lui, et lui creva un oill d'une sajete, et moult gent de li Englez occist. Et puiz li devant dit Guillerme fu haucié en lo siége royal et ot vittoriose corone; et puis dui ans li roy de li Danoiz, pour revengier lo roy d'Engleterre, manda grant multitude de gent sans nombre (1069); mès li Normant veinchirent tuit.

Cap. IV. En cel an (1066) apparut un merveillouz signe pour ceste forte aventure et bataille qui estoit à venir: car l'estoille qui se clame comète aparut moult de nuiz, et tant de fulgure qui resplendissoit comment la lune. Ceste bataille brévement fu de li Normant [laquelle fu faite en lo temps de cestui qui escrist ceste ystoire, quar cestui moine fu à lo temps que ces Normans vindrent. Mès il lo dira en l'autre ystoire.]

Cap. V. Et à ce que la religion de la foi christiane fust aemplie, et maçast détestable folie de li Sarrazin, par inspiration de Dieu s'acordèrent en une volenté li roy, et li conte, et li prince en uno conseil. C'est que fust assemblée grant multitude de gent, et grant chevalerie de Françoiz et de Borguegnons, et d'autre gent, et fussent en compaignie de li fortissime Normant, et ces deussent aler combatre en Espaingne, à ce que la chevalerie de li Sarrazin, laquelle il avoient assemblée, fust occupée et subjette à li chrestien. Et à ceste choze faire fu eslit un qui se clamoit Robert Crespin; et quant il fu eslut, il se appareilla d'aler à la bataille où illec estoit comman d'aler; et clamèrent l'ayde de Dieu, dont Dieu fu présent en l'aide de ceuz qui l'avoient demandé; dont li fidel de Dieu orent victoire de la bataille, quar une grant part de li Sarrazin furent mort; et rendirent grace à Dieu de la victoire qu'il presta à son pueple.

Cap. VI. Et alore (1063) fu présc la cité qui se clamoit Barbastaire, moult grant terre et plene de grant richesce, et moult garnie. Et tout l'ost voust que Robert Crispin la feist garder, à ce que en lo secont an retornast o tel exercit ou plus grant, pour prendre des autres cités d'Espaingne.

Cap. VII. Et lo dyable, armé de subtillissime malice pour invidie de lo bon commencement de la foi, pensa de contrester, et metre en lo penser de li chevalier de li Christi feu d'amour, et que se hauchassent chaïrent en bas; pour laquel choze Christ fu corrocié, car lo chevalier se donna à lo amor de la fame. Adont, pour lor péchié perdirent ce qu'il avoient acquesté, et furent sécute de li Sarrazin, et perdue la cité; une part furent occis, et une part furent en prison, et une part foyrent et furent délivré.

Cap. VIII. Crespin, pour la vergoigne, non vouloit puiz retorner en son païz; mès vint en Ytalie et ceus de sa contrée, et là demora par alcuns ans; et pour faire chevalerie sous lo pooir de lo impéreor, ala en Costentinoble où il ot moult de triumphe et moult de victoire, et puiz fu mort.

Cap. IX. Et puiz que cellui fu mort, coment ce fust cose que moult alèrent de diversez parties del monde à li solde de l'empéreor; et entre touz ceaux de Normendie qui alèrent à l'empéreor pour prendre li solde, (Urselle) honeste chevalier et vrai et fidel, puizqu'il avoit veinchut la contrée d'Esclavonnie, ala pour aidier à lo pueple de l'empéreor, loquel devoit combatre. Et lo impéreor vit qu'il estoit acte de combatre et home à prove, lo manda contre li Turc en l'aide de l'opère. Mès pour lo juste jugement de Dieu, li Turc orent la victoire et fu grant mortalité de Chrestiens. Et Auguste et Urselle furent prison, et ensi ces ij o tout lor chevaliers furent menez en prison; et de lo duc de li Turc furent honorablement receuz. — Mès autre chose est à entendre, que autre choze est Auguste et autre cose Césare : Auguste et impéreor est une cose come est dit devant; mès Césaire est aucune cose manque; en cellui temps .ij. emperéor ou Auguste; et cestui qui estoient sur la Turquie estoient patrie, et (de?) un autre qui estoient Césaire; si que alorc estoient .ij. empéreor et .ij. Césaire veraiement. —

Cap. X. Cestui que je vouz ai devant dit (l'Auguste et Urselle) atendoient l'ayde de l'empéreor, et entrevint lo contraire par lo conseill de un, loquel lui estoit patrie qui estoit Césaire; et oiant par véraie fame sa mère qu'il estoit en prison, laquelle estoit moillier de lo sage Césaire, elle se pela la teste et se bati lo pet pour son marit, et se fist monacha; et la moillier (d') Urselle, fame moult noble, (il) mist en prison. Mès lo conseill de Dieu non faut de aidier dont la malice de l'ome cerche la malice de destruire.

Cap. XI. Lo impéreor, liquel estoit en prison, dona son filz pour marit à la fille à lo roy de Thurquie, laquelle estoit baptizié et faite christiane, pour laquel choze il et Urselle furent délivré et mandé honorablement. Et non petite part de lo impiere raquestèrent o l'aide de li Turchi.

Cap. XII. Et Césaire, loquel avoit contre Auguste son patrie, fu prison et chaï en la fosse laquelle il avoit faite à autre. Et toutezfoiz fu en prison non à l'omperator mès à altre gent; et par moult or et argent qu'il dona fu délivré de la prison.

Cap. XIII. Et à ceste choze fu aoint major mal qua par substrattion de lo fillastre Césare; par commandement de lo autre impéreor, fu à lo impéreor patrie de Césare crevés les oills; et pour la dolor fu mort. [Cestui moine qui compila cest ystoire fait mention de moult empéreour, mès de Césaire non fait mention de li nom comment se clamoient.]

Cap. XIV. Et Ursselle, home de grant cuer et fort combatéor, en celui temps, conquesta Herménie, et puiz lui fist tribut, et vint en Costentinoble pour délivrer la moillier, et mist son siége, et fist tant de damage qu'il desroboit et occioit et ardoit quant qu'il trovoit; et tant fu son ire contre li Grez, que la moillier, laquelle li empéreor non lui vouloit rendre par sa volenté, covint qu'il lui rendist contre sa volenté.

Cap. XV. Et que li Grex moult de foiz par maliciouz argument et o subtil tradement avoient usance de veinchere lor anemis, escristrent à li Turchi. Avec ceaux estoient souz pat Ursselle, quar il lui estoient traïtor, et par domps de moult or ordenèrent que Urselle fust prison de li Turchi, et fu liez o fortes chaenes. [Qui bien cerchera li autor et l'ystoire espécialment de Troye, trovera que li Grex ont plus sovent vainchut par malice et par traïson que par vaillantize.]

Cap. XVI. [Non se pense cil qui cest livre lége, que cestui moine procède mal en son dit pour ce qu'il entreprent d'une part et de autre à dire, quar tout est de une ystoire, et quant est de la victoire de une gent, c'est de li Normant. Et adont se laisse lo dire de Urselle et conté altre de li Longobart, non est de merveillier dont se excuse. Cest auttor dit que vole dire comment vinrent à li part de Ytalie et de lo regne, et quel pueple veinchirent, et coment veinchirent la superbe de li non fidel.]

Cap. XVII. Avan mille puis que Christ lo nostre Seignor prist char en la virgine Marie, apparurent en lo monde .xl. vaillant pélerin; venoient del saint sépulcre de Jérusalem pour aorer Jhucrist. Et vindrent à Salerne, laquelle estoit asségié de Sarrasin, et tant mené mal qu'il se vouloient rendre. Et avant Salerne estoit faite tributaire de li Sarrazin; mès se tardèrent qu'il non paièrent chascun an li tribut à lor terme, et encontinent venoient li Sarrazin o tout moult de nefs, et tailloient et occioient, et gastoient la terre. Et li pélegrin de Normendie vindrent là, non porent soustenir tant injure de la seignorie de li Sarrazin, ne que li chrestiens en fussent subject à li Sarrazin. Cestui pélegrin alèrent à Guaimarie sérénissime principe, liquel governoit Salerne o droite justice, et proièrent qu'il lor fust donné arme et chevauz, et qu'il vouloient combatre contre li Sarrazin, et non pour pris de monnoie, mès qu'il non pooient soustenir tant superbe de li Sarrazin; et demandoient chevaux. Et quant il orent pris armes et chevaux, il assallirent li Sarrazin et moult en occistrent, et moult s'encorurent vers la marine, et li autre fouirent par li camp; et ensi li vaillant Normant furent veincéor, et furent li Salernitain délivré de la servitute de li pagan.

Cap. XVIII. Et quant ceste grant vittoire fu ensi faite par la vallantise de ces .xl. Normant pélegrin, lo prince et tuit li pueple de Salerne les regracièrent moult, et lor offrirent·domps, et lor prometoient rendre grant guerredon. Et lor prièrent qu'il demorassent à deffendre li chrestien. Mès li Normant non vouloient prendre mérite de deniers de ce qu'il avoient fait por lo amor de Dieu, et se excusèrent qu'il non poient demorer.

Cap. XIX. Après ce orent conseill li Normant que là venissent tuit li principe de Normendie; et les envitèrent; et alcun se donnèrent bone volenté et corage à venir en ces parties de sà, pour la richece qui i estoit. Et mandèrent lor messages avec ces victorioux Normans, et mandèrent citre, agmidole, noiz confites, pailles impérials, ystrumens de fer aorné d'or, et ensi les clamèrent qu'il deussent venir à la terre qui mène lac et miel et tant belles coses. Et que ceste cosez fussent voires, cestui Normant veincéor lor testificarent en Normendie.

Cap. XX. Et en cellui temps estoit rumor et odic entre .ij. princes de Normendie, c'est Gisilberte et Guillerme. Et Gisilberte, loquel estoit clamé Buatère, prist volenté et corage contre Guillerme liquel cotrestoit contre l'onor soe, et lo géta d'un lieu moult haut dont il fu mort. Et quant cestui fu mort ot cestui ceste dignité que estoit viceconte de toute la terre. Et Robert, conte de la terre, fut moult iré de l' mort de cestui, et manecha de occirre cellui qui avoit fait celle homicide; quar se ceste offense non fusse [non fust] punie, parroit que licence fust de toutes pars de occirre li viceconte. Et Gisilberte avoit .iiij. frères, c'est Raynolfe, Aséligime, Osmude et Lofulde. Et avieingne que cestui n'avoient colpe de la mort de Guillerme; toutes foiz foyrent avec lo frère et vindrent auvec lo message del prince de Salerne, et vindrent armés non come anemis, mès come angele, dont par toute Ytalie furent receuz. Les coses nécessaire de mengier et de boire lor furent données de li seignor et bone gent de Ytalie, et passèrent la cité Rome et vindrent à Capue et trovèrent que un de Puille, qui se clamoit Melo, estoit là chacié, et estoit chacié pource qu'il avoit esté rebelle contre lo empéreor de Costentinoble.

Cap. XXI. Cestui furent en aide de Melo et entrèrent en la fin de Puille auvec lui, et commencèrent à combatre contre li Grez, et virent qu'il estoient comme fames. Et par li camp arenouz de Puille sont gésir lor anemis sans esperit. Et pour la mort de ces, est occasion de grant tristesce, et plus en remanda à combatre. Et quant il (l'empéreor) oï dire que par hardiesce de chevalerie estoit sa terre assallie, manda contre li Normant li plus fort home qu'il pot trover, et puiz la venue de ces autres ordenant la seconde bataille. Mès li Grex perdirent et li Normant estoient touzjors ferme, et de ce ot grant dolor l'empéreor, et manda grant multitude de gent, et ordena la tierce bataille, et la quarte, et quinte, et tout veincirent li Normant; et ensi Melo par la force de li Normant fu en lo trone de son honor.

Cap. XXII. Après ce li empéreor manda domps et manda tribut en toutes pars, et ovri son thésaure et trova chevaliers pour monoie, et combatirent contre li fort Normant; mès li Normant en veinchurent sans nombre. Et tant vindrent de gent sans nombre, et lo champ fu to plein de la multitude de lo exercit de l'empéreor, et sont veues les lances estroites come les canes sont en lo lieu où il croissent, et venant encontre petit de Normant en l'aide de Melo; et la multitude de la gent de l'empéreor aloient par lo camp comme li ape quant il issent de lor lieu quant il est plein. Et que vous diroie-je? Li Normant sont appareillicz de morir avant que fouir. Et se fist la .vj^e. bataille moult forte, et de chacusne part est grant péril de mort. Mès pour un de li Normant furent mort moult de anemis, et en tant fu forte la bataille que de .ij. c. l. Normant non remestrent se non .x., et de ces se sot lo nombre quant furent; mès de l'autre part furent tant que nombre non s'en trove (l'an 1019). [Cestui moine storiographe, cest escriptor de l'ystoire, non met se ceste multitude de li Normant vindrent novellement de Normendie, ou se à Capue se partirent li Normant.] Et aucun vindrent en l'aide de Melo, et li autre alèrent avec li messagier de lo prince de Salerne.

Mès quant fut seu à Salerne que ensi avoient combatu li Normant por aidier à Melo et estoient mort, vindrent cil Normant de Salerne, de li Normant vint grant exercit, et emplirent la contrée de fortissimes chevaliers. Et Melo prist une autre bataille contre li Grex, et s'encontrèrent li Normant contre li Grex en un lieu qui se clamoit Vaccarice, c'est en Puille à Maelfe, où maintenant sont gentil home qui se clament Vaccaire. Et li Grex tant coment il en estoit remez de l'autre bataille furent mort. Et de li Normant, liquel avoient esté troiz mille, non remainstrent se non cinc cent; et .vj. grant home de li Normant remeinstrent, de liquel .ij. remainrent avec Athénulfe abbé de mont de Cassin, et li autre avec li sien chevalier à faire chevalerie avec lo prince de Salerne. [Et secont ceste ultime parole, pert que cestui troiz mille Normant venissent novelement de Normandie.]

Cap. XXIII. Et quant Melo se senti abandoné de l'aide de li chevalier, il s'en ala à la cort de lo empéreor et requist miséricorde, et la bénignité de lo impéreor li promist de faire ce que Melo requéroit. Et lo impéreor fit guarde de li prince de li Thodés, coment de certe chevalier se appareilla d'aler à restituer Melo en sa propre honor. Et la crudele s'en rit de ceste covenance, quar Melo fu mort (1020), et fu sousterré en l'églize de Babiparga, laquelle avoit faite cestui impéreor, et en lo sépulcre de li noble fu mis; et en ot tristece l'empéreor et tout son exercit.

Cap. XXIIII. La vertu impérial non voloit muer la disposition de venir en Ytalie, et puiz à la cité de

Troie, pource que li Grez l'avoient mise en lo ténement de Bonivent, et la prist. Et en celui temps, manda lo combatant archevesque de Coloingne, à prendre li prince de Capue, et puiz devoit aler à prendre Salerne. Et fu pris lo prince de Capue; et .xl. jors fu asségié Salerne. Mès por ce que la cité estoit forte à prendre, prist ostage del filz de lo prince de Salerne, et o gloire de triumphe retorna à la cort de lo impéreor. Et puiz, par examination de juste jugement, Pandulfe, prince de Capue, fu jugié à mort. Mès, par prière de l'archevesche de Coloingne, fu délivré de celle sentence; toutes foiz fu-il porté delà de li Alpe liez de une catène en lo col. Et lo fil de lo prince de Salerne, loquel prince se clamoit Guaymarie, fu recommandé à lo pape Bénédit.

Cap. XXV. [Cestui moine storiographe rent la rayson pourquoi li empéreor fu irés contre li prince de Capue Pandulphe, lo frère carnel de la moillier de Melo, de loquel nouz avons dit desus, laquelle se clamoit Dato, et par lo comandement de lo pape estoit montée en la tor de Garilgiane envers la ripe; et Pandulfe désirrant la mort lui vint sur o li Grex, et vainchi la tor, et dona Datto innocente à li Grex, liquel, par commandement de li impéreour de li Grex, fu noiez en mer. Et pour ceste cose fu mandé Pandulfe de l'autre empéreor à lo pape. Assez brévement cestui moine a mis la raison porquoi li empéreor, qui non estoit Grec, fu corrocié contre cestui Pandulfe; toutez foiz non met que ce fust lo empérère de li

Grex; mès pert que li empéreor venoit en Ytalie por remetre Melo en son estat, quar Melo loquel s'estoit rebellé contre l'empéreor de Costentinoble; et quant sust ce que Pandulfe fust coingnat à Melo, toutes foiz estoit Pandulfe [estoit] contraire à Melo qui estoit frère de sa moillier.]

Cap. XXV (sic). Après ces choses faites, Enulfe, frère de Pandulfe, pour paour de ce qui fut fait à son frère, se mist en mer, et voloit foyr en Costentinople à lo empéreor loquel s'en vint en Ytalie, si come est dit; mès par pestilence fu noiez en mer; et ensi en diverse manière furent .ij. frère charnel mort malement.

Cap. XXVI. Et Troiens, par débilité de ceux qui l'aségèrent, ne par force de ceuz qui dedens estoient, mès pour lo fort lieu où elle estoit, non pot estre prise : où Troie fu apert l'antique fabrique, et non pas là où elle est maintenant, quar en plus vill lieu est ore.

Cap. XXVII. Et li religiouz impéreor se parti de là et ala à mont de Cassin; et li frère qui estoient là le visitoient, et o diligence et service lui faisoient obédience. Et fu proié de tout lo collége de li moine, conferma en abbé Théobalde home noble de lignage et plus de coustume, et lui donna la croce, c'est lo baston ecclésiastique.

Cap. XXVIII. Jésu-Crist, qui est rétributor de

toutes bones choses et est gloriouz en tous ses saints, pour la mérite de saint Bénédit mérita cestui empéreor; quar un jor senti grant dolor à lo flanc et plus grave que non soloit, quar estoit acostumé d'avoir celle dolor. Et en celle dolor manifesta lo secret de son cuer à ceus qui continuelment en avoient compassion, et dist : « Coment lo impère romain, loquel est subjett à nous entre li autre royalme de lo monde, est haucié par la clef de saint Pierre apostole et par la doctrine de saint Paul; ensi, par la religion de lo saint père Bénédit croirons aacroistre lo impére, se avisons avec vous présentement son cors; quar, por la prédication de ces .ij. apostole, par tout lo monde fu espasse la foi; mès pour la maistrie de lo Père donna commencement de religion [et comencement] et dona manière de conversation à tuit li moine ». Et quant il ot dite ceste parole il s'endormi. Saint Benoit lui apparut, et lo manesa, et lo gari, et lui dist : « O empéreor, pourquoi désires-tu la présence moe corporal; crois que je voille laissier lo lieu où je fu amené de li angèle, où la regule de li moine et la vie je escris, dont la masse de mon cors fu souterrée? » Et en ceste parole se moustre que quant li os d'aucun saint sont translaté de un lieu en autre, toutes voiez lo lieu où a esté premèrement pour la char qui est faite terre, doit estre à l'omme en révérence; et plus se moustre par ce que je séquterai, et lo impéreor de loquel avoit paour lo regne, ot paour de un moine. Et lo saint lui dist que « sans nulle doute tu saches que mon cors veut ici ester, et de ce te donrai-je manifeste signe o la verge pastoral, lequel signe sera manifeste », c'est o la croce laquelle tenoit en main li saint, et fist la croiz à lo costé de l'empéreor, en loquel lui tenoit lo mal, et lui dist : « Resveille-toi sain et salve, et quar ceste enfermeté non auras-tu plus ». Et maintenant li empéreor se resveilla sain et salve. Et si coment li saint lui promisse, de celle enfermeté non ot onques puiz dolor ; et pour cest miracle tant ot dévotion à lo monastier, quar coment il dist qu'il vouloit laissier la dignité impérial, et vivre en lo monastier comme moine.

Cap. XXVIIII. Et puiz que li imperéor ot recovrée sa santé, lui recorda de la promission qu'il avoit faite à Melo, la vouloit aemplir à sou neveu, et que non la pot recovrer la lor cose, lui donna de lo sien propre la terre laquelle se clame lo Comune, avec lui chastel qui i apartenoient lor donna. Et lor donna en aide Trostayne avec .xxiiij. Normant, et li autre Normant laissa por défendre la foy et à contrester contre li Sarrazin ; et il s'en ala de li mont o sa chevalerie.

Cap. XXX. Quant li Normant furent ferme en la foi de l'Éclize empériere, s'efforcèrent de faire lo commandement de l'empéreor, et vindrent en la terre qui devoit estre de li neveu de Melo, et entrèrent en lo castel Gallmare, et firent paour à tuit cil qui habitoient entor. Mès que ceste choze estoit petite, ces chastelz d'entor voloient par bataille, requérirent aide de li marchis Reynier, et lor manda .ij. de ses frères, c'est Pierre et Melo, et Stéphane remaist avec li Normant, et portèrent lo commandement de lo impéreor loquel disoit que s'il requeroient aide ne lor deuissent noier; et lo marchiz fist lo comandement de lo impéreor coment fidel.

Cap. XXXII. Et la superbe de un autre Pierre, filz de Raynier, non reposa; et quar entre ceaux de celle contrée estoit tenut lo meillor, vouloit contrester contre la majesté impérial, et se appaleilla et assembla de sa gent et de ses amis. Et disoit qu'il non vouloit soustenir que li héritage de ses ancessors fust de gent estrange; et mesura la gent qu'il avoit assemblé, et atendi ceuz qu'il avoit priez de lui aidier. Et se assemble por occire li Normant, liquel de la vie et de la terre ensemble lo privèrent. Et mandèrent petit de gent devant por faire proie, et remeistrent assez pour faire la garde. Et li Normant non pensoient ce, mès sécutèrent cil qui faisoient la proie, et vindrent à ceaux qui les insidioient. Et quant il virent tant grant congrégation et multitude se merveillèrent moult, distrent parole de paiz, et Pierre lor promettoit la mort. Li Normant mostrèrent la main sans arme, et lor col mostroient, et volentiers fugissent; mais il n'avoient qui les receust. Et quand il virent qu'il non pooient avoir autre aide, il clamèrent l'aide de Dieu, par laquel ajutoire un eu persécuta mil, et .x. mille enfugirent devant dui; il distrent à Stéphane qu'il requérist l'ayde de Dieu, et tuit crient. Et l'autre part se confidoient en lor vertu, non cherca autre aide; et de ces xxv Normant, liquelle tenoient lo gofanon fu mort et non plus. Et de l'autre part de .ij.c et .l. non remestrent se non .c. nonante, et li autre s'enfoirent par lo camp, et lessèrent l'arme et lo cheval, et se resconstrent par les crotes et par les fossez pour escamper la vie. Et de li arme de li anemis, et de la robe furent ricche li Normant. Et li Longobart, liquel porent eschamper la vie, o grant vergoingne foirent. Et li Normant veinccor orent tant miséricorde en celle bataille, car coment ce fust cose que li camp fust plein de .ij. mille pedon, et .v. cent, nul non vouloient tochier li Normant. Et puiz vint la triumphal bataille de lo marchiz Renier, et ot grant joie de la victoire de ses amis siens Normant, à liquel puiz donnèrent aide, et subjugarent lo castel à ces troiz frères, coment rayson estoit.

Cap. XXXIII. Puiz que ceste cose fu faite, li Normant se recuillirent de totes pars et se mistrent en volenté de faire chevalerie sous lo grant prince de Salerne Guaymarie, loquel en cellui temps, par lo .enge et par prierie de la moillier laquel estoit soror le Pandulfe, manda domps à la majesté impérial et touz li grant home de la cort. Et lui manda priant qu'il lui pleust de délivrer Pandulfe et lo privast de honor. Et li prince ot la grace laquelle avoit requise a lo impéreor; et puiz retorna Pandulfe. Gaymarie ollao o deniers li Grex, et racuilli à soi lo exercit de li Normant, et asséia Capue, laquelle prist par la industrie de li citadin plus que par force de arme, et Pandulfe, loquel lui estoit donné de lo impéreor, chasa de lo principe et fist prince lo frère charnel de Pandulfe, loquel estoit petit et iovencel.

C<small>AP</small>. XXXIIII. Et après ce descorda à Pandulfe la paor de Dieu, et sa misère quant il fu en prison, puiz recovra la grandesce de son principée. Et par li conseill de li malvaiz estoit en la voie de li pecheor, et séoit en la siége de li pécheor et de pestilence. En prime, comensa à combatre contre Dieu et contre li saint (1027), et leva li abbé de mont de Cassin, abbé Théobalde, liquel estoit eslit de li frère et vestu de la dignité de part de l'empéreor, et confermé de par lo pape. Et ordena qu'il habitast en la celle de saint Bénédit, laquelle se clamoit Capusita. Et par son iniquité commist la cure de l'abbéie à un de li sien, et lo fist abbé, liquel se clamoit Basilie. Et li abbé estoit constraint de faire tout ce que cestui Basile commandoit, qui estoit de la part de lo prince; loquel autresi de lo nombre de li frère leva la décime, ou la décime part lo reduxe. Et en lo monastier de mont de Cassin tant petit de moines i remestrent pour la soe iniquité le chasoit, que à pene pooient complir de dire .xij. leccions; si que de ces fratres s'en partirent .ij. liquel estoient acte de dire l'office, et cil qui remainstrent estoient vilanement traitié; li possession de l'Églize comment li plaisoit retenoit à son service, et des choze de Dieu li et li sien se sacioient. La terre et lo offerte de l'autel estoient donné à lo prestre de lo prince; li servicial de lo monastier estoient à son service; et lui et cil qui estoient auvec lui, metoient en vice de luxure li jovene qui là habitoient. Toutes les bestes de l'abbée avoit faites soes, et li frère qui là estoient remez estoient consumés de toute chétivité. Et quant il estoient à lo service de Dieu non lor era donné à mengier quant il venoient à réfettoire secont l'usance, mès puiz que li ministre de lo prince avoient mengié, à lor estoit aporté de mengier. Et avoient emplie la rocche de son chastel de coses de vivre, de salmes, de divers domps et de dras de lin. Mès puiz vous diroi-je quel fin orent ces choses mal acquestées. Et en ceste office avoient eslit un pervers official de lo monastier; cestui estoit prélat sur toute la poverté de li servicialz de Dieu, et pour ce que cestui estoit moult grand maistre en lo monastier, et dist que come estoit lo seignor ensi devoient li serf.

Cap. XXXV. Et li vaillant abbé non soustenant la vergoingne del [vaillant] saint monastier, s'en ala à la Marche à lo monastier de Saint-Liberator; et li conte de celle terre lui fist grand honor. Et tuit li gentil home lui obéissoient comme à père, et li autre coment à seignor; et pour ce qu'il ala là, fist coment comanda nostre Seignor, qui dist : « Se vouz se chaciez d'une cité, foiez en l'autre » : et que fist ce que Dieu avoit commandé, ot ce que Dieu avoit promis; quar alla sans burse et sac et nulle cose non lui manca, quar vivoit avec Dieu et li frère qui estoient en sa cure, quar non les pooit veoir par face les consolloit par letre moult sovent, et les esmovoit à lo service de Dieu. Et puiz aucun an fu mort l'abbé, et moult en furent triste sa gent et sez frères. Et Pandulfe en fu moult alégre et joiouz, quar se créoit que fust finie toute la malice qu'il avoit fait à lo monastier et en autre part.

Cap. XXXVI. Mès à ce que sa perversité et malvaistié parisse que fust sanz colpe, et non avisse vergoingne à ce que le monastier de mont de Cassin non remanist sanz abbé, loquelle monastier estoit chief de tout li autre abbaïes, si voloit faire un abbé par sa volenté et par son commandement. Et adont fu fait abbé cellui Basilie, dont nous avons devant parlé, de cest saint monastier. Et tant estoit cestui abbé présié coment s'il fust droit et vraiz abbé. Et quand venoit la feste sollempnel de Capue, là où habitoit al lo monastier et par tout li confin de saint Bénédit, non estoient données le cosez nécessaires, ne èrent servit ceaux qui aloient avec lui.

Cap. XXXVII. Et autresi encontinent abbaissa lo religiouz Ylaire abbé de Saint-Vincent martyre, et ensi se glorifia li pervers prince à ce que Dieu lui meist iniquité sur iniquité. Mès ce qu'il cerca trovera. Cestui archipape, c'est sur-pape, laquel choze non est licite de dire, se hauça tant qu'il paroît qu'il deust sallir supre la poesté del ciel, quar fist moult piz. Lo filz soe bastart, loquel se clamoit Eldeprande, fist clerc, liquel estoit usé de fait de chevalerie; et lo archevesque de Capue, home religiouz, loquel se clamoit Adinulfe, mist en prison o li fers as piés et as mains fortement.

Cap. XXXVIII. En cellui jor que li Redemptor de lo monde rachata la humane génération et exulta la char laquelle il avoit prise en la Virge Marie sur li angele, c'est en lo jor de l'Ascencion, li dyable dona conseill à Pandufe. Son devant dist filz Heldeprande fist eslire et fu fait archevesque, liquel avoit fait clerc, et fist chanter comment il est usance une hymne, laquelle se commence *Te Deum laudamus;* et la compaignie parverse moult en ot grant joie, et li peccorel de Dieu en furent dolent. Et fu mis en lo siége et en lo trône de lo archevesque. Li archevesque, liquel estoit en prison, est dezliez des fers qu'il tenoit, et fu trait hors; et filz de Pandelphe vit en lo siége, et lo père staut devant la tribunal justice de lo dyable, lo archevesque lui estoit devant à genolz, et atendi li jugement o grant paor; et lui fu commandé qu'il lui donnast l'anel et la croce et puiz lui baisast li dui pié. Et l'ultime fu remené en la prison.

Cap. XXXVIIII. Et puiz la rage de fortissime loupe se mostra à ceaux de la cité, et estraingnoit les dens come home esragié, et quant li home, quant li fame faisoit prendre; et ensi estoit li pueple tormenté de prison et de nécessité sanz fin. Non ooit prédication de prestre, et avoit close l'orelle pour non oïr la parole de l'Évangile, com lo aspide sort pour non oïr la voiz de cellui qui l'encante. Et en toutes manières mostra son iniquité ; et mut guerre contre li parent soe, quar quéroit de cachier (chacier) de l'onor de Bonivent son coingnat, et lo frère de celui qui l'avoit mis en hautesce. Mès quant Dieu est avec l'ome, nul non lui puet nuire ne mal faire.

Cap. XL. Puiz ceste chose, cestui malvaiz home, lo prince de Capue Pandulfe, chaza Sierge maistre de la chevalerie de la cité soe, et la grant cité de Naples o l'aide de ceux de la cité mist souz sa poesté. Mès petit de temps cestui maistre de la chevalerie honorablement rentra en sa cité (1029), et à ce que non lui peust mal faire la malice de cestui Pandulfe, ala à Ranolfe home aorné de toutes vertus qui covènent à chevalier, et lui dona sa soror por moillier, laquelle novellement estoit faite vidue par la mort de lo conte de Gaïte, et lui demanda qu'il fust contre la superbe de lo prince Pandulfe. Et pour reprendère la férocité de cest anemi, fist (Raynolfe) Adverse atornoier de fossez et de hautes siepe, et une part ricchissime de terre de Labor lui fu donnée que lui feist tribut ; et là fist habiter lo coingnat lo conte Raynolfe, et ceste part d'Averse tributaire sont moult de casal qui i sont.

Cap. XLI. Li honor de li Normant cressoit chascun jor, et li chevalier fortissime multiplioient chascun jor. Et à pène pooit Pandulfe restrendre ne contrester à lo pooir lor, anchoiz prenoit li autrui. Mès une choze entrevint que la moillier de Ranolfe vint à mort, de là dont la concorde de la paiz non fu ferme, et moult fu Raynolfe dolent de la mort de la dame. Mès plus en est triste lo maistre de la milicie, mès (plus) Pandulfe en fu alègre et joiant, quar cherca la division et l'animistié de ces .ij. amis.

Cap. XLII. Cestui prince Pandulfe manda messages à lo conte Raydolphe, qu'il désirroit moult à parler à lui, et lo parlement fu qu'il lui voloit donner une parente soe pour moillier. Et ensi déterminèrent.

Cap. XLIII. Le conte prist por moillier la fille de lo patricie de Umalfe, laquelle estoit nièce de lo prince Pandulfe, quar la moillier de lo patricie estoit seror à lo prince. Et ensi l'alégrèce de lo maistre de la chevalerie de Naple torna en plor, et li cant de lo prince de Capue se exaltoient; kar la cité laquelle avoit faite lo maistre de la chevalerie en sa terre, estoit en la servitute de lo prince son anemi. Lo maistre de la chevalerie fu malade, et dui foiz fu fait moinne, et puiz fu mort.

Explicit Liber primus.

Ci comment li Capitule de lo secont Livre.

LI CAPITULE

DE LO SECONT LIVRE.

Cap. I. Coment lo temps s'aproxima de rendre à Pandulfe prince de Capue ce qu'il avoit deservi.

Cap. II. Coment mort Guaymario et succédi à lui Guaymarie son filz, et fist pacce auvec lo prince Pandulfe.

Cap. III. Coment la fame de Guaymarie vint à lo impéreor Corade. — Coment lo impéreor fist abbé de mont de Cassin Riccherie, et Pandulfe foy à Sainte-Agathe.

Cap. IIII. Coment Guaymarie fu fait prince de Capue et de Salerne, et conferma Raynolfe et restitui en l'archeveschié Adénulfe.

Cap. V. Coment Amelfe et Sorrente furent conjoint à Guaymarie. — Coment Guillerme, par commandement de Guaymarie, o troiz cent Normant contre li Grex.

Cap. VI. Coment lo cors de sainte Lucie fu trouvé.

Cap. VII. Coment Momaco vint pour estre impéreour, et li Sarraziz récuperant la terre.

Cap. VIII. Coment de lo grain et de la farine de Pandulfe fu fait cendre.

Cap. VIIII. Coment Pandulfe foy à l'empéreour de Costentinoble et l'empéreor lo manda en exill.

Cap. X. Coment Théodine fu restitué en son premier estat.

Cap. XI. Coment un qui se clamoit Arduine fu battut tout nude de li Grex.

Cap. XII. Coment fu vainchue Sicile et retornèrent la gent, et puiz fu occis Manialie et fu mis en son lieu Duéliane.

Cap. XIII. Coment se porta Arduyne et pouiz en porta l'onnor.

Cap. XIIII. Comment se mostra de vouloir aler à Rome et vint ad Averse.

Cap. XV. Comment Raynolfe manda avec Arduyne xij. pari.

Cap. XVI. Coment fu prise Melfe, à laquelle cité chevauchèrent li Normant, et coment il mandèrent lo légat à lo impéreor.

Cap. XVII. Coment li empéreor manda contre li Normant, et furent de li Normant veinchut la gent de l'impéreor.

Cap. XVIII. Coment muée la dignité de estre auguste.

Cap. XVIIII. Coment li Normant pristrent moult des compaingnons o dons.

Cap. XX. Coment en la bataille de li Normant et de li Grex fu pris l'empéreor ou auguste.

Cap. XXI. Coment Athénulfe puiz qu'il fu auguste ala à Bonivent.

Cap. XXII. Coment li Normant firent lor prince Agyre et puiz non lo volirent.

Cap. XXIII. Coment fu fait lor conte Guillerme, et Guaymarie et Raynulfe judice.

Cap. XXIIII. Coment daine à Raynorlfe Sipont et Mont de Gargane.

Cap. XXV. Coment partirent la terre. — Coment Raynulfe fu fait dux de Gayte, et puiz sa mort fu eslit conte Asclicien.

Cap. XXVI. Coment puiz la mort Asclicien, Raulfe fu fait conte de Averse.

Cap. XXVII. Coment Rodulfe et Hugo furent délivré de la prison Guaymarie.

Cap. XXVIII. Come mort le conte de Puille, subcedi Drogo.

Cap. XXVIIII. Coment fu chacié Raul, et Rodulfe Trincanocte fu fait conte de Adverse et ménachia sur Salerno.

Cap. XXX. Coment Raynulfe fist cesser Drago, liquel venoit en ayde de Gyamario.

Ci finissent li Capitule de lo premier (sic) *Livre,*

Et commence lo secont.

LIVRE SECONT.

Cap. I. Li temps estoit jà aproćié que la malice de Pandulfe devoit estre punie, et que fust fait en lui ce que Dieu dist ; car nostre Seignor Jéshucrist si dist en l'Évangile : « De celle mesure que vouz mesurés à autre sera mesuré à vouz »; et lo Évangile non doit mentir.

Cap. II. Puiz la mort au grant Guaymarie subcédi à li Guamérie son filz, loquel Guaymarie estoit prince de la cité de Salerne. Cestui Gamérie son filz estoit plus vaillant que lo père et plus libéral et cortoiz à donner, liquel estoit aorné de toutes les vertus que home séculer doit avoir, fors de tant que moult se délictoit de avoir moult de fames. Cestui avoit fait convenances avec Pandulfe son oncle, et se entre-amoient ensemble ; cestui estoient d'une volenté, et par commun conseill disponoient lor possessions.

Cap. III. Mès que non amoient Dieu équalement, nasqui entre eaux dissention et brigue. La soror de la moillier de Guaymère estoit moillier del dux de Sorrente, et lu duc de Sorrente l'avoit chacié, et Pandulfe assaia à avoir à faire carnalment avec la fille de celle dame moillier del duc de Sorrente ; dont Guaimère se corroça et appareilla de revengier son infame. Et traist fors lo avoir, démostra li cheval, et espandi divers pailles, et clama li Normant à ces domps. Et li Normant non furent lent, corurent et pristrent les domps, et haucèrent lo seignorie sur touz li princes.

Cap. IIII. De toutes pars sonne lo nom de Guaymère, et vint à Corrat impéreor, loquel subcédi à Henri. Come Guamarie o grant compaingnie de bons chevaliers resplendissoit en Ytalie, Corrat empéreour manda par messages avant à Guaymère comment il venoit en Ytalie.

Cap. V. Et quant li empéreor fu venus en Ytalie, il monta à mont de Cassin ; et Basilic, liquel estoit injustement ordené abbé, si foy. Et lo impéreor toutes les coses que avoit prises Pandulfe restitui à lo monastier, et favorablement à la pétition de li frère lor dona pour abbé Richier de Bergarie, de noble gent et vaillant personne. Et Pandulfe, plein de tout péchié et de malvaistie, timant lo jugement de lo impéreor, fuy avec sa gent à la roche de Sainte-Agathe ; et s'il fouy non est merveille, quar nul larron non veut veoir la face de son jugement.

Cap. VI. Après ce vint li empéreor à Capue, et atendoit que li prince deüssent venir à lui ; mès chascun se rencloste en sa propre possession, et solement Guaymère vint à lui o tout li sien fortissime chevalier de li Normant, et honorablement fu receu de lo impéreor, et plus honorablement fu traitié de touz; et dona grans présens et nobles à lo empéreor; et tote la cort se senti de ses domps, et de touz fu loé; et tuit proient à lo impéreor qu'il soit exalté et essaucié et honoré. Et li imperéor empli la volenté de tuit li fidel soy, et lo fist fill adoptive, et lo fist prince de Capue, et lo revesti de ces .ij. dignités, et lui dona lo gofanon en main. Et puiz quant il fu en tant de grace, procura que li empéror fust en bone volenté vers Raynulfe, quar sans la volenté de li Normant ne les choses soes pooit deffendre, ne autres poit cestui prince conquester. Et lo impéreor s'enclina à la volenté de lo prince, et o une lance publica et o un gofanon dont estoit l'arme impérial conferma à Raynolfe la conté d'Averse et de son territoire (l'an 1038). Et après ce li imperéor délivra de la prison obscure o grant miséricorde Adinulfe, archevesque de Capue, et lo remist gloriousement en son siége. Et ensi li emperéor Corrat s'entorna en Alemaingne, et Guaimère et Raynolfe furent exaltat o grant honor, et s'en alèrent chascun en son lieu.

CAP. VII. Et cestui conte Raynolfe persévéra en loialté à lo prince, et se fatigoient de accroistre lor honor, et s'efforçoient de oppremere la superbe de li anemis de lo principe. Et alèrent à Sorrente, loquel avoit fait injure à Guaimère, et laissié la moillier o la soror et la mère, et lo frère lo duc fut pris, et fu condempné en prison touz les jors de sa vie. Et toutes voiez donna la dignité de la cité à Guide son frère charnel, et la cité de Amalfe, riche de or et des dras, subjuga à sa seignorie. Et est à noter que il sont .ij. Melfe, quar est Melfe et Amelfe : Melfe est en la confine de Puille, et Amelfe est vers Salerne et Naple. Mès or retornons à nostre ystoire, quar de cestui Guaymerie que nous avons devant dit, continuelment cressoit sa bone renomée, et li pueple lui venoit o aquestement de monoie, et touz lui donnoient li seignor de la terre, et noient non chercoit. Li conte Pandulfe monstroit sa vertu, et Guaimaire estoit torné à gloire et à honor et hautesce.

Cap. VIII. En cellui temps lo exercit de li Grex estoit mandé en Sycille pour la veinchre, et à si fatigose bataille estoient constreint li Puilloiz et li Calabroiz o solde et deniers de li impéreor, et li gentil et lo pueple estoit excité à ceste chose; mès que la protervité de li Sarrazin non se pooit domer par fiéble main. La poteste impérial se humilia à proier l'aide de Guaimère, laquel pétition vouloit Gaymère aemplir, et fist capitain Guillerme filz de Tancrède (1038), liquelle novellement estoit venut des partiez de Normendie avec .ij. frères, Drugone et Unfroide; avec liquel manda trois .c. Normant. Et à dire la vérité, plus valut la hardiéce et la prouesce de ces petit de Normans que la multitude de li Grex, et ont combatu à la cité, et ont vainchut lo chastel de li Sarrazin, et la superbe de li Turmagni gist par li camp, li gofanon de li chrestien sont efforciez, et la gloire de la victoire est donnée à li fortissime Normant.

Cap. IX. Puiz que la cité de Sarragosse (*sic*) fu prise et vainchue, vint un home cristien à Maniachin duc de tout l'ost et lo exercit, home aorné de une honorable canicie, et il soul afferma qu'il savoit où estoit li cors de sainte Lucie, virge et martyre; et lo duc fu moult liez, puiz la victoire, de reporter les reliques de la sainte, et à trover cest grant trésor prist la testemoniance de li Normant, et s'avuèrent alla éclize pour la destration; de l'ome viell chrestien fu mostré lo sépulcre, de loquel trairent la sainte pucelle, autresi entière et fresche comment lo premier jor qu'elle i fu mise. Et se rapareilla de argent la casse où li saint cors de la bénédite vierge estoit, et fu mandé en Costentinoble.

Cap. X. Et entretant come ces choses se faisoient en Sycille, li matrimoine de l'empératrix de Costentinoble et de l'empéreor fu départut, quar moillier chasa lo marit de lo siége royal, et au damage de lo marit la fame fu plus, et fu clamé lo duc qui se clamoit Monacho qu'il seroit impéreor et auroit l'impératrix pour moillier s'il s'avenchoit et festinoit de venir. Et lo duc ce croiant le vouloit faire, et considéra la major honor et laxa la ménor, et laissa Sycille laquelle il avoit jà acquestée. Et li Normant remanda à lor prince, et se hasta moult d'aler en Costentinoble por prendre la dignité impérial. Mès quant il vint là, il trova que de lo département de l'empéreor et de l'empératrix estoit faite la paiz : toutes foiz li Sarrazin recovrèrent lor héritage qu'il avoient perdu.

Cap. XI. Et Gaymère se délittoit par large planière, et s'espandoit la victoire de sez chevaliers. Et par lo contraire de Pandulfe toutes les coses qui estoient à Averse, quar lo grain et lo mil, loquel avoit aüné de la rente del monastier de saint Bénédit puis dui ans, ensi fu trouvé en cendre que ne porc ne vasce afaméc non en vouloit mengier, et lo panne et dras de soie tuit furent consumé de teingne et de vers.

Cap. XII. Et pour ceste choze Pandulfe cercha que la ire de Guaymarie se déust encliner à miséricorde, et aléga miséricorde de parentèce. Mès lo neveu non s'enclina à la prière de son oncle, pour laquel choze s'en ala en Costentinoble à lo imperéor; et puiz après lui ala lo message de Guaymarie, loquel, plus manechant que proiant, ordena que li emperéor n'eust miséricorde de Pandulfe. Dont, quant li emperéor ot entendu ce que Guaymarie lui mandoit, il prist Pandulfe et le manda en exil. Et quant lo impéreor fu mort, Pandulfe avec li autre liquel estoient exill, fu rappellé de lo exill, liquel estoit priveement asconz, et espioit s'il poist nuire à Guaymaric. Mès coment dit l'Escripture : « Ne conseill ne sapience vaut contre la puissance de Dieu. »

Cap. XIII. Mès la superbe de lo pervers et malvaiz Théodine, loquel nous avons dit desus, plus est tornée en misère que la Pandulfe : quar la vainne gloire de cestui Théodine, liquel entre li princes estoit grant et puissant, est tant enclinée à tant humilité, qu'il estoit o la barbe rese et la teste pellée, laquel cose est grant vergoingne entre les Grex; et tenoit la teste coperte d'une pel de lotre, estoit fait cernator de farine et faisoit pain : et coment ce fust cose qu'il contast et mesurast lo pain pour son seignor misérable, recevoit sa part, et de cestui se dira puiz.

Cap. XIV. Quant la bataille de Sycille, dont nous avons parlé devant, se faisoit, un qui se clamoit Arduyn, servicial de saint Ambroise archevesque de Melan, combatant soi en celle bataille, et abati un Sarrazin; et lo caval de li Sarrazin estoit moult bel, si lo mena à son hostel; et li duc de la militie troiz foiz manda pour lo cheval, et Arduine non lui vouloit mander, e dist que o sa main victoriose l'avoit conquesté et o l'aide de Dieu. Et par lo commandement de lo superbe duc, injuriosement fu mené Arduino et lo cheval; et secont la pessime costumance de li Grex, fu batut tout nu, et li cheval lui fu levé. Et ensi ot vergoingne de son cors pour ce qu'il non voloit donner lo cheval de sa volenté; il s'apensa et s'appareilla de soi vengier. Mès en ceste manière remainst ceste cose, et souffri l'ynjure, et toutes voiez la tint en son cuer qu'il devoit faire puiz.

Cap. XV. Puiz que la Sicylle fu vaincu, tout lo exercit retorna en Puille (1040); et come nous avons dit, Manachia por estre empéreour ala en Costentinoble; mès là fu crudélement taillié, et en lo lieu de cestui fu mis Duchane Captapan est constitui en Puille.

Cap. XVI. Et Arduyn, loquel avoit en lo cuer l'ynjure qu'il avoit receue, ala à cesti Duchane, et lui dona moult or, et fu honorablement receu, et fu en hautesce de honor fait, et fu fait préfet de moult de citez. Cestui se moustra bienvoillant à tuit li subjette, et se mostra miséricordiouz à ceux qui lui offendoient; et faisoit sovent convit, li gentilhome et li non gentil envitoit à son convit, et lor donoit délicioses viandez; et puiz quant avoient mengié parloit de amicables paroles, et ensi plus se moustroit frère que judice de eaux. Et parlant à eaux metoit paroles de compassion, et feingnoit qu'il estoit dolent de la grevance qu'il souffroient de la seignorie de li Grex, et l'injure qu'il faisoient à lor moilliers et à lor fames, et faingnoit de souspirer et de penser à l'injure qu'il souffroient de li Grex; et lor promettoit de vouloir fatiguier et travallier pour lor délibération. Ha! quel sage soutillesce pour lever la seignorie à li seignor qui lui firent injure, et émut lo puple contre eaux! Ha! ire fortissime non mostrée defors, mès la gardoit en cuer, coment le feu copert de cendre qui fait secce la laingne, subite t'alumera o feu ardant. Certes, jà estoit la laingne qui tous les ardra, quar comment saint touz lo desirrent pour seignor, et touz affermoient à lui Arduyne que lo vouloient à obédir. Et quant ce vit Arduine, souffla pour alumer lo feu; coment lo capitule de après nous mostrera, soufla et aluma, toutes foiz à ceus qui à lui se offroient rendi grace et amor.

Cap. XVII. Après ce, Arduine fist semblant d'aler

à Rome à la pardonnace; et ensi s'appareilla à guaitier à li Grex; et ala à la cité d'Averse plene de chevalerie, et parla à lo conte Raynulfe, et lui dist : « Je sui venu pour accroistre lo honor de vostre majesté et seignorie; je me delitto de conjoindre lo mien estat petit avec vostre grant amistié, et se volez donner foi à ce que je vouz conseillerai, vous serez accressut en grant utilité. Lonc temps est que vous entrastes en ceste terre, et force en la contrée où vous fustes nez lessattes poi de héritage, et sà en avez acquesté meins, et personne, quant laisse sa propre terre, doit chercier pour soi accroistre honor et puissance. Vouz encoire estes en ceste terre qui vous a été donée et vouz i habitez comme la sorice qui est en lo partus, en cest estroit lieu, quar lo pueple te croist li part de li bénéfice de la terre; entre il covient que faille estende vostre main forte et dont je vouz ménerai venez après moi, et je irai devant et vouz après; et vous dirai pourquoi je voiz devant, que sachiez que je vouz ménerai à homes féminines, c'est à homes comme fames, liquel demorent en moult ricche et espaciouse terre. »

Cap. XVIII. Quant li conte entendi la parole de cestui Erduyne, il prist li meillor de son conseill, et sur ceste parole se conscilla et tuit sont en volenté. Et prometent li Normant d'aler à ceste cose à laquelle sont envités et font une compainguie et sacrement ensemble avec Arduyne, et jurent que de ce qu'il acquesteroient donroient la moitié à Arduyne. Et eslut li conte .xij. pare à liquel comanda que equalement deuusent partir ce qu'il acquesteroient. Et lor donna troiz cens fortissimes Normans, à liquel dona li goffanon por veinchre, et le baissa en bocche, et les manda à la bataille por combatre fortement en la compaingnie de Erduyne, liquel avoit grant volenté de soi vengier.

Cap. XVIIII. La cité de Melfe est assize en un lieu haut, laquelle de divers flumes est atornoié et entor et guarnie. Et aviegne que lo lieu où est la cité s'estent en hautesce; toutes voies pour aler là est légière sallute et est cloze de mur non haut; mès plus sont appareillié de bellece et de fortesce que de hautesce. Ceste cité est autresi comme une porte de Puille moult forte, laquelle contresta à li anemis, et est refuge et réceptacle de li amis. En ceste cité li Normant entrèrent de nuit, et Arduine proia li Normant que o paiz la deussent garder. Mès cil de la cité se levèrent o grant multitude et pristrent l'arme et se appareillèrent de eaux deffendre. Et Aldoyne se met entre eaux, et parla à haute vois : « Ceste est la liberté laquelle vouz avez chercié; cestui non sont anemis, mès grant amis, et je ai fait ce que je vouz avoie promis, et vous, faciez ce que vous m'avez promis. Cestui vienent pour desjoindre lo jog dont vous estiez loiez, de liquel se tenez mon conseil joingiez auvec ces. Dieu est avec vouz; Dieu a miséricorde de la servitude et vergoigne que vous (souffrez?) tous les jors, et pour ce a mandé ces chevaliers pour vous délivrer ». Et quant

il oïrent ensi parler Arduyne, se consentirent à lui,
et font sacrement de fidélité de chascune part de paiz,
se la terre non avoit autre seignor que ou à cui face
tribut se clame tributaire. Et en ceste règne se clame
terre de demainne, et se a autre seignorie, se clame
colonie, come sont en ceste règne la terre qui a autre
seignorie. Et sanz lo roy estoit seignor Arduyne, et
en celle part se clament colone.

Cap. XX. Et lo matin li Normant s'en aloient sola-
chant par li camp, et par li jardin lo menoit à Vénoze
laquelle estoit de près de Melfe, liez et joians sur lor
chevaux, et vont corrant çà et là; et li citadin de la
cité virent cil chevalier liquel non cognoissoient, si
s'en merveilloient et orent paour. Et li Normant à une
proie grandissime et sanz nulle brigue la menoient ad
Melfe. Et lo secont jor alèrent à Ascle, où il trovèrent
homes plus flebes. Et d'iluec s'en vont à la belle Puille,
et celles choses qui lor plaisoit prenoient, et celle qui
ne lor plaisoient leissoient. Mès non combatoient,
quar non trovoient qui lor contrestast. Et partoient
ce qu'il avoient pris, et s'appareillèrent de prendre lo
remés et s'atirrèrent la fame de ceuz de Melfe, et moult
s'alégrèrent de la débilité de li home qu'il trovèrent,
et confidant soi en la potence de Dieu et en lor vertu,
créoient jà avoir vainchut les cités de Puille et les
créoient avoir subjugate, et il meismes créoient estre
subjugate. Et mandèrent légat à lo duc Dyoclicien, et
lui annuncièrent lor misère et lo damage qu'il avoient
receu, et encore piz qu'il atendoient de recevoir; et

requéroient qu'il deust mander à lo impéreor por aidier lor.

Cap. XXI. Et comanda li empéreor à Dyoclicien qu'il appareillast grant bataille contre li Normant, et cil qui remaindroient de la bataille, por exemple de li autre, légat o chainnes doient estre mandés à lo empéreor. Lo exercit innumérable pueple aüna, et lo duc grec se glorifia en la grant multitude des homes, qui estoient autresi coment fames, et se pensa de humilier ceus qui puiz humilièrent son orgoill. Et manda comandement à li Normant qu'il deussent laissier la terre laquelle il tenoient injustement, et il les léroit aler en lor païz; et lor manda disant qu'il estoit accompaingnié avec la gent de l'ympéreor, et que vergoingne lui estoit de combattre contre eaux qui estoient petit de gent et poure, et autresi s'il le vençoit plus lui seroit vergoingne que honor. Et li Normant lui respondirent : « Se tu non daingnes venir sur nous, certénement irons sur toi à bataille, quar plus nous confidons de la miséricorde de Deu que de la multitude de la gent. Nouz non intrâmes en la terre pour issirent si légement; et moult nous seront loing à retorner là dont nouz venîmes; et que tu, duc de lo impéreor, as vergoingne se tu nouz veinces, et tant sera plus grant gloire à nouz veinchons toi et la multitude de la gent de l'empéreor. Nous volons paiz se vous nous laissiez la terre que nouz tenons, et en ferons service à lo empéreor ». Et quant lo duc de lo empéreor vi et entendu lo grant corage et la grant hardiesce de li vaillant chevalier normant, et qu'il non vouloient laissier la terre qu'il par force avoient gaaingnié, il fu molt corrocié; et cria et commanda que maintenant la gent s'armassent pour combatre li Normant, liquel non vouloient obéir à lo commandement de lo impéreor, et ordena lo leu où devoient combatre, et fu définive lo jor et l'ore de faire la bataille, de l'une part et de l'autre. Et quant lo jor et lo terme fu venu de combatre, la gent de l'empéreor entrèrent en champ de bataille contre la bone et forte compaingnie de li Normant, qui moult estoit petite, car li autre estoient cent pour un. Et li host de li Grex, liquel non se pooit nombrer, se prinstrent la hautesce del mont; et moult desprizèrent li Normant por ce qu'il estoient petit de gent. Et manda lo duc de lo impéreor une soe bataille contre li Normant; et commanda que cil de li Normant qui remandroit vif fussent mandés en prison et encaïnnés, et mandés à lo impéreor. Et lo duc manda son message pour savoir quant il en estoient reméz en prison; mès non vint lo message, quar de li sien nul en estoit remez vif. Et puiz manda une autre bataille plus grande et plus fort, quant la première bataille fu vainchue et toute taillié, et commanda ce qu'il avoit fait à la première bataille, que cil qui remaindroient vif fussent menez en prison. Et encor remanda lo duc l'autre bataille plus vaillante et plus grant, et lor commanda comment il avoit commandé as premiers. Et li premiers qui jésoient en lo camp, loquel estoit contre lo flume, car là estoit lo camp où combatirent, remainrent covert de li secont qui furent occis sur eaux. Et lo duc, quant il vit ce, fouy o tout lo remanant; et li Normant o victoire grande et merveillouse retornèrent en lor meisons.

C<small>AP</small>. XXII. Ceste rumor et ceste grant mortalité fu escripte à lo impéreor, et la forte victoire de li vaillant chevalier normant, et à touz li princes anucié. Et quant lo impéreor entendi ceste novelle, il se féri de la main el front pour la grant dolor qu'il ot, et par grant ire qu'il ot se desrompi sa robe et se donna de la main contre la poitrine, et dist : « Certénement par ceste gent serai-je privié et chacié de la dignité de mon empire. » Et pour ce, lo plorer et conturbation conturba toute la cité royal, et à lo conseill de l'impéreor furent clamés cil de la cité cil qui estoient de plus grant puissance et plus sages. Et quant il furent ensi assemblez pour prendre conseill qu'il porroient faire contre cil devant dit Normant, et dist lo impéreor : « La sapience de li Grex, et la discrétion de li chevalier, et lor proesce et lor sage conseill maintenant se doit démostrer; quar grant besoingne i fait ». Et puiz si dist : « Seignors, or m'entendez; je me suis mis en cuer et en volenté de laissier toute avarice, et voill mostrer à li chevalier mien toute largesce, et voill que la porte de mon trésor soit aperte et soit despendu à ceaux qui se voudront combatre contre la hardiese et force de ceste gent de Normendie. Et se mon trésor non souffit je me ferai prester des ecglizes de la foi nostre; car en toutes manières je voill lever de terre et distruire, se je puiz, ceus qui me volent destruire et tollir la

noble honor impérial, et contrester contre moi. » Et
quant lo impéreor ot ensi parlé et mostré sa volenté
à li conseil soe et au pueple, tuit s'acordèrent à la
parole de l'impéreor, grant et petit, poure et riche,
et promistrent de faire aide de argent à lo empéreor
chascun secont son pooir, et si firent. Et ensi li empéreour dona à li chevalier double solde à ce que venissent à de meillor cuer et de meillor volenté à combatre contre la grant hardiesce et vaillantize de li fort
Normant. Quant li empéreor ot ensi fait et ordené avec
son pueple et ses chevaliers, més li Grex non se assemblèrent pas particulèrement pour aler à la bataille;
més touz ensemble s'assemblèrent; et de l'autre part
contraire o grant cuer et hardiesce estoient li vaillant
et fort chevalier veinceor Normant. Et à ce qu'il
donassent ferme cuer à li colone de celle terre, lo
prince de Bonivent, home bon et vaillant, liquel estoit
frère à Dinulfe, firent lor duc à loquel servoient comment servicial et lo honoroient comment seignor. Et
puiz quant il orent fait lor duc il vindrent à la bataille, et se commencèrent à assembler; et la compaignie de li chevalier de l'empéreour à turme à turme
estoient abatut; et Dulcanie, liquel esto prince de
l'ost de l'empéreor, quant il vit ce, si commensa à
fouir por eschaper la vie et lo péril de mort. Et cil
qui venoient derrière, c'est à dire li vaillent et pois-
sant chevalier normant, non fuioient pas, més paroit qu'il volassent. Et apparut un tel miracle et
vertu de Dieu si bel, que nul se porroit penser. Or
dist ensi li conte que quant li Grex vindrent por com-

batre contre li vaillant Normant, lo flume, liquel se clame lo Affide, estoit tante petit et bas que li cheval n'i venoient fors jusques à la cuisse en l'eaue; et quant il furent vaincus à la bataille et il retornoient por fouir, tant i avoit de aigue, que lo flume issoit defors la ripe. Et toutes foies li air avoit esté bel et serin, et nulle pluie avoit esté; dont il avint que plus furent cil qui furent noiéz que cil qui furent mort en la bataille. Si que foyant la hardiece de ceus qui les sécutoient trovèrent li élément inrationable qui les alfeca. Et li vaillant et puissant Normant de diverses richesces sont fait riches de vestimens de diverses colorouz, de aornemens, de paveillons, de vaisselle d'or et d'argent, de chevaux et de armes précionses; et especialement furent fait ricche, quar l'usance de li Grex est quant il vont en bataille de porter toute masserie nécessaire avec eaux.

Cap. XXIII (*sic*). Après ceste confusion et destruction de li Grex, et la grant victoire de li fortissime Normant, l'ire de lo impéreor vint sur Dyeclicien, le leva de son office que non fust duc, et le fist son vicaire, et lui manda Guarain et altre gent; quar veoit que par lui non combatoient bien Grex. Et lor dona à cesti exauguste ou vicaire de auguste moult de argent; et lui commanda que quant de chevaliers il trouveroit expert de bataille part tout son ténement, les deust prendre à solde pour aler contre li Normant.

Cap. XXIIII. Et li Normant d'autre part non cessoient de querre li confin de principat pour home fort et soffisant de combatre; et donnoient et faisoient douer chevauz de la ricchesce de li Grex qu'il avoient veinchut en bataille, et prometoient de douer part de ce qu'il acquesteroient, à ceaux qui lor aideroient contre li Grex. Et ensi orent la gent cuer et volenté de combatre contre li Grex.

Cap. XXV. A la forte Melfe s'asemblèrent toute la multitude et vindrent à conseil, et pensèrent que il devoient faire contre la force de lor anemis. Et exaguste se appareilla auvec sa gent pour les prendre de dentre la cité. Et li Normant, qui bien le sorent, issirent de costé, et entretaut que lo exercit de l'empéreor estoit en lo secret de mont Pelouz, li Normant par grant hardiesce s'en vont à mont Soricoy après lo lieu où li Grex estoient, et li Grex non s'en donnèrent garde quant il passèrent d'après, quar li Grex estoient moult abscons pour non estre veuz : et li Normant passant pristrent .v. cent gennille et autre bestes, liquel aloient pour fein et autre cose nécessaires à l'ost de li Grex. Et quant li Grex lo sentirent, corurent à combatre contre li Normant; et li Normant compostement et non corrant lor vont encontre. Et li Grex lor cerchèrent de tirer derrière en cest lieu moult coraut, et li Normant o douz pas les séqutoient; et li Grex non cessoient de corre por alienir à li pas dont il se confidoient plus que en Dieu. Et li Normant haucèrent lo gofanon autresi coment pour demander bataille : « Où nouz avons vainchut poi vous fuiez. »

Et quant li Grex virent ce, il haucèrent lor gofanon, et ensi li Normant et li Grézois assemblèrent à bataille. Et li vaillant Normant, fort, hardi come lyon, batoient et estreingnoient li dent, et drechoient la haste contre li Grézois, et comencèrent fortement à combatre, et commencèrent à veinchre. Més li Grex, pour miex deffendre lor vie, entrèrent en lo fort de la silve, et li bon Normant vaillant et hardi n'orent pas paor d'aler après, més o grant cuer et hardement les sécutèrent, et li Guarani sont occis, et Puilloiz sont mort et Calabrois; et tuit cil qui pour or et pour argent estoient venut à lo péril de la bataille, sans arme et sans sépulture gésoient mort. Et lo exauguste, loquel avant avoit esté duc, sentant la lance qui lui venoit droit à férir, o lengue barbare ensi coment pot parler cria: *catapan, catapan,* et ensi manifesta estre vainchut à celle bataille. Et après ce li Normant o victoire retornèrent à mont Sarchio, dont avoient mis li paveillon; més pour ce que lo chastel estoit guarni de granz fossez et de autres forteresces, estoit deffendu par gent qui estoient dedens, quar non se pooit prendre ne desrober, li Normant o tout la bandière de lor anemis et o tout lor seignor qu'il menèrent en prison, s'entornèrent liez et joianz; et par ceste manière commencèrent à seignorier Puille en paiz.

Cap. XXVI. Et après ceste victoire s'entornèrent li Normant à Melfe, et se raysonnèrent ensemble qu'il devoient faire de lor prison, et lo donèrent à Athénulfe lor prince, qu'il lo deust examiner et jugier coment il le parust de faire; et Athénulfo croiant soi estre ricche de celui prison, laissa li Normant et s'en torna à Bonivent où il habitoit, vendi lo prison et assembla deniers; més ces deniers non assembla pour lui més pour autre. Quar poi après fu privé, de li Normant, de richesce et de castel; et fu constraint de soustenir la misère de sa poureté o adjutoire d'autrui.

Cap. XXVII. Et quant li Normant orent perdu lor duc qui poi avoit de foi, si se tornèrent à lo fil de Mélo, Argiro, de del quel nouz avons devant dit, et cestui eslurent pour lor prince. Et puiz alèrent la voie de cestui duc, et aloient sécur, et toutes les cités d'éluec entor constreignoient, qui estoient al lo commandement, et à la rayson et statute que estoient; ensi alcun voluntairement se soumettoient, et alcun de force, et alcun paioient tribut de denaviers chascun an. Li Normant alarent à la famose cité de Trane, contre laquelle combatirent moult fortement, et poi s'en failli qu'il non la pristrent par bataille; et s'enclinèrent cil de Trane, et se laissèrent prendre, et lessèrent li arme et o li bras ploiez allèrent, puis requèrent pardonance. Et un Normant, qui se clamoit Argira, par sa folie destruit la victoire : quar o la hautesce de sa voiz et o son criement opprisse lo victoriose ire de li Normant; et un de li .xij. eslit, qui se clamoit Pierre de Gautier, en ot tel dolor, qu'il vouloit occidre Argiro, se ne fust ce que par force li compaingnon le retenirent.

Cap. XXVIII. Et li Normant non pensoient aler par

vanité et à cose non certe, et retornèrent à lor cuer, et ordenèrent entre eaux ensemble de faire sur eaux un conte. Et ensi fu (l'an 1043), quar il firent lor conte Guillerme fil de Tancrède, home vaillantissime en armes et aorné de toutes bonnes costumes, et beauz, et gentil, et jovene. Et quant li Normant orent ensi fait et ordené lor conte, il lo mistrent et se devant, et s'en alèrent à la cort Guaymarie prince de Salerne, et lo prince les rechut autresi coment filz, et lor donna grandissimes domps, et à ce qu'il fussent plus honorés de toz, dona à moillier à Guillerme novel conte, la fille de son frère, laquelle se clamoit Guide. Li Normant orent grant joie de li domps qui lor furent fait, et autresi orent grant joie de lor conte qui avoit noble parentece. Dont de celle hore en avant Guaymère lo clama pour prince, et Guaymère se clamoit pour rector, et l'envita à partir la terre tant de celle acquestée quant de celle qu'il devoient acquester. O liquel autresi demandoient que i soit Raynolfe conte sur touz caux, et cestui Raynolfe estoit conte de Averse dont se partirent quant il alèrent à acquester avec Arduine, si come il est dit desus. Et tant à lo prince de Salerne, quant à lo conte de Averse, satisfèrent à la pétition de li fidel Normant, et s'en alèrent li Normant à Melfe o tout lor conte Guillerme, et là furent receuz come seignor. Et li Normant li obédirent coment servicial, et li meillor de li Normant portoit la viande, et estoit botellier, et avoient moult chier de faire celle ville office. Et lui appareilloient domps devant lui, et o grant dévotion requéroient humilement qu'il lo deust prendre, et lo prince et lo conte les refusoient moult liement et donoient à li Normant dou lor propre trésor.

Cap. XXVIIII. Et anchoiz que vénissent à la division, quar non avoient oblié lo bénéfice de lo conte Raynolfe, si regardèrent de lo glorifier de celle cose qu'il avoient conquesté, et li proièrent qu'il deust recevoir la cité de Syponte, qui maintenant est clamée Manfrédone, et Mont de Gargane, liquel lui est après, en loquel mont en haut est l'églize de Saint-Michiel archange, laquelle non fu consacrée de main de evesque, més il archangele la conséera en son nom comme lit et tient la sainte éclize de Dieu. Et devisse recevoir de cestui mont et toz li chastel d'entor; et lo conte rechut ce que de li fidel Normant de bone voleuté lui fu donné.

Cap. XXX. Et li autre terre aquestées et à aquester partoient entre eaux de bone volenté, et en paiz et bone concorde. Et en ceste manière Guillerme ot Ascle, Drogo ot Venose, Arnoline ot la Belle, Hugo toute Bone et ot Monopoli; Rodulfe ot Canne; Gautier La Cité; Pierre Traanne; Rodolfe, fill de Bebena, Saint-Archangele; Tristan Monte-Pelouz; Arbeo Argynèze; Asclétine la Cerre; Ramfrède ot Malarbine, c'est Monnerbin, et Arduyne, secout lo sacrement, donnèrent sa part, c'est la moitié de toutez choses si come fu la covenance. Et Melfe, pour ce que estoit la principal cité, fu commune à tonz; et que non vaut la possession sans prince, secont la loy que fist Guaymarie prince de Salerne, il en vestit chascun; et puiz torna le prince à Salerne, et lo conte à Averse sain et sauf.

Cap. XXXI. [Or dit ensi li conte de ceste cronica que] quant ceste cose que nouz avons devant dites furent faites et acomplies, que pour l'aide de lo prince Gaimare le conte Raynolfe de Averse fu fait duc de Gayte, et ensi en bone villesce et prospérité de fortune et en mémoire de paiz fu mort Raynulfe; et après li fidel Normant, quant il virent qu'il orent perdu lo vaillant conte Raynolfe d'Averse et duc de Gayte, alvindrent à lo prince de Salerne, et requistrent subcessor de lor seignor qui estoit mort. Quar, come il disoient, plus se faisoit amer come père que timer come signor. Et li bon prince Guyamarie fu moult liez et alègre de lor pétition; et soi recordant de la fidélité et bone mémoire de lo conte Raynolfe, et proia li prince li Normant qu'il dient loquel il désidèrent à haucier en ceste honor. Liquel Normant eslurent Asclitunie, fill de lo frere de lor seignor lo conte Raynolfe qui mort estoit. Et à lui confermèrent qu'il lo vouloient servir, et mandèrent à lui un légat, et lui escrivèrent de la soe hautesce, et lui mandèrent disant qu'il s'appareillast de recevoir ceste dignité et honor. Et cestui Asclitune encontinent sanz demore se appareilla de venir; et s'en va à la grace del prince Guaymarie; et lo prince lo rechut come filz, et lui aporta granz domps; et alèrent ces .ij. en Averse, asquels vient après o grant joie et alégrèce li Normant et li homes de la cité. Et portoient li Normant lo gonfanon d'or, de loquel de la main droite lo prince en revesti Asclitine; et il lo prist à grant joie et à grant alégresce. Et Guaymère se merveilla de la bellèze de si élégant jovène. Et lo conte se merveilla de tant, et lo puple furent moult content que cestui fust successor à lo conte Raynolfe son oncle, quar bien en estoit dignes pour sa proesce et pour sa biauté. Cestui por la biauté de sa juventute et pour l'antiqité de l'autre conte fu clamé lo comte jovène. Et toutez foiz non estoit meins aorné de sens et de toutes bones manières que son oncle lo conte Raynolfe; car, pour la bellèce de son cors l'amoit li prince Guaymère : quar à exemple de son oncle avoit semblace de fidélité. Més la mort fu trop après qui desparti ceste amistié et mist fin à la vie, quar fu mort et de ceste mort fu moult conturbé lo prince Guaymère. Et autresi ceste crudèle mort donna grant tristesce à li fidel Normant et à tout lo pueple, quar fu grant damage, quar tant estoit biauz, fors et cortoiz, et sages, et plein de toutes bontés que jovène doit avoir en sa personne.

Cap. XXXII. Après ce que cestui bel jovène Asclitine, conte de li vaillant et fidel Normant, fu mort coment nous avons devant dit, Guaymère lo prince de Salerne se festina et hasta de faire conte sur li Normant, et non lo fist de celle gent qui avoient esté avant, més de un autre lignage fist prince un qui se clamoit Raul; et non o grant volenté de lo pueple fu fait conte de Averse.

Cap. XXXIII. Et faisant ceste choze, la prospérité de Guaymere accressoit. Cestui lo neveu del major conte Raynolfe, liquel se clamoit Tridinocte, et Hugo loquel avoit son prénom Fallacia, ot en prison, liquel endementre qu'il les faisoit destreindre en prison en la roche de la cité, laquel rocche se clamoit la Major Torre, avec moult autres, lor donoit pène et torment; et estoit en celle prison Johan Pantaléon, et Costentin fill de Tuisco, home moult sage, et estoit de Malfe. Et cestui, puiz longue prison, prièrent Martin guarde de la prison et portier de la de toute la rocche, et lui prométèrent moult de domps, et li jurèrent de faire lo seignor de tot ce qu'il avoient s'il vouloit entendre à lor délibération. Et quant Martin entendi et sot la promesse que cil lui prometoient, il s'enclina et pensa à eaux délivrer, et pour dui raysons : l'une porce qu'il avoit compassion de lor misère, et l'autre pour la espérance de la grant promission ; et envita à cestui fait Randulfe et Hugo ; jura Raynolfe et jura Hugo ; et promistrent coment li autre à Martin, autresi comment li autre, et de lui aidier à toutes chozes qui mestier lor feroit come à lor persones. Et li Normant, coment se monstre à lire en lo livre, estoient tenut plus vaillant et de plus grant force et fidélité que cil de ces parties de çà, et vouloit Martin ces dui delivrer autresi coment li autre. Et autresi cestui lui promistrent de aidier lui come à eaux meisme, et en toutes coses qu'il porroient faire et gaingnier l'en feroient participant. Et puiz tuit pensèrent en lor corage et volenté coment il devoient faire. Cel de Amalfe ordèrent bévrage, et li Normant clamèrent l'aide de li amis. Et ordenant lo jor à ce que li amis de li Normant seussent quant li Amelfetain devoient ordener lo trait, et li parent lor vindrent appareillez o tout li cheval, à ce qu'il peussent fouir. Et quant tout ce fu ordené, li Amalfetain orent clarère pour donner à bèvre, et orent subtillissime péperce pour mengier avec la char, et toute li guarde qui lor parut clamèrent à boire. Et Costentin faisoit l'ovre et Jehan donnoit à boire, et les prioit qu'il bevissent bien; et tant bevoient plus, plus vouloient boire, et aucuns furent purgié pour les noiceles qu'il mengèrent, et menjoient la pevrée où est autresi la médicine. Et encor lor proia en charité qu'il bevissent, et à l'ultime se cochèrent touz yvres. Et adont s'aproxima l'ore que li galle chantoient, et Martin les tocha et non lo sentoient, et à l'un traoit li brague, et à l'autre tiroit lo nez, et l'autre premnoit par lo pié et le trainoit par la maison, et toutes voiez noient n'en sentoit. Et quant Martin vit ce, ovri la prison, et délivra li prison de la cathène, et ovri la porte. Et chevaucèrent li chevaux qui lor estoient appareilliez, et s'en vont à lo chastel de Matelone. [Je croi que veut dire Madalone, quar jà estoit faite Caserte et Magdalone, coment ai-ge dit en l'ystoire de li Longobart, liquel vindrent en Ytalie avant que li Normant.] Guaymère se leva au matin et vit lo chastel rout, et li garde trova à la porte coment se ii eussent esté batus de lo dyable, et li prison sont délivré. Remest triste Guaymarie; et Pandulfe, loquel estoit ex-principe, ce est ce que estoit chacié de son princepée de Capue et anemi de Guaymère, fu moult alègre et joiant, les rechut gratiosement, et lor promist ce qu'il avoit et devoit avoir, quar par eaux pensse de recovrer l'onor de Capue, c'est la seignorie de prince.

Cap. XXXIIII. En cellui temps meismes, si comme nous trovons escript en ceste cronica, fu mort (l'an 1046) Guillerme conte de Puille, home sage et singuler, et à lui succédi son frère liquel se clamoit Drogo, et fu fait conte de Puille de li vaillant chevalier normant, et estoit apprové de Guaymère. Cestui Drogo estoit sage chevalier, singuler, et timoit et avoit paour de Dieu; et Gaymère lui donna sa fille pour moillier à cestui Drogo, et la dota moult grandement. Et lo conte Drogo avoit tant de dévotion et fidélité en lo prince, que moult de foiz Guaymère lui faisoit contraire et jamais non lo pooit faire décliner de la fidélité. Et nul non pooit esmoir Drogo qu'il feist nulle chose contre la volenté de Guaymère. Et amoit moult tuit li Normant et lor donoit granz domps, deffendoit son païz et opprimoit ses anemis. La cort soe estoit fréquentée come cort de impéreor; li comte de Marsico, li potent fil de Burielle, et tuit li grant home liquel habitoient entor lui, se faisoient chevalier de sa main et recevoient granz dons. Lo marchiz Boniface, loquel est le plus grant de Ytalie de ricchesce et ot plus chevaliers, fist amistié caritative et ferma unité avec eauz. Dui foiz l'an o présent préciouz par ses messages visitoit l'empéreor dentre Alemaingne, et autresi lo impéreor lui mandoit présent de Alemaingne, et en est loés

Guaymère par tout le monde pour la bone fame de Drogo.

Cap. XXXV. Quant li Normant estoient ad Averse, non voloient autre conte de autre gent ou lignage, orent conseill avec Pandulfe filz de lo frère de lo grant Raynolfe que acquesté la conté de ses parens. Et cestui estoit cellui qui avoit esté em prison. Et Pandulfe donna tant de argent come il donnera Randulfe, et confortoit le qu'il alast pour recovrer lo honor, et cestui faisoit come estoit se cestui seignorioit Averse. Pandulfe avoit espérance de recovrer Capue. Et la nuit Randulfe entra en Averse, et fu receu moult dévotement de ceaux de la cité. Et conseillèrent, et font contre la volenté Guaymère; et li autre conte fu chacié de Averse et foui : dont depuiz fu clamé conte Cappille. Et cercha Randulfe de metre siége contre Salerne, et manesa de soi vengier de Guaymère et de la injure de la prison.

Cap. XXXVI. Et Drogo se festina de deffendre la injure de son seignor, et dist à lo prince privéement : « Alons contre nostre anemi, et opprimons lo audace soe; alons lui à l'encontre à mége voie, et là mostrons la vertu nostre, et la fin de la bataille o la superbe de cestui présuntuouz déterminons ». Lo mont après à Sarne sallirent, et espectoient que lor anemis venissent, et Randulfe muta son proponement; quar à Pandulfe faillirent deniers et lo grain non lui habundoit, ne la terre non estoit seminée, et lo vin lui estoit failli à

Pandulfe, dont non pooit mostrer à Raynolfe qu'il fasse brigue à nul home.

Cap. XXXVII. En cellui temps meismes que li prince terrien se combatoient pour accrestre la lor prospérité, Dieu, qui est créator de touz les rois et les princes, non laissa de faire son opération. Un jovène qui se clamoit Acchilles est gabé de la perversité de li Judée, en tel manière qu'il non créoit que lo Filz eust prisse char en la Vierge Marie, estre apparut visiblement en cest monde. Et ce entrevint que cestui Achilles se créoit chacier li Judée de lor malvaize créance et de lor malvaise foy, dont li Judée chacèrent lui de la véraie foy christiane; lui appareilloient mel, et li Judée lui donoient venim. Proia li christien que li Judée creissent lo Filz de Dieu, et li Judée amonestent li chrestien qu'il lesse ester lo Fill, et croie tant soulement lo Père; et de ceste cose li chrestien lor parla o la boche, et li Judée li tocha lo cuer. Et lo chrestien retornant en soi aleune foiz, manifesta sa cogitation à lo père espirituel, est amonesté, et moult souvent est enformé par la prédication de lo prestre. Toutes voies à la manière de lo chien qui mange ce qu'il vomist par la bouche, retorne la anime soe à li herror, et se combat entre soi-meismes, et come de dui home fait bataille. Toutezfoiz la malice de la supplantation de li Judée vainchi la dévotion de la religion de la foi, se efforza lo misère de traire de mente ceste cogitation que pert que movist de la foi et conscience. Mès lo dyable l'avoit lié avec lo argument de li Judeé. Le obscurité de tant de dubic se prolongue. Més ceste infirmeté que mire non set garir, sera garie de Dieu. Quant ces choses se faisoient de li principe, cestui christien estoit un de li satellite, c'est de li ministre; o armes servoit à Dieu fidèlement, toutes voiez la cogitation ou hérétice non lui issoit de sa pensée. Un jor clost la porte et estoit seul en l'éclize; et se sentoit offendu en sa conscience, et non se approchoit ains se tenoit loing de l'autel. Et o ceste parole demandoit l'aide de Dieu. Et à lui fu dit : « O tu que demandez tu et voy lo cuer, à loquel nulle cose se peut abscondre! Tu sez lo intention mie, et non ne la te puiz céler; je voudroie croire en toi ensi coment la sainte Églize l'ensaingne, et voudroie acmplir ce que appromisse en lo saint baptisme; la error antique m'a assalli, et la férute de li Judée m'a navrée la moie pensée, et estoie purgié de la purité de la foi christiane. Més la venimoze dolcèze de la parole de lo Judée m'a tout fait orde et brut. O pitouz Jéshu-Christ, aiude à ma maladie o médicine de salut, à ce que non périse je qui suis rachaté de ton précious sang, aide-moi o la main droite toe ». Et puiz quant il ot ditte ce choze, la semblance de l'ymage de Jéshu-Crist descendi de là où estoit, et vint là où cestui estoit jovène, et lo conforta par ceste parole : « Sacez que je suis parfait Dieu et parfait home ». Et lo retorna à sa droite foi et créance christiane, et ensi lo jovène fu fors de toute error et de toute hérésie. Més or laisserons à parler de ceste matière et retornerons à l'ystoire que nous avons devant lessié.

Cap. XXXVIII. Et cestui Randulfe de qui nous avons devant parlé, à ce qu'il peust avoir la grâce de Guaymère prince de Salerne se sousmist à Drogo, qu'il prie pour lui à ce qu'il puisse avoir la grâce de Guaymère; et Drogo lui promist pour exemple de li autre parent soe obedir fidèlement. Et Drogo proia pour Raynolfe. Més non fu proière, ains fu commandement, car il enclina la volenté de prince à ce qu'il vouloit, et fu clamé Raynolfe devant lo prince Guaymère, et devant Drogo. Et encontinent qu'il fu clamé, il vint et sub sacrement se mist souz la seignorie de lo prince. Et ensi fu investut de la main de lo prince o confanon et moult de domps. Et ensi remest Pandulfe gabé de son entention et la soe malvaisti charra; et honorablement lo remanda Drogo Averse o granz dons.

Cap. XXXVIIII. Une autre briga leva contre Guaymère Guillerme Barbote, liquel avoit esté norri en la cort de lo prince auvec sez filz, et ce fu par l'amonestement de Pandulfe, et s'enclina à sa poureté et entra en so castel de Belvédère, et faisoit damage à lo principat de Capue quan qu'il pooit. Et Drogo fu clamé, et vint ad Averse o tout li Normant en adjutoire de Guaymaire, et mist son ost et ses paveillons entor et restrainst Guillerme entre li mur de li castel et reprist que non faisoit damage. Més lo chastel pour la hautesce de lo mont non se pooit prendre, et o feu de un vilain fu ars; et fu fait un fas de branchez d'arbre, et il se mist dedens, et poi à poi va portant la laingne, et lo lieu de lo castel garni, et o une pingnote qu'il portoit lo feu arst tout lo chastel, et foy Barbotte ad Argire pour estre son chevalier. Et Argire lo prist malitiousement, et bien lié lo manda en Costentinoble. Et pour la victoire faite de cellui vilain, Guaymère et sa gent retorna veinchéour. Et ensi la gloire de Pandulfe fu anichillée en toutes choses.

Cap. XL. Doi frères contes d'Aquin, c'est Adinulfe et Laude, porce qu'il avoient .ij. filles de Pandulfe lui estoient favorables. Et Adenulfe fu pris de li chevalier de Guaimère, et fu mis en prison. Et Laude son frère cerchoit de lui délivrer, et prist Riclerie singuler abbé de Mont-Cassin et le tenoit por faire délivrer son frère. Et li prince amoit moult cestui abbé, quar à cellui temps quant lo empéreor l'ordena prince, et cestui abbé lo avoit doné et recommandé à lo empéreor. Et li triste moine atendoient l'aide de Guaymère, et se lamentoient à Guaymère de la prison où lor abbé estoit, et lui prioient qu'il le vousist délivrer lo abbé liquel il lor avoit donné. Et à pétition de li moine Guaymère laissa Adenulfe et prist l'abbé.

Cap. XLI. Lo chastel de Saint-Bénédit, loquel est après lo monastier de Mont de Cassyn, en cellui temps habitoient iluec li Normant et avoient la seignorie; de loquel faisoient dampne à li poure. Li abbé pensoit coment il les en porroit cachier; quar coment se dit, aucun pensoit contre l'abbé. Et vindrent li moine à la cité de Saint-Germain autresi comme par lo commandement de l'abbé; et descendirent de li chevalz et desceinstrent lor espées et entrèrent en l'églize pour proier Dieu. Toutes voiez à la porte sont li guarde et cloirent la porte; li Normant se pristre à deffendre, mès pour ce qu'il non avoient, alcun en furent mort, et alcun pris; laquel cose non de croire que ce fust sans la volenté de Dieu, quar li fort Normant liquelle aloient vainchant les terres, ne nul home pooit contrester contre eaux, que por .x. ou .xij. moines fugissent. Et en jor touz les chasteauz de Saint-Bénédit furent recovré, liquel li empéreor non peut o armes prendre en un an.

Cap. XLII. Et lo abbé sage, à ce que li petit de Normant liquel estoient fouy ne retornassent o moult de gent et occupassent la terre moult fortement, rompi la visselle d'or et d'argent, liquel avoient esté fait à l'onor de Dieu, et les parti à li chevalier d'ilec entor, liquel il assembla contre la force de li Normant. L'une part et l'autre s'asemblèrent et vindrent lendemain à la bataille; cestui combatoient pour deffendre la terre de Dieu, et cil pour vengier la injure de lor parens. Mès Dieu s'apparut en mége, saint Bénédit en celle bataille se mostra gofanonnier. Et à ce que non fust espandu tant de sanc tuit li Normant furent liés de petit de lignement. Et li abbé puiz tint sécurement la terre, et puiz celle hore non recepirent nul contraire en lor terre.

Cap. XLIII. En celui temps vint Ricchart fill de Asclitine, bel de forme et de belle estature de sei-

gnor, jovène home et clère face et resplendissant de
bellesce, liquel estoit amé de toute persone qui lo
véoit; liquel estoit sécute de moult de chevaliers et
de pueple. Cestui par industrie chevauchoit un petit
cheval, si que petit s'en failloit que li pié ne féroient
à terre. Cestui pour l'amor de son oncle et de lo frère
et pour la beauté de sa juventute laquelle non se pooit
estimer de tout lo monde, estoit amé et honoré. Touz
disirroient qu'il fust conte, et tuit come [à come]
à conte lui aloient après. Et son cosin Raydulfe se
prist garde de celle honor que chascun lui faisoit, si
en fu moult dolent, si lui pria qu'il se partist de lui;
quar il créoit estre privé de son honor pour lui, puiz
qu'il véoit qu'il estoit plus amé de touz que lui. Et se
parti Ricchart de son émule, c'est qu'il avoit envie de
lui, et s'en alla à son ami Unfroi frère de Drogo, et lo
rechut gratiosement et lo traita honorablement coment parent. Lo bel jovène se délictoit de sa juventute de lo autre, et partout il aloit non lui failloit
palme de victoire tant estoit vaillant.

CAP. XLIIII. Un home qui se clamoit Sarule tenoit une cité qui se clamoit Iézane, laquel avoit esté
de son frère loquel estoit mort et se cla sclite (se clamoit Asclitine?), loquel Sarule amoit Asclitine come
encoire fust vif et li portoit foi. Cestui senti puiz que
Ricchart estoit en la compaingnie de Umfroy. Cestui
ala là où estoit Ricchart, et sitost come il lo vit il lo
connut por la bone fame qu'il en avoit oï dire, et il
se aprocha de Richart et lui proia qu'il eust son

amistié, et lui proia qu'il venist avec lui à sa cité, et
ensi fu fait. Et quant il furent à Iézane Sarule clama
ses chevaliers et de autre gent non petite multitude,
et lor dit : « Çà est venu lo frère de son seignor ; et
confessa que celle cité estoit de celui, ploiez les bras
et faites lo chevalier Richart ». Et non atendi dom
coment est usance, més offri à Richart toutes les coses
soes. Et proia tuit li chevalier que ce qu'il avoit fait
feissent tuit ; quar firent don à Richart de il meisme,
et autresi constraint la cité de jurer lui fidélité. La terre
et toute la forteresce qui estoit en la terre mist en la
poesté de Richart. Et lui vouloit Sarule leissier la terre,
et Richart lui prie qu'il [m] remaingue auvec lui, et
celles choses qu'il lui avoit donée ait auvec soi et se dé-
lecte avec lui. Et Sarule se consenti et serva lo comandement de son seignor. Non se expetta jusque à lo jor
séquent : en celle nuit lo cercha autre cité et une proie
sans nombre aportèrent li chevalier et satura plénement li citadin de la terre ; et as domps que fist Ricchart corurent moult de chevaliers. L'un jor donnoit
ce qu'il avoit, et lo jour après se demoroit aucune cose
à donner non le leissoit ; ce qu'il pooit lever donoit
et non lo leissoit ; et la nuit prenoit ce que remanoit.
Et en ceste manière toute la terre d'entor va proiant
et li chevalier multipléoient continuelment. Et la table
soe avoit plus gent à mengier, avoit tidue .lx. cavaliers,
et maintenant l'avoit entornoié de .c. sans li voizin ;
non laissa lo sien à ceuz de longe : mès pis fait à lo
conte de Averse. Mès que non pooit ne par menace
ne par parenté celui veinchre, usa sage consel, lo fist

son ami et lui dona la soror pour moillier, et lui donna lo bénéfice de lo frère qui estoit mort. Et en ceste manière ceuz qui avoient anemistié gaudèrent en amor. Comme cestui Richart parvint à estre conte et de conte à estre prince dirai-je puiz.

Cap. XLV. Et en cellui temps meismes que je vous di, vint de Normandie qui se clamoit Robert, liquel depuiz fu dit Viscart, et vint en l'ajutoire de lo frère, et demande qu'il lui donne alcun bénéfice de terre; non solement ot en adjutoire lo frère, més autresi non ot conseill, et avieingne que lo livre non lo met, cestui frère soe fu Umfrède conte, come il se dira el lo quart livre; Drogo loquel non estoit encoire mort, et Unfroy, et cestui Robert estoient frère. Cestui Robert s'en va entor li seignor, à liquel o dévote foi serve ces chevaliers. Et lui dole lo cuer qu'il voit ceux qui ne sont son per qui ont forteresces et diverses terres; et que est vaillant frère de conte, et va après la chevalerie de autre; lonc temps ala come cellui qui va sans voie pour l'amor de avoir terre, et est constraint de poureté de choses de terre : mès la présence de Dieu dispona cestui de diverses gens la soe disposition.

Explicit Liber secundus.

Incipiunt Capitula tertii Libri.

LI CAPITULE

DU TIERS LIVRE.

Cap. I. Coment lo impéreor vint à Rome et cassa trois papes qu'il trova et fist lo quart pape à Rome.

Cap. II. Coment nul prince vint à lo impéreor senon Guymère, et sol Drogo et Raynolfe furent investut de la main de lo impéreor.

Cap. III. Coment se rendit Capue et de la dolor que en orent cil de Capue.

Cap. IIII. Que fist Guymare à Capue puis que l'empéreor se fu parti.

Cap. V. Coment li conte del royalme vouloient chacier Pandulfe et deffendre Gaymère.

Cap. VI. Coment Guaymère trahi à soi cert home et Pandulfe traxe à soi Robert, et coment se parjura lo prince Pandulfe.

Cap. VII. Coment Robert ala à lo frère et fu mis en possession de la roche de Saint-Martin.

Cap. VIII. Et de toute Calabre.

Cap. VIIII. De la poureté de Robert.

Cap. X. Coment Robert torna à lo frère, et estoit poure qu'il non avoit noient, et de la proie qu'il fist au retorner qu'il fist.

Cap. XI. Coment Robert trahi Pierre, et coment puiz lui voust bien.

Cap. XII. Coment Girard de Bone Herberge fust eslit de Robert chevalier et ot la tante pour moillier.

Cap. XIII. Coment Richart fu pris de Drogo et puiz fu fait conte de Averse.

Cap. XIIII. Coment après la mort Pandulfe fu prince lo filz.

Cap. XV. Coment Damasse succédi à Lion et comment combati contre l'érésie symonaïce et tuit li autre mal, et coment Guymère li dona et fu fait chevalier.

Cap. XVI. Coment il vint à Melfe et prédica à li évesque et li Normant, et puiz s'en ala en autre contrée por prédicare.

Cap. XVII. Coment li pape vint après de Bonivent et coment il proia Guaymère et Drogo qu'il lo deffendissent.

Cap. XVIII. Coment li Normant non trattèrent bien Bonivent. [1]

Ci ce commence li tiers Livre,

Et finissent li Capitule de lo secont.

---

[1] Cette table est incomplète, ce *tiers* livre étant composé de 55 chapitres.

LI TIERS LIVRE.

Cap. I. En l'an de l'incarnation de Nostre Seignor Jhu-Crist mille .xlvij. Corrat (Henri), fil de lo impéreor (Conrad) auguste de bone récordation et mémoire, voulant saillir à la dignité de lo impère, et vint à Rome pour prendre la corone, trova là injustement troiz papes, lesquelz il cassa, et fist lo quart justement estre pape (Clément II).

Cap. II. Et adont la paour de l'empéreour estoit en lo cuer de li princes, dont ceux qui sentoient que avoient fait mal avoient paour de venir à la cort de lo impéreour. Et avec li conte et li baron soe vint moult honorablement et gloriousement, et ensi comme fu receu lo père fu receu lo filz. Guaymère se glorifia en la compaingnie de li Normant, et li Normant se magnificoient en li don de lor prince. Drogo et Ranulfe furent glorifiez de l'empércor et mis en possession de lor contés.

Cap. III. Et malitiousement failli Guaymère que rendi Capue à lo impéreour, et trahi la cité, et fu rendue à Pandulfe, sanz provision de justice s'il avoit mal fait a la cité ou non. Grant dolor orent cil de Capue, car il atendoient mort et pene; ma l'ire de l'home non lor poit nuire, més celle de Dieu.

Cap. IIII. Et puiz que se fu parti l'empéreor, si se repenti Gaymère de ce qu'il avoit rendu Capue à l'empérour, et cercha de la recovrer, et assembla trois eschilles de Normans, et mist siége à la cité de Capue, et comforta li fort chevalier, et la pristrent. Pandulfe se humilia et requist concorde et paiz, et vindrent covenances, et avieingne que non fussent clèrez les covenances; toutes voies se partirent o paiz et concorde.

Cap. V. La malice de Pandulfe avoit afflit li conte Détien par fers et par fain et par bateures par moult ans. Et par la vertu de Guaymarie estoit délivré. Cestui non se partoit maiz de la fidéleté Guaymère dont Pandulfe lo cercha de chacier, més que nul non lo pooit chacier ne l'autre deffendre sans l'aide de li Normant, tant Guaymère quant Pandulfe, et se recoura o deniers à li fortissime Normant.

Cap. VI. Guaymère fist la force soe o tout ses contes, et Pandulfe tyra à soi Robert et lui fist les dépens, et lui dona lo fort chastel appareillié, et li promist par jurement de donner lui la fille pour moillier. Et vint lo jour déterminé; Robert cercha la promission et requist lo chastel qui lui estoit promis; més Pandulfe lui noia. Ceste prière et moult autre si engana Pandulfe : Provoie soi Dieu de la destruction de la maison de Pandulfe, que me promist lo mariage et non lo compli.

Cap. VII. Et covint à Robert de retorner à l'aide

de son frère, et lui proia qu'il lui donast terre; et lo conte non voit qu'il l'em pisse doner alcune. Et cerca et pensa dont puisse aidier à la poureté de son frère; et s'en ala en la fin de Calabre, et trova un mont moult fort, et là appareilla de laigname, et lui mist nom la rocche Saint-Martin; cestui donna à lo frère, et lo mist en possession de toute la Calabre; et puiz s'en parti et s'en torna en sa terre.

Cap. VIII. Robert regarda et vit terre moult large, et riches citez, et villes espessez, et les (champs) pleins de moult de bestes. Et regarda en loing tant coment pot regarder, et pensa que faisoit lo poure, prist voie de larron, chevalier sont petit, poureté est de la cose de vivre, li faillirent les deniers à la bourse. Et come ce fust cose que toutes choses lui failloient, fors tant solement qu'il avoit abundance de char; coment li filz de Israël vesquirent en lo désert, ensi vivoit Robert en lo mont; ceaux menjoient la char à mesure, cestui se o une savour toutes manières de char; et lo boire d'estui Robert estoit l'aigue de la pure fontainne.

Cap. IX. Et puiz torna Robert à son frère et lui dist sa poureté, et cellui dist de sa bouche moustra par la face, quar estoit moult maicre. Més voulta Robert la face, et voutèrent la face tuit cil de cil de la maison. Et retorna Robert à la roche soe, et aloit par les lieuz où il créoit trover de lo pain. Et coment lui plaisoit prenoit proie continuelment, et toutes les chozes qu'il avoit faites absconsement, maintenant fist manifestement. Et prenoit li buef por arer, et li jument qui faisoient bons pollistre, gras pors .x., et peccoires .xxx.; et de toutes ces coses non pooit avoir senon .xxx. besant, et autresi prenoit Robert li home liquel se rachatarent de pain et de vin; et toutes voies de toutes cestes coses non se sacioit Robert.

Cap. X. En une cité qui lui estoit après, laquelle se clamoit Visimane, riche d'or et de bestes, et de dras preciouz, habitoit Pierre fil de Tyre. Robert fist covenance auvec cestui, lo prist pour père, et Pierre l'avoit pris pour filz, et se covenirent pour parler ensemble. Peire et sa gent se mist en lieu sécur, et Robert et sa gent vont alant par li camp, et Robert comanda à sa gent qu'il se traissent arrière. Et Pierre fist autresi. Et li seignor se convindrent à parler ensemble; et Piere lui offri la bouche pour baisier, et Robert lui tendi les bras au col, et ces dui chaïrent de li chavail. Més Piere estoit desouz, Robert lo prème desoupre; et corirent li Normant, et foïrent cil de Calabre. Et Pierre fu mené à la roche de Saint-Martin et est bien gardé. Puis Robert va agenoillié, et ploia les bras, et requist miséricorde, et confessa « qu'il « avoit fait péchié; més la richesce de Pierre et la « poureté soe lui avoit fait constraindre à ce faire; « més tu es père, més que tu me es père covient que « aide à lo filz poure. Cesti comanda la loi de lo roy, « ceste cose, que lo père qui est riche en toutes chozes « aidier à la poureté de son filz ». Et Pierre promet de emplir la promission, et .xx. mille solde de or paia

Pierre. Et ensi s'en ala, et sain et salve fu délivré de la prison. Et Robert donna liberté à Pierre et à les coses soes. Et coment ce fust cose que les bestes soes tant en temps de paiz tant en temps de guerre allassent séeurement. Et comanda Richart que hédifiast la maison en celle fort roche où avoit tote asségurance et seurté.

Cap. XI. Après ces choses faites sicome dit l'estoire, Robert vint en Puille pour veoir son frère; et Gyrart lui vint qui se clamoit de Bone Herberge, et coment se dist cestui Gyrart lo clama premèrement Viscart, et lui dist : « O Viscart! porquoi vas çà et là; pren ma « tante soror de mon père pour moillier, et je serai ton « chevalier; et vendra auvec toi pour aquester Calabre, « et auvec moi .ij.c. chevaliers ». Et Robert fu alègre de ceste parole, et se appareilla de aler à lo conte son frère, et demanda à son frère licence de cest mariage. Més à lo conte non plaisoit, et deffendi cest mariage. Et une autre foiz li pria Robert à genoilz que à li plasist lo mariage; més lo conte lo chasa et dist et li commanda que en nulle manière devist faire ceste parentesce. Et pria les plus grans de la cort qu'il priassent à son frère lo conte qu'il non soie si astère, et que non lui face perdre ceste adjutoire. Et à l'ultime se consenti lo conte. Et adont prist Robert la moillier, laquelle se clamoit Adverarde, et fu Girart son chevalier de Robert, et puiz vint en Calabre et acquesta villes et chasteaux, et dévora la terre. Ceste chose fu lo comencement de accrestre de tout bien à Robert

Viscart. La bataille et li autre coses triumphal que fist
sà et là, et puiz en lieu et en temps lo vouz dirons;
més or lesserons ci endroit à parler de Robert Viscart
et de son fait, et retornous à la hystoire de Drogo et
de Richart.

Cap. XII. Ore nous dit et raconte ceste ystoire que
entre Drogo et Richart naschi une brigue, et en celle
brigue Drogo prist Ricchart et lo mist en prison. Et
au tems que Ricchart estoit en prison, Raynolfe conte
d'Averse fu mort, et adont li Normant prièrent la
bone volenté de Guaymère que Ricchart, loquel il
avoient fait conte vivant son oncle Raynulfe, il lor
deust donner, puizque estoit mort Raynulfe. Et lo
prince Guaymère requist Drogo qu'il lui donnast Ricchart, et Drogo coment loial conte lui donna volentiers; et fu mené Richart à Salerne, loquel Guaymère
fist vestir de soie et lo mena ad Averse, et de la volenté et alégresce de lo pueple lo fist conte. Et Ricchart
se humilia à la fidélité de lo prince, et lo prince se
alégra de la prospérité de Ricchart.

Cap. XIII. En cellui temps meismes fu mort Pandulfe prince de Capue, et fu ordené et fait prince
son filz liquel autresi come lo père se clamoit Pandulfe.
Cestui Pandulfe fu semblable à lo père non solement
en seignorie de dignité et par nom, més autresi de
coustumes.

Cap. XIIII. En cellui temps papa Clément, dequel
est dit que fu ordené de l'empéreor Henri et fu mort

delà de li mont et ala à Dieu, et fu fait pape Damasco, loquel non pot mostrer lo effetce de son désidère. Cestui Damase estoit évesque de Bresce, loquel dedens troiz jors puiz la mort de Clément ot la dignité papal, et à lo .xxiij. jors puiz qu'il fu pape fu mort à Pénestrine après de Rome.

C<small>AP</small>. XV. Après cestui Damase fu fait pape Lion, loquel estoit évesque de Tholose et estoit nez de lingnage d'empéreor. Cestui Lion estoit moult bel et estoit rouz, et estoit de stature seignoriable, et estoit de letre bon maistre. Cestui pape Lyon estoit amé de lo impéreor et de toute l'églize de Rome, et estoit venut à Rome come péregrin. Puiz fu ordené por pape, et mut bataille contre la perversité de [la] Symon, c'est contre symonie.

Et à ce entendre est de noter fu premier disciple de saint Pierre, et voiant que saint Pierre donnoit la grâce de lo Saint-Espérit, Symon vouloit donner à saint Pierre qu'il lui vendist celle grâce. Car non se estoit fait son disciple pour droite foi, més pour aprendre aucune cose. Quar il créoit que la miracle que saint Pierre faisoit et li apostole fussent par malice. Et saint Pierre lui dist : « Tes deniers soient avec toi « en perdition ; quar la grâce del Saint-Espérit non « se puet vendre ». Et que Symon premèrement vouloit achater la grâce del Saint-Espérit fu clamée symonie.

Més or laisserons à parler de cestui Symon, et retornerons à parler de pape Lyon. Cestui pape Lyon

combati contre la symonie, et ala par les cités, et o
saintes prédications rempli l'éclize de la foi de Christe;
il fist li synode, c'est la congrégation de Salerne, et
trova que toutes li ordène de l'églize estoient toute
occupée de la fausse symonie. Mès come li bon ortel-
lain, à ce que non périsse la plante qui novellement
est plantée la va drechant que chié, sur lo poiz de
li pécheour tient l'espaule, et espart lo pesant faiz à
ce que non rompe l'espaule de cellui qui la porte;
c'est que non punise à touz, proia et amonesta, et
liga o excommunication. Et puiz absolve li ligat par
convenance que plus non le facent cellui péchié. Lo
parjure fait avec alcune pénitance pardone; li adultère
fait entre parent sur pène de excommunication départ.
Et quant li saint pape vit la confusion et lo péchié
de toute la christienté, il plora et proia Dieu qu'il lui
monstre qu'il doie faire. Et clama l'ajutoire de la puissance [de l'ajutoire] de saint Pierre apostole et de saint
Paul. Et de lo péchié passé fist lo miex qu'il pot, lo
destruist et deffendi; et cellui qui devoit venir deffendi
o excommunication. Et conforta lo pueple qu'il doient
donner à sainte éclize li primicie et li décime, et prédica secont lodit de lo saint père. Guaymarie li donna
moult préciouz domps et lui promist de soumetre soi
à estre fidel à li commandement.

Cap. XVI. Et puiz s'en ala à Melfe opponère contre
li fait de li fortissime Normant, et lor proia qu'il se
devissent partir de la crudélité, et laissier la moleste
de li poure. Et lor mostra come Dieu est parsécuté

quant li poure sont parsécutez, et coment Dieu est content quant est bien fait à li poure; et lor comment que fidèlement doient guarder li prestre et les choses de l'églize. Et les conforta en faire bien et offerte à Dieu, et qu'il soient continent et caste envers lor voizins et lor proxime; et en toute vertu les conferma. Et reprist lo deffette des évesques, et fai qu'il non soient taisant, més enseigna lor langue à preccier. Et puiz s'en torna à Rome; et puiz se remist à la voie pour corrigier les autres cités.

Cap. XVII. Et quant cil de Bonivent oïrent tant de perfection et de sanctité en lo pape, chacèrent lo prince, et sousmistrent soi à la fidélité soe, eaux et la cité. Et retorna lo pape en celle part, et rechut gratiousement ce qui lui estoit donné. Gaymère et li Normant qui furent clamés vindrent à Bonivent et servirent fidèlement à lo pape. Et proia lo pape Guaymère et Drago qu'il doient deffendre la cité et les enforma qu'il doient ordener que cil de la cité non soient grevé ne afflit. Drogo promet de faire ce que li pape a commandé, et à ce qu'il aie rémission de ses péchiez, promet à combatre pour la deffension de la cité de Bonivent.

Cap. XVIII. Més que li Normant non se porent si délogier coment li autre gent restreindre. Puiz se parti Drogo de Salerne, et lo pape s'en ala avec lo prince Guaymère. Ceuz qui sont entor de Bonivent assaillirent de bataillire caus de Bonivent, et la rumor en va l'oreille de lo pape coment lo promission de lo conte estoit cassée. Et lo pape souspirant et dolent de lo damage, et dist : « Je troverai voie comment sera deffendue la cité et abatue la superbe de li Normant ». Guaymère deffent Drogo, et o terrible sacrement jura, et lo excusa que ces chozes non sont de la volenté de lo conte Drogo, quar moult estoit prodome.

Cap. XVIIII. Li messages furent mandé à Drogo pour faire li assavoir la moleste qui avoit esté faite à ceaux de Bonivent. Més avant que lo message, venist à lui la novèle coment Drogo estoit occis. Adont retorna lo message arrière, et lo dist à lo pape et à lo prince. Li pape plora et plus plora Guaymère quant oïrent la novèle de la mort Drogo, quar rechut férutes sans remède. Quar il a paour que lo mort de Drogo non soit pestilence à lui, et voit que est manchement à lui de honor et de grâce.

Cap. XX. En lo jor de l'Asumption de sainte Marie Virgine, lo pitouz pape chanta la messe et proia Dieu pour les péchiez que Drogo avoit fait; et l'auctorité apostolique lo asolt de touz ses péchiez. Et ditte la messe, lo pappe retorna à Bonivent et esta là un bon tems. Et Dieu, à ce qu'il montrast de quel mérite et de quel béatitude estoit li saint pape, mostra moult de miracles pour sa sanctité et bone vie.

Cap. XXI. Un jor estoit li saint pape à mengier avec autres évesques et homes religiouz, et comanda que lui fust aporté lo hénap loquel avoit aporté del monastier de Saint-Romi. Et lo boteillier lui apporta cautement, et par avanture lui chaï de la main, et fu rout lo hénap en moult de pars. Li bouteillier prist les pièces de lo hénap et le abscondi, et dist au cancelier ce que lui estoit avenu, liquel cancelier se clamoit Fédéric, et à lo évesque Robert o grant paour. Lo seignor atendoit lo vin, et li bouteiller tarda. Toutes voiez pour ceus qui menjoient là fu dit à lo pape, et il en fu dolent, quar il amoit cellui hénap de laingne plus que touz les hénaps d'or et d'argent pour l'amor de lo saint; et se fist venir les pièces et ordenéément les ordena comment avoient esté devant; et plora et clama dévotement la miséricorde de Dieu, et la mérite de saint Romie prie que li vaissel qui estoit rout liquel tenoit en sa main fu garri. Et maintenant fu gari. Et il conjura et pria à li fidel soe qui lo savoient non lo devissent dire à nulle personne tant come il fust vif. Une foiz estoit malade un poi, et fu guari par la saingnie; et coment ce soit cose que li sane soit plus corruptible, puiz moult de jors fu trové autre pur come lo premier jor qu'il fu saingnié.

Més or est temps que nouz laissons à parler de cest pape Lion et de ses bones opérations, et que nous retornons à l'ystoire laquelle nous avions laissié devant pour parler et dire de cest saint pape Lyon.

CAP. XXII. Or dit ensi li conte, que puiz que lo conte se fu parti de lo pape, il vint à un chastel loquel se clame Mont-Alègre. Et vouloit là ester à sa déleciation; il avoit en costumance de aler à la feste sollempnel à l'office et aorner l'églize, et de jéjuner et enviter li poure à mengier et donner offerte à li poure. Et avint que fust la feste de saint Laurens martyr (l'an 1051). Et Drogo rechut cellui jor moult sollempnelment à l'onor de missire saint Laurens martyr, et furent appareilliez les chozes neccessaires pour li poure, et furent invitez et appareilliés toutes les coses neccessaires. Et la nuit se leva Drogo pour aler à la vigile, et à ce que sa dévotion non fust révélée ne dite, ala tout soul à l'églize, et l'apostèrent ses anemis. = Non se trove escript qui furent ces anemis, més cestui fu un compère sien, liquel se clamoit Riso, avec autres de ses compaingnons, come se trove en autre estoire. Més puiz fu taillié Riso pièce à pièce, et tuit li sien compaignon furent mort. Et furent pris à Mont-Alègre de li Normant et de lo frère de Drogo. = Et lo matin quant ses servicialz lo sorent et lo trovèrent occis et taillié, et li Normant quant il virent lor seignor ensi en traïson occis, il s'asemblèrent et pristrent Drogo et le portèrent à son hostel grant plor et o grant dolor, et puiz fu ensepeli et assoult de lo pape si come je vouz devant dit. Et une fame laquelle avoit nom Noëmi, Noëmi vaut autant à dire come belle, puiz que ses filz furent mort non voloit avoir nom Noëmi. Ensi cestui mont pour lo nom de Drogo non se clama plus Mont-Alègre, triste. Et s'asemblèrent li Normant puiz la mort de Drogo et Guaymère, et fu fait conte Umfroi, frère de Drogo.

CAP. XXIII. Et Leo pape, puiz qu'il fu parti de

Bonivent, désiroit la confusion et la dispersion de li Normant, et demanda l'aide de lo empéreor Fédéric, et del roy de France, et del duc de Marcelle, et de toutes pars requéroit aide. Et lor promet à doner absolution de lor péchiéz, et de doner lor grans dons, et qu'il délivrassent la terre de la malice de li Normant. Et aucun pour ce qu'il timoient la force de li Normant, et li autre pour ammistié qu'il avoient, et aucun que il non estoient proié, non estoit qui feist lo comandement de lo pape.

Cap. XXIIII. Et li cancelier de Fédéric se donna guarde solement de la malice de li Normant, et non de la iniquité de li autre qui habitoient en celle part, et dist : « Se je avisse cent chevaliers efféminat, je combatroie contre tuit li chevalier de Normendie ». Et adont corurent à l'arme et as lances, et assemblèrent de Gaiète, de Valbine et de la Marche ; i sont ajoint homes de Marsi, et de autre contés, et comment mansuète peccoire sont mandés contre li fort lop, la vertu de liquel et la potence coment nous escrivons se manifeste.

Cap. XXV. Li message de lo prince de Salerne vint à lo pape et lui dist que lo prince de Salerne non se vouloit consentir à la destruction de li Normant, car il avoit mis grant temps à les assembler, et les avoit rachatez de moult monnoie, et les tenoit coment prétiouz trésor. Et manda à dire à ceux qui venoient contre li Normant : « Vouz trouverés ce que vouz

« alez quérant ; ô triste ! vouz serez viande de li dé-
« vorator lion, liquel quant vouz tocheront o alcune
« moziche vouz saurez quel force et quel vertu il a en
« eaux; alez et provez la folie de li Normant, et sen-
« tirez que en vouz sera complée la parole que dist
« David lo prophète : Un en persécutera mil, et dui
« en moveront .x. mille ». Et quant lo pueple oïrent
ce, si furent moult triste, et li chevaliers remainrent
sans cuer et comencèrent à retorner. Et la compaingnie de li fortissime et vaillant Normant sont assemblé : més li pape fu laissié de sa gent et s'entorna à
Naple.

Cap. XXVI. En cellui temps se tratoit la rumor
de toute Ytalie; et véez ci que li home séminoient
malice, et ordenoient à donner tristèce à ceaux qui
habitoient en la terre. Et véez ci la misère laquelle
donne impédiment à l'alégresce de la santé, et la discorde laquel destruisoit la paiz, et la poureté guaste
la ricchesce. La crudèle mort met fin à la vite. Car lo
principe de Salerne par la potence et sapience de loquel estoit governé, fu gaitié de ses parens; par quel
signe Dieu lui mostra, et en lo capitule après se dé-
clarera.

Cap. XXVII. En cellui an que li parent et familiare
de lo prince pensoient de sa mort, à Salerne et en
Jérusalem moult de signez merveillouz avindrent. Un
enfant fu nez o .j. oill, et cel oill non estoit là où
devoit estre, més estoit en mége lo front. La teste et

la bouche de home avoit, et li pié et la coe de buef. Et autresi nasqui un enfant qui avoit .ij. testes; et plus que l'espasce de une hore lo fluvie pure fu fait sanc. Et apparut un autre signe : la lampe qui estoit appareillé au soir o aigue et oille, à lo matin fu trovée plene de lacte, laquelle lampe estoit en l'églize de Saint-Bénédit. Et toutes ces choses estoient signes de la mort de lo prince Guaymère, pour laquel mort moult de signes apparurent.

Cap. XXV. Et cil de Amalfe furent constraint par sacrement et jurement pour lo mal intollérable qu'il cherçoient à faire à li ministre de li prince, à ce que non soit plus obédi à cestui prince Guaymère; quar cestui ministre estoient autresi come de Amalfe. Et clamèrent li Salernitain pour combatre par mer, et o grant vitupe et injure vergoinguèrent lo prince, et dont pooient lui faisoient damage par mer. Lo prince se appareilla de revengier soi, et clama l'ajutoire de li Normant. Més porce qu'il non recevoit les deniers de Amalfe non pooit complir sa volenté. Puiz li sien assembla la grandesce de lo principe, et virent que lui estoit faillie la fidélité de cil de Amalfe, et lui estoient failli li deniers, non lui furent tant fidel; més pour la ricchesce qui lor estoit promise del frère de la moillier, ce est de Raynolfe conte de Averse, se acordèrent à la mort de Guaymère. Més pour ce que Guaymère avoient moult fidel amis, avoient paour de cest homicide; et vont commovant la volenté de li amis et parent de Guaymère, et lor prometoit s'il

venoit à la dignité de estre prince, de faire lor moult
bénéfice. Et en ceste manière se trahirent arrière de
la fidélité de Guaymère, et se acordèrent à la mort
de Guaymère. Et ceste cose vint à l'oreille de Guaymère; més que se confidoit en sa vertu et qu'il non
se pooit humilier, come servicial les despriza et non
s'en cura. Et vint li jor, liquel estoit lo tiers jor de
juing; ce fu lo jor de plorer et plein de amaritude!
et li Amalfitain o vaissel armez vont par mer après la
ripe de Salerne et commencèrent la bataille. Et li
chevalier de Salerne vont contre lo navie à la rippe; et
li principe commanda que li chevalier qui lo devoient
occire deffendissent la rippe; et ceuz virent Guaymère
o cellui qui lui portoient l'arme estoit sol entre eaux;
et demanda li pourquoi avoient juré de occidere lo, et
ceuz lo négarent. Et lo prince manéchia, li chevalier
prioient et promètent à lo principe de cercier lo en cellui jor et crièrent : « Soit occis cil qui ci veut cecare ».
Et li quatre frères de la moillier, Andulfe plus jovène
de touz premèrement estendi la main et lo féri de la
lance; et puiz tuit cil qui là estoient en celle ligue lo
férirent, et si qu'il rechut trente et sez féruez; et
alèrent pour occire lo frère Guide, més il escha (pa).
Pandulfe fu occis, et autresi fu occis lo cambrier de
lo prince.

Cap. XXVI. Et maintenant firent prince Pandulfe,
liquel estoit lo premier néz de toz de touz les frères, et
lui jurèrent fidélité, et entrèrent en la cité, et requistrent ceaux que soient rendus li héritage à li filz de ceaux

à cui Guaymère l'avoit tolut; et furent rendut li héréditage, et lo pueple fu apaiez, et sallirent à la roche de la cité, laquelle non se pot tenir, quar non avoient fornement de victuaille. Et pristrent la suer de Guaymère et la moillier de lo neveu o tout lor filz, et les tindrent en prison laidement et non honeste prison, et mistrent autres guardes en la roche.

Cap. XXVII. Et quant Guide fu par la miséricorde de Dieu délivré de cest péril, il s'en ala à li Normant, liquel estoient assemblez pour ce qu'il atendoient à combatre contre li chevalier de lo pape. Et plorant et dolerouz se jetta à terre devant li Normant, et en plorant raconte ce qui lui estoit avenut, et dist : « Je me vieng à lamenter à vouz et dire de la mort de mon frère Guaymère, non solement mort, més crudèle occision. Et avieingne que mon frère fust digne d'estre occis, toutes voiez non devoit estre occis de cil qui lui estoient parent, et par divers bénéfices qu'il lor donna estoient par lui riches. Et maintenant est temps que se mostre lo trésor liquel avoit assemblé lo prince et la ricchesce qu'il avoit assemblé et aquestée. Vouz estiez lo sien trésor, vouz estiez la soe richesce pour l'amor de vostre fortesce, et il estoit croissut en honor en la incorruptible prospérité de vostre bonté; estoit sur tuit li prince en dignité. Or aprendent li roy par vostre exemple de sovenir à li estrangier, et sachent tuit li seignor que vouz amez vostre seignor après sa mort. Adont vouz appareilliez, et faitez ceste venjance de ceste grant mauvaistié! Et sentent cil mauvez occidental que doivent recevoir por si grande traïson. Je sai bien autresi que mi frère sont mort, je non les puiz resusciter, més securrons li filz qu'il non périssent en la prison! »

Cap. XXVIII. Quant li Normant entendirent la parole de Guide, il furent moult dolent, et li prièrent qu'il se live de terre. Et non plorent li Normant manco de lui, et laissent toute choze et vont pour faire venjance de li prince. Et à la sexte yde de juing sont li Normant entor li mur de Salerne, et o l'aide de ceuz qui avoient porté foy à li prince à lo secont jor fu prise. La porte fu aperte à Guide, et li malvaiz traitor fouirent pour recovrer la roche. Més par fame seront veincluit, et li filz et lor moilliers de li traitor furent pris et lor trésor fu donné à ceuz de la cité de Salerne.

Cap. XXVIIII. Guide laissa li filz de li népote et la moillier, et toz quant il furent, fors tant solement lo filz de lo frère sien, liquel se clamoit Gisolfe, désidéra que fust prince, et pour cestui lui soit rendu de li traditor qui estoient en la tor de la rocche, donna li fill et li moillier de li traitor. Et coment ce fust chose que li Normant vollissent faire prince de cestui Guide, et dist Guide : « Dieu m'en gart que je sousticingue que mon neveu perde l'onor de son père ». Et quant il ot dite ceste parole, il prist li jovène et lo mist en un lieu haut; et ploiant li bras fu fait son chevalier, et Guide li jura sacrement de fidélité. Et quant li Normant virent tant de bonté et de loialté en Guide, furent autresi fait chevalier de Gisolfe, et se firent investir de la main de lo prince Gisolfe de celle terre qu'il tenoient.

Cap. XXX. Homes pour faire pais entre li Guide et li traitor montoient et descendoient de la roche. Jura Guide et autresi fist Gisolfe, non remeist saint par loquel non aient juré; jurèrent li juge et li autre gentilhome de laissier en aler salve li homicide sans nulle cose; descende li chevalier sain et salve arme et s'envoise sauf et sécur là il lui plaira.

Cap. XXXI. Et à lui fidel Normant non plot celle paiz ne celle concorde, et alèrent contre li malvaiz traitor et homicide, et o l'aide de cil de la cité taillèrent tuit li traitor et tout les occistrent et mistrent en une sépulture. Mal fu ordène Laindulfe pour estre prince o troiz frères siens, quar .xxxvj. en furent occis en une hore liquel avoient esté à la mort de Guaymère. Et pour la mort de Guaymère remainrent fidel tant de Guide quant de Gisolfe, et les haucèrent en prospérité à lor honor. Et porce que Unfroy avoit pour moillier la suer del duc de Sorrente, proia li conte que lo duc fust laissié et recovra la dignité soe.

Cap. XXXII. Sagement se portoit Guide et il sol faisoit celle cose laquelle faisoit lo prince Guaymère et tuit li frère. Malement traitoit lo aornement pour marier la fille soe, quar non laissa en disposite ou en arche aucun aornement. La moillier et fille toutes despoilla, ce que il pooit leva et donnoit à li Normant pour conserver l'onor de son neveu. Més quelle en ot cestui oncle de tant come fist pour lo neveu, encore se dira sà en avant en lo ystoire.

CAP. XXXIII. Avant la mort de Guaymère un jovène atte à chevalerie et aorné de vertu estoit venut à Robert frère carnel de Ricchart conte, dont cestui non estoit lo Viscart de loquel est dit. Et à cestui Guaymère avoit donné pour moillier la fille de Drogo conte.

CAP. XXXIIII. Et quant lo pape vit (1053) que lo prince Guaymère estoit mort, loquel estoit en l'ayde de li Normant, se appareilla de destruire li Normant; il asembla plus de gent qu'il avoit avant, et avoit o lui .ccc. Todesque et comensa à venir contre li Normant.

CAP. XXXV. Puiz que fu seu par publica fame que li pape venoit, moult en estoient alègre. Més Jehan, évesque de Salerne, non avoit petit de tribulation pour l'avision qui lui apparut; quar stant afflit par dolor de santé laquelle avoit acostumé d'avoir, se fist porter là où gist lo cors de saint Mathie apostole [et lui dist ce qui estoit à entrevenir], et entre celles dolor s'endormi. A loqualle s'apparut saint Mathie apostole, et lui dist ce qui devoit avenir. Et lui dist : « Je te promet que tu est guari de ton infermeté. Més je te prophétize que la mort non est trop long. Li pape vient avec vilz chevaliers pour chacier, més li sien seront destruit, et espars, et en prison, et mort. Et puiz ceste cose retornera à Rome et sera mort. Et puiz la venue soe peti vivra : quar c'est ordené devant la présence de Dieu, quar quicunques sera contre li Normant pour les chacier ou tost morira, ou grant affliction aura. Quar ceste terre de Dieu est donnée à li Normant, quar la perversité de ceus qui la tenoient et pour la parenteze qu'il avoient faite avec eaux, la juste volenté de Dieu a convertut la terre à eaux; quar la loy de Dieu et la loi de li impéreor commande lo fill succède à lo héritage de lo père ». Et puiz lo évesque se resveilla tot sain et salve; et ensi comme lui fu dit en avision, ensi fu fait.

Cap. XXXVI. Lo pape fu acompaingnié de ceste chevalerie, et avant qu'il venist à La Cité assembla li gentilhome et fist gofanonier de La Cité et de la bataille Robert loquel se clamoit de Octomarset. Et puiz vindrent à La Cité, c'est à un chastel qui se clame La Cité. Quar là lui vindrent encontre li Normant comment se trove en autre ystoire. Et lo pape et li chevalier avoient espérance de veinchre pour la multitude de lo pueple. Et li Normant puiz qu'il vindrent mandèrent message à lo pape et cerchoient paiz et concorde, et prometoient chascun an de donner inceuse et tribut à la sainte éclize, et celles terres qu'il ont veincues par armes voloient re(che)voir les par la main de lo vicaire de l'églize. Et mostrèrent lo confanon coment il furent revestut de la terre par la main de lo impéreor, et coment lor estoit confermée. Lo pape non parla, ainz parla lo cancelier et les manesa de mort, et lor propona qu'il doient fugir; et l'un et l'autre est moult moleste à li Normant; et encoire o ces messages parla par manache, et lor fist vergoingne. Li légat de li Normant s'en retornèrent et reportèrent lor message, loquel moult lor desplaist.

Cap. XXXVII. La nécessité de la fame moleste li Normant, et par lo exemple de li apostole prenoient li espic de lo grain et frotoient o la main, et ensi menjoient lo grain, et afflit pour la fame requèrent que ceste brigue se départe ou combatent (18 juin). Et li pape avec li évesque sallirent sur lo mur de La Cité, et regarda à la multitude de ses cavaliers pour les absolvère de lo péchiez, et pardonna la penance que pour lor péchié devoient faire. Et lor fait la croiz et lo commanda de boche qu'il alent combatre. Raynolfe et Raynier furent eslit principe de ceste part, liquel levèrent en haut li gofanon, et vont devant o moult grant multitude de gent, més petit de Toudeschi solement les sécuta. Et li Normant font troiz compaingniez desquelles une en est régie et governée par la main del conte Umfroy, et l'autre par lo conte Ricchart, et à la tierce par Robert Viscart. Et li Thodeschi se metent l'escu en bras et crollent l'espée; et li Normant et hardi coment lyon prenent la haste. Et lo conte Richart despart li Todeschi et passe parmi eaux; et de l'autre part fiert lo conte Umfroy et de l'autre entre Robert Viscart; et li Todeschi se reguardent derrière pour veoir lor compaingnie; mès nul Longobart venoit après eauz, quar tuit s'en estoient foui. Cestui Todeschi qui iluec se trovèrent furent tuit mort, nul non eschappa se non aucun à qui li Normant vouloient pour pitié pardoner; et sécutèrent ceus qui fuyoient, et les prenoient et occioient. La masserie de lo pape et de tout li soi, et li trésor de la chappelle soe lui fu levé de ceus de La Cité.

Cap. XXXVIII. Et quant ce fu fait li Normant s'en alèrent à lor terre; li pape avoit paour et li clerc trembloient. Et li Normant vinceor lui donèrent spérance, et proièrent que sécurement venist lo pape, liquel meneront o tout sa gent jusque à Bonivent (le 25 juin), et lui aministroient continuelment pain et vin et toute choze nécessaire, et pour ce que Rodolfe estoit o coultel fist archevesque de La Cité Boogarie.

Cap. XXXIX. Et o la favor de li Normant torna à Rome à li .x. mois (avril 1054) puiz que avoit esté la bataille. A li .xiij. kalende de mai, c'est d'april à li .xviiij. jor, fu mort et fist moult miracle. Et lo archevesque de Salerne loquel avoit veue celle avision, à li .v. mois et vj yde de septembre fu mort.

Cap. XL. A li conte de Puille vindrent autre frère de la contrée de Normendie, c'est assavoir Malgère, Gofrède, Guillerme et Rogier.

Cap. XL. Cestui Gisolfe de loquel nous avons devant parlé, liquel de la part de la mère estoit nez de gent

vipérane, en prime comensa à estre jovène et petit
à petit comensa à vomir lo venin. Molestament soustint la maistrie de so oncle Guide et lo pensa de priver
de toute honor. Et toutes foiz il estoit en l'ornor de
prince par son oncle Guide, quar par lui l'avoit eue.
Més pour covrir ceste iniquité qu'il vouloit faire, il
se ordena de traire de sajète et faire mal à dui frères,
c'est à Manson et à Lyon. Et toutes voies par le conseill de ces .ij. frères l'onor de li frère et li sien avoient
esté accressut. Et princement cesti Gisolfe esmut cil
de la cité contre ces dui, et lor prometoit de donner
lor chozes. Més pour ce que ces .ij. frères avoient
l'ajutoire de lo conte Ricchart, non véoit coment
ceste cose bonement se peust faire sans l'ajutoire de
alcun altre de li Normant. Adunque à ceste cose faire
appella Robert frère de lo prince Ricchart, et li promist par sacrement de donner lui la moitié de la ricchesce de ces .ij. frères ; et cestui estoient moult riche,
et avoient grans possessions. Més ces .ij. frères sorent
lo conseill qui estoit fait contre caux. Et après de La
Cité avoient une roche moult sécure et moult fortissime de grant manière, et en celle roche avoient mise
lor ricchesce, et là estoient la ville et la maison, et se
partirent de lor anemis, et lo bestiame delquel se trovoient abondance sans nombre. Toutes foiz remaintrent vacant et gabe de ceux qui désidéroient de faire
mal à la persone lor. Partirent toutes voies quant se
spéroient de partir, et la cose qu'il partirent fu moult
petite. Et Richart estoit immobile por deffendre li
fidel de ceste injure. La prospérité de Guide estoit

abaissié pour lo oppression de ces .ij. frères, liquel se tenoient ensemble, et Gisolfe son neveu ot sa compaingnie en despit.

Cap. XLII. Et vint lo conte Umfre, et demanda lo don qu'il soloit avoir, et vint o son frère Guillerme, demanda lo chastel qui lui fu promis o sacrement. Li prince dampna la pétition de ces .ij., et onques ne les vouloit voier, ne de bone et alègre face non lor voust plaisir. Et se partirent ces .ij. frères moult corrociez, [et cerche] et quéroient de avoir satisfation. Et en prime donèrent esmote à lo castel de Saint-Nicharde, et puiz vont dévorant lo principat tout. Et quant Gisolfe oï ceste novelle que Umfroi et Guillerme aloient ensi gastant sa terre il s'en fist gaberie et non s'en fist senon rire et tout tint à gieu. Més toutes foiz pristrent Castel-Viel et Facose-le-Nove; et toutes les cités qui estoient après chascun jor estoient assaillies, et les chozes qui estoient fors des murs furent prises et destructes. Més quant les gens des chasteaux surent ceste destruction, il garnirent lor terres et lor chasteaux de murs et de palis, et lo prince come jovencel se joe dedens les murs et se solace.

Cap. XLIII. Ceste ystoire nous dit et raconte que lo conte Richart vint à Salerne et demanda lo domp que Guaymarie lui soloit donner. Més il ot malement son entendement, ne ce qu'il demandoit, quar por l'or qu'il demandoit lui furent getéez pierrez, et pour li cheval lui furent traites sajètes. Et Richart conte vit ceste déshonor que lui faisoit lo prince; il lui manda disant qu'il non estoit digne de pierre ne de sajettes, quar il avoit revengié la mort de lo père, et lo fist prince. Lo soir lo conte ordena lo agait, et lo prince chevaucha sécurement au matin, et clama li jovencel avec lui qui portoient fionde et arc pour traire. Et li chevalier del conte quant il virent que lo prince estoit issut de la cité par fraude commencèrent à fouir, et ceauz de la cité de Salerne, liquel estoient vestut de dras de lin, les sécutoient jusques au lieu où estoit fait l'esguait; et cil qui faisoient l'esgait virent cil de Salerne, il lor corurent sus, et cil non porent fuir, et alcun se jettèrent en mer, et alcun furent occis, si que furent mort .c.v.; et cest fu lo premier plor de li Salernitain morant en bataille.

Cap. XLIII. Puiz que fu mort li pape Lion del quel nouz avons devant parlé, fu fait pape lo évesque de Estitanse (Eichstadt), liquel se clamoit Geobarde ou Victore. Cestui pape Victore fu moult cortoiz, et moult large et fu moult grant ami de l'empéreor; cestui contre la chevalerie de li Normant non esmut inemistié, més ot sage conseil, quar il fist amicable paiz avec li Normant.

Cap. XLV. Cestui pape ala à la cort de l'empéreor pour demander li passage de la terre et de li Arpe, laquel terre apartient à la raison de l'églize de Saint-Pierre de Rome; il fu honorablement receu de lo impéreor, et lui promist lo impéreor de faire sa pétition. Més li impéreor fu malade, et fu mort, et fu absolz de lo pape et de lo patriarcha de pène et de coulpe, et fu enterrés ad Spiram où estoit souterré son père, et fu portez de Ponte-Feltro (Goslar) où avoit esté mort. Et quant li empéreor fu sousterrés si come nouz avont dit devant, li pape Victor s'en torna à Rome, et puiz poi de temps après fu mort et s'en ala à Jésu-Christ.

Cap. XLVI. En celui temps fu mort lo abbé Richier de Mont de Cassin. Et à cestui abbé Richier succédi Pierre religiouz moine, més non fu trop expert de chozes séculères. Et pour ce que pape Victor lo reprennoit des choses séculères desquelles il o non curoit, il renuntia à la croce et à la dignité d'estre abbé. Laquelle croce et dignité prist lo cancellier, liquel estoit noble home et moine de cellui meismes monastier. Et quant il fu eslit d'estre abbé, il atendoit la bénédiction de lo pape; més lo pape Victor fu mort. Et après lui fu eslit cestui abbé pour estre pape et fu clamez pape Stéphane.

Cap. XLVII. Nous trouvons en ceste cronica que cestui abbé avant qu'il fust pape si esmovoit toute la gent qu'il pooit avoir, et faisoit son pooir de destruire li Normant; puiz qu'il fu pape o toute la mort soe pensa de les destruire. Més pource que la mort lui estoit voisine non pot complir sa volenté. Et pour ce qu'il non avoit plénement argent pour ce faire, fu mis main à lo trésor de Saint-Bénédit. Et pour cest trésor voloit scomovère son frère qui se clamoit Gotherico et autre grant home à destruire li Normant. Et ceste choze non estoit faite par consentement de li frère, se non tant seulement que lo savoit lo propost et lo décn.

Cap. XLVIII. Et la nuit quant lo trésor fu enporté, un moine de l'abbaie vit ceste révélation en somne. Et lui estoit avis qu'il véoit de souz l'autel où gist saint Benoît avec sa suer, laquelle se clamoit sainte Scolastice, issoit un moine deschauz et la teste descoverte, et ploroit fortement, et disoit qu'il estoit dérobé et toutes ses chozes lui estoient levées; et s'en vouloit aler réclamer à la justice. Et un moine le sécutoit et lui disoit qu'il non plorast, quar il lui prometoit de raporter lui lo trésor qui lui avoit esté levé; et disoit que celui estoit concédut de la pitié de Dieu que nul home ne te lo puet lever. Et après ce se resveilla lo frère, et dist ceste avision à moult, et ensi ce qui avoit esté fait absconsémént vint publiquement.

[Et dist cestui moine escriptor et exponitor de ceste cronica que bien estoit certain et sécur que celui moine qui confortoit l'autre moine qui ploroit que ce fut saint Benoit, par laquel mérite et ordination lo trésor qui en estoit porté de lo monastier, si coment je vouz ai devant dit, fu retorné puiz la mort de lo pape.]

Cap. XLIX. Cestui capitule si dit en que quant cest pape, liquel avoit esté avant abbé de lo monastier de misire saint Bénédit de Mont de Cassin, vindrent à la ultime terme de sa mort, les frères qui estoient avec lui en compaingnie et lui demandèrent conseil qu'il lui plaisoit qui fust abbé de lo devant dit monastier de Saint-Benoît après sa mort. Et respondi cil loquel estoit pape et abbé deldit monastier, que cellui del covent de li moine à cui il auront plus grant dévotion qu'il soit abbé, cellui sera le meillor. Et puiz si dist li dit meisme pape : « Comment ce soit choze que je aye eues dui dignités moult grandes en la sainte églize de Dieu, tout soit ce choze que je non estoie digne, je sui tenut de ces dui grandes et excellentes rendre raison jusque à la ultime quadrante, c'est à la plus petite monoie qui se trove, devant un destroit juge liquel me demandera l'usure ». = Et ce est à entendre que est une manière de mesure de pain, laquelle mesure de pain est encoire à Rome, et se clame justice. Et pource se clame justice, quar est un pain partut en quatre parties; et en cellui temps cellui pain valoit un denier, si que lo poure home en pooit dui foiz ou quatre mengier, si que la ultime quadrante, la quarte part d'un denier petit. Et en aucune part se trove que une génération de meallez de liquelle se trove quatre por un denier. Et pour ce dist lo pape que de ces .ij. grans et excellentes offices de la églize de Dieu lui covenoit rendre rayson jusque à lo plus petit denier qui se trove partout lo monde, dont li bon pape non vouloit grever l'arme soe. = Et puiz si dist : « Quar quiconques est clamé à si hautes offices et excellentes de la sainte Eglize de Dieu non doit amer nulle choze se non Dieu. Et pour ce me pert et me plaist bien que cellui qui est plus amé soit fait abbé. » Et puiz si dist : « Coment se soit chozes que frère Désidère soit plus amé, je vous conseille que de lui

faciez vostre abbé et pastor, quar il est de noble gent
et de bones costumes ». Et quant li frère entendirent
lo conseil et la volenté de cestui pape et abbé, cil qui
ploroient por sa mort orent grant joie et furent tuit
reconfortez en Dieu, et furent liez et joians cil qui
estoient tristez et dolent de la mort de lor bon père
et pastor; tuit furent reconfortés en la vie de cellui
qu'il devoient eslire pour estre lor père et lor abbé.
Et quant li papes ot ensi parlé coment je vous ay dit,
et ordené avec ses frères, la maladie lui enforza, et
trespassa de ceste mortel vie et s'en ala à la miséricorde de lo nostre Salveor Jshu-Crist. Et quant li
pape et abbé fu enterrez honorablement à Saint-Pierre
de Rome, si coment il est usance de faire honor au
saint père, ses frères moines liquel estoient avec lui
s'en retornèrent à lor abbéie de monseignor saint
Bénédit de Mont de Cassyn, et raportèrent tot le trésor loquel il en avoient porté de lo saint monastier.
Et quant li frère furent venus audit monastier, il
annoncièrent à lor autres frères la mort de lor pape
et abbé, et lor distrent coment li pape lor avoit donné
en conseil qu'il feissent abbé de frère Désidère, liquel
estoit plus amé : més estoit ainsi que cestui frère Désidère estoit alez en Costentinople à lo empéreor,
embassator por lo pape; més li frère de lo monastier
tout maintenant à grant joie mandèrent à frère Désidère que li pape estoit mort, et que sans demorance
s'en venist. Et quant frère Désidère entendi li mandement de ses frères, il se mist en mer et vint jusque
après de Rome, et puiz ot lo vent contraire qui le

retorna jusques au bas. Et iluec, de sez frères qui l'atendoient et à grant joie lo rechurent, et là fu faite la élection secont lo commandement de lo pape. Et en lo jor de la pasca de la Résurrection monta à Mont de Cassin, et li moine o grant joie et loant Dieu lo firent abbé (l'an 1058). = [Més vóuz qui ceste ystoire liziés, notés ceste parole que jamaiz home fust pape et abbé, quar mais non se recorde que home qui fust fait pape se réservast la dignité laquelle avoit eue devant, nul non s'en trove qui fust archevesque et pape ensemble, ou cardinal et pape, fors solement cestui qui fu pape et abbé, més force qu'il vesqui tant petit de temps qu'il non pot ordener à sa volenté autre abbé; ou fu traittement qu'il fu abbé tant que lo fust abbé Désidère de loquel l'estoire parle après.] = Or dit ensi li escriptor et li translator de ceste cronica, qu'il veult dire l'ordre de la conversation et la prospère subcession de cestui abbé, kar se non laissa de dire la nativité et la vie de li autre home, coment se veult tacer de cestui qui fu abbé et père de lo monastier dont il meismes estoit moines? Et espécialment qu'il fu tel et tant qu'il est digne choze d'escrire de lui, quar il fu moult gentilhome et fu son père conte de Bonivent, et touz temps fu norri de gentil gent et fu enseingniez de bones costumes; et quant son père fu mort, il toute l'onor de estre conte prist et tout lo héritage. Et la mère, pour ce que elle non avoit plus, consentoit à son filz ce qu'il vouloit. Et cestui prenoit ce que la mère avoit et donnoit à li poure continuelment, et de son préciouz vestement covroit li poure. Et quant sa mère vit tant substrattion de sa richesce, por non destorber lo de faire sa volenté et son plaisir, lui leissoit faire tout ce qu'il vouloit, quar moult l'amoit de grant amour, quar bien avoit rayson de amer de bon cuer tant et tel saint et bel et bon et gentil jovencel, et espécialement qu'il estoit son filz, et plus non avoit; et si non estoit nul home ne fame qui lo coneust qui non l'amast de bon cuer. Et quant li parant de son père virent et sa mère que cestui jovencel estoit si large et plein de si grant charité, il s'asemblèrent ensemble et pristrent conseil de donner lui fame pour moillier. Més lo corage et la volenté de lo jovencel estoit moult loing de faire cest mariage, et comensa à concevoir et à penser en son cuer quel fructe devoit parturir. Quand il vit que lo mariage se devoit apareiller, et que la mère et li parent estoient assemblez pour faire lo mariage et pour lui doner fame, il s'en foy à lo hermitage où il désirroit de ester, et despoille li noble et riche vestement qu'il avoit devant, et se vesti de sac comme hermite. Et quant la mère et li parent furent asemblés pour faire lo mariage, il fu cerchié par la cité et par la conté, més il non se pot trover, quar il estoit en la montaingne de lo hermitage. Et quant li parent sorent qu'il estoit là, il i alèrent et lo trovèrent vestu de sac come un hermite cellui qui souloit estre vestu et adorné de paille de or. Et quant il le virent ensi vestu, il lui ostèrent et despollèrent cellui vestement et lo vestirent autrement; et l'amenèrent à sa mère, qui moult estoit dolente, pour réconforter sa dolor. Et li parent pensèrent de faire lui muer son proposement à cestui jovencel. Més il pensa de estre fort en son proposement. Li parent li cerchèrent famez les plus belles qu'il porent trover, lesquelles estoient avec lui de nuit et de jor et à boire et à mengier, pour savoir s'il preist amor ne délectation de fame carnelle, et lo peussent retorner de son opinion et de sa volenté; més lo jovencel o la vertu de Dieu pense en son cuer de garder à Dieu sa chasteé. Et orent conseill li parent de faire les noces, ordinant lo jor, et entrèrent li espouse et li espouz ensemble en chambre. Més jà non fu entre il doi parole de luxure ne alcune volenté de la part de li saint jovène; quar Jshu-Christ liquel combatoit pour son servicial..... Et puiz que li parent virent et sentirent ce, lo gardèrent qu'il non retornast à son proposement. Més, comme dist l'Escripture, non est conseill contre Dieu, quar li seignor Dieu Jshu-Crist compli la volenté de lo saint et bon jovène; quar il Dieu l'avoit pris pour hostie sanz macule. Et pour ce li devant bon jovène prist lo habit de conversation, c'est que lo habit de conversation est avant qu'il feist profession en Sainte-Sophie de Bonivent; més en l'églize de Saint-Bénédit de Mont-Cassin prist la grâce de consécration. Et pour la grant obédience et pure humilité que avoit la grâce et la bénignité de lo pape, et lui concédi à ce qu'il avist amistié et toute poesté avisse de grant home à recevoir lo tribut de toute la province. Et alant à Rome pour soi faire consécrer [abit], fu fait de lo pape abbé et prestre cardinal. Et ensi cestui fu fait cardinal et abbé ensemble. Et puiz torna toute sa cure en accroistre la religion de lo monastier, et noblement enrichi et aorna lo églize et ot en despit l'or et l'argent. Et tuit li sage home et bon clerc qu'il pooit trover assembloit en son églize, à ce que son églize fust adornée ; més tant plus despendoit à faire honor à Dieu, tant plus les chozes del monastier multiplicoient. Et autresi toutes les coses qui estoient por chaier les fist réhédifier et faire toutes noves. Et pour ce qu'il non trova in Ytalie homes de cest art, manda en Costentinnoble et en Alixandre pour homes grex et sarrazins, liquel pour aorner lo pavement de lo églize de marmoire entaillié et diverses paintures, laquelle nous clamons opère de mosy, ovre de pierre de diverses colors. Et la honor de l'églize cressoit de jor en jor avec la religion, et jamaiz la possession de lo monastier non se gastoit, et moult est monteploié pour la offerte de li Normant. Més se je vouloie escrivre toutes les bones coses fist cest saint et bon abbé, trop longue cose seroit. Més qui voudra savoir tout lo bien qu'il fist à lo monastier, voise un jor sollempnel, et il porra veoir lo bien qu'il fist à lo hédifice et en lo trésor de l'églize, quar toutes les chozes que tu verras en la églize ou sont acquestées par lui ou sont renovelées. Et par exemple de cestui abbé moult s'efforcèrent de appareiller lor choses en la manière qu'il faisoit, et gardoient à sa maistrise aucuns à faire bel hédifice, et se délictoient de lor habitation adorner. Et moult abbés se combatoient de deffendre les coses de l'églize avec chevaliers et armes ; més cestui abbé estant avec la congrégation de li moine vainchoit tuit si anemi et deffendoit la possession de l'églize. Et de bone volenté lui sont donnez li trévage. Et à ce qu'il non fust sanz langue en carité ou en parler par letre, cestui liquel estoit premèrement abbé estoit li plus sages de touz li monastier, et évesque et cardinal de cort de Rome. Et quant il estoit autresi come de .xl. ans, il aprist plénement grammaire et retorica en tel manière qu'il passa touz ceux qui ceste science avoient de lor juventute estudiée. Et qui lo veut savoir coment fu amagistré, garde à lo cant il componi de saint Mauor confessor, et de lo livre de lo Dyalogue en loquel est la délictance de la régule de l'art de grammeire, et con voce de concordance de un son iluec verra sa science. [Et dist cestui moine liquel compila ceste ystoire :] Je désirre de morir à lo temps de cestui saint abbé, et voil qu'il vive après ma mort. Et que cestui à l'ultime jor de ma vie me face l'absolution de mes péchiez. [Et par ceste parole se mostre que cestui moine translatéor de ceste ystoire fu à lo temps de cestui abbé Désidère, loquel fu tant saint home et de bone vie, et plein de grant sapience.]

Cap. L. Or non parlons plus de la fama et de la subcession de li pontifice de Rome, quar l'onor défailli à Rome puiz que faillirent li Thodesque, quar se je voill dire la costume et lo élection lor, ou me covient mentir, et se je di la vérité, aurai-je l'yre de li Romain.

Ci finist lo tiers Livre,

Et ci commencent li Capitule de lo quart Livre.

LI CAPITULE

DE LO QUART LIVRE.

Cap. I. La comémoration de ceste choze qui sont dites de Robert et de Richart, et que est de dux :

Cap. II. Coment Robert fu fait conte et rechut li ostage de li frère de Gisolfe.

Cap. III. Coment Robert acquesta Calabre et se clama duc de Rége, et puiz vainchi Troie.

Cap. IIII. Coment Robert ala à Salerne et rendi li ostage.

Cap. V. Coment Robert entra furtivement à Melfe, et puiz lo sacrement perdi la cité.

Cap. VI. Coment puiz la longue brigue Pierre et Robert firent paiz.

Cap. VII. Coment Robert fist tuit li Normant chevaliers senon Richart.

Cap. VIII. Coment Robert asséia Capue.

Cap. VIIII. Coment Richart asséia Salerne. — Coment Gisolfe fist paiz avec cil de Amalfe.

Cap. X. Coment mort Pandulfe, Richart tant asséia Capue qu'il fu prince.

Cap. XI. Coment lo prince asséia Aquin.

Cap. XII. Coment sailli à Mont-Cassyn.

Cap. XIII. Coment Richart tant asséia Aquin jusque à tant que lo duc Aynolfe lui rendi li deniers qu'il lui devoit donner.

Cap. XIIII. Coment firent paiz Richart et Gisolfe, et puiz la paiz fu rote.

Cap. XV. Coment s'aproxima le jor de la prospérité de Gisolfe.

Cap. XVI. Coment fu Robert puiz qu'il ot vainchut Calabre et Puille.

Cap. XVII. Coment fu départut de Alverarde pour ce qu'il lui estoit parent, et prist pour moillier la soror de Gisolfe.

Cap. XVIII. Coment jura lo prince et lo duc ensemble.

Cap. XIX. Coment lo duc vint pour prendre la moillier.

Cap. XX. Coment Guide corrocié de li noce dona sa fille à Guillerme pour fame.

Cap. XXI. Coment lo duc enrichi sa moillier et Alberalde donna son champ.

Cap. XXV (*sic*). Coment Gisolfe fist amistié avec Richart li prince de Capue.

Cap. XXVI. Coment Richart assallie la terre del fil de Burelle.

Cap. XXVII. Come Richart ala à la retornée, et à cui vouloit donner sa fille pour moillier.

Cap. XXVIII. Quelle bataille fu entre Richart et cil de Capue jusque à tant qu'il prist la porte et la forteresce de Capue.

Cap. XXVIIII. Coment cil de Capue demandèrent pardonnanze à lo archevesque.

Cap. XXX. Coment vit Ardretyen et puiz lo conquesta.

Cap. XXXI. Coment ama à conquester et deffendre lo monastier de Mont de Cassyn.

Cap. XXXII. Coment lo duc tornant en Puille mérita ses amis et ses anemis.

Cap. XXXIII. Coment se deffent li escriptor que non soit dit mençongier ou dit traitor.

DE LO QUART LIVRE. 109

Cap. XXXIIII. De la mémoire de la iniquité de Gysolfe et de tout son fait. — De ce que entrevint de la invidie laquelle estoit montée. — Que fist en feingnant ce que non estoit.

Cap. XXXV. Que fist pour son arrogance et par la opération de la superbe.

Cap. XXXVI. Que fist par son avarice.

Cap. XXXVII. Coment seignorioit en lui [à lui] avarice et goule.

Cap. XXXVIII. Quel homicide fist faire.

Cap. XXXVIII (*sic*). Tant de malvaistié il ot, et rendoit mal pour bien.

Cap. XXXVIIII. Coment persécuta Dieu en ses membres, et tant fist mal à lo abbé Guayferie.

Cap. XXXVIIII (*sic*). De la vie et de la mort de cestui abbé Guayferie.

Cap. XL. La part et la visitation de Alberique.

Cap. XLI. Lo dire qui se fait de Guayferie. — Lo assaillement qui fu fait contre Gisolfe.

Cap. XLII. Coment Gisolfe metoit discorde entre li amis.

Coment Gisolfe se feingnoit faussement d'estre caste.

Ci se fenissent li Capitule de tiers Livre,

Et se comence lo quart.

LO QUART LIVRE.

Cap. I. Et pour ce que fu promis à lo comencement de cest livre de déclarier lo gloriouz triumphe et les cités qui furent veinchues de li Normant, temps est de dire des fortes batailles de cestui gloriouz et victorious principe. Et après la proie, laquelle avoit faite Robert, et puiz la prison, doit se dire coment vint à estre conte et coment puiz vint à estre prince. Més pour escrire li autre chozes coment furent faites, furent arrestées et parlongiez, dont maintenant est temps et hore de dire les vittoires et les faiz del devant dit Robert; car jusques à maintenant avons dit la fame et la poureté et solitudine de Robert lequel est dit Viscart. Et maintenant devons dire comment, par la miséricorde de Dieu, o moult multiplication de moult forte gent fu exalté, et comment il sousmit et doma li superbe. Més comment dient alcun : Non puet saillir un en grant estat se autre non descent, comment nous dirons la exaltation de ces .ij. princes, ensi se manifestera la descension de li autre principe et seignor.

Cap. II. Or dit ensi ceste ystoire que quant lo conte Umfroy fu mort, Robert son frère rechut l'onor de la conté et la cure de estre conte. A loquel vint maintenant Gisolfe prince de Salerne, et lui donna pour ostage son frère charnel et lo neveu, ce est lo filz de Guide, loquel fu frère à la mère. Cellui voulloit paier lo tribut chascun an comme avoit fait lo père; et véez ci coment se hauza la gloire de Robert. Et rechut li fill de li seignor soe pour lo plege de lo salaire qu'il devoit recevoir.

Cap. III. Et après ce que Robert fu conte coment je vouz ai dit après la mort de lo comte Umfroy son frère, encontinent s'en ala en Calabre, et cercha li camp et li mont de la terre qu'il avoit acquestée. Et en poi de temps prist et vainchit toutes les forteresces de celle contrée, fors celle de Rége, laquelle non lui fu donnée de cil de la cité pour volenté, que il la vainchi par force. Et pour ce Robert sailli en plus grant estat qu'il non se clame plus conte, més se clamoit duc; més à lo soupre-nom de Viscart non failli jaméz. Et quant lodit Robert Viscart ot ensi conquesté et vainchut toutes les forteresces de Calabre et fu fait duc de Calabre, il se parti de là o toute sa gent de armes et s'en vint en Puille, et tout lo plein de Puille cercha, et asséia Troie et la vainchut par force de armes, et pour ceste choze se moustra que fu plus fort que lo impéreour non estoit et plus puissant; quar lo impércor Henri non pot onques ceste cité de Troie veinchre pour pooir qu'il eust, et cestui duc Robert la subjuga à sa seignorie.

Cap. IIII. Puiz ces chozes fu proiés et ala à lo prince

de Salerne, liquel se portoit pacifiquement avec Guillame frère del duc Robert, laquel paiz refuta Robert, quar jà avoit tout lo principat. Et toutes voiez quant il ot ensi veinchut, il par pitié rendi l'ostage; més non recevoit alcune part de son bénéfice.

Cap. V. Pierre fil de Ami avoit grant envie sur lo dux Robert, et cerchoit de offendre lo en touz les lieuz où il onques pooit. Cestui entra en Melfe, laquelle cité est la plus superlative de toute la conté et premier siége. Et quant Robert sot que Pierre estoit entré en Melfe, il l'aséia tout entor et destruist tout li labour. Et cil de la cité prièrent Pierre qu'il deffende lo grain qui est en lo camp, loquel est après de metre. Et adont pria Pierre que lui soit guardée la trieve, laquel estoit faite et devoit durer .xiiij. jors. Et Robert non lo voloit faire; quar entre l'espasce de la trieve Pierre porroit entrer en la cité et auroit à rompre la trieve, et jura Pierre qu'il non romppe la trieve. Et lo neveu de Pierre prist l'arme pour monstrer que son oncle non avoit route la trieve. Et à lo tiers jor en la présence de lo archevesque de Bonivent fu cerchié la main de lo garzon, coment il avoit porté lo fer; et fu trovée pure et non lése. Et fu cercié li garson et soutillement fu cerchié son cors, et celle cose que non mostroit la main corpable, se manifesta en autre partie de lo cors. Quar soul en lo bras avoit une vessica plène de aigue dont la collation de lo fer ardant estoit. Et se levèrent cil de la cité contre Pierre et cerchèrent de lo occirre. Et Pierre et sa gent s'enfouy et s'en ala à la Cysterne, et Robert adorné de victoire récupéra Melfe. Et puiz sans demorance va sur Pierre à la Cysterne. Moult seroit à dire premèrement comment non jura Pierre, més jura lo neveu. Et puiz seroit de dire coment lo fer non lui arst la main, més mostra en altre lieu son effet. A lo premier se porroit respondre que en lo garzon qui estoit pure et virgine force que avoit vertu de cellui miracle, et à lo secont fort est de respondre, toutes voiez se porra dire.

Cap. VI. Et quant Pierre vit que Robert venoit sur lui o tout son pooir par grant yre, il se parti de la cité qui se clamoit Cysterne, et s'en ala à la cité qui se clamoit Antri. Et Robert ala après, et furent à la bataille, de l'une part et de l'autre en furent moult mort. Et que vouz diroi-je plus? tant perséenta Robert Pierre jusques à tant que Pierre requist lo amistié de Robert, et Robert par prière d'autres seignors li concédi son amistié.

Cap. VII. Et puiz Robert va cerchant tuit li Normant de entor, et nul n'en laissa qu'il non meist en sa poesté; fors solement le conte Richart remaist, loquel espéroit avoir lo principe de Capue.

Cap. VIII. Cestui Ricchart, quant Pandulfe jovène estoit prince, assembla la multitude de son ost et vint ad Capue. Et fist en li confin de Capue [fist] troiz chastels, et continuelment donoit bataille à Capue, et non lessa aler grasse ne habundance de cose de vivre, més

8

occioit cil de Capue et autresi de li Normant; més à li Normant plus n'en vienent qui ne morent. Et cil de Capue quant il virent qu'il non pooient plus contrester contre Ricchart et li Normant, si lui donnèrent .vij. mille bisant à ce qu'il non les persécutast plus.

Cap. IX. Et en cellui temps meismes recercha lo prince de Salerne, et lui demanda son don ou plus grant vindicte lui prometoit. Més maintenant plus damage reçut que non fist. Lo prince de Salerne est rencloz et atorniez de quatre plages, car avoit paor de cestui conte Richart; et d'autre part est renserré et renclos espessément de Guillerme; et la proxima vicine de soi lo restreingnoit, et la déprédation de cil de Amalfe par mer, quar à lo patricie de Amalfe avoit fait covenance avec lo conte Ricchart, et ensi failloit à lo prince espérance de salver la cité.

Cap. X. Et quant li prince de Salerne vit qu'il non pooit autre choze faire, il requist paiz et concorde avec li Amalfiten à ce qu'il non feissent amistié auvec lo conte Ricchart. Et firent concordance ensemble o sacrement, et jura li prince et troiz cens de li soe gent; et jura li patrice et autretant de Amelfe, et toute la male volenté de devant s'entrepardonèrent, et promistrent de non nuire l'un à l'autre ne en présent ne el tems à venir. Et ensi se consola lo prince et lui apetisa la paour; quar il pot navigar par mer.

Cap. XI. En cellui tems morut lo prince Pandulfe de Capue, à loquel subcédi son filz Landulfe. Lo conte

Richart fist brigue avec cestui Landulfe, non par covoitise de or ne de argent, més par désirrier de honor. Et moult de casteauz fist sur Capue, dont cil de Capua ne non porent mètre ne vendengier; et tout ce qui estoit fors de la porte estoit en la main de Richart. Et quant cil de Capue virent ce, qu'il non pooient recoillir lor grain ne lor vin, il offrirent moult de argent à Ricchart. Més coment li Romain soloient dire, il respondi et dist qu'il voloit la seignorie de cil qui avoient l'argent. Et contrestèrent cil de la cité pour non estre subjugat. Li Normant combatoient et cil de Capue combatoient, et bien se deffendoient cil de Capue contre li Normant se les chozes de vivre ne lor faillissent. Més Pandulfe et cil de Capue ne porent plus contrester. Pandulfe rendi Capue par covenance, et ensi Richart sailli à l'onor de estre prince. Et ensi coment il estoit clamé conte fu après clamé prince. Et cil de Capue gardoient la porte dont toute la forteresce de Capue, et lo prince coment sage lor sosteni .i. tems.

Cap. XII. Et après ce que Ricchart ot ce fait que je vouz ai devant dit, il vouloit mostrer sa puissance et sa vertu. Et petit de temps avant avoit donée sa fille pour moillier à lo fill de lo duc Valetane. Més avant que se complisse lo mariage morut lo fillz del duc. Et secont la loi de li Longobart quant il vienent à mariage la fame demande la quarte part del bien del marit, dont Richart demanda à lo duc père del marit la quarte part por sa fille; et lo duc non lui vouloit doner. En ensi lo prince voloit par force ce que li duc non lui vouloit donner par paiz. Il manda son exercit, et ficha si pavellons et asséia Aquin.

CAP. XIII. Après ce, lo principe o petit de gent monta à Mont de Cassyn pour rendre grâces à misire saint Benoît; il fu rechut o procession come roy, et fu aornée l'églize coment lo jor de Pasque, et furent aluméez les lampes, et la cort resone del cant et de la laude del prince; et fu mené en capitule, et est mis en lo lieu de li abbé, aviegne qu'il non vouloit. Et toutes foiz lui furent lavez les piez par la main de lo abbé, et li fu commise la cure de lo monastier et de la deffension. Et fu proiez de li abbé et de tout lo covent qu'il non lo laisse offendre de nul home ne à nul anemi. Il concède paiz à l'églize, et à li anemis de l'églize promet de combatre. Et dist que jamaiz non aura paiz avec cil liquel cercheront à substraire les biens de l'églize. Et autresi li abbé et li covent li proièrent qu'il pardonnast à lo duc Adenulfe de ce qu'il devoit donner, pour ce qu'il estoit poure. Et lui promistrent de ademplir la promission; quar de ce qu'il devoit donner lo duc à la fille de lo prince, lui laissa li prince Richart pour l'amor de l'abbé et del covent mil solz. Més il cerchoit li autre; més lo duc Adinolfe, pour sa perversité, non lui vouloit donner.

CAP. XIIII. Et li prince Richart, quant il vit que cellui non vouloit paier pour ceste occasion, il atornoia Aquin, et faisoit li plus mal qu'il pooit, et tailloit li arbre et tailloit lo grain qui estoit encoire en herbe, et occioient tuit li home qu'il pooient trover. Et o plor et male aventure li duc soustenoit ceste dolor et cest damage que lui faisoit li prince de Capue Richart. Més puiz que li duc vit qu'il non pooit autre faire, paia ce que li prince Richart lui demandoit. Més mille soulz l'en furent pardonez pour l'amor de l'abbé et del covent de Mont de Cassym, et quatre mille solz paia.

Cap. XV. En cellui temps meismes li messages de Salerne venoient sovent à Capue à lo prince Richart, et demandoient paiz et prometoient moult de argent. Et li prince Richart respondoit que en nulle manière feroit paiz sans lo prov de li sien fidel ami, c'est Mansion et Lyon. Et Gisolfe, prince de Salerne, ceste choze prometoit, et toutes voiez autre cose avoit en cuer. Et tant qu'il s'asemblèrent et jurèrent. Més l'amistié de Gisolfe maiz non duroit, quar trop estoit plein de malice; et par sacrement lui prometoit deniers, més non aempli lo sacrement de paier la monoie. Et li prince Richart lui dona une partie de ses chevaliers, o liquel atornia tout lo principat, et tot la recovra o tout ces chevaliers, villes et chasteaux, et aüna deniers; mez la monoie qu'il avoit promiz non vouloit paier. Et la hardiesce de Guillerme lo attendoit, quar Guillerme non estoit meintenant appareillié de aler contre li chevalier de li prince de Capue, si que li prince de Salerne non estoit remis en sa seignorie de lo principe pour lui, més pour li chevalier qu'il avoit del prince de Capue. Més or avint que quant lo prince de Capue cercha la promission de l'argent qu'il avoit faite par sacrement, cil prince de Salerne lo noia parfaitement. Et dont comanda Richart prince de Capue à ses chevaliers qu'il s'en tornassent arrière sur lo prince de Salerne, et que li covenances et sacrement qu'il avoient fait fussent rout.

Cap. XVI. Or dit ensi l'ystoire que jà estoit aproxié lo jor de la salut de Gisolfe, dont de la angustie et misère soe fu libéré. Et fu reformé en la hautesce de son père come avec ces chevaliers avoit commencié. Més en tant cressi la folie de son orgueill; quar où il devoit avoir accrescement et excellence de honor, de là manca moult, laquel cose se dira puiz.

Cap. XVII. [Coment fu dit desur, cestui moine qui compila ceste ystoire procède à dire de l'ystoire soe, dont lesse maintenant à parler de Richart, et torne à parler de Robert, liquel est Viscart, et dist que] puiz que lo duc Robert ot vainchut Puille et Calabre, continuelment son honor accressoit. Et la main de Dieu en toutes chozes estoit en son aide. Et cestui duc Robert ploroit por les péchiez qu'il avoit fait el temps passé, et se guardoit des péchiez présens et de ceaux qui devoient venir. Et pour ce il commensa à amer l'églize de Dieu, et avoit en révérence li prestre, et maintenant que estoit riche, amendoit et satisfaisoit pour celle cose qu'il avoit faites quant il estoit poure. Et Pierre, de loquel avons dit devant, quar la richesce de Pierre avoit sovenut à sa poureté, il lo fist plus riche qu'il n'avoit onques esté. Et dui filles de cestui Pierre donna à dui riche marit.

Cap. XVIII. Et que li home qui est en péchié mortel, tout li bien qu'il fait est mort! Ce est que pour tout lo bien del monde qu'il feist non lo fait aler en vite éterne. Més toutes foiz fait prou en cest monde celle bone opération à troiz coses, car pour cellui bien que l'omme fait quant il est en péchié mortel, Dieu donne grâce qu'il isse de cellui péchié, comme fist à cestui duc Robert Viscart où Dieu lo prospéra en les chozes temporèles ou l'amenora de la pène d'enfer. Et adont Robert pensant à ceste chose, quar trova que Alverada laquelle tenoit pour moillier non lui pooit estre moillier pour ce que estoient parent, il laissa et demanda à Gisolfe prince de Salerne sa soror laquelle il désidéroit pour l'amor de son honorable qu'elle avoit en Guymère. Et Gisolfe lui dona sa soror et tel dote come il pooit doner. Et cestui prince Richart avoit troiz vertuz en soi, et la moillier en avoit troiz autres. Et car estoit Richart entre li riche plus riche, et entre li humile plus humile, et entre li chevalier plus fort. Et la dame sa moillier estoit noble de parent, belle de cors et sage de teste. Adunque bien covenoit de ces .ij. estre fait un cors, liquel per à per de vertu se concordoient.

Cap. XVIIII. Et jura le duc Robert li rayson de Gisolfe prince de Salerne de lo haucier et metre en seignorie, et de salver l'amistié avec son frère Guillerme ensemble avec lui. Et jura Gisolfe de avoir amistié avec lui, et sanz lui non faire concorde avec Guillerme, et chascun an lui prometoit de paier une quantité de monoie. Guillerme estoit frère de Robert.

Cap. XX. Le duc Robert, en lo jor que estoit ordené, vint por recevoir la moillier o appareillement de impéreor. Pierre fil de Amico, tout fust ce qu'il fussent contraire, toutes voie caritativement l'acompaingna à cestui mariage faire. Et nul gentil home de li Normant non remainst qui non alast avec lui fors tant seulement Richart, quar la caritative concorde entre Robert et Richart estoit un poi estrangié. Et désidéroit lo amirable duc de recevoir son espouse, et de adimplir la promission et lo jurement, vint o festinance par la forteresce de laquelle foyoient tuit li anemis de lo prince de Salerne. Aucun se restreingnoient en lor forteresces, alcun fuyoient à li castel liquel estoient pris par force.

Cap. XXI. Et Gisolfe pria lo duc Robert que ceste noces se prolongasse, quar non avoit encor apresté ce qui estoit nécessaires. Et lo duc fist ce que li prince lui prioit, et va s'en gloriouz, et li prince remeist confus.

Cap. XXII. Et pour ce que Gisolfe avoit fait cest mariage sanz lo conseil de Guide son oncle, pensa Guide de rendre l'enchange. Et donna Guide sa fille à Guillerme frère de duc Robert, liquel estoit contraire de Gisolfe prince de Salerne. Et fist liga et amistié avec lui; et ensi la exaltation de Gisolfe manca et lo duc Robert noient manqué rechut la soe rayson secont lo jurement qu'il avoit fait.

Cap. XXIII. Et fu clamé lo duc qu'il venist o petit de gent, quar dient qu'il vouloit faire paiz avec Guillerme. Et il vint come lui fu dit, més non trova ce pourquoi il venoit, dont li duc Robert s'en parti corrocié, et mena avec soi en Calabre sa moillier, laquelle dota grandement de chastelz et de moult de terres, si que peust richement vivre avec li filz. Li filz qu'il en ot ama et enrichi, come est costumance de père amer et enrichir lo fill.

Cap. XXIIII. Quar estoit longue cose de aler querre lo duc en Calabre, dont le arme et lo corage de Gisolfe estoit en tempeste, et non se savoit quel conseill tenir. Et à l'ultime cercha de avoir amistié avec lo prince de Capue Richart, laquelle amistié lui consenti Richart. Et la flame de la angutie de Richart alcune cose fu refroidie, et en la transquille amistié de Richart. Més coment avons dit devant, l'amistié de lo prince de Salerne non duroit molt longuement.

Cap. XXV. Et puiz par la volenté del duc Robert cestui Gisolfe ot l'amistié de Guillerme, liquel estoit frerre del duc Robert. Et Guillerme fu fait chevalier de Gisolfe, et lo prince Gisolfe lo fist son frère. Et tuit li chastel de lo principe se partirent ensemble, fors solement Salerne remeist entière à l'onor de lo prince. Més entre l'amor des .ij. princes, c'est de Capue et de Salerne, vint grant discorde, quar Gisolfe non vouloit paier ce que Richart demandoit raysonablement, car lo prince de Salerne avoit une malvaise nature, quar puiz qu'il avoit un ami non se curoit de l'autre.

Cap. XXVI. Et li prince Richart entra en la petite et estroite terre de li fill de Burielle, et cercha qu'il poist lever, més non trova ce qu'il quéroit, car non avoit maison en lo plein de la terre. Et puiz consuma les chozes de vivre qu'il avoit porté avec soi, et jura pacte de amistié avec eaux et en rechut alcuns présens. Et acompaingnié de eaus ala à conquester Campaingne laquelle conquesta dedens troiz moiz, et la parti entre ses chevaliers. Et quant il ot ensi vainchut, il retorna en l'ajutoire de Saint-Benoît, et salli en la roche de Mont de Cassyn. Et la sapience de lo abbé Désidère avoit fait venir colompnes de Rome pour appareillier la églize, et lo prince, pour estre participe de cest bénéfice, voloit aidier, et fist complir ce que li abbé avoit fait commencier.

Cap. XXVII. Et que estoit fatigié et travaillié s'alloit sollachant par li champ de Capue. Més l'angustie de la fatigue se fait doulce par délettation de repos. Cestui prince Richart, quant il vint à marier la fille, il mostra que noient fu la hautesce de li antique prince ne la gentillece, à comparation de ce que cestui faisoit. Et toute anichilloit lo avarice de li riche home. Et plus se délictoit de faire parentèze avec home que avec la vane arrogance de ceuz qui habitoient en la contrée. Il avoit un singuler chevalier, petit de la personne, moult robuste et fort, et estoit gentil home, et moult vaillant et esprové. Cestui fist son fill adoptive et cestui voust pour gendre; moult l'amoit et continuelment le richissoit de dons, dont il lui mostra en la fin ce qu'il avoit en cuer, quar cestui chevalier, liquel se clamoit Guillerme, lui donna la fille. Et lui donna en dote la conté d'Aquin, et la conté de Marse, et la conté de la riche Campaingne, et lo fist duc de Gaiète. Cestui estoit goffanonier, cestui estoit conseiller, cestui estoit principe et chief de toute la chevalerie.

Cap. XXVIII. Puiz ceste cose lo prince se réputa péior que tuit li autre prince, car les portes de Capue et la forteresce de li torre estoit guardée de ceuz de la cité. Il commensa à demander à li citadin les forteresces des portes et des tors; més ceuz de la cité non lui volirent donner. Et lo dient à lo pueple pour plus animar le. Et lo prince Richart s'en rit, et pour ce ce dient cil de la cité qu'il lo leissèrent entrer en la cité par tel covenance qu'il non cust à faire de li forteresces. Li prince Richart, quant il vit qu'il non pooit avoir la forteresce de la cité, si lor laissa et issi fors, et rappareilla li castel, et puiz n'i vint plus, et ficha li paveillon entor la cité, et commensa à combatre de arc et de arbaleste; comunement commencèrent à férir d'une part et d'autre, et sont férut, et occient et sont occis. Et li Normant qui longuement estoient usé en bataille combatoient pour prendre la cité, et cil de Capue estoient affleboiez de fame. Et toutes voiez se combatoient pour deffendre la cité. Et li fame portoient les pierres à li homes et confortoient li marit, et li père enseignoient li fill pour combatre; et ensemble combatoient et ensemble se confortoient. Et se leva un garson de .xij. ans qui se clamoit Auxencie, liquel avoit la main drecié pour traire d'un arc; moult en fiert, més plus en occit; més il fu féru et mort, et moult en furent dolent cil de la cité. Un autre de la cité singulère jovène passa de l'autre part de lo flume plus natant que soiant à cheval, loquel se clamoit Athénulfe. Et trova .ij. de li Normant à cheval; l'un en féri et lo jetta de lo cheval, l'autre prist par la reigne de lo frayn de lo cheval, et lo se tyra derrière par lo flume natant comme estoit venut, et ensi appareilla lo cheval, qu'il retorna en la cité o .ij. chevaux et o une personne. Cestui jovène non voust onques leisser sa cité mentre qu'elle estoit en ceste brigue. Et puiz s'en ala à lo sépulcre en Jhérusalem, et puiz quant il fu retornez, si se fist moine de l'abbée de Mont de Cassyn. Et pour toutes cestes chozes non se mua lo corage de lo prince Richart; quar major tristesce donnoit à cil de la cité s'il en occioit un, que il non recevoit se cil de la cité l'en occissent .x. Il faisoit divers ystrumens et engins por traire pierres, et destruisoit tors et abatoit murs, et moult hédifices rompi. Et cil de la cité meismes font pour deffendre li mur autre chose, et en tant coment il hédifioient li mur de pierre, non pooient aporter dedens les choses qui lor faisoient besoingne pour vivre. Et alcune foiz sont portées les coses par lo flume qui par terre sont deffendues de venir à la cité, kar la nuit li nef de chose nécessaires vont chargiez, et vienent avec li homes solletes. Mas puiz que lo sot lo prince Richart, absconce la navie soe et prist celles qui venoient, et deffendi que nulle non passast. Dont mandèrent cil de Capue par terre ajutoire, et mandèrent lo archevesque à l'empéreor. Et porce que noient i porta noient en raporta, et que nulle choze non donna, nulle chose lui fu donnée. Car en la cort de l'empéreor de Alemaingne est costumance que qui done parole, parole rechoit. Non porta deniers pour paier li solde à li chevaliers, et non fist doms à lo empéreor, et ensi non fist nulle choze vers l'empéreor. Et s'en torna arrière, et quant il retornoit non pot entrer en Capue, et se herberga à Tyen. Et de là fist assavoir à cil de Capue coment il n'avoit riens fait. Et encontinent coment li home de Capue sorent qu'il non pooient avoir secours de lo impéreor, il ovrirent les portes des fortes torres et de la cité et de toutes les forteresces, et donnèrent les clés à lo prince Richart.

CAP. XXVIIII. Et quant li prince Richart ot ensi prinse la cité par force, et fu en possession des forteresces, cil de la cité prièrent lo prince Richart qu'il pardonast à lor archevesque. Et lo prince Richart qui moult estoit débonaire et sage lor otroia, et manda à lo archevesque qu'il viengne sécurement à Capue.

Et quant li archevesque sot lo mandement del prince Richart, il vint à Capue, et lo prince lo rechut de bone volenté, et à touz ceaux de la cité donna paiz; et jamès non leva à alcun possession qui par rayson fust soe par droit.

Cap. XXX. Or avint une nuit que lo prince Richart aloit et venoit par sa chambre, et ala en un lieu descovert, et vit une lumière comme de flamme, et non savoit dont venoit, et manda un servicial sien pour espier dont fusse cellui feu. Et cellui message sot que la cité de Tyen ardoit. Il passa celle nuit et dormi en son lit, et au matin se leva et assembla ses chevaliers, et ala et trova celle cité toute arse, et toute la masserie des maisons arse. Et cil de la cité, par lor volenté, alèrent à lo prince qui estoit fors de la porte, et se somistrent souz sa seignorie, et jurèrent fidélité à lo prince Richart. Li conte fuyrent et li prince entra en la cité, et commanda de réhédifier les chozes lesquelles estoient destructes de lo feu. Et est magnifié Richart en sa prospérité. Et plus réputa par la miséricorde de Dieu que par la soe force, la prospérité et la force et la victoire qui lui accessoit.

Cap. XXXI. Et de celle hore en avant commensa à amer et à honorer l'églize de Saint-Bénédit de Mont-Cassyn plus fortement. Et avoit en révérence lo abbé Désidère, et se recommanda à li orations de li frèrez, et fist faire la mitre de lo abbé Désidère de or et de gemme aornée de sure, et enrichi lo monastier de li castel qui estoient après. Et un home contredist, quar non vouloit qu'il se feist chastel en cellui territore, liquel estoit près de l'églize. Et lo prince fist complir lo castel qui estoit commencié, et la violence de cellui superbe home soumist à l'abbé.

Cap. XXXII. [Or dit ensi li maistre liquel compila et escrist ceste ystoire, que il vouloit retorner à parler des victoires del duc Robert Viscart; quar li dist maistre escrit les coses secont lo temps qu'il venoient, et non persécute une ystoire solle. Et non dist qu'il vousist entreleissier la victoire de lo prince. Et come ensemble vienent, croissant lor victoire, ensi ensemble soient escriptes.] Puiz lonc-temps que Calabre estoit garnie de adjutoire de fidel chevaliers, torna lo duc Robert en Puille avec sa moillier, et accompaingnié de singulère chevalerie et de grant richesce. Et trova moult qui avoient esté li fidel soe liquel venoient manque de lor fidélité. Et moult qui tenoient à lui bone foi et loialle, dont à chascun rendoit sa mérite de chevaux, de dras d'or et d'argent, glorifica li sien fidel. Et ceuz qui non lui avoient esté loial et droit humilioit o turbation et poureté. [Et dit cestui maistre qu'il vouloit dire la vérité,] que li Normant le sécutoient plus par paor que par amor.

Cap. XXXIII. [Et dist cellui maistre loquel compila ceste ystoire qu'il non veut leissier de dire la opération et li fait de Gisolfe; quar s'il s'en taisoit, cil qui liroient cest livre l'en pourroient reprendre. Ne autresi ne vouloit mentir dont se vouloit escuser, que se il dit mal il en veut être escusé.]

Cap. XXXIIII. Més avant que vieingnons à la ordinaire de lo raconter, devisse dire le général vice par loquel estoit esmut à faire mal, à ce que il se peussent raporter la opération soe. Quar il estoit plein d'envie et de simulation : simulation est à monstrer à autre ce que non est; arrogance, superbe, convoitise, castrimargie, avarice, homicide, perfidie, sacrilége, et rendre mal pour bien, discorde et false castité, est propre seige en cestui, dont toute ceste cose par conséquente ordène se provoit estre en cestui prince Gisolfe.

Cap. XXXV. Quar il estoit enflammé de envidie contre lo marit de sa soror, c'est contre lo duc Robert cercha de faire malice. Més conseill ne sapience non vaut contre la potence de Dieu; et qui Dieu glorifie nul ne lo pot condempner. Se un chétif persécute lo fortissime lyon, il sera viande de lo lion. A ce que peust abatre lo duc Robert se donna en conseill à plus riche et à plus vaillant de lui, et mentre est régit par la fortitude cellui est privé de toute honor, et c'est affecté de invidie.

Cap. XXXVI. Encoire pour occasion de oration se feinst d'aler oultre mer en Jérusalem; et encontinent coment il retorna de là où il devoit aler; et de là où il n'ala pas, demanda et requist adjutoire del duc; Robert se prist bien garde de son enganement, (non) donna adjutoire et despriza la soe dissimulation. Or avons la simulation.

Cap. XXXVII. Après cestui Gisolfe prist lo baston et l'escrèpe come pérégrin, et ala en Costentinoble à lo impéreor. Et pour soi mostrer, porta lo vestement aorné de or et de pierrez préciouses, coment se ceste cose non se trovassent en Costentinoble en la cort de lo impéreor. Et lui manda messages avant à lo impéreor, et demanda chose que jamaiz nul autre non demanda. Quar vouloit que lui fust appareillié lo siége devant lo impéreor, et fist prononcier son avénement coment ce fust un autre empéreor. Lo impéreor s'en corrocha premèrement, et toutes voiez non voust contredire, et ensi lo lessa venir et s'en rist entre soi-meismes. Et ensi se note l'arrogance.

Cap. XXXVIII. Pour la force que lui estoit mis devant fu constreint lo prince de encliner la teste en terre; et pour ce que demandoit lo sollic de servide ester sur ses piez, quar non devoit seoir comme il demandoit. Et lo mantel mostra defors, quar se crooit, pour ce que estoit bel, adouber la face de lo impéreor. Et pour ce que à lo impéreor tenoit moult lo parler, fu contraint de tenir lo pié entorchillé; lo archevesque de Salerne et un évesque de Rome nez et norri, et lo cancellier estoient humile devant la magesté impérial : entre tant que Gisolfe parloit de la perversione de li Normant, ceauz parloient de la voie de lor pérégrinage [lor], et la clémence impérial véoit defors la religion de Gisolfe, et entendi la superbe que tenoit en cuer, et en ce note la superbe.

Cap. XXXVIIII. Et li évesque, liquel estoient lumière della Éclize de Dieu, se efforcèrent de complir lor bon entendement; si s'en alèrent à lo saint Sépulcre en Jérusalem; et lo prince remeinst, et quanqu'il pot procura la destruction de lo duc Robert et de tuit li Normant. Et promist à lo impéreor de donner li pour ostage li évesque liquel estoient alez en Jérusalem et devoient là retorner. Et li jura lui demander lui son frère pour ostage à ce qu'il puisse obtenir ce qu'il voloit et désirroit. Et tant fist qu'il rechut .lx. centenares de or de lo impéreor; et de ces deniers devoit soldoir gent et confondre li Normant. Et puiz après ce, li évesque retornèrent par moult péril de mer et de li Sarrazin. Et quant il furent retornez à la cort de l'empéreor en Costentinoble, li prince lor dist ce que li empéreor et lui.... Més pour ce que que li parent de l'archevesque estoient constreint de la crudélité de cestui prince, il se douta de lo noier. Et adont dist : Se lo évesque Bernat veut remanoir, je suis content. Et lo évesque Bernart lo contredist, quar non avoit paour de sa crudélité qui fussent subjette à cestui prince, dont autresi non lo voust oïr. Et en ceste hore et temps li évesque Bernart chaï malade et fu mort, et o noble office fu sousterré à lo monastier de li Amalfigiane. Et lo impéreor constreint lo prince à tout terrible sacremens liquel il avoit juré, et retorna riche de li don de li empéreor. Et li archevesque prist autre voie pour partir soi de sa compaingnie, et vint droit à lo duc Robert, de loquel non fu receu come anemi, més comme ami. Et non l'ot en révérence pour santtité qu'il venoit de Jérusalem, més se merveilla que vint o grant barbe comme s'il fust de Costentinoble. Et Gisolfe, qui avoit tout son penser en iniquité, et toutez foiz contre li Grez se pensa malice. Tant de or, tant de argent et de rame fist faire monoie de manque poiz, et celle qui estoit de poiz mancoit; et la manda à ses ministres céléement pour lo paiage de li marcheant et pour la marcheandize; et prennent ceste monoie et la metent l'une en la main de l'autre, mostrant que non estoit de poiz, et grioient contre ceuz qui portoient ceste monoie, quar avoient fail contre la loi del prince. Et alcun altre de cil ménistre vont là dont se vent la char et lo poison; et mistrent à ceuz qui achatoient moult de char ou moult de poisson, pour ce que estoient li plus riche; et lor trovoient celle monoie non juste qu'il prenoient cortoisement. Et quant li ministre veoient li bon home qui despendoient celle monoie, il les prenoient et trainoient et batoient à grant vergoingne, et disoient qu'il avoient falsé la monoie de lo prince, et les tenoient en prison. Et puiz estoient constraint à paier moult grant pène; et pour ceste grant prodicion et malvaistié, alcun en vendoient lor maison et alcun lor terre pour paier la pène, et sont constraint à aler quérant lor pain. Or avez la covoitise.

Cap. XL. Non se pot dire quant viande est neccessaire pour emplir lo insaciable ventre de cestui, et s'il l'en remaint poi en laissera, commande que li soit gardé. Et se alcune cose que alcune [que aucune cose] en fust manco, batoit o lo bàton et lo poing cellui à cui il avoit baillé à garder. Dont poiz-tu noter castrimargie ou gole, quar vouloit toute la pome qu'il avoit laissié. Et avec la goule noterai la triste avarice.

Cap. XLI. Une fame estoit sage et studiose en son fait, laquelle se clamoit Gaza, laquelle Guaymère lo père de cestui inique et malvaiz prince l'avoit amée come sa soror, quar lo servoit moult diligentement. Et cestui malvaiz prince la mist en prison, et pour ce que avoit esté parente de li chambrier de son père lui cerchoit deniers. Ceste dame confessa ce que elle en avoit, et lui rendi, et autresi lui donna de lo sien et lui jura coment elle non avoit plus. Il la fist prendre une autre foiz et la fist tormenter moult crudèlement, et tant fu martyrizée que morte fu levée del torment. Et un vaillant clerc, loquel se clamoit Pierre Germain, dès la juventute soe fu maistre de médicine et puiz fu occis. Guaymarie avoit fatigié moult fidèlement pour ce que cestui triste prince peust recovrer son honor, et por lever lui lo sien, quar cestui médique estoit riche. Gisolfe lo mist en prison, et lo tormenta de diverses pènes, et lui donna cestui Pierre tout ce qu'il avoit, et que cerchoit ce que non avoit non lui pooit donner. Et tant lui estraist la teste avec lo torceor, que o tout lo sanc lui traist l'arme del cors. Or est coment fu homicide.

Cap. XLII. Et quant Guide vit la crudélité de son népote, liquel Guide estoit oncle de lo prince Gisolfe, il s'en ala habiter en la rocce de La Cité avec ses filz et sa moillier. Et non tant la serva pour avarice quant pour neccessité de recovrer lo principe et li autre. Et Gisolfe son neveu s'appareilla de rendre mérite à son oncle pour ce qu'il l'avoit délivré de prison et fait lo prince. Et clama li Normant, et lor dist qu'il deussent prendre son oncle. Et Guide non savant la malice de son neveu descendi à la cort coment avoit acostumé, et li prince lui demanda que lo soit donné la roche, et Guide non lui refusa, quar en bone entention pour lo salut de lo népote la guardoit. Guide demanda espasce, més Gisolfe non lui vouloit donner space ne terme. Et se fist Gisolfe aporter li livre de la Évangile, et jura que se en cellui jor non avoit la roche, que en cellui jor trairoit à son oncle l'oill. Et fu pris Guide et porté à la porte de la rocche devant la moillier, et la sage fame o fort anime esta sur et se combat, et conforte sa gent à combatre. Et dist à lo prince lo bénéfice loquel avoit receu de son marit à ce qu'il fust salve en son honor, et lui dist comment elle et ses filles estoient despoillées de lor joies pour maintenir lo en estat. Et Gisolfe, comment lo serpent sort se clot l'orelle; et quant Guide vit la duresce de lo cuer de lo prince son neveu, il proia la moillier, se elle amoit miedz il que la roche, que elle rende la roche à Gisolfe. Dolente et plorant descendi la dame de la roche, et la rendi pour délivrer lo marit. Et puiz Gisolfe donna un petit chastel à son oncle, liquel s'efforça puiz plus de dis foiz de lui tollir. Et pour ce paroit la soe perversité, et comment rendoit mal pour bien.

Cap. XLIII. Et puiz qu'il ot faite ces chozes devant dites, il persécuta Jshu-Crist, quar il persécuta les membres de Christ, c'est ceauz qui servent à Christ, et se prove soi que cil qui persécutent li servicial de Jshu-Crist persécutent Christ. Et pour la parole que dist Jshu à saint Paul : O Saul ! ô Saul ! pourquoi me persécute ? Non dist : Paul, pourquoi persécute saint Stéphane, més dist : Pourquoi perséques-tu moi ? Et autresi dist en l'Évangile : Ce que vouz ferez à li plus petit de li servicial mien, à moi lo ferez. Et encoire dist : Qui séqute vouz persécute moy. Et pour ce que cestui persécuta li servicial de Christ adunques persécuta li membres de Christ. Et que persécutasse li sevicial sien, se monstra par saint Gayfère, loquel cercha de involare o son fauz penser, et impeechier lo sien bon corage qu'il avoit à Dieu. Et cestui pensa premèrement de persécuter li soe parent de cestui abbé, et autresi donna male infamie à lo opération soe bone. Non ot paour de doner impédiment à lo sancte opération de lo saint abbé, et pour ce que savoit la forte chevalerie de Dieu, car l'or non se puet purgier se non contre lo feu de l'aversité, non se curoit la tempeste, mal disoit coment disoit saint Paul : Qui se partira de la carité de Christ, tribulation, angustie ou dolor ; autresi come s'il vousist dire que nulle non se puet partir de la carité de Christ. Et loup rapace Gisolfe maistre de tout malice pensa de rompre la mandre dove estoient li peccoire, pour traire ent li aignel, c'est l'abbé Gayfère ; cercha Gisolfe de veincère o lui fort chevalier de Dieu, et lo cavalier estoit en mi lo champ et combatoient ces .ij. o argument ; et dist li juste que sa poesté est plus grant que la poesté séculère secont la autorité de li apostole. Et appella à lo pape ; et lo malvaiz prince, contre lo opposition de lo juste abbé, jura que il se confida de lo pape, pour ce que estoit connoissut da il. Et toutes foiz son fait non estoit bien coneu de lo pape, et que se lo abbé non vouloit jurer, coment il commanda que maintenant lui ferait tailler la langue. Et li inique ministre qui lui devoient tailler la langue furent appareillié. Et li archevesque là ploroient li père, et li parent estoient entor qui sans dolor celle chose [que sans dolor] non pooient veoir. Et proièrent li parent de cestui abbé à lo neveu de Gisolfe que ceste vergoingne non fust faite à lo abbé de taillier la langue. Mès à lo prince non recordoit de la parentèze, et pensoit tant solement perversité et malvaistié ; dont lo abbé jura contre sa volenté, et jura que jamaiz non diroit male parole de lui. Et nota que non vouloit dire male parole, més la male opération. Car autresi li infidel et hérége non averoient pooir de loer la opération de cestui, tant estoient malvaiz. Et que sacrilégie enpejore la cose sainte, cestui qui constrainst lo abbé qui non estoit à lui subjecte, prist la raison de l'éclize et fist sacrilége.

Cap. XLIIII. La vie que je trove de cestui saint

abbé me donne occasion que je l'escrive. Et dist cestui moine qui ceste ystoire compila, que pour ce que est laudable la vouloit escrire. Quar la vie de cestui se puet à comparer à la vie de li saint pères, lesquelles vies sont escriptes en li Dyologue de saint Grégoire, soit pour astérité de cors, ou soit pour vigilie, ou soit par autre vertu spirituale; quar sans la noblesce de la mère estoit nés pour grant prince et de haute lignièe, et tout fust choze qu'il fussent malvaiz. Toutes foiz come la rose de l'espine estoit cestui saint abbé nez de eaux. Ceaux donnoient férue poingnante, et cestui o laude li anime récréoit, quar en la flor de sa jovenesce se parti de la losenge de li parent soe, et ala à l'escolle de austre maistre, et est fait maistre de science célestial. Et aviengue qu'il fust chanoinne et clerc, toutes voies par vie et par costumes aloit come moine. Et comensa cestui saint abbé, quant il estoit jovène, à jeûner et à soi déléter à lire li selme de lo Sautier. Et ses parens malitiouz cerchoient de lui soustraire l'arme soe; toutes voies il estoit dévot, sempre en oration, et à ses lacrimes lavoit sez péchiez. Et ensi estoit ferme en la saint Églize, qu'il paroit qu'il i fust enraciné. Qui seroit celui qui porroit raconter son humilité et son abstinence? quar estoit plein plus parfaitement de li art libéral que par science litérale se peust amagistrer. Et pensoit de nuit et de jor la loi de Dieu, et aloit par lo couseil de li parfait. Il rechut par grant désirrier et volenté lo habit de saint Bénédit, et fu fait un autre major, c'est qu'il fu obédient coment s'il aloit estre major à saint Bénédit, liquel avoit esté disciple de saint Bénédit; la croce, c'est l'angustie, pour l'amour de Christ non l'ot à fatigue; més volontairement fatiga pour l'amor de Jshu-Christ. Et à ce que feist lo exemple de Crist, li plus jovène de lui supréponoit à soi. Et il se imoit à pejor de toz, et continuelment estoit infesté de moult de fatigue. Toutez foiz jamaiz no failloit de la opération de Dieu, quar avoit en cuer la parole de saint Paul apostole, qui dist : Tant sui plus inferme alore sui plus potent. Et se aucune foiz estoit remède avoir mémoire de la passion de Crist, o plor et o souspir faisoit que retornoit à la mémoire de lui. Forte chose seroit de dire et de raconter toutes les bones opérations soes; que se toute choze se disoit, seroit imposible chose de toute la choze raconter. Toutes voiez la gloriose bataille de cestui et quel fin il fist non se doit taire. Quant il morut, et que l'arme devoit estre portée en ciel, estoit recommandée en l'oroison de li frère, et sentirent li frère que non faisoit besoingne de proier pour lui, quar saint Michiel l'en avoit portée en joie de paradis.

Cap. XILX. Or avint une choze que .j. maistre de grant renomée et de grant fame loquel se clamoit Albérico, il Albérico, estoit entre li frère qui ploroient pour la mort de cestui saint home, et veoit celhi grant maistre qu'il nou pooit eschaper de mort li saint home. Si lui pria en prime que non se devisse corrocier de ce qu'il voloit dire. « Nous savons que la miséricorde de Dieu jamaiz à li pécheor non défaut, et lo adrèce à la vie éterne tant plus ajudera à cellui qui non se part de son commandement. Adunc prions la toe carité que puiz que tu seras mort et seras devant Jshu-Crist comme tu as sempre maiz désirré, que à plus grant certitudine lo doie signifier, et en quel lieu lo juste judice de Dieu te destinera, que alcun de nouz lo doies mostrer ». Et ensi fu fait, quar puiz la mort soe laquelle non se doit dire mort, més transmigration, il apparut en songe à maistro Albérico, et par troiz foiz lui dist : En vérité, en vérité, en vérité, saches que je sui alé en la vie pardurable. Et lo maistre au matin dist ceste avision à li frère dont tuit orent grant joie.

Cap. L. O bon Gualfère, qui maintenant gaudes et sempremaiz avec Christ, loquel donastes espéranze à celui qui vouloit savoir où la toe mérite estoit, loquel tu condixiste à ceaux qui à temps te voloient faire gauder et te donnoient espérance que te vouloient faire archevesque de Bonivent, et tu non volisti celle honor, quar maintenant tu as l'estole et la bénédiction célestial! Quar se note que cestui pooit estre archevesque (de) Bonivent, et non vouloit.

Cap. LI. Cestui saint home persécutoit lo prince Gysolfe, et à loquel estoit contraire de tout son pooir. Et avieingne que Gisolfe eust fait moult de malvaistié et iniquité, toutes voies est de croire que pour nulle cose Dieu lui fust tant à dire et corrocié vers, quant pour la molesté qu'il faisoit contre cest saint abbé. Et après que nouz avons dit de la fin de cest saint abbé, dirons de la turbation de Gisolfe.

Cap. LII. Encoire cestui prince avoit seminé sur lo grain la zizane, c'est entre lo abbé Désidère de Mont de Cassyn et Eldeprandre archedyacone de l'églize de Rome, liquel estoient granz amis, cestui prince mist grant discorde par ses mensonges. Véez ci la discorde.

Cap. LIII. Cestui refusoit la compaignie de la fame, et feignioit une fausse religion de castité, et s'efforsoit de mostrer autre choze qu'il non avoit en cuer. Et celle qui lui estoit moillier et donnée de lo père et de touz ses parens chasa, et destrust la conjunction de lo mariage. [Et dist cestui moine qui ceste ystoire compila qu'il non vouloit dire en quel manière il complisoit sa volenté carnal et luxuriose, quar s'il lo deist, li aier pour tele parole seroit corupt, domp nouz porrions estre malades; pour ceste parole je conclude que cestui Gisolfe péchasse contre nature carnalement]. Avons adont la falze castité. Conclude cestui storiografe que non se veut tant déléter de dire li acti et li opération d'autre, qu'il laisse l'ystoire de li Normant.

Explicit Liber quartus.

Incipiunt Capitula quinti Libri.

LI CAPITULE

DE LO QUINT LIVRE.

Cap. I. Des vertus de Robert.

Cap. II. De la vision qui fu révélée à .j. moine de Mont-Cassyn.

Cap. III. De la vision de lo prestre.

Cap. IIII. De ceuz qui vouloient contre li. — Del feu et de la flame qui issoit del mont Bibio.

Cap. V. Coment fu asségié et prise Troya. — Coment li duc de Livère se leva contre li Sarrazin, et atendoit lo jugement de la volenté de Dieu.

Cap. VI. Coment fu cachiée Vultimine de ammirate et fouy à lo duc.

Cap. VII. Coment comist lo royalme à Gofrède, et il ala en Puille.

Cap. VIII. Coment Rogier et Goffre assallirent Sycile.

Cap. IX. Coment cil de Rége murent bataille contre li Sarrazin.

Cap. X. Coment li duc envita li Normant pour prendre Sycille.

Cap. XI. Coment en Calabre o grant cavalerie.

Cap. XII. Coment lo duc ala veoir le port de Messine.

Cap. XIII. Coment il manda son frère de l'autre part.

Cap. XIIII. Coment Cayto de Messine fu tot taillié lui et li sien de li Normant. — Coment vindrent autre Normant que cil de prime.

Cap. XV. Coment fugirent li Sarrazin, et li Normant pristrent Messine.

Cap. XVI. Coment lo duc ala en Scicille o tout ses chevaliers, et garni bien Messine de sa gent.

Cap. XVII. Coment lo duc cercha la terre, et quant de Rimète orent paiz auvec lui.

Cap. XVIII. Coment li christien, quant il virent lo duc, lui donnèrent bataille et puiz orent paiz auvec lui.

Cap. XVIIII. Coment li païen, pour paour, lessèrent la cité et fuirent.

Cap. XX. Coment lo duc se combati à lo lieu qui se clame Castel-Johan, et retorna o victoire à Messyne, et li Sarrazin se humilièrent vers lui.

Cap. XXI. Coment cil de Palerme se merveillèrent, et mandèrent messages et présent à lo duc.

Cap. XXII. Coment lo duc fist la roche el val de Mène, et torna à Messine, et pois torna à Rége.

Cap. XXIII. Coment lo duc venchi la cité de Otrante.

Cap. XXIIII. Coment asseia Bar, et coment il la prist par force.

Cap. XXV. Coment li Pisen vindrent en aide à lo duc et mistrent siége entor Palerme, et combatirent contre li Sarrazin par mer et par terre.

Ci se finissent li Capitule de lo quart Livre,

Et se comence lo quint.

LO QUINT LIVRE.

Cap. I. On dit ensi cestui premier capitule de lo quint livre, avicingne que lo duc (Robert Viscart) fust adorné de la dignité de toute vertu; toutes voies passa la poesté de touz autres, quar tant estoit humile, que quant il estoit entre sa gent, non paroit seignor, més paroit que ce fust un de ses chevaliers. Et non fust nulle tant poure fame vidue, ou petit garson, qui ne lo peust prendre à conseil et conter lui tout son conseil et sa poureté. Justement judica toute gent qui avoient à faire devant lui, et jugeant par droit et par justice metoit-il la pardonance et la pitié. Li rector de l'églize honora, et adresa et conserva lor possession, et de lo sien lor dona. Et li évesque et li abbé avoit en révérence et timoit Crist en cels qui sont membres soes; non vouloit recevoir service de ces prélas comment font alcun prince, més il s'enclina à servir à eaux. Moult observa bien ceste parole : Tant seras plus grant, tant plus te humilieras à touz. Més qui porroit dire lo grant cuer de cestui, quar les manaches de l'empéreour non le metoient en paor, li conscil de li émole soe non lui donnoient conturbation, et li castel guarnet et apparelliez non l'émovoient. Li arme de ses anemis touz, come vous savez, non le faisoient fouir, més il faisoit paour à tout home, et de null home est perturbé la soe prospérité et bone fortune. Il Jshu-Crist qui lui concède la victoire lui a ordené, loquel soe victoire par moult révélation le manifesta, et par effette de opération lo approva de estre voir.

Cap. II. Un moine de monastier de Saint-Lope, loquel monastier est dedens la cité de Bonivent, puiz matutines remest en l'églize pour dire orations. Et subitement s'endormi, et vit en avision dui camp plein de pueple, de liquel camp l'un paroit moult grant et l'autre menor. Et moult s'émerveilla lo moine, et demanda en soi-meismes dont estoit tant de pueple. Alore vint un à lui, et lui dist : Ceste gent sont cil que la majesté de Dieu a subjette à Robert Viscart ; et cest plus grant camp est de la gent qui à lui doivent être subjette, més encore non lui est subjette. Et puiz se resveilla lo moine, et moult se merveilla de ceste avision, et si estoit voir ; et lo revit la seconde et la tierce foiz ceste meissmes avision.

Cap. III. Un prestre se dormoit en son lit, vit un bel jardin en loquel estoit un arbre moult plus bel et moult plus grant de tout li autre, et en lo plus haut de l'arbre estoit une fame moult belle. Et Robert Viscart estoit au pié de cel arbre et guardoit la dame. Et subitement de une grant montaigne venoit un flume moult grant, devant loquel flume tout li pueple fuioit. Et Robert remainst tout soul, loquel par lo comandement de la dame tout lo flume but. Et puiz vint un autre flume plus grant que lo premier, liquel flume par lo commandement de la dame, autresi come l'autre, but. Puiz paroit que venist la tierce aigue tant grande, qu'il paroit que tout lo monde en deust mener. Et Robert Viscart sain et salve toute la se but par lo comandement de la dame. [Et dist cestui moine que ceste ystoire compila, que celle dame qui estoit en cel arbre estoit la Vierge Marie, et li dui flume estoient .ij. pueple, c'est de là et de sà de la mer, liquel Robert subjuga. Et lo tiers flume estoit lo impière romain de Costentinoble, loquel dist cestui moine qui estoit à cellui tems vif et escrit ceste cose, o l'ajutoire de Dieu encoire se lo subjuguera]. Porroit soi entendre que la dame fust la Providence devine, pour la disposition de laquelle subjugna et veinchi li Normant li habiteor de ceste part, et christien, et li Sarrazin, quar de ceste troiz manières de gent ot victoire, dont es de veoir come eschapa de diverses insidiez, et coment aquesta et vainchi lo pueple.

Cap. IIII. Dieu faisoit prospère lo estat de lo duc Robert, et esmovoit la volonté tant de li Normant quant de li autre à estre avec lui. Més lo esperit de émulation et d'envie se commovoit de estre contre lui, quar Gazoline de la Blace, à loquel lo duc avoit donné Bar-entre-but, et Rogier-Toute-Bone, liquel se clamoit autresi Balalarde, et un qui se clamoit Ami, fil de Galtier, firent conseill contre lo duc pour eaux estre tenuz haut et victoriouz. Et le duc Perrin, Grec, liquel par lo impéreor de Costentinople estoit fait sur

Durace, et cerca deniers pour, (pour) les deniers, il
peust mener li Normant à destruction, et lo duc Robert
Viscart, et submetre Puille et Calabre à lo empéreor,
loquel devoit considérer de acroistre lo honor de son
seignor. Et li presta cent centenaire de or, et devez
entendre florin ou autre monoie de or qui coroit alore;
et rechut ostage de filz de Gozelin, l'un légittime et
l'autre bastart, et rechut lo sacrement; rechut la fille
de Rogier, lo fil de Ami, et lo frère de Belalarde. Dont
li chevalier pristrent l'or, et aïncrent turme de larrons, et non pristrent cité ou chastel de lo duc, més
coment larron alloient desrobant de nuit et de jor. Et
lo duc Robert, loquel senti ceste choze, estoit en Calabre. Adont vint en Puille le plus tost qu'il pot, et
non se curoit de li anemis soe, liquel aloient fore par
lo camp, ne de la proie qu'il faisoient non se curoit,
més ala à lor cité. Et à Gozelin leva tout ce qu'il avoit,
et à Rogier-Toute-Bone tolli tuit li champ soe, ne
lui laissa tant de terre où se peust souterrer. Et adonc
fugirent li chétif devant la face de lo duc, et que non
pooient recovrer la grâce soe foyrent en Costentinoble à lo empéreor. Et prist la terre de Ami et de
Balalarde, à liquel il leva tout lor bien, et les enrichi
de mont de poureté et de misère. Més que la miséricorde de lo duc estoit moult grande, Ami retint pour
chevalier et de la terre soe aucune part l'en rendi, et
l'autre réserva en sa poesté. Et Balarde, pour ce qu'il
avoit esté filz de lo frère, tint avec ses filz, et consi-
déroit dedens petit de temps de faire lo grant prince,
dont lui dona plus cités et chastelz. Et quant Perin vit

l'or de son seignor malement despendu, manda li ostage à li empéreor pour estre descolpé des deniers qu'il avoit donnez malement.

Cᴀᴘ. V. En cellui temps, en lo haut mont de Bébie fu faite une grant boche de laquel issoit flame come cendre, et à tant habundance issoit de cendre de celle bouche, que toute la province d'iluec entor et quasi toute Calabre et une partie de la terre de Puille fu coverte de celle cendre. Et en lo costé de cellui mont apparurent pertus, liquel jamaiz non i avoient esté veuz avant. Et de ces pertus issoit un flume de aigue boillant par .xv. jors continuelment; et par-là où coroit celle aigue, pour la grant chalor, seccha et arst la terre et li arbre.

Cᴀᴘ. VI. Et quant li anemi de lo duc furent mort, et il fu haucié et essaucié par prospère subcession, li victorioz duc vint sur Troye o grant multitude de chevaliers et de petons, il asseia la cité et ordena chasteaux et paveillons entor la cité. Et cil de la cité contrestent, et toutes foiz non voient lo tribut acostumé, et encor prometent ajoindre or et chevalz de Grèce. Et lo duc desprisa ceste choze, quar cerchoit lo plus haut lieu de la cité, en loquel lieu vouloit faire un chastel pour constrendre cil de la cité, et cellui chastel bien garni. Et li citadin respondirent o pierres et o sagettes. Més lo duc non se parti et non leissa issir cil de la cité defors, ne non laissa entrer li vilain o tout la vitalle, ou pour farc lor aide. Et sont li ci-

tadin dedens la cité, lo pain lor vient faillant, et sont
petit feu quar ont petit de laingne, et lo vin lor faut,
ne eaue non ont ; et voient que lo temps de mètre
estoit venut, et veoient que autre métoient là où il
avoient seminé. Et celles choses lesquelles il voloient
rescondre en lor granier lor estoit failli. Cil de la cité
pricèrent et requistrent pardonnazance à lo duc Robert,
quar non vouloient veoir la destruction de la grant
Troie ; et mandèrent paiz, et concédirent à lo duc
Robert de faire hédifice en la roche et devant les tors,
et il fist faire trébuc et autres engius à sa volenté. Et
Robert cercha lo lieu et lo siége de la cité, et en cellui
lieu là où il lui plot fist faire un singuler chastel, à
ce se besoingne lui feist qu'il poist contraindre cil de
la cité.

Cap. VII. Et puiz que lo duc ot Troie, il pensa en
son cuer coment il porroit offendre li Sarrazin, liquel
occioient li chrestien moult fortement. Més que sans
la volenté de Dieu nulle chose se puet faire, atendoit
alcun signal por loquel il coneust que fust par la volenté de Dieu, et atendist victoire, et ensi fu fait.

Cap. VIII. En la grant cité de Palerme en Sycille
estoit amiral un qui se clamoit Vultumine. Un Sarrazin esmut lo pueple, et lo chacèrent de la cité, et se
fist amiral. Et Vultimino s'en ala habiter à Cataingne,
et pensoit coment il porroit vengier sa injure soe. Més
que non avoit adjutoire de sa gent, recisse à lo chris-
tienuissime duc Robert, et parlèrent ensemble, et firent

amistié. Et à ce que en lo cuer de lo duc non remanist suspition, Vultimien dona son filz en ostage à lo duc. Et puiz que lo sot le Sarrazin, loquel se clamoit Belcho, l'amistié de ces .ij., chaza Vultime de toute Sicille, loquel s'en ala à Rége souz la deffension de lo duc.

Cap. IX. Et quant lo duc vit ceste cose avenir, loquel créoit par ordination de Dieu procédère, se appareilla de prendre Sycille. Et que savoit que Gofrède Ridelle savoit sagement governer la chose qui lui estoit commisse, et estoit usé de ordener chevalerie et bataille, et à ce qu'il fust sur li autre lo fist capitain, et comanda à li chevalier de la cité et à li home de mer que plus obéissent à cestui Gofrède capitain que à lui, et promet que plus tost pardonnera à cellui qui non feroit son comandement, que à cellui qui non feroit lo comandement de cestui Goffre. Et proia lo conte Rogier son frère que, par lo conseil de cestui Gofrède, deust faire les choses et amer lo de droit cuer. Et proia Gofrède que honorablement Vultime et lui donna abundantement les coses neccessaires. Et por ce que savoit cestui Vultime li fait de Sycille, dist à Goffrède qu'il face secont la disposition de Vultime. Et clama li Normant pour aler en Sycille pour chacier li Sarrazin, liquel avoient levé celle ynsule de la main de li chrestien pour mener les en Puille.

Cap. X. Et puiz lo duc s'en ala en Puille, et orent conseill li seignor ensemble, et appareillèrent lor na-

vie, et pristrent fortissime chevalier. Et coment les
mena Vultimine à aler en Sycille à un chastel qui se
clame Rimate. Et li chevalier se donnèrent à terre
après et pristrent proie. Et pour ce qu'il n'estoit
nul qui lor deist noient, li chevalier aloient joiant et
espassant par les champs, et la nuit après alèrent à
Messine, laquelle lui estoit après, et subitement lui
donnèrent bataille; et li Sarrazin, qui lo sentirent
sans nombre, o flacolle alumées issirent fors de la
terre à ester contre la force de li Normant, et commencèrent à combatre et de part en part faisoient aguat de
nuit; moult en sont férut de li Sarrazin et plus en sont
mort. Et ceuz qui estoient as champs se tenoient fort
et se créoient coillir li chrestien en mége à ce que nul
non eschapast. Et puiz fu jor, li chrestien férirent sur
li Sarrazin en li lieu dont estoit appareillié, et occistrent moult de li Sarrazin, et ensi issirent de lo lieu
périllouz, et allèrent par lo destroit des lieuz, et sanz
voie descendirent à lo lite de la mer. Et por ce que
trouvèrent la mer moult tempestuose, non porent torner à Rége; dont par paor et par froit estoient moult
mal, et atendoient l'ajutoire de Dieu pour pooir
eschaper. Més puiz troiz jors la tempeste de la mer
passa, et lo mer retorna en paiz. Et adont comencèrent à occire lo bestiame, et lo laissèrent, quar
avoient paor s'il lor portoient ou se tardoient, ne
lor fust occasion de morir en mer. Et Gofre dist que
ce n'estoit pas bon conseill de retorner à fatiguier sans
gaaing et utilité à cellui ami qui les atendoient. Et
chargèrent lo navie de bestes, o celle complite de faire

toute proie. Et en un jor tornèrent à Rége à li compaingnon lor, et puiz qu'il furent retornéz, li chrestien donnèrent la proie pour restituer une ecclise à l'onor de Dieu, pour laquelle il avoient eu victoire. Et maintenant ceste première bataille et victoire laquelle avoient eue contre li Sarrazin, et ce séneficèrent à lo glorious duc lor Robert.

Cap. XI. Et pour ce que en la cité de Rége habitoient Sarrazin et chrestien, se volirent mostrer que estoient fidel à lo duc, et pour non faire soi suspecte tant li chrétien quant li Sarrazin qui ilec habitoient armèrent soi contre li pagan de Sycille, et comencèrent à combatre l'une nef contre l'autre. Li sajètes volent par lo aer de toutes pars, en sont féruz moult; .xj. chrestien furent mort et une nef de li chrestien fu prise. Et ensi o damage li citadin de Rége retornèrent à lor cité.

Cap. XII. Et quant li duc gentil senti la mort de li chrétien et la victoire de li Normant (li pagan), clama à soi li chevaliers, et les envita à prendre Sycille, et lor dist : « Je voudroie délivrer li chrestien et li catholici, liquel sont constreint de la servitute de li Sarrazin, et désirre moult de chacier les de la servitute lor, et faire venjance de la injure de Dieu ». Et li hardi et vaillant Normant respondirent qu'il sont appareilliez à faire ceste bataille. Et promistrent o l'aide de Dieu de subjugar li Sarrasin, et rechurent grâce et dons de lo seignor duc.

Cap. XIII. Li duc ala devant, et li Normant lo sécutèrent sans nombre, et vindrent de Puille en Calabre, et s'asemblèrent en un lieu qui se clamoit Sainte-Marie-de-lo-Fare. Et puiz que li Sarrazin sentirent que lo excellent duc venoit avec li fortissime Normant, il orent moult grant paour, et bien créoient que eaux et lor terre seroient destruct. Et s'en vont à un qui se clamoit Sausane, liquel estoit eslit amiral en Palerme, et cerchèrent grant ajutoire et secors à Messine. Et cestui aplica lor pétition, et o .xxiiij. nez manda lo artifice liquel se clamoit Gath, et lor manda autresi d'avivre, et pour délivrer la terre manda .viii. c. chavaliers.

Cap. XIIII. Et lo duc excellentissime laissa li chevalier en terre, et fist armer de moult sollempnels mariniers .ij. galéez subtilissime et moult vélocissime; et en une entra il, et en l'autre son chier frère Rogier, et sans paour vont pour provoier lo port de Messine. Et li Sarrazin sentirent qui estoient ces galées, et les persécutèrent pour les prendre ces espions, c'est qu'il aloient pour espier et pour veoir; et pour ce non laissa Robert qu'il non provoie celle terre et quasi toute Secylle, et sécur retorna à sa gent.

Cap. XV. Et puiz li duc torna, tot lo exercit de li chevalier fu fortificat, et pristrent l'arme et demandèrent li nef, quar voloient aler de l'autre part de la ripe pour combatre avec li Sarrazin, et non atendoient lo comandement de lo duc; et lo duc sapientis-

sime les restreint et non les lessa perséquter la propre
volenté lor. De toute celle grant multitude, .ij. cent
et .lxx. en eslut, sur liquel il mist lo sien frère Rogier, et lo fist gofanonier de .xiij. nefs, et les manda
de l'autre à nagier de nuit, à ce que non fuisent sen-
tut de li Sarrazin; et alèrent et se rescondirent en un
lieu qui se clame Calcare, et pour lever toute espéranze à li Normant de retorner, Rogier remanda les
nefs à lo duc.

Cap. XVI. Et puiz quant il fu jor, li Normant se
levèrent et se adornèrent de lor armes, et montèrent sur lor chevaux, et sans paour vont contre Messine, quar se délictoient de veoir ceaux que érant
venut à destruire; et un official de Messine, loquel se
clamoit Caito celle office, et estoit conoscentico de la
terre, vint de Palerme o .xxx. chevaliers, et portoit
monoie, et venoit pour deffendre la cité. Li home
furent occis et despoilliés, et levé la monoie, et li
mul, et li caval, et ce qu'il portoient, et ensi li Normant riche o victoire aloient gardant de toutes pars.

Cap. XVII. Et regardant en la mer, virent de
loing venir les nefs qu'il en avoient mandées, en lesquelles venoient cent et septante chevaliers, liquel
mandoit lo duc à lor adjutoire, dont ceaux qu'il virent
premèrement en orent joie pour li compainguon qu'il
recevoient. Et ceux qui vindrent puiz orent grant joie
de la victoire que lor compaingnons avoient ensi eue.

Cap. XVIII. Et ensi quant cestui furent ensi assemblé, il s'aparcillèrent de veoir la cité, et prover coment il estoient hardi ceuz qui estoient dedens la cité. Et puiz (que) ceuz de li Sarrazin qui estoient en la haute mer pour veoir, et li guarde de la terre virent lo mulle de Caito et de li sien chevalier, et sorent qu'il estoit occis, o grant paour cerchèrent de fugir, et pristrent diverses voiez pour eaux garder de l'arme de li Normant. Aucun foient par mer, aucun par la rippe, sans tenir voie entre val et mont, et par la silve fuoient absconsement. Et li Normant sécur entrent en la cité, et partent entre eaux la moillier et li filz, li servicial, et la masserie, et ce que il trovèrent de ceuz qui s'en estoient fouys. Et lo firent asavoir à lo famosissime duc Robert comment avoient prise la cité, et la victoire que de Dieu avoient receue par Goffrède Ridelle, et lui prièrent qu'il venist prendre la cité, laquelle il avoient acquesté. Et quant lo duc Robert sot que Messine estoit prise, il en rendi grâce à Dieu tout-puissant, de loquel procède toute victoire et triumphe; et avieingne que son cuer estoit moult joiouz et alègre, toutes voiez il avoit en mémoire lo bénéfice célestial, et toute la vertu et lo triumphe qu'il avoit, contoit que venoit de Dieu et non de sa vertu. Et commanda à touz les Normans que il devissent aler et testifier que ceste bataille procède de Dieu, liquel de petit de chevalier que il avoit mandé avoit Dieu donné vertut de faire virtuose voie, et avoit concédut la cité dont porrons parturber tout li pagan.

Cap. XIX. Adont comanda que diverse manière de

navie et de mariniers venissent devant la soe présence, et particulèrement devissent aler les nez. Et maintenant li Normant joiant et liez entrèrent as nefs. Et pour la grant volenté qu'il avoient de aler, li servicial non portoient honor à lor seignor pour lo laissier aler devant, ne li seignor non atendoit son servicial. Et entrèrent li chevalier et li pédon en la mer qui estoit paisible et belle, et maintenant la passèrent et alèrent à lo port de Messine, et se acompaingnèrent avec li chevalier devant liquel avoient prise la cité. Et après ce, ala lo gloriosissime duc Robert, et esguarda les forteresces de la cité et de li hédifice, de li mur et des maisons, et li siège et disposition de la rippe. Et que la cité estoit vacante des homes liquel i habitoient avant, il la forni de ses chevaliers, et pour lui la fortifica de grant foreresce.

Cap. XX. Et puiz nombra li chevalier et li pédon, et trova que tant estoient li chevalier quant li pédon, c'est mille; més que se fioit plus en Dieu que en la multitude, avec celle petit de gent qu'il avoit commensa à chevaucier plenement et atendant continuelment li home de Pie. Et vint à une cité qui se clame Rimète. Et li sien avénement non faisoit tant solement paour à li voisin, més autresi faisoit paour à cil qui estoient de loing; dont lo Caite de celle cité pour paour lui ala à genoilz devant et lui demanda paiz, et lui donna présent pour tribut, et se obliga de estre à son comandement tout entièrement.

Cap. XXI. Et puiz s'en ala lo duc à False, à lo pié

de lo grant mont et menachant moult de Gilbert (de Gébel), et comanda de fichier ilec li paveillon, et demora iluec par alcuns jors; et li pueple chrestien qui estoient là entor vindrent à lui o dons et o victaille, asquels il concédi et donna seurté. Et puiz donna bataille à une cité qui se clamoit Conturbe, laquelle estoit après. Et pour ce que celle cité avoit haus murs et profundissimes fossez, non la pot veincre.

Cap. XXII. Et pour la fame de cestui gloriosissime seignor, cil qui habitoient as cités fuioient devant la face soe, et fondoyent coment la cyre devant lo feu, et en tant que dui grant cités, c'est Paterne et Emmellesio, furent trovées vacantes sanz nul home. Et Vultimine, de loquel aveme dit que estoit chacié de Sycille de Belchoat, estoit governeor de tout lo exercit et lo duc.

Cap. XXIII. Et puiz vindrent à une haute cité laquelle se clamoit Chastel-Johan, et là atendirent bataille et varie avénement par quatre jors, quar tuit ceauz qui estoient fouis de li autre cités et chastel, estoient reclus en celle cité. Et en la fin Balchaot, liquel estoit plus fort et plus sage de bataille, o autre official liquel se clamoient Cayci, issirent defors, liquel estoit acompaingniez de .xv. mille chevaliers et cent mille pédons. — Une Ystoire[1] non met que li pagani fussent senon .xv. mille, més force que non fait mention de li pédon; et li chrétien furent solement .vij. cent.

---

[1] Imprimée à la suite de cette Chronique.   C. F.

— Et puiz quant lo magnifico duc vit ceste gent, liquel n'avoit que mille chevaliers et mille pédons, et non plus, sans paour vouloit aler contre eaux, et conforta li soe o ceste parole : « L'espérance nostre est fermée plus en Dieu que en grant multitude de combateors; non aiez paor, quar nous avons Jshu-Crist avec nouz, loquel dist : « Se vouz avez tant de foi coment un grain de sinappe, et vous dites à li mont qu'il se partent, il se partiront. » La fermeté de la foi nostre a la calor de lo Saint-Esperit, quar en lo nom de la sainte Trinité chacerons ceste montaingne non de pierres ne de terre, més de l'ordure de hérésie et perversité; accolta purgame adonc nos péchiés par confession et par pénitance, et recevons lo cors et lo sanc de Crist, et rappareillons les armes nostres, quar Dieu est potent à nouz petite gent et fidel de donner victoire de la multitude de li non fidel ». Et ensi fu fait. Et se firent lo signe de la croiz et haucèrent lo gofanon et commencèrent à combatre. Més Dieu combat pour exercit de li Normant chrestien, kar les salva, et li non fidel confondi et destruit. Et furent li pagane à fuir, et donna cuer à li chrestien de persécuter li païen. Et fu une cose merveillouse et qui jamaiz non fu oïe, quar nul de li chevalier ne de li pédon non fu occis ne férut. Més de li païen tant en furent occis que nul home non puet savoir lo nombre. — Totes foiz l'autre Ystoire met que de li chrestien en furent alcun mort, més petit, et de li Sarrazin furent mort .x. mille, et .v. mille se récupèrent en la terre de Chastel-Jehan, loquel est maintenant dit lo chastel Saint-Jehan. Més c'est à en-

tendre de li chevalier solement. Et ceste ystoire parle
de li chevalier et de li pédon. Et met celle ystoire que
non furent soul li Sycillien, més furent autresi de Arabe
et de Affrica. — Et non failloient li païen de fouir,
ne li chestien de enchaucier les jusque qu'il vindrent
à lo mur de la terre. Et à li fossé sont pris li chevalier.
Li mort sont despoillez. Li prison sont mis à estre
esclave de aspre service. De quatre part de la cité furent
fait li chastelz fermez de forteresces. Et gastoient li
arbre et li labour. Et puiz dui mois li victorionz duc
s'en torna à Messine, laquelle victoire turba l'arme
de ceuz de la terre entor. Et adont se humilia la dure
volenté lor à estre subjette à li victoriosissime duc.
Et qu'est besoingne de plus dire : o les bras ploiez et
la teste enclinée de toutes pars vènent li Cayte, et
aportent domps et ferment pais avec lo duc et se sou-
metent à lui et lor cités.

Cap. XXIIII. Et lo amirail de Palerme quant il vit
que les cités de iluec entor faisoient paiz et se subjun-
goient, à ce que il qui estoit lo meillor non remanist
derrière, manda message à lo duc Robert o divers présent, c'est paille copertez à ovre d'Espaingne, dras de
lin, vaisseaux de or et d'argent, et mulle adornez de
frein royal, et selles apparcilliez de or, et secont la
costumance de li Sarrazin, el sac en liquel estoient
.lxxx. mille tarin. Et lo duc pensa une grant soutillesce,
et manda regraciant à lo amiral, pour lo présent qu'il
avoit receu, un qui se clamoit Dyacone Pierre, liquel
entendoit et parloit moult bien coment li Sarrazin. Et

lui comanda qu'il non parlast à la manière de li Sarrazin, més escoutast et entendist si que il lui seust dire l'estat de li Sarrazin et de la cité. Et li amiral fu moult liez de ce que li duc lui avoit mandé message, et se créoit avoir son amistié. Et dont cellui Pierre, loquel avoit lo duc mandé en message, fu bien receu et honorablement; et lui donna li amiral molt domps. Et Pierre fait assavoir à lo duc coment la cité est asoutillié, et ceuz de la cité sont comme lo cors sans l'arme.

Cap. XXV. Et puiz que la multitude li chrestien, liquel habitoient en un lieu qui se clamoit Loyal-de-Manne, viudrent por estre aidié de lo duc, et que désirroient de non estre subjette à li païen, lui firent tribut de or et habondance de cose de vivre, et ordena foire et marchié dont fussent toutes chozes de vendre; et pour ceste ordination li chevalier prennent cuer et non se curèrent moult de retorner à la cité lor; et que lo entention de lo duc estoit en saint Marc évangéliste en loquel avoit dévotion pour ce que, quant ala en Calabre, hédifica la rocche de Saint-Marc pour laquelle acquesta tote Calabre, en cellui val de Mane, pour deffension de li chrestien, et à acquester toute la Sycille, fist un chastel qui se clamoit Saint-Marc. Et la garde de lo castel commist à Guillerme de Male et à ses chevaliers. Et puiz lo duc chrestiennissime, quant il ot victoire pour la mort de Sarrazin, si se fioi en Dieu Crist, torna o li sien chevalier à Messine. Et por monstrer à la chière moillier soe la prospérité de la victoire que avoit eue à Messyne, lui manda que venist à lui par lo sage home Goffre Rindielle; et quant il ot appareillié la cité de chevaliers, torna en Calabre à la moillier.

Cap. XXVI. Et quant lo duc sapientissime vit la disposition et lo siége de Palerme, et que des terres voisines estoit aportée là la marchandise; et se alcuns négassent la grâce par terre lui seroit portée par mer, appareilla soi à prendre altre cité, à ce que assemblast autre multitude de navie pour restreindre Palerme que ne par terre ne par mer puisse avoir ajutoire. Et ensi fist, quar premèrement asseia Otrente et attornia la de diverses travacles et de chevaliers. Et tant l'asseia quant par armes et par poureté jusques à tant que cil de la cité la rendirent, quar non pooient autre faire. [Non mest ceste histoire coment ot brigue avec lo conte Rogier son frère, et coment lo ala prendre, et que non lo pot prendre en la cité, lo persécuta en Sicille, dont il fu prist de li Sarrazin, et lo frère puiz lo rachata. Et ensi lo duc et lo conte orent grandissime paiz ensemble coment rayson estoit.]

Cap. XXVII. Et de là se parti, et coroné de victoire la soe chevalerie, et s'en vint à Bar, laquel est la principale terre de toute Puille. Quar puiz que ot veinchut toutes les cités de Puille, torna l'arme soe, laquelle non pooit estre vaincue, à Bar, et avant que lui donnast bataille, demanda à cil de la cité qu'il lui fussent subjette. Et conterestèrent cil de la cité, et dient que pour nulle molleste qui lo fust faite ne se voloient partir de la fidélité de lo impéreor. Et quant li fortissime duc entendi ceste response, fist chastelz et divers tribuque; et quant li chevalier de lo duc donnoient bataille, issoient defors cil de Bar, més plus issoient à lor mort que à la bataille. Més quant la sapience del duc vit que par terre non ne pooit prendre, quar Bar est les troiz pars en mer, il fist venir moult de nefs, et enclost cil de la cité en tel manière, que remestrent moult poure de grain. Et se parti la cité en dui part, quar Bisantie une grant part voloit deffendre la terre pour l'empéreor, et Argence la subjection de le noble et puissant duc Robert. Més non ademora Bisantie, et s'en ala en Costentinoble, et lo signifia lo fait à lo impéreor, et demanda ajutoire. Et Argencie dénuncia à Robert que Bisancie estoit alé à lo empéreor, et lui manda lo duc Robert derrière quatre galées légères pour prendre lo; més li dui furent noiez et li autre dui tornèrent à lo duc o damage. Et lo impéreor (Et Bisancie) rechut de lo empéreor et empétra ce qu'il quéroit. Et manda li empéreor un qui se clamoit Stéphane Patrie, home religiouz et adorné de toutes bones costumes, et manda auvec lui Avartutèle Achate-Pain, et liquel donna moult monoie. Et por bénédiction manda à touz ceuz de la cité une suolle. Et lo duc sot que Besantie retornoit, més non sot que retornoit o plus de nefs, et manda troiz galées pour lo prendre, de liquel galée furent prise dui de Bisantie, et la tierce torna à lo duc. Et puiz vint Stéphane et lô Achate-Pain, li citadin furent liez pour li sulle qu'il rechurent, quar reconfortèrent la lo fame. Més légèrement se consument petit de argent là où se vendent les coses par chierté, car acha-

toient lo tomble de frument quatre bysant. — L'autre
ystoire si raconte que un de Bar se parti et ala o un
dart de nuit, et vint à lo paveillon où estoit lo duc,
et geta lo dart pour occire lo duc, et touz les dras lui
pertusa, més la char non tocha. Adont lo duc se fist
faire [lo duc] une maison de pierres pour estre la nuit à
ségur. Et lo jovène qui mena lo dart fu tant légier qu'il
non pot estre pris. — Et la male volenté de Bisantie et
de Argentie se vint descoverant, et se distrent paroles
l'un à l'autre injurioses, et prometoient l'un à l'autre
mort, et li arme se appareillent. Et Bysantie, qui avoit
la grâce de lo impéreor et l'amistié de lo Achate-Pain,
se créoit en toutes chozes veinchre la protervité de
Argentie ; et Argerico, qui avoit lo adjutoire de lo
duc Robert, et li parent et amis avoit plus que Bisancie, manda cert homes pour occire Bisantie quant
il aloit à la maison de lo Achate-Pain ; et ensi fu fait,
et fu remez lo impédiment de lo duc. Et entre ceste
coses li home comencèrent à entrelaisier la court de
Achate-Pain et fréquenter lo palaiz de Argerico. Et
l'avoient esleu pour seignor, et se enclinèrent la volenté de vouloir prometre fidélité à cil qu'il coman-
deroit. Et Argitio conforta li compaingnon, et aidoit
à li ménor, donoit chose de vivre et à li poure, et les
esmovoit à la fidélité de li duc et lor prometoit domps.
Et estoit alée la nef de lo duc pour chargier vitaille de
vivre, et faisoit dire lo duc que estoit de Argerico, et
auvec lui partoit, et semblablement lui mandoit deniers. Et lo pueple dona une voiz lacrimable pour
fame, et distrent à lo Achate-Pain ou il deffendist la

cité ou il feist licite cose de paiz avec lo duc. Et lo
Accate-Pain demanda terme jusque à tant qu'il eust
escrit à lo empéreor la nécessité de lo pueple, et
manda messages espécialz à lo impéreor, qui lui distrent
la puissance de lo duc et la neccessité de li home de la
terre. Et quant lo impéreor sot ceste novelle, il mut
son ost au plus tost qu'il pot, et manda .ix.c. dromon
de grain, dromon sont coment conestable, coment
fussent .ix. banières. Ceste fu occasion de moult estre
mort de cil de Bar; car venoient o cil de lo impéreor
à combatre contre li Normant, et se mistrent entre
caux, quar il se fioient en la fortesce de ceuz; més
non en retorna la moitié à lor maisons, et lo duc plus
se confortoit, et par lo conseil de Argiritie observa la
cité. Et cil de la cité alèrent une autre foiz à lo Acate-
Pain; et une grant partie de cil de la cité mandèrent,
disant à lo impéreor coment moult en estoient de poureté de la fame, et tant par letre quant par messages
sinifièrent à lo impéreor. Moult en fu dolent lo impéreor, non sot que faire, et non trova qui vousist venir au Bar pour la paor que li Grez avoient prise de
li fortissime Normant. Et finalement Gozolin, liquel
estoit fouy devant la face de lo duc, s'en vint devant
lo impéreour, et dist qu'il estoit prest et appareillié
d'aler contre le duc Robert à Bar, et dist que fidèlement pensoit de faire lo fait de lo impéreor, et de vengier soi de son injure. Et demanda talente d'or et copie de pailles et de joiauz à ce qu'il puisse départir li
Normant de la force de Robert. Li trésor de lo impéreor se apetisa, quar se donoit à lo chevalier et donna,

li chevaliers à solde, et à cest voiage lui donna .xx. nefs. Et à grant joie entrent en mer, et sonent tympanes et organes, et grant quantité de trompes, et aloient saltant et vindrent envers Bar; et puiz quant il furent après il estoit nuit, il font feu et haucent li facole alumées à ce que cil de la cité se donassent alégresce de lor venue, et li anemis eussent paour. Més lo duc se leva sans nulle paour, et tantost manda la soe navie. Et que coment plus dire? Gozelin fu pris et .ix. nefs, et la richesce qu'il portoient fu de lo duc, et li autre foyrent et se récupérèrent à la cité. Adonc toute la cité o grant dolor et o grant plor dient la male fortune lor. Gozolin fu mis en prison, et de li autre Grex alcun furent occis, et aucun furent mis en prison. Et Argitie, voiant que toutes les chozes aloient prospère à Robert secont la volenté de Dieu, non voust plus prolongier de donner lui la cité, et manda une fille qu'il avoit en ostage à lo duc, et lui avec li sien s'en sailli en une haute tor, laquel gardoit pour lo duc. Et de toutes pars vienent li turme maintenant de homes et maintenant de fames comment s'il feissent la procession. Et venent prestres, et vienent moines et toute manière de gent; et ploroient et prioient Argitie qu'il délivre [la seignorie] la cité de la seignorie de li Normant. Més Arigitie clodi l'oreille et non les vouloit oïr ne veoir, quar pour nulle proière entende de laissier qu'il non face ce qu'il s'estoit mis en cuer. Il estoit passé, petit s'en failloit, quatre ans que continuelment avoient esté en ceste pestilence, et maintenant par l'opération de cestui Arigitie furent délivré.

Lo samedi devant lo dyemenche de Palme (16 avril de l'an 1071), lo gloriouz duc entra en la cité de Bar, et lui asouttillié pour lo geuner de lo quaresme se reconforta à la feste de la Pasque.

Cap. XXVIII. En cellui temps quant lo duc se combatoit pour prendre la cité de Bar, demanda et requist l'ajutoire de cil de Pise, à ce qui li Sarrazin non soient leissiez o lonc repos et non fornissent la terre pour lonc temps, et que lo duc non demorast trop pour les destruire. Et appareillèrent li Pisen lor nefs, et diverses compaigniez de chevaliers et de arbalestiers, et navigande par la mer, et droitement vindrent à la cité. Et coment venirent rompirent la chainne laquelle deffendoit lo intrer et lo issir des nefs de li anemis. Part de li Pisain estoient en terre et part en remanirent as nefs, à ce que par terre et par mer feissent brigue à la cité. Et puiz la victoire de lo duc en Puille, li Pisen rechurent grandissimes domps de lo duc, et s'entornèrent soi en Pise. — Et est de noter que l'autre ystoire met moult merveilloze victoire que fist lo conte Rogier, frère de lo duc, en Sycille avant que venist à Bar; més ceste ystoire n'en met noient.

Ci se finist li quint Livre,

Et se coment li capitule de lo .vj. Livre.

LI CAPITULE

DE LO SEXTE LIVRE.

Cap. I. De la brigue que ot Guillerme Moscarolle contre li prince Richart, et comme firent paiz.

Cap. II. Coment li villain qui habitoient en Pié-de-Mont se révélèrent encontre.

Cap. III. Coment li prince vouloit acquester Acquin à la utilité del conte Guillerme.

Cap. IIII. Coment Adénulfe deffendoit Acquin et Pandulfe Pié-de-Mont.

Cap. V. Coment parlèrent ensemble et firent bone paiz Guillerme et Adénulfe.

Cap. VI. De la fame et de l'onor de Guillerme.

Cap. VII. De la discorde de li conte de Marsica.

Cap. VIII. Coment lo roy Henri délibéra de venir en Ytalie, et paiz quant fu auguste s'en torna.

Cap. XVIIII (sic). Coment Godofrède se leva contre li Normant, et coment fu réconcilié.

Cap. XX. Coment Guillerme se leva contre lo prince.

Cap. XXI. Coment, venant lo duc Robert, morut Guillerme.

Cap. XXII. Coment lo duc Robert et lo prince Richart firent paiz et allèrent ensemble en Sycille.

Cap. XXIII. Coment lo duc et lo conte vindrent à Palerme, et conte (comme) acquesta la cité de Cataingne.

Cap. XXIIII. Coment lo conte occist lo rector de la cité d'Aquin.

Cap. XXV. Coment partirent lo palaiz et li ort.

Cap. XXV (sic). De la fain de li pagan, et comment furent pris.

Cap. XXVI. Coment failli lo vin à lo duc et à tout lo ost.

Cap. XXVII. Coment fu prise Palerme, et coment lo duc et tout l'ost i entra. — De lo miracle de l'églize de Sainte-Marie.

Cap. XXVIII. Coment lo duc ot la cité de Mazare, et coment il dona une grant part de Sycille à son frère. — De la prospérité et de la victoire del duc Robert.

Cap. XXVIIII. Coment lo conte ala venchre li autre cités, et coment lo duc fist la roche et rehédifica l'églize de Sainte-Marie, et prist l'ostage et torna en Calabre.

Cap. XXX. Coment lo prince conquesta Aquin. Coment la dona à son filz.

Cap. XXXI. Coment la vouloit donner à Saint-Bénédit, et de lo moine liquel fu chacié.

Cap. XXXII. Coment il espia la volenté de ceus de la cité et qu'il voloient. — Come prist lo castel qui se clamoit Sub.

Cap. XXXIII. De la proie que fist Jordan en Aquin, et coment il ot la roche et la cité.

Ci comence lo sexte Livre,

Et finissent li Capitule del sexte Livre.

LO SEXTE LIVRE.

Cap. I. Quant la prospérité de lo duc venoit croissant de degré en degré à ce que fortunéement saillist à la haute dignité, Guillerme mostra par vain conseill il s'efforsa de anichiller à son pooir l'onor de lo prince Richart. Més char Dieu non lo soustient tel chose, et la divine loi lo deffent que lo seignor soit mis souz la turbation de son servicial, lui donna Richart à conforter sa vertu, et donna lui victoire de son anemi. Et Guillerme, par lo juste jugement de Dieu, chaï en la fosse qu'il avoit appareillé pour autre. Car desprisa la fille de Richart, laquelle, comme est dit, li avoit donnée pour moillier, et jura de prendre por moillier celle dame qui avoit esté moillier de Adénulfe duc de Gaiète, de laquelle autresi avoit receu lo sacrement. Dont Adénulfe, conte de Aquin, avec li frère soe Laude de Tragète, et Pierre filz de Laude, firent un sacrement avec Guillerme coment porroient contrester à la forteresce de lo prince, et lor chasteaux lever de sa poesté. Adont Guillerme se mist à la voie de aler en Puille pour cerchier à ses amis ajutoire pour acquester aucuns domps. Et li amis de lo prince s'en faisoient gabe, et li amis petit lui donèrent de aide, et quant il retorna avec li chevalier o cui il avoit fait ligue, entra en Trajète et issi jusque à la rippe de la Gallivare. Et lo prince non assembla senon ses chevaliers, et ficcha ses paveillons delà de lo flume de la Gallivaire, et se vergoingna de faire fossez, ne drecier chastel; quar en champ dormoient et menjoient li home et li cheval. Et li anemis estoient dedens li mur de Trajette, et come ce fust cose que avant aloient par li camp, maintenant estoient soz clef; soul lo conte Adénulfe faisoit entrelz alcune cose de victoire, més moult petit, quar alcune foiz issoit avant auvec ses frères, et avec li autre chevalier occisoient et prenoient chevauz, et quant il véoient petit de chevaliers aler par lo camp, li conte auvec sa gent les perséqutoit. Un jor vit lo conte alcun chevalier corre par lo camp, il corut o li légier cheval soe, et o la lance qu'il tenoit en sa main féri si fort à un chevalier qu'il rompi la cuisse de lo chevalier et occist lo cheval. Més de toutes ces chozes bien rechut lo change de li chevalier de lo prince, quar por home que occioit lo conte l'en estoient occis quatre, et pour .j. cheval qu'il furoit l'en estoient levés par force troiz. Et se un de li caval de li prince estoit occis l'en estoient donez .x. Et pour Guillerme et sez compaingnons accressoit ennui et traval, et comencèrent [à fouir de lieu en leu] à estre restraint par fame, et commencèrent à fouir de lieu en lieu, et se partirent de Trajette et vindrent à Aquin, et de là se partirent et s'en alèrent chascun en sa propre terre. Et Laude remest à Trajette, et la ducesse habita à Pont-de-Corbe, et Adénolfe et li frère estoient à Acquin, Pères se trova en Alpine, et Guillerme à lo chastel qui se clame Pié-de-Mont. Et Guillerme va par li feire et par li marchié cerchant (en) li cort de la province d'entor certes coses pour vivre, et requiert de li seignor adjutoire, et promet de combatre pour la défension de ceauz seignor à qui il va. La plus grant part de li seignor à cui il aloit lui noient et refusent sa pétition, et aucun lui donent poi de chose alégant poureté et dient que non lui poent plus donner. Et va s'en Guillerme à lo aide de lo pape. Et se faisoit servicial de saint Pierre, et promet de deffendre la Campaingne à la fidélité de la sainte Éclize et autres terres occuper. Et fist à lo pape sa prière, et donna alcuns deniers, més non tant que il en peust lonc-temps sa gent soustenir. Et en cellui temps Jehan de Maranolle non se partoit de lo collége de lo prince ne se accostoit avec ses anemis. Et à ce que li prince savist mex l'amor de la soe fidélité comist à la potesté soe lo chastel de Argente à ce qu'il peust oprémère et contrester contre ses anemis. Et lo prince, quant il sot que Adénulfe et Guillerme estoient tout un, et que pour nulle promission les pooit départir, il commensa à esmovoir et à promètre à la ducesse marit de plus haute honor. C'est qu'il lui vouloit pour marit son filz Jordain, liquel avoit fait ensemble avec lui prince, et que la vouloit faire princesse. La dame ducesse encontinent si consenti et s'enclina à la volenté de lo prince, et parjura, non se recorda de lo péchié; et Laude sanz foi autresi se vouloit départir de la moillier, et laissant la compaingnie de li amis, et se humilia à lo commandement de lo prince, à loquel lo prince torbé de cor lui promist la fille pour moillier, laquelle ancois lui tailleroit la teste. Et Guillalme, quant il se vit engané de la moillier qu'il avoit jurée, et estoit abandoné de cil qu'il avoit faite la liga contre lui, procura de raquester l'amor de lo prince.

Cap. II. Cestui Guillerme proia li amis de lo prince et requist li grant home que par lor prière aclinassent la volenté de lo prince. Et lo prince fu liez et joiant de la prospérité soe; quar véoit que li home qui lui vouloient contrester venoient devant les piez siens; et a la soe potesté vainchue de la soe pietié, et fu rapaisiez par la prière de li fidel soe. Et lui rendi la fille soe laquelle lui estoit moillier, et lui fist moult de biens.

Cap. III. En cellui temps que Guillerme estoit en ceste tempeste, non se set par quel conseil li vilain qui habitoient en lo castel de Pié-de-Mont révélèrent soi et appellèrent alcun de ceuz de la terre voisine, et occistrent touz les Normans liquel avoit lessié Guillerme pour garder lo chastel. Ceste malvaistié turba moult l'arme de Guillerme. Et quant estoit liez et alègre tant fu dolent de la mort de ses chevaliers.

Cap. IIII. Après ce, lo prince se délétoit de relever la angustie et dolor de Guillerme; et la soe cité vouloit acquester Aquin. Et assembla mil chevaliers siens et pédons sans nombre et s'en va sur Aquin, fist chastelz et ficha paveillons. Et ce qu'il avoient seminé estoit métut pour mengier à li chevalier; li grenier non sont gardez jusque à lo métre de la novelle victaille, quar avant temps est consumé toute chose. Et li vingnes non sont lessiez pour faire roysins, ne li arbre pour faire frutte; més en font feu et font maisons, et non pour autre senon pour la misère de cil de la cité sont tailliez li arbre, dont se puet dire : O tu Aquin, ceste chose as-tu!

Cap. V. Adénolfe gardoit la cité, et son frère Pandulfe gardoit Pié-de-Mont lo chastel sien; liquel aviengne que fust jovencel et non usé d'armes, en la première bataille ot tant de gloire de triumphe, que quant il vit venir li Normant o tout li somer chargiez de victaille de la cité de Saint-Germain, non fut lent de chevauchier; o tout tant petit de chevaliers coment il avoit avec lui, assalli li chevalier et aucun en occist, et alcun en féri, et li autre fugirent, dont cestui pristrent li cheval et li somar de lui anemis, et torna à son chastel o victoire.

Cap. VI. Et Guillerme, quant il vit que Adénolfe recerchoit la cité, et la refermoit et garnisoit à son pooir, lo clama à soi, sur la soe foi lo promet ségurté. Et avieigne que lui sien lui disoient qu'il non i alast, toutes voiez Adénulfe vint à lui sanz nulle paour, et Guillerme lo rechut o alègre face, et lui geta les bras au col, et lo basa en bouche. Et quant il séoient ensemble, et Guillerme lui recordoit la première amor, et lo nombre de la victoire laquelle il avoient faite ensemble, dont lui impropéroit li Normant que il lui avoit occis, et lui monstre que l'amor et la carité qui estoient rote entr'elz fust renovelée; et adont font la covenance de lor amor, et reformèrent la premère amistié. Et puiz Guillerme manda à lo prince la volenté de Adénolfe, et manifesta à li chevalier l'ordre de l'amistié recovrée. Et va Adénolfe à lo prince, et tant lo prince quant Guillerme ferma à lui et à son frère la part d'Aquin. Et lo prince s'en torna à Capue, et Guillerme entra en la cité, qui moult estoit désirré.

Cap. VII. Et quant la fame de Guillerme sonnoit en toutes pars, cil de Marse, de Retense et Amicerne de Valin, et touz ceuz qui habitoient en la part de Campaingne, gardoient son comandemant, quar par la poesté de lo prince la soe hardiesce faisoit paour à ceuz qui lui estoient entor; et pour ce qu'il estoit parent de lo conte de la terre, désirroient li voces soes, et o pris atte estoient la grâce soe, l'un anemi non se pooit aidier de la injure de lo sien anemi sans la grâce de Guillerme. Et tout estoit pour la grâce, laquelle il avoit recovré del prince Richart.

Cap. VIII. En cellui temps, de li conté de Marse un liquel se clamoit Bernart, par avarice insaciable et désir de avoir, part de lui lo amor de lo frère; cestui o jurement et o parjure et tradement tote la part de frère avoit pris, et vouloit tout soul avoir lo héritage de lo père, et s'efforçoit de chacier l'autre de la terre,

tuit li persécutoit; més à lo frère major et premier
nez faisoit piz, et ce lui faisoit pour ce que lo premier
nez avoit plus filz, lui tailla la vingne et lo arbre, et
lui faisoit métre lo labor avant temps, puiz que en la
terre soe non estoit remez aucun arbre. Après de la
cort avoit soul une noce, pour laquel que fust talié la
noble moillier de Odorise frère majour lo pria, et
cellui par la proière soe la fist taillier jusque alla radice.
Ordorisie cercha avoir paiz avec lui, et pria lui que
ses filz fussent ses chevaliers, et veut rechevoir la terre
de lui; et Bernart non vouloit faire, quar lo vouloit
chacier de la terre. Et Odorisère avoit .vij. filz, de
liquel dui en estoient évesque, li tiers estoit moine
et cardinal de Rome, et li autre se délictoient en la
chevalerie séculère. Et ot conseill avec li sien filz de
recorre à l'ajutoire de li prince. Et Acco son fill évesque
manda à la cort de lo prince, et lui prometoit de doner mille livre de deniers, et prometoit à lo neveu de
Guillerme, qui se clamoit Mostrarole, de donner lui
la soror pour moillier, laquelle se clamoit Potarfranda.
Et li bon prince singuler chevaucha et s'en alla à lo
conté de Marse pour veoir la terre, et ficha li paveillon. Et Berart assembla ses chevaliers, et disoit qu'il
vouloit combatre contre la compaingnie de lo prince.
.C. chevaliers tant solement manda lo prince, liquel
manda contre innumérabile multitude de Bérart. Més
li chétif chevalier de Bérart fugirent devant li cent
chevalier normant, et s'en reclostrent dedens li mur,
et par force li chevalier de lo prince commencèrent à
prendre li chastel, et pristrent moult de proie, et

pristrent li home, et fait cest damage à Bérart. Et les noces de lo neveu de Guillerme furent célébrées, et puiz lo prince rechut li argent que li évesque avoit promis et autres domps, et puiz s'en retorna à Capue. Et li jovencel lo neveu de Guillerme, o l'aide de son oncle et avec li parent de la moillier, assoutilla la richece de Bérart, et pour un fill loquel prist paia Bérart mille livre, quar estoit le plus grant et se clamoit Bérart coment lui-meisme, et pour l'autre en paia troiz cent.

Cap. VIIII. En démentre que lo prince Richart estoit en cest acquester, lo pape avoit mandé moult souvent par letres, et aucune foiz par messages, lo roy Henri pour venir contre la crudélité de li Normant, et pour l'affliction de ceuz qui habitent auvec eaux. Et quant lo roy sot lo volenté de lo pape, il dist à ses princes qu'il vouloit venir en Ytalie, pour acquester la corone en Saint-Pierre, et pour deffendre les coses soes. Et s'appareillèrent li évesque et li duc et li marchis, et s'esmurent lor chevaliers de prendre l'arme, et déterminassent en quel voie la compaingnie de la chevalerie se doient assembler. Et lo roy auvec son exercit vint à la cité de Auguste, et atendoit lo duc Gotofrède. Et Gotofrède avoit passé li Alpe et estoit venut en Ytalie. Et puiz lo roy connut que il estoit gabé de la malice de Godefroy, et dist à touz les granz seignors de sa compaingnie coment Godefroy l'avoit gabé, et comanda que cest voiage remanist, quar est costumance que quant lo roy vient de Alemaingne en Ytalie, que lo marchis de Toscane o tout son ost doit aler devant de lo ost de lo roy. Et ensi retorna arrière [quar cestui moine qui ceste ystoire compila non lo clame impéreor, més clame roy. Més je croi qu'il lo face pour ce que encoire non estoit coroné, dont secont ceste sentence non est impéreor jusque à tant qu'il soit coroné].

Cap. X. Et Godefroy est repris de ses amis et gabé de ses anemis, quar non garda lo commandement de son seignor, est clamé perfide. Més lo duc cercha de covrir lo mal qu'il avoit fait, et satisfaire à son seignor. Et assembla sa gent et clama ses amis. Et fait venir Todesque et autre gent appareilliez contre lo prince Ricchart, liquel désirroit de destruire. Et li prince lessa Campaingne et assembla li sien chevalier Normant en Capue. Et lessa garde de Aquin Guillerme et lo conte Adénolfe. Et Godefroy ala sur la cité de Acquin, et ilec ficha li paveillon et dresa, et donna la bataille pour prendre la cité. Et Guillerme et Adénolfe issirent o tout lor chevaliers, et occistrent ensemble .xv. Todesque, et ensi la superbe de Godefroy commensa à réfréner, et cellui temps la faim, et ce qu'il non avoient vin, constraint l'ost de retorner arrière. Et la criée de touz pour la poureté turboit lo paveillon de lo duc. Et adont quant li duc non pot sostenir la lementation de cil de l'ost et que s'en vouloit retorner, requist qu'il vouloit parler à lo prince Richart, liquel puiz se covenirent ensemble et firent paiz, et lo duc s'en retorna en sa contrée.

Cap. XI. Et pour ce que la volenté de Guillerme estoit esmeue et temptée de faire mal, cercha une autre foiz de soi révéler contre son seignor, quar la terre, la quelle avoit vaincue o grant bataille, et lui avoit donnée en bénéfice lo prince. Et à ce que lo pape puisse contrester contre son seignor, rechut la terre de la main de lo pape. Et puiz commensa à faire damage à lo prince Richart, quar chevauchoit la nuit et lo matin avec sa gent, et ardoit les villes de lo prince; et la flame qui se levoit en haut monstroit en quel ville estoit Guillerme de nuit, et li fume monstroit où avoit faite l'ovre soe. Lo jor, li chevalier de lo prince les sécutoient; més que avoient li amis où se recoilloient et savoient les voies, non se curoient de ceaux qui les séqutoient. Dont lo prince, qui tant souffroit d'injure de ceste gent, manda son filz Jordain contre eaux o .ij.c. et .lx. chevalier, loquel puiz se aproxima de Aquin, et firent moult grant proie. Et Guillerme, quant il torna de Rome, proia que lui soient rendues les bestes qui lui estoient levées, non par proie, més par furte, pour ce que non i estoit présent. Et respondi Jordain : « A moi non covient de exaudir la parole ne la pétition de cest home, loquel non se vergoingna de rompre lo sacrement de la fidélité à moi et à mon père ». Et quant Guillerme, quant il oï ceste réponse, il fu corrociez, et fait armer ses chevaliers et ses pédons, et ist defors avec .viij.c. chevaliers et troiz cent pédons. Et Jordan torna o tout ses chevaliers et ordena ses eschielles; li un esmut à combatre, et li autre ensaingne, et puiz se assemblèrent ensemble et comencèrent la bataille campestre; de l'une part et de l'autre alcun cadirent, d'une part et de l'autre en sont férut alcun et mort. Més à la fin li chevalier Jordan lessèrent la proie, contreingnant li cheval de corre, et plus pensent coment il puissent eschaper que coment il puissent mener les bestes et la proie. Et Guillerme o ses chevaliers les persécuta, et pristrent li cheval et orent en prison .xxxvj. chevaliers armez, et ensi levèrent la proie de lor anemis. Et torna Guillerme à Acquin vainceor de ses anemis.

Cap. XII. Et lo prince Richart, avienge que soit fort en adversité, toutes voiez ot dolor de ceste turbation, et requist l'aide del duc Robert et de ses autres amis contre la perversité de Guillerme. Et lo duc à ce que li chevalier soe non preissent exemple de Guillerme, (a)ine pour soi à restraindre sa superbe; més avant que venist lo prince à Capue, lo prince manda disant à lo duc Robert coment Guillerme estoit mort son anemi, quar lui prist une fièvre et un chaut, et de celle maladie fu mort à Rome. Més pour ce que lo duc Robert estoit venut tant promptement à l'aide de lo prince Ricchart, vouloit aler en Sycille avec lui et faire lui similante service et honor.

Cap. XIII. Et puiz que fust fermée l'amistié entre lo duc Robert et lo prince Richart, lo duc fist fornir et garnir toutes les forteresces de çà la mer, et toutes choses leissa en paiz. Et puiz assembla une grant compaingnie de navie, et de Puille comanda à lo navie alast avant à li chevalier qui venoient de terre de Calabre. Et lui avec li chevalier, venant par terre par plus brève voie, s'en vont en Calabre et armèrent soi. Adont li Calabrois, o diverses gent de diverses nations, liquel ont volenté de destruire li Sarrazin, passèrent la mer (au mois d'août 1071), et applicant à la cité de Messine et la chevalerie et toute gent, descendirent en terre.

Cap. XIIII. Et ces frères partirent la fatigue de la bataille. Lo duc avoit à governer lo exercit, et li conte Rogier s'en va à la cité de Catainne, et à li quatre jor la cité se rendi (l'an 1071). Et encontinent comanda que soit faite la rocche, et commanda que soit faite l'églize à l'onor de saint Grégoire. Et mist en lo roche .xl. homes qui la guardassent et réfrénassent la male volenté de cil de la cité. Et venant lo conte à la cité soe Trigane, dui de ses neveus filz de ses frères, liquel se clamoient li un Rogier et li autre Balamante, lui encoutre pour l'amor qu'il avoient à lui et qu'il lui portoient, et vindrent auvec eaux lor moillier en un plein. Et lo duc Robert, et pour la calor de lo sol, avec petit de grans homes estoit salli en la galées, laquelle estoit acompaingnié de .x. gat et .xl. autres nez.

Cap. XV. Et lo conte avoit avant mandé ses servicialz pour appareillier de mengier; li Sarrazin survindrent, et non sollement les taillèrent, més non laissèrent char ne crude ne cuite. Et li conte par avanture s'entre encontrèrent avec li Sarrazin, et recovrèrent les coses qu'il avoient levées, et lor leva les chevauz et tout ce qu'il avoient pour lo vivre; de .ij. cent qui estoient venut nul non escampa vif.

Cap. XVI. En lo séquent jor partirent lo palaiz et les chozes qu'il trovèrent fors de la cité, donnent à li prince li jardin délectoz pleins de frutte et de eaue, et pour soi li chevalier avoient li choses royals et paradis terrestre. Et quant li Sarrazin issoient virent novelle chevalerie, et li Normant les orent atornoiez, et les pristrent et vendirent pour vilz prison. Et de là lo conte s'en ala à lo chastel Jehan, més maintenant se clame lo chasté Saint-Jehan. Et clama li Sarrazin à combatre, et prist .xxx. gentil home et en occist .xv., et prist li cheval, et ensi vainceor invita lo frère qu'il lui viengne à parler. Et autresi non lessèrent à li Sarrazin deffendre la marine, quar avant lor avoient levé un gath et une galée.

Cap. XVII. Et cellui temps meismes estoit une grant famine entre cil de la cité, quar dedens lor failloient les coses de vivre, et ne les trovoient à achater. Et autresi pour li mort non souterrez estoit grant pestilence et mortalité, dont moult en estoient férut, et moult enfermé, et moult afloboiez pour fain; et la main de li débile plus volentiers s'estendoit à prendre l'omosne que à combatre. Et li maliciouz Normant faisoient poiz de lo pain, et lo lessoient à pié de li Sarrazin, et corroient à .xx. et .xxx. pour prendre lo pain. Et lo secont jor metoient un poi li pain plus loing de la terre, et cil corroient à prendre lo pain, et se asséguroient, et plus en venoient. Lo tiers jor lo mistrent un poi plus loing, et quant vindrent li païen tuit defors, furent tuit pris et gardez pour serf ou estoient vendut en longes part.

Cap. XVIII. Et en cellui temps meismes falli lo vin en la cort de lo duc, et coment ce fust chose que il eussent déliciouses viandes, lui et la moillier bevoient de l'aigue. Quar falli à lo duc lo vin non est merveille; quar comme se dit que en la contrée soe non croissoit vin, més maintenant en cestui temps i croist vin assez. Més est de merveillier de la noble moillier soe, quar en la maison de son père, c'est de lo prince Gaymère, avoit use de boire vin peure et clare, coment pooit boire aigue.

Cap. XVIIII. Et quant lo duc vit la poureté et la chierté de la terre et la débilité de lo pueple, fist faire .xiiij. scalle, de liquelle sept en manda de nuit à l'autre part de la cité où estoit son frère, et lo duc ala parler à son frère. Et en l'aurore de jor, à lo lieu où avoit ordené lo duc, commanda que soient dreciez les eschielles contre lo mur de la cité, et conforta li chevalier qui monteroient en la cité par desur li mur, prometoit à ceuz qui i salliroient et auroient vittoire, honor grant, et s'acordèrent ensemble. Et l'un guardoit à l'autre atendant qui commenceroit lo premier. Subitement un qui se clamoit Archifrède se fist la croiz et sailli sur li mur, après loquel saillirent .ij. autres, et rote l'escalle nul non lo pooit secorre. Et un mouton de li anemi lui vindrent encontre, où la multitude enpaouri li chrestien, et o l'arme li tailla l'escut en main, dont non porent soustenir cil troiz Normant. Et tant multitude se jettèrent de li mur, liquel, par la grâce de Dieu, sain et sauf se retornèrent à terre, et [puiz lo duc senti toute ceste cose] tuit li autre liquel sailloient par l'escalle li Sarrazin constreinstrent à aler en terre. Et puiz lo duc senti toute ceste choze que autresi estoit fait de li sien frère, il fist drecier l'eschielle de l'autre part, et comanda à li sien qui sailloient qu'il ovrissent la porte, dont ceuz qui saillirent sanz nulle demorance descendirent et opérirent la porte. Et entrèrent li chevalier sécutant cil qui portoient arme, et tout lo pueple entra et assallirent la terre, et levèrent les coses de li païen, et partirent li enfant por les servir, et la multitude de li mort covroit la terre. Et lo duc, à ceuz qui sont remez, liquel habitent en la cité, à liquel avoit donné mort de li parent et fame, il fist garder les tors. Més pource que Palerme estoit faite plus grant qu'elle non fu commencié premèrement, dont de celle part estoit plus forte dont premèrement avoit esté commencié, la cité se clamoit la antique Palerme. Il commencèrent contre celle antique Palerme contrester cil de la cité. Et puiz quant la bataille pensèrent qu'il devoient faire, et en celle nuit se esmurent o tout li ostage, et mandèrent certains messages liquel doient dire coment la terre s'est rendue. Et puiz quant il fut jor, dui Cayte alèrent devant loquel avoient l'ofice laquelle avoient li antique, avec autrez gentilhome, liquel prièrent lo conte que sans nulle autre condition ne covenance doie recevoir la cité à son commandement; et lo conte, bien acompaingnié de bons chevaliers vaillans et esprovez, entra en la cité (le 25 décembre, ou le 10 janvier 1072,) et regarda par la cité et ordena, et l'a faite sécure, et puiz retorna à son frère. Et lo quart jor, lo duc manda avant mille chevaliers liquel chazassent et retenissent la place de lo encontre de li Sarrazin, et ensi come home cristiennissime, avec la moillier et ses frère, et avec lo frère de la moillier et avec ses princes s'en ala o grant révérance plorant à l'églize de Sainte-Marie, laquel éclize avoit esté temple de li Sarrazin, et en fist chacier toute l'ordesce et ordure, et fist dire messe à lo catholique et saint archevesque.

Cap. XX. Une grant merveille apparut devant celle églize, quar furent aucun bon chrestien qui oïrent en celle ecclize la voiz de li angèle et moult douz chant, en loquel cant looient Dieu, et apparut alcune foiz enluminée celle églize de la lumière de Dieu, plus resplendissant que non est nulle autre lumière mundane.

Cap. XXI. Et li Sarrazin liquel habitoient en Mazarin, quant il sorent que Palerme s'estoit rendue, pour paor qu'il orent donnèrent la cité à lo duc, et lui promistrent de doner chascun an tribut. Et lo comanda que vieingne tout lo excercit, et loa lo excercit qu'il lo devisse doner à lo frère. Et adont lo duc (l'an 1072) donna à son frère lo conte Rogier toute la Sycille, senon que pour lui réserva la moitié de

Palerme et la meitié de Messine, et la moitié de Démède, et li conferma la part de Calabre laquelle avoit avant que Sycille.

Cap. XXII. Et pource que se monstre à quant perfection et à quante hautesce mène Dieu tout-puissant la humilité de cestui bon duc Robert, dont droitement se puet dire de lui come dit la Sainte Escripture qui dit que Dieu donne grâce à li humile et contreste à li orguellious, et pour ce est à veoir et à regarder se la main et la puissance de lo impéreor se puet apparagier à lui. Il fu un empéreor qui se clamoit Octe, et fu lo secont empéreour qui aveist nom Otte. Cestui empéreor de Rome, o tout lo excercit de li Todesque de Ytalie et tout son pooir non pot domer ne abatre la malice de li Sarrazin; car li païen vindrent deçà de la mer contre lui, et pristrent lo empéreor, et lo destruistrent lui et sa compaingnie, et tuit si chevalier, et menèrent li meillor [de] li Sarrazin en prison et lor firent damage grant. Et autresi li empéreor de Costentinoble combati lonc-temps contre li Sarrazin de Sycille, et despendi son trésor, liquel estoit acquesté de lonc-temps, et prist l'ynsulle de Sycille, més en brief temps la perdi. Més lo duc Robert, liquel estoit si glorioz en tous ses faiz, en .v. moiz veinchi Palerme; quar de lo mois de agouste passa la mer, et en la nativité de Jshu-Christ et par la grâce de Dieu tint ce que il veinchi, et acquesteta continuelment. [Et ce doit entendre que quant lo duc estoit vif ceste ystoire fust escripte, et puiz vescut longuement.] Et lo nombre de li Sarrazin liquel furent occis et de ceux qui furent pris et qui furent vendut non en puet estre mémoire.

Cap. XXIII. Or se dit ensi l'estoire que puiz que lo conte Rogier fu mis en possession de toute la Sycille par la main de son frère, s'efforsa par lo conmandement de lo duc de prendre autres cités. Et pensa lo duc les liez espécialz des cités; il eslut un lieu moult haut là où il fist une forte roche, et la fist moult bien garder, et la forni de choses de vivre, pour lonctemps et à grant abondance. Et un jor ala par tote la roche, et vit grandissime pala de li Sarrazin, entre liquel vit l'églize de Sainte-Marie à la manière d'un four. Et lo duc souspira, quar li palais de li Sarrazin estoient haut, et la cort de la vierge Marie o laides colors appène apparoit. Et puiz dist ceste parole : « Je voil que cest églize soit abatue »; et donna moult de denier pour marbre et pour pierres quarrées, et moult honestement la fist rééditier. Et puiz clama cil de la cité, et lor conta et dist lo damage qu'il avoit receu, et lor dist lo nombre de li cheval qu'il avoit perdu. Et se mostra moult corrocié pour ce qu'il avoit despendu por prendre la cité. Et alors ot moult de domps et moult de monnoie, et rechut pour ostage li fill del meillor home de la terre, et o victoire gloriouse torna en Calabre. Més l'estoire dit ensi [secont que dit li moine qui ceste ystoire compila] que qui voudroit escrivre la bataille de lo conte Rogier contre li Sarrazin, que il covendroit faire un livre tout novell, liquel seroit un grant volume. [Toutes voies à ce que sacent ceuz qui devent venir après, dist en somme de la bataille que il ot avec li Sarrazin et avec li Barbarre; més l'ayde de Dieu fu veinceor. Més cestui moine qui cest livre compila se excuze, et fist bien que sanz celle bataille laquelle avoit faite avant que se rendist Palerme, de laquelle non fait mention cest livre, et autresi en fist depuiz lo conte Guillerme comment se conte en autre livre.]

Cap. XXIIII. Lo prince Richart, puiz qu'il fust en repos et en son bon estat, et sans nulle adversité, si come fu dit desus, donna Aquin à son filz Jordan. Et se Guillerme prince avoit passé lo petit feu de Guillerme son gendre, loquel estoit mort, entra en plus grant flame. Quar autresi lo fill est contre lo père, quar lo frère de cestui prince et son fil, c'est Raynolfe et Jordan, trattoient de apeticier l'onor del prince, et pour ce qu'il avoient rechut de lui, se armèrent contre lui. Més lo prince met toute son espérance et toute sa foi en Dieu et en saint Bénédit pour avoir Aquin, loquelle désirroit de avoir. Dont se parti de Capue, et s'en ala à Aquin, et amonesta cil de la cité, et o loseuge donna favor à Adénolfe, observant celles coses qui sont en usance de estre de lo seignor, et ce faisoit-il que non lui fust tenut l'entrée de la cité. Cestui doa par la potesté prétoire, laquelle est de faire loiz et justice, coment juge ou ballif; ceste poesté opponent contre lui. Més que est besoingne de plus dire? Pour la puissance del saint Benoit ambedui orent ensemble la seignorie et dignité de estre prétor. Et puiz Adénolfe et Jordan furent désespérés de l'aide de Aquin, et cerchèrent de avoir la grâce de lo prince. Més lo prince donna la garde de la roche de Aquin à frère Désidère abbé de Mont de Cassyn.

CAP. XXV. Et quant lo prince vit que la mérite de saint Bénédit lui aidoit en toutes ses neccessitez; car sanz bataille mérita de optenir Aquin; et pour ce qu'il vouloit recoistre son monastier, clama à soi l'abbé et lui dist son entention, quar pour la gloriose mérite de monseignor saint Bénédit, et de li frère liquel estoient en lo saint monastier, et pour lor proière s'est deffendu de ses anemis, et ot victoire de eaux. Et pour ce, il vouloit donner à lo monastier aucune cose de Aquin, pour lo enforcier par ystrument ou par tel manière que miex puet estre. Et quant lo abbé oï et entendi la bone volenté de lo prince, il fu moult liez et joiant de ceste promission, et lo fist assavoir à cil de Aquin, et lor pria pour Dieu que de lor bone volenté lor plaise à faire ce que lo conte commande. Premèrement cil de la cité lui donèrent la grâce à l'abbé de avoir seignorie; et puiz s'en firent gabe et truffe, et se partirent par diverses volentés, et en la fin distrent qu'il non vouloient estre subjecte à home qui porte cocolle, més à home qui portoit arme. Un jor coment estoit acostumance autresi coment par paiz, montèrent li citadin sur la roche, et un moine qui i estoit avec autres homes pour garder la roche pour lo abbé pristrent, et batirent, et chacèrent defors, et il pristrent à garder la roche. Lo prince confortoit l'abbé et li moine par ses messages et disoit : « Je non cerche de vouz lo castel, ne à ceuz à cui je en avoie comise la cure, més je lo cerche à saint Benoit, liquel lo me avoit doné. »

Cap. XXVI. Et puiz que la venjance de Dieu délivra li prince Richart de la perversité de Guillerme, vint à Aquin et cercha la cité de lo conte Raynolfe et de li citadin, et lour prometoit de les garder en paiz et en liberté acostumée. Et prometoit de doner la part à lo conte Adénolfe et à li frère. Lo conte non lo contredist, et cil de la cité lo firent volentiers, et ensi donnèrent la cité à lo prince.

Cap. XXVII. Lo prince et lo abbé Désidère allèrent à la cité et cerchèrent la volonté de cil de la cité, et lor demandèrent pourquoi firent ceste novité; et cil qui estoient de la cité lor répondirent paroles faussez et vainnes, autresi coment parole asquelles non avoit vérité ne raison. Et disoient que la roche vouloient salver à la fidélité de lo prince, et lui vouloient paier lo tribut loquel estoit acostumé chascun an.

Cap. XXVIII. Lo prince torna à Capue, et appareilla de faire ost sur lo castel del frère de Raynier évesque de Gaiète. Et puiz atornoia lo castel, quar nul fornement de chose de mengier non i avoit. Et en dui jors fu tout afamé. Et cellui chastel se clamoit Sulie.

Cap. XXVIIII. Jordain lo fil de lo prince assembla chevaliers et se feinst de aler à Capue. Et quant il vit entor de la cité de Aquin li buef qui aroient et les berbis qui paissoient, confortoit li home qui trovoit à laborer, et puiz se enclost emmi de li home et de li beste, et fist une proie, les bestes consuma et de li home alcun en vendi à lor parent, et aucun en retint en prison, et alcun furent mort en la prison. O tu, Aquin! cestui mal est venut sur toi! Et finice ceste chose, Jordain tint la roche et la cité.

Ci se finist lo .vj.,

Et comencent li Capitule de lo septisme.

LI CAPITULE

DE LO SEPTISME LIVRE.

Cap. I. Coment lo prince Richart, pour la proiére de lo duc Robert, manda son fillz Jordain à Palerme, et coment lo fist torner arrière.

Cap. II. Coment lo prince, avec li autre, firent commotion contre lo duc Robert Viscart.

Cap. III. Coment lo duc conquesta Palerme, et coment il torna pour persécuter ses anemis.

Cap. IIII. Coment Guide et Goffre Ridelle présentèrent à lo duc doi prison, et lo duc les mist en prison.

Cap. V. Coment lo prince Richart retorna à Capue, et coment lo duc conquesta Antri et La Cysterne.

Cap. VI. Coment lo duc Robert mist lo siége sur la cité de Cidonie, et prist Ricchart lo neveu del prince Richart, et lo fist son chevalier.

Cap. VII. Coment lo duc fu malade, et lo pape Alixandre fu mort, et fu fait pape Heldeprande.

Cap. VIII. Coment lo pape manda messages à la moillier de lo duc.

Cap. IX. Coment lo pape manda cerchant lo duc par l'abbé de Mont de Cassyn, et coment se partirent irés et corrociez ensemble.

Cap. X. Coment lo pape se parti de Capue, et coment lo duc commensa à persécuter Richart et li filz de Burello, et quel damage lor fist.

Cap. XI. Coment li conte de Aquin se partirent, et dui furent avec lo prince et .ij. avec lo conte Rogier.

Cap. XII. Coment lo pape et Richart et Gisolfe prince firent amistié, et contre lo duc clamèrent en aide Béatrice et Mathilde.

Cap. XIII. Coment Gisolfe se appareilla pour avoir chevalier, et coment puiz les assembla en lo mont Cymine. — Li Pisan lo cerchèrent de occirre, et il fouïrent la nuit.

Cap. XIIII. Coment lo duc vint à Bonivent quant lo pape lo fist clamer en un jor ordené, et lo pape non vint à Bonivent.

Cap. XV. Coment lo duc vint à la Padule de Naple, et fist covenance avec lo maistre de la chevalerie, et lo prince se appareilla de faire contre lui bataille.

Cap. XVI. Coment il obédirent à lo commandement de lo abbé Désidère de Mont de Cassyn, et ces .ij. tornèrent à paiz, et pour la proière del prince lo duc remez à La Cerre.

Cap. XVII. Coment à jor ordené vindrent à Pice, et que firent, et coment se partirent corrociez.

Cap. XVIII. Coment lo duc perséquta Balarde en la cité de Saint-Sévère, et Guillerme estoit à lo castel Bellarie, qui ensi se clame.

Cap. XVIIII. De la largesce de Rogier filz de lo duc Robert.

Cap. XX. Coment la ducesse estoit anemie de Balarde, que en lo infermeté de lo duc se desdaigna de soi faire chevalier de la main de Rogier fil de lo duc.

Cap. XXI. Coment fu chacié Balarde, et Guillerme lo duc acquesta Saint-Sévère et Chastel-Valaire.

Cap. XXII. Coment li chevalier de lo prince pristrent Girart, et vainchi ceaux qui s'estoient parti de la fidélité soe.

Cap. XXIII. Quel terre tenoit li conte de Aquin; qui estoit de la part de lo prince, et cellui qui estoit de la part de lo duc.

Cap. XXV (*sic*). De la bataille qu'il firent entre eaux.

Cap. XXVI. Coment son filz Garilione et Robert de Lauritelle manda Balarde pour lui chacier.

Cap. XXVII. Coment donna sa fille à lo filz de l'impéreor de Costentinoble pour moillier, et rechut chascun an tribut de lui.

Cap. XXVIII. Coment lo roy de li Todesque manda messages à lo duc Robert Viscart, et coment lor respondi lo duc.

Cap. XXVIIII. Coment li home pacifice aloient et venoient de lo duc à lo prince.

Cap. XXX. Coment ces seignors font ensemble parentesce.

Cap. XXXI. Coment fu pris lo conte Transmonde et lo trésor de Saint-Jehan, et coment lo duc Robert aquesta une part de la Marche.

Cap. XXXII. Coment Robert combati contre une diverse gent, et les veinchi touz et occist.

Cap. XXXIII. Coment li conte Transmunde et li autre prison furent délivre de prison.

Cap. XXXIIII. Coment Jordan filz de lo prince de Capue recovra la grâce et l'amor de son père, et ala sur la terre de Marse.

Cap. XXXV. De la perversité de Transmunde. — Coment Bernart conte de Marse afflixe et destruit son frère liquel estoit évesque, et ce qu'il lui fist.

Ci finissent li Capitule de .vij. Livre,

Et comence lo .vij.

LO SEPTISME LIVRE.

Cap. I. Ceste ystoire de cestui .vij. livre si nouz dit et raconte que espessement venoient sur la cité de Parlerme li Arabi et li Barbare, et faisoient empédiment à la victoriose bataille de lo duc Robert, et pource il requist et cercha l'ajutoire de lo prince Richart, secont ce qu'il lui avoit promis, et créoit qu'il lui deust rendre la mérite de l'aide qu'il avoit fait à lui. Et lo prince manda Jordain son filz o tout .ij.c. chevaliers, et lui commanda qu'il feist lo commandement de lo duc, liquel estoit frère de la mère et son oncle. Més lo prince, avant que son filz passast la mer, mua conseill, et lui manda disant qu'il tornast à lo chasté de Saint-Angèle.

Cap. II. Lo prince vit et regarda que lo duc avoit à Palerme moult empédiment, pensa de faire commotion contre lo duc, et fist ligue avec dui frères, c'est avec li fill de Piètre, de liquel un avoit nom Piètre et l'autre Falgutce, et les manda pour faire damage à lo duc et levèrent li chastel à li fidel soe. Et à ceste liga autresi autre anemis de lo duc corrurent, c'est Balalarde et Robert Arenga, et dui vont en Calabre pour offendre à li cose de lo duc; et toutes foiz li duc avoit enrichi ces .ij. en Calabre de villes et de cités. Et li prince Richart observa Canini; li fill de Pierre et Hermande, avec li sien prince et chavalier habitant à Trane et o espesse proie, donent affliction à li camp de li duc. Et toutes voiez li corage ne la bone volenté de lo duc non se mua pour ceste subite adversité, ne ne se parti de prendre Palerme, esta soi sans paor et atent de Dieu que doit entrevenir à ce qu'il puisse la cité prendre, et à li anemis rendre change de ce qu'il lui ont fait; quar puiz, par la grâce de Dieu, qu'il ot prise Palerme, il s'en vint en Calabre et non se cura des choses petites, més cerca de metre main as cités de li plus grant. Et premèrement mist siége sur Trane, où estoient li fill de Pierre et Hermane, liquel en poi de jors o grant fame et diverses afflictions la destrainrent, et furent li seignor constraint de fouir. Et cil de la cité lui rendirent la cité. Et depuiz vint sopre Quarate, et secont la costumance la ferma de chastel et de fossez, et asseia la cité de toutes pars. Et commanda que li tribuque et li autre estrument liquel avoit lessiez à Trane por prendre la cité, doient venir.

Cap. III. Et Guide frère carnal de la moillier de lo duc, liquel il avoit avec lui pour l'amor de sa soror, requist licence et chevaliers de lo duc qu'il lo laisse aler à Trane. Et lo duc lo fist acompaingnier de Gofroy Rindelle, et de Raul frère de Robert de Ravitelle, o tout ses chevaliers. Et quant il vindrent à Trane, il regardèrent à li mur de la cité, et oïrent une grant crée envers la cité. Quar Pierre et Her-

mande o tout lor chevaliers estoient venut, et avoient
pris li chevaliers [et] liquel estoient venut pour porter
li tribuc à lo duc. Més Guide avec sa gent secorut celle
gent liquel estoient pris, et les délivra de prison et
li trébuc, et prist Pierre et Hermande, et les manda
prisons à lo duc, et cestui duc, pour ceste victoire,
fu moult alègre pour la turbation de ses anemis. Et
conoissant que de Dieu tout-puissant venoit ceste
victoire, il loa Dieu et magnifica pour ce qu'il avoit
victoire de ses anemis, et puiz manda en prison Hermande à Ramppolle, et Pierre ala en prison à Trane.
Et quant cil qui habitoient à la cité de Quarate virent
lo péril de lor seignorie et la prospérité del duc Robert, ovrirent la porte et rechurent lo duc en la cité
de lor bone volenté, et li duc leva à li chevalier de
Pierre li cheval et arme qu'il trova dedens la terre.

Cap. IIII. Et quant lo prince Richart vit la puissance
de Dieu contre lui, il laissa Canne (Canini) et retorna
à la sécurissime cité de Capue. Et li duc atorniant tuit
et regardant as cités de ses anemis, se combati pour
eaux destruire et manchier lor honor. Il mist lo siége
soe sur Andre, laquelle il prist en petit de temps; et
quant il ot prise Andre, il s'en vint à La Cysterne.
Més iluec non lui fist besoingne de ficher paveillon ne
de drécier trébuc, més firent une grate de bastons ou
de junchi, et là metoient Piètre loiés, lo seignor de
celle terre, à ce que cil à qui jetoient li chevalier de
pierre, venissent sur lo seignor lor, dont cil de la
cité non pooient deffendre la cité sans la mort de lor

seignor. Et Pierre proia à cil de la cité qu'il soit rendue la cité au duc en tel manière que à lui soit salvée la vite; et ensi furent en concorde li chevalier et ceux de la cité. Et lo fu donée la cité de Cysterne, laquelle un grant temps tint lo duc, quar moult l'avoit désirrée.

Cap. V. Et puiz que ceste choze fu faite, si comme nouz avons devant dit, lo duc Robert vouloit tochier lo chief de ceste malice, et aler contre les cités de lo prince, liquel avoit esté commencement de la malice laquelle avoit esté faite à lo duc Robert. Li duc Robert acressoit chascun jor sa chevalerie. Et ala et mist siége devant la cité de Cydonie, où estoit Jordain lo fill del prince Richars avec li sien cheval; bien rendi en la bataille la mérite soe à lo duc, et deffendoit sollicitement la cité. Et lo duc moult sagement de toutes pars metoit gardes et deffendoit lo entrer et lo issir de la cité, et ensi qu'il non porent avoir aide de nulle part cil qui estoient dedens la cité. Et un qui se clamoit Richart filz de lo frère de lo prince Richart, de loquel estoit celle cité, et moult de autres venoit pour parler à Jordain son cosin, et créoit venir sécur pour ce qu'il savoit la voie. Més encontra li anemiz, et fu pris et fu mené à lo duc, et fu examiné de lo duc et mis en prison. Més lui, por ce qu'il non vouloit venir à tant de misère, la terre laquelle lui avoit donnée lo prince rechut de la main de lo duc, et lui donna son frère carnal pour ostage, et fu fait son chevalier de lo duc, et son homme, et tint sa terre de lui.

Cap. VI. Et puiz que cestui Richart fu conjoint avec li chevalier de li duc, ala li duc envers Canne, laquelle aviein que soit de grant nomée, toutes voiez est moult nécessitouse de aigue. Més puiz que fu asségié, més pour ce que il non plut et non pooient avoir aigue, en brief temps fu prise pour défaute de aigue, quar non avoit en li cysterne, et pour ce fu rendue à lo duc, et pour ce li compaingnie de cil de la cité vindrent à lo duc. Et dedens de la cité avoit moult de chevaliers de Hermande, à liquel furent levé li chaval et li arme, et lor fu donné licence d'aler en quel part qu'il voudroient.

Cap. VII. Et puiz lo duc, quant il estoit en Trane, apré ce qu'il avoit faites moult de victoires et de triumphe, fu visité de infermeté de Dieu, et vint en tant de débilité que partout se disoit qu'il estoit mort. Et por ce que il créoit qu'il lui alégeroit de sa maladie, s'en ala à Bar, et là fu plus agrevé de la maladie. Més puiz après petit de jors, cellui Dieu qui l'avoit visité lo délivra. Il estoit encommencié un poi à ameuder, et lui paroît espérance de avoir santé, et la false fame, laquelle estoit alée jusque à Rome de la mort de lo duc, retorna voire et annuncia la mort de lo pape Alixandre, et coment estoit fait pape Heldeprande archedyacone.

Cap. VIII. Puis que fu ensi alée la fama de la mort del duc Robert jusque à Rome, vint un message loquel non venoit à lo duc pource que estoit réputé pour mort, més venoit à la moillier. Et portoit cest message : « Une grant dolor sans remède est venue à la sainte éclize de Rome, laquel dolor a leissié la mort de lo karissime fill de la sainte église lo duc Robert, dont li cuer de li cardinal et de tout lo collége et tout lo sénat de Rome sont moult dolent de la soe mort, voiant la soe ruine et testificant de avoir perdu lo accressement de lor paiz. Més à ce que sache la toe noblité la bénivolence de misire lo pape, de quant amor et perfection estoit vers lo marit vostre, portes lo sien filz à ce que o la ordination de la sainte éclize recève o la main de l'église les coses que tenoit lo père de lui anceisor pape ». Lo duc, avieingne qu'il non estoit encoire bien gari, toutes voiez pour lo graciouz mandement rendi grâces à lo pape et li promist de lo servir fidèlement.

Cap. VIIII. Et puiz que lo pape sot la vérité de la santé del duc, commanda à lo légat qu'il tornast arière et die à lo duc qu'il vicingne parler à lui à la cité de Saint-Germain, et lui die coment liez et joiant de sa santé. Et lo duc non lent ne pigre, més manda de toutez pars et assembla ses chevaliers, et garni de grant excercit, et s'en ala à Rapalle et atendi lo message de lo pape. Et lo pape mua sentence, et manda frère Désidère abbé qu'il devist venir à Bonivent où il pape estoit venut (l'an 1073). Et lo duc s'acompaingna avec l'abbé, et vindrent ensemble à Bonivent, et defors de li mur sont estendut li paveillon et li ostel furent appareilliez là où li duc et li sien devoient hergier (hébergier), et fu rechut pacifiquement; et li pape infre li mur de la cité fu miz en lo plus grant palaiz, et réservant soi et la apostolique dignité, il saint père pape manda messages à lo duc que il doie venir à lui; et lo duc, pour garder soi de la malice de cil de la cité, proia lo pape que non venist à lui come à Robert, més à sa fidélité; et contrestèrent en ceste manière; non vouloit primer de honor li autre, non vouloit doner occasion de injure ou de contumélie, et encontinent discorde fu entre eaux et male volenté et grant ire.

Cap. X. Ceste ystoire dit ensi que quant cestes paroles orent ensi esté entre lo pape et lo duc Robert Viscart, lo pape irez et corrociez se parti de Bonivent, et s'en ala à Capue pour doner favor à lo prince Richart, loquel estoit anemi del duc Robert. Et lo duc, coment qu'il fust de haut cuer, pour révérence de lo pape, c'est-à-dire pour despit, fist appareillier lo excercit soe pour ségoingnier lo prince. Coment premèrement vint à Benafre, li fill de Burelle, liquel se estoient partut de la fidélité de li prince, lui vindrent pour nuire, et firent covenance ensemble avec lo duc, et lo duc fu moult alègre de ceste amistié, quar en sa chevalerie non avoit grâce de coses de vivre et accressement de chevalerie. Et cestui filz de Burell furent fait governeour de l'ost de lo duc, et devisent la voie lor, et li chastel liquel non estoient bien garnit ne bien fort, liquel ensi coment estoient pris estoient ars, et de là s'en vont à Capue. Et en la confin de la conté de Talloiz, et en lieu qui se clame Plomeresco, mistrent li paveillon, et o feu et o proie ardirent toutes les villes de iluec entor, et puiz vindrent à la Padulle après de Canoville, plène de villes et de bestes, et garnie de aiguez profondissimes, et ardent les maisons et metent tout à proie, et toutes coses qui estoient après Capue consumèrent o crudèle destruction. Et puiz vindrent de sà de lo Ripande rippe de Garigiane, et illec estendirent lor paveillons, et la terrible poesté de lo duc metoit paour à tout home, et constreingnoit cil de entor de obédir à son commandement. Et cil de la cité de Trajette et de Sule donèrent la cité à lo duc avant qu'il i venist à eaux, et rechurent pour seignor lo frère del duc Rogier. Et puiz passa par la terre de Saint-Bénédit, laquelle il serva sans nulle lésion coment temple de Dieu. Et puiz atornia Aquin, et s'effozsa de la prendre, et cercha de passer par lo cors de l'aigue. Més quant il vit que non se pooit prendre, lui fist damage quant come il pot, et puiz s'en parti.

CAP. XI. Adont estoit doute à lui de dui avénement de ces dui qu'il devissent vainchre, li conte de Aquin furent divisé, quar Adénulfe et Landolfe remanent en lo service de lo prince; més Pandulfe et Lande s'acostèrent à Rogier, à liquel, puiz qu'il lui orent fait sacrement, li prestèrent li castel qui se clame Vicablanche. Et habitarent ensemble en un autre chastel liquel se clame Insule. Et lo conte Rogier lessa de ses chevaliers avec'eaux pour garder Ysole et pour faire damage à Aquin. Et un abbe de Sainte-Eufame, qui se clamoit Robert, garda o tout li chevalier soe Vicablanche, loquel s'efforza continuelment en divers lieuz de faire damage à lo prince. Et puiz furent ordenées celles cosez et li chastel furent appareilliez et forniz, et puiz lo duc Robert, avec son frère et avec son excercit, s'en torna en Puille.

Cap. XII. Et en cellui temps lo pape avec lo prince Richart firent ferme et grant amisté et ligue, et autresi avoit fait lo prince de Salerne, et cerchoient tout coment il porroient chacier lo duc et (de) son honor et de la terre. Et lo pape ala à Rome et comensa à emplir à son pooir ce qu'il avoit commencié et ordené. Més que non trova home en son aide, cercha adjutoire de fame, et mandà adonc message à Béatrix et sa fille Mathilde, et li fait assavoir l'occasion pour quoi voloit lo pape qu'elle venist parler à lui. Et ceste, pour la foi parfaite de saint Pierre, et pour l'amour de carité qu'elle avoit en lo vicaire de Dieu, puiz qu'il orent oï cest mandement de lo pape, non targèrent de venir à lui, et s'appareillèrent de faire la volenté de lo pape. Et promistrent lo don de amener .xxx. mille chevaliers. Et pour faire la plus ferme de la victoire lui en promctoit entre li .xxx. mille .v.c. Todeschi. Et lo pape respondi : « Li petit villissime Normant o .xx. mille homes les poons assaillier et vaincre se Dieu plaist, quar aurons aide de lo prince Richart et de ceus qui habitent en celle part, et si serons deffendu de l'ajutoire de Dieu et de li apostole ». Et li noble fames respondirent : « Et se nostre gent que nouz vouz avons promis foyent devant li anemis, non seroit sans grant vergoingne, quar diroient la gent : Li fame cerchent les cosez qui non apartiènent à elles, digne choze est qu'il aient vitupère, quar vouloient faire coment li principe faisoient par diverses pars de lo monde; adont à ce que aions victoire come home à confondre li Normant, la vostre santité laissera à nous mener tant homes que aions honor de victoire, et que nouz puissons délivrer de la main de li anemis les coses de lo prince de li apostole ». Et quant lo pape vit la sapience de li .ij. dames, vouloit estre à lor providence et à lor conseil, et comist ceste choze à lor arbitre et à lor volenté.

Cap. XIII. Et depuis à si grant délibération clamèrent lo prince de Salerne, liquel autresi fu amonesté de paier li soldoier, et aporta deniers pour paier li chevalier. Et Gisolfe non fu pigre, més vint alégrement et liement, quar il désidéroit de destruire lo duc Robert, liquel estoit marit de la soror, et aporta li denier liquel li estoient demandez. Més quels deniers? Corréges de Indie, et las, et villissime paille, come voulist ciendre fames et vestir servicials, et aorner li mur o li paille. Et quant li Romain virent ce, il lo réputèrent pour un fol, quar o villissime domps vouloit mener à combattre sapientissime chevaliers. Et un lieu qui se clame mont Cymino fu assemblé lo pape, et Gisolfe prince de Salerne, lo domp, et une bone part de la chevalerie, et tractant de la voie coment il devroient aler et de la manière del traitement de la traïson. Li Pisain, quant il virent Gisolfe, home de loquel il avoient receu damage, prison et traïson, adont commencèrent à crier : « More Gisolfe ! loquel est sans pitié, loquel nouz, ceauz de nostre cité, a condempnez à estre noiez en mer, et li autre estre mis en prison, et nouz a privez de nostre bone marchandise ; et autre morent tuit cil qui deffendre lo voudront, et nul non remaingne de ceuz qui favour lui feront ne à la part soe ». Més quant entendi cest fait et ceste criée, il fu tout esbahi et ot grant paour, et grant merveille et prist conseill en quel manière il porroit délivrer Gisolfe, et en celle meisme nuit absconsément lo manda à Rome, et en ceste manière lor conseil fu tout deffait. Et quant qu'il avoit fait torné à lor destruction et tout ce que vouloit faire lo pape, et tout lo mal loquel fist Gisolfe prince de Salerne à cil de Pise, cil moine qui ceste ystoire compila en lieu et en temps lo vouz dira.

Cap. XIIII. Or retornerons à la grant hardiesce et lo grant cuer de lo duc Robert. Adonc quant se tratoit ceste cose contre lo duc Robert, li légat de Rome lo contrestrent de venir à la cité de Bonivent à oïr ce que vouloit ordener lo pape, et à respondre à lo pape de ce dont il se vouloit lamenter. Et lo duc, ensi coment il estoit humile, respondi humilement : « Que il n'avoit en lui nulle conscience que onques eust esté coulpable ne contre lo prince de li apostole, ne contre lo commandement de lo seignor mien pape ; ne non targerai de venir là où il me comande, ne mais que je sache lo jor et lo terme que je doie venir à lui, à ce que la moie innocence soit manifeste à touz par lo comandement apostolica et par la soe sentence »; et ensi fu fait. Et en cellui temps, por l'offense de lo prince de Salerne, li chevalier pysen furent partis de lo comandement et volenté de lo pape, et ne pot venir à complément. Et lo duc, quar savoit la chose qui estoit pensée contre lui, vint à Bonivent au jor ordiné, acompaingnié de fortissimes chevaliers, et non laissa moillier, ne filz ne fille, més tous les mena auvec soi, car moult de foiz en joant avoit acostume de dire : « Qui me levera ma moillier et mi fill, ce que je ai soit sien ». Il atendist que venist lo pape troiz jors, et puiz que sot qu'il tardoit à venir, Robert qui moult humble lui ala encontre.

Cap. XV. En la terre de Naples et en la duchié a un grant plain de palude laquelle porte moult de frutte, et est plane pour aler, et en moult de liez cort eaue, laquelle vient de desonz terre; et en celle plène fist lo duc fichier ses paveillons et là se mist avec son exercit, et puiz proia lo maistre de la chevalerie loquel estoit à Naple, que il deust venir à lui, et avec lui fist ligue et acordance o sacrement, et par comandement de li maistre de li chevalier fu là ordené lo marchié et la foire là où se vendissent les coses neccessaires à li home et à li beste, et la potence de lo prince Richart li estoit encontre, liquel avicingne que non eust tant de chevaliers quant avoit lo duc, toutez voies il estoient proux et vaillant, et metoient en cuer à lo prince que il issist contre li chevalier de lo duc pour combattre.

Cap. XVI. Là estoit lo abbé Désidère de Mont de Cassyn, qui pourchasoit de faire paiz entre eaux et amor, et ces .ij. seignors avoient eslut cestui abbé Désidère pour père espirituel. Et estoient subjette à son conseill, quar il estoit ami de l'un et de l'autre, c'est-à-dire de ces .ij. princes liquel estoient anemis, laquelle choze poi de foiz avient que un puisse estre ami de dui anemis. Et par la grâce de Dieu, sans nulle suspitio, chascun de eaux avoit mis en cestui abbé sou entention, et par l'ordination de lo abbé vindrent à parler ensemble ces dui seignor, et embrachèrent et baisèrent en boche l'un l'autre, et estèrent et parlèrent ensemble jusque à vespre. Et au soir lo prince se partit et vint à Averse; et l'autre jor lo prince au matin retorna à voier lo sien ami, et parlèrent moult ensemble. Lo prince pria moult lo duc qu'il non fust plus en champ, més qu'il preist un de ses chasteaux; et lo fist la pétition de lo prince, et manda arrière moult de ses chevaliers, et lui et sa moillier et ses filz, avec aucun grant home qu'il retint auvec soi, s'en ala à la Cerre, dont tant de jors come il demora là ot de lo prince large despens. Et à ce que nulle doutance fust en lo cuer de lo duc, lo prince commist à lo ministre de lo duc la tor et li haut palaiz, et fist toute la gent de lo duc ester dedens la terre. Et puiz ordenèrent lo lieu où puissent estre ensemble et ordener ce qui lor plaroit; et à ce qu'il non peussent estre corrociez ensemble par dit de autre ne levés de lor bone entention, firent entre eaux richissime pléges et fidéjussors. Et quant ceste covenance (fu) ensi fermée de l'une part et de l'autre, li dui seignor se partirent de bone volenté.

Cap. XVII. Et après ce, quant les chozes que nouz avons devant dites furent faites, vint lo jor déterminé que li dui seignor furent ensemble acompaingniez de graus seignors, et fu lo abbé Désidère conviés d'une part et d'autre. Et s'en alèrent à Apice, et quant il vindrent là lo duc vouloit récompenser à lo prince, il lui fist honor en Apice come lo prince lui avoit fait à la Cerre; et autresi come lo prince avoit donné la forteresce à lo duc à la Cerre, ensi lui donna lo duc la forteresce de Apice, et là demorèrent .xxx. jors ensemble continuelment pour examiner et faire la paiz, et rendirent l'un à l'autre ce que l'un avoit levé à l'autre. Quar ce que requiert lo prince faisoit et consentoit li duc, et lo prince Richart non failli de faire ce que vouloit lo duc. Et coment ce fust chose que tuit lor home et lor fidel faisoient ce voloient ces dui, et tout lor comandement faisoient fors tant seulement Balalarde et Rogier Arenga, liquel estoient encontre, et non vouloient faire lo comandement de lo duc ne faire sa volenté. Et avoient en despit lor seignor, et pensoient coment il avoient esté occasion de la brigue laquelle avoit esté entre lo duc et lo prince. Et ces dui seignors, quant il orent disponut lor coses coveniblement, et pardonnèrent l'un à l'autre toute male volenté et injure. Et la terre que lo duc avoit levée à lo prince lui rendi, et si lui donna de la soe; et il croiant que l'amistié

de la carité de lor cuer pour nulle male volenté se
peust deffaire, quar non se pooient départir de ensemble à parler pour nulle disposition de chevaliers,
et tant estoient liés ensemble d'amor coment s'il n'eussent jamais esté anemis entr'elz. Et puiz que fu déterminée toute chose, il vouloient que les covenances de
la paiz fussent escriptes, et ceste escripture fu occasion de la destruction de la paiz, car en la mémoire
et en l'escripture de lo prince estoit escrit que il vouloit salver amistié avec lo duc salve la fidélité de lo
pape; et lo duc non vouloit ceste condition, quar non
estoit bien avec lo pape, coment est dit. Et adont se
partirent corrociez, et commencèrent la grant brigne
qu'il avoient devant entr'els. Et lo prince s'en ala à
Capue, et lo duc en Calabre.

Cap. XVIII. Balalarde, par lo conseill malvaiz de
son maistre, contre lo duc son oncle appareilla anemistié, et entra o li chevalier siens en la forte roche
de Saint-Séverin. Et la terre de lo duc, laquelle estoit
après, sovent gastoit. Et de l'autre part estoit Guillerme Arengue, liquel avoit fait une liga avec lui et
faisoit come Balalarde. Et lo duc, quant il sot ceste
novelle, assembla une grant multitude de chevaliers
et de pédons, et asseia la cité de Saint-Sévère, et secont que est acostumance, fist chasteaux liquel enforza
de fossez et de palis, et là ficha ses paveillons. Et Balalarde gardoit la cité dedens laquelle nor se deffendoit [pour] li Normant pour la forteresce de lo lieu. Et
lo duc continuelment sont portées les choses de vivre,

et quand lo duc mandoit sa gent à chacier, Balalarde mandoit sa gent à faire proie; loquel Balalart, coment ce soit chose qu'il fust assoutillé de vin et de grain, il se saturoient de char qu'il furoient, senon qu'il lor failloit lo sel. Et Rogier fil de lo duc, jovène et de bone exposition, et sage jovencel, asseia lo chastel de Vallarie et destruizoit Guillerme Arenga par fame. Et à ce furent menez que prioient l'un et l'autre, c'est assavoir Balalart et Guillerme Arenga, de demander pardonnance à lo duc et de avoir sa grâce, et de faire son comandement. Et lo duc non lo vouloit faire, quar sa fatigue eût esté en vain s'il non enst la cité par laquelle il avoit combatu lonc-temps; et cil gardoient la cité et confortoient li citadin, et partoient avec eaux ce que il pooient furer, et lor prometoient de lor doner part de ce qu'il porroient acquester. Et lo duc non se muet, ains deffent à ses anemis la voie et contresta à li desrobéor et prendoit de li chevalier; et li damage qu'il avoient receu en la proie, recovra en la, as chevaliers qu'il prist. Et faisant entrellaisse à lo dire, si conterons de la libéralité de lo filz de lo duc et la pitié de lo duc son père.

Cap. XVIIII. Or dit ensi ceste ystoire come ce soit cose que li vestement de Balalarde pour viellesce se commencèrent à rompre, il pria Rogier lo fill de lo duc que à lo jor de Pasche le doie subvenir à la soe neccessité, et ensi grant feste lo doie sovenir de dras noves; et lo jovencel va à la volenté de lo père, et li dist la neccessité de son parent, et coment lui avoit demandé une robe. Et lo duc commanda que fussent aportés dras bons et covenables de diverses manières, et les bailla à son chier fill, et lui commanda qu'il les devist mander à Balalarde, et ensi fu fait.

Cap. XX. A la ducesse recordoit encoire de la grant arrogance de Balalarde, quar quant lo duc fu malade et jugié por mort, come nouz avons devant dit, tuit li chevalier normant se assemblèrent et eslurent por lor seignor Rogier lo filz de lo duc, et lui jurèrent, et furent fait ses chevaliers, fors tant solement Balalarde qui lo contredist, lequel refusa de estre son chevalier, quar il vouloit estre haucié en celle honor : dont la ducesse garda ceste dolor en son cuer ensi come un coultel. Ceste esmut lo cuer de lo marit à faire damage à Balalarde; et clama ses amis quant come il pooit pour faire mal à Balalarde.

Cap. XXI. Et lo duc se commut contre Balalarde pour lo dit de la moillier et pour l'offense qu'il avoit faite contre lo duc, laquelle offense la dame lui tornoit à mémoire; et chascun jor se iroit plus contre Balalarde pour le destruire, et cressoit li castel, o grandissime fossez et paliz clooit la cité, et gardoit toutes les voiez, et ensi deffendoit li chevalier qu'il non feissent proie et li vilain qu'il non alassent pour leingne. Et cil de la cité, pour ce qu'il amoient moult Baialarde et avoient paour de lo duc, pour la deffence de la rébellion, destruizoient lo maisons, et tref, et toutes les autres choses utiles consumoient. Et puiz quant il orent faite ceste choze, vindrent à Baialarde et lui distrent la misère de lor poureté, et lui prièrent qu'il alast à lo duc son oncle pour eaux délivrer. Et quant Baialarde vit que cil de la cité lui gardoient fidélité à lor pooir, més non pooient plus pour ce que toutes chozes lor estoient failliez, Baialarde à lor pétition demanda ségurance de aler impétrer pardonnance pour cil de la cité à lo duc. Et lo duc savoit que Baialarde devoit susciter escandale à son pooir partout là où il aloit; toutes voiez lo duc desprisant le, dona licence à Baialarde qu'il s'en poist aler sécur, et à ceuz de la cité pardonna. Et puiz s'en parti Baialarde, et lo duc entra en la cité, et appareilla la forteresce et i mist gardes. Et puiz ala en aide de son filz pour veincre Guillerme Arenga, et ordina chastelz plus près de la cité et plus espés, et restrainst li anemis en la cité, et lor fist fame. Et Guillerme, puiz qu'il senti que Baialarde s'en estoit fouy, et que lo duc lui estoit venut sur, demanda licence qu'il s'en poist aler o tout sa fame et sa gent, et s'en ala à l'aide de prince Richart.

Cap. XXII. Avant que lo duc avist prise ceste cité, lo prince Richart mandoit chevaliers en aide de Baialarde et de Guillerme. Et Girart-de-Bone-Herberge, quant il senti que ces chevaliers devoient passer, se mist en un lieu abscons, et creoit les avoir en sa main por faire plaisir à son seignor lo duc; et quant il lor ala devant, cil de l'autre part l'orent atornoié, et ensi coment il créoit prendre autre il fu pris auvec moult la gent soe, et de l'arme et de li cheval furent riche li chevalier de lo prince. Et laissèrent lor voie et retornèrent arrière à lo prince avec Girart et li autre prison; et lo prince en ot grant joie de ceste victoire, que li chevalier sien avoient fait tel victoire contre lo duc, et en rendi grâces à saint Benedit et à li frère liquel habitoient en son monastier; et l'un et l'autre seignor se créoient avoir victoire pour la mérite de saint Benoît, et pour l'oration de li moines. Et puiz après lo prince recercha li chevalier liquel s'estoient partit de sa fidélité, et estoient alez à lo duc, dont les chasa et tint lor chasteaux pour soi.

Cap. XXIII. Et secont que est dit, li frère contes de Aquin estoient divisé et gardoient li castel à la fidélité de lor seignor Adenolphe et Landulfe. Et o tot la chevalerie de lo prince guardoient Aquin; et Goffre Ridelle Pont de Corbe; et Pandulfe et Landulfe avec la chevalerie de lo conte Rogier frère de lo duc, et avec Guillerme et Goffre guardoient La Ynsule, dont li pueple qui la habitoit chascun jor estoient desrobez, et non pooient aler à véoir lor labor, liquel lor estoient espessement tailliez; et autresi l'un aguaitoient l'autre, et se aucun en estoit pris lui estoit levé lo cheval et l'arme et estoit mandé à sa gent, quar autresi estoient autres chevaliers de lo conte Rogier, liquel gardoient Trajette.

Cap. XXIIII. En une nuit tuit ceus qui alloient séquitant lo duc se assemblèrent en l'Ynsule absconsement, et lo matin o grant multitude de vilain se départirent par les chams de Aquin; mès ceux qui gardoient lo pas, lor recollirent la proie, et en vain lor faisoient aler cerchant la proie. Et li chevalier de lo prince s'assemblèrent ensemble, et vont contre Guillerme Rindelle et lo persécutèrent; et li chevalier de lo duc, liquel estoient persécutez, atendirent ceuz de lo prince qui les persécutoient. Mès lo flume de Melfe départi l'un de l'autre; et quant furent passé li chevalier del duc, il distrent à ceuz de lo conte qu'il passent avant. Et cil de lo prince o aspre répréhension lor promètent de chacier les fors de lor terre. Et en disant ces paroles lo jor s'en ala et se fist nuit, et Pandulfe s'entorne à la Ysule, et Adénolfe et Guillerme puiz qu'il sentirent qu'il s'en estoient alez passèrent lo flume. Et Pandulfe avec ses compaingnons tornèrent une foiz à eaux, et alore ordenèrent la bataille et comencèrent à combattre, et fèrent li cheval des esperons et drecèrent li haste pour férir. Et que fait besoingne de plus dire? Pandulfe fu pris de son frère, et de li sien moult en furent mort et moult en furent mis en prison, et alcun en sont nafré. Et de l'autre part vint Guillerme Pontarcefrede o li pédon en aide, et se mist en mége à recovrer la bataille perdue, et délivra li prison, constreinst cil qui avoient vainchu à combattre. Adont li chevalier pristrent cuer, et ceuz qui estoient prison pristrent ceux qui les menoient en prison. Et Pandulfe fu délivré, et coment dient alcun, se il avoit volut auroit pris Adénulfe son frère. Et pour ce qu'il estoit jà nuit, tant li veinceor quant cil qui estoient vainchut tornèrent chascun en son lieu. Et lo matin Pandulfe et Guillerme cerchèrent lo

champ et levèrent les chozes de li anemis; de li prison
.xxx. en sont prison, o .xxx. escut et lxx. chevaux :
ceste damage avoit receu lo prince en ceste bataille.

Cap. XXV. Et puiz que lo duc avoit chaciez touz
ses anemis de Calabre et la tenoit en paiz, s'en ala en
Puille à persécuter Baialarde, et Garilgione marit de
la soror. Car en tant coment lo duc avoit esté occupé
en Calabre, cestui Baialarde avec Garilgione et Guillerme avoient afflit les cités de lo duc, o moult de
proies et de desrobations, et Baialarde estoit entre la
roche de Sainte-Agathe en Puille, laquel roche non
se puet combattre, et aloit proiant tout lo païz entor,
et Glaile estoit et governoit li chastel d'entor. Et li duc
qui par lonc temps non avoit veues ses cités moult les
aloit cerchant, et en la fin s'en ala à Bar, et de là
manda son neveu Robert, qu'il moult amoit, o tout sa
chevalerie pour prendre Baialarde, et manda à Rogier
son filz qu'il doie aler contre Garilgione. Et il clama
li sien fidel pour prendre Salerne, et appareilla divers
trebuc [toutes (voiez) ceste ordination non fu persé-
qutée, quar li autor non lo met], et de pédons et de
chevaliers assembla sanz nombre et de navie.

Cap. XXVI. Pour marier ses filles en cellui temps
moult mandoient à lui, et moult de grans homes desirroient de eaux conjondre avec lui; quar coment se dira
de puiz, aucuns avoient grant paour pour la soe grande
victoire, et aucuns qui espéroient qu'il deust moult
plus acquester, et alcun créoient par lui estre fait riche,

dont cerchoient l'onor de ses fillez, et voloient estre conjont à son amistié. Et coment se fust cose que lo impiére de Costentinoble fust privé de l'honor de toute Puille et de toute Calabre par la vertu de cestui duc Robert et de li frère, lo impéraor, par lo conseill de ceaux de sa cité, à ce qu'il non fust chacié de l'onor del empire, requist la fille del duc pour moillier à son fill; et dui foiz lo duc lo contredist. Et respondi que lo cuer non lui soufferroit que sa fille fust tant loing de lui, et toutes voies se alégroit de la requeste que lui faisoit li empéreres. — Més gaboit li messagiers par maliciosez allégations, et li message de l'empéreor lui prometoient de doter la pucelle, et li prometoient que li empéreour li feroit tribut chascun an. Et li duc sagement céla la soe volenté à ce que venist à plus grant domp et promission; et li message se partirent corrociez. Més plus corrocié fu li empéreor, quar créoit li empéreor que pour ce ne volist faire parentèce auvec lui lo duc, car pensoit de lever lui l'empiére et estre il impéreor. Et toutes (voies) lui manda autre légat o granz présens et moult de coses lui prometoit; et en la fin lo duc séréne se enclina à la proière de lo empéreor; et dona sa fille à lo fill de l'empéreor, et fu exaltée de dote roial et de grant honor. Et ensi li empéreor, liquel devoit recevoir tribut de tout lo monde, rendi tribut à cestui duc. Car li impéreor lui mandoit par ses messages mille et dui cent de livre de or avec preciosissime pailles de or et autres domps.

CAP. XXVII. Et puiz quant Henri, roy de li Tho-

deschi, puis oï tant de prospérité et triumphe qui
maiz non furent oï, de lo duc désideroit d'estre son
ami. Et lui manda .ij. de li maistre conseilliers siens;
c'est lo évesque de Verseill, loquel se clamoit Grégoire,
et son cancellier royal et conte, loquel se clamoit
Hérénarde, liquel lui deissent la syncère volenté que
avoit envers de lui. Et la terre laquelle par sa vertu
et par la grâce de Dieu avoit vainchut, lui prioit qu'il
deust recevoir par don royal. Et ensi vouloit li empéreor que l'onor royal accressisse à lui, et fust plus
sécur de la corone soe. Et lo duc rechut li messagier
honorablement et les fist servir diligentement; et que
non vouloit la poesté terrienne metre sur la poesté de
Dieu et de li apostole, lo duc par grant sapience
respondi ensi : « Je ai traite ceste terre de la puissance
de li Grex o grant effusion de sanc et grant nécessité
et poureté de fame et misère; la moleste de li Normant
moult de foiz m'a cerchié de persécuter; et comprendre
la superbe de li Sarrazin, fame et moult tribulation
sousténi delà de la mer; et à ce que je avisse l'aide de
Dieu, et que proissent Dieu pour moy mon sire saint
Pierre et misire saint Paul, à qui tuit li règne del
monde sont subjecte, je me vouloie sousmettre à lor
vicare lo pape avec toute la terre que je avoie conquize,
et autresi la vouloie recevoir par lo main de lo pape,
à ce que par la puissance de Dieu me peusse garder de
la malice de li Sarrazin et vainchre la superbe de li
estrange. Car nouz savons que par rayson de antiquité
jusque à lo nostre temps, la superbe de li Grex seignorioit Puille et Calabre, et toute Sycile estoit orde

et brute de l'error de li Sarrazin : et maintenant Dieu tout puissant m'a glorifié en ceste victoire et a subjecté la terre, laquelle estoit prémute par crudèle puissance, et m'ont fait maior que nul de ma gent ; et pour ce me covient estre subject à Dieu pour la grâce que je l'ai vainchue, et de lui recognoiz-je la terre laquelle vouz dites que vouz me voulez donner. Més pour ce que la main de monseignor lo roy est droite et large, donne moy de lo sien sur cellui peu que je ai et possède, et je lui serai subject, toutes voiez sempre salvant la fidélité de l'Églize ». Et li message de l'empéreor se merveillèrent de tant de sapience, et virent la richesce et la grant puissance, et cerchèrent les chasteaux et les cités et lo mobile. Et puiz distrent : « Cestui est li plus grant seignor del monde ». Et lo duc les enrichi de ses domps sans profit de lo message de lor seignor, et tornèrent en lor contrée alégrement.

Cap. XXVIII. En cellui temps meismez li message qui venoient de lo prince pour avoir paiz avec lo duc, encontrèrent li message de lo duc, liquel venoient pour celle meisme occasion. Ceaux del duc cerchoient de adolcir la perversité de lo prince, requéroient que lo duc et lo prince eussent bone volenté ensemble. Et en ceste manière la pétition de l'une part et de l'autre estoit juste. Quar ce que cerchoient, l'un et l'autre desirroient de avoir. Li messagier escrivèrent les covenances de l'un et de l'autre, et furent présentées à li seignor ; et furent loées et affermées et fortifiées par sacrement de lor fidélité.

Cap. XXVIIII. Puiz que ceste contention del duc et del prince fu passée par la grâce de Dieu, orent victoire ambedui de lor anemis, et quant il furent ensi covenut en amistié, il menèrent derrière euz, et là fu présent abbé Désidère, liquel sempre estoit principe de paiz de ces dui, lessèrent à aler par les liez sans rayson et par les choses de loy, et laissèrent la compaingnie de li amis non potens, et jurèrent de l'un traitier la utilité de l'autre, et estre en damage de touz lor anemis. Et lo prince dist de soi meismes, se offri de soi meisme estre en aide à lo duc de prendre Salerne. Et li duc dist qu'il lui vouloit donner aide à lo prince de chevalier et de navie pour prendre Naples. Et rendirent l'un à l'autre la terre, laquelle avoient tolue l'un à l'autre. Et li légat en ceste amistié cerchèrent à chascun li accressement de lor honor et de lor compaingnie, et proposent ensemble de estre contre tout home. Més il me pert que li message de lo roy d'Alemaingne fu occasion en part que lo duc fist paiz à lo prince Richart.

Cap. XXX. Et en cellui temps, ces .ij. pères et seignors sagement esteintent la flame entre il et Robert Lanticille, neveu de lo grant duc Robert, et grandissime fatiga pour désidère de acquester terre, laquelle par la grâce de Dieu come sécutoit ot victoire, et assailli la marche de Théthin [laquelle se clame maintenant la marche d'Ancône], et de ceste marche estoit seignor le conte Transmunde. Et par moult lonc temps en avoient esté seignor ses ancessors. li fu assailli de cestui Robert, et en petit de temps en fu aquestée une part, laquelle distribui, et donna à son frère Tascone et à ses chevaliers, et l'autre part commanda que fust conquestée. Et lo conte Transmonde se efforsa de recovrer la terre qu'il avoit perdue et de tenir celle qui lui estoit remese. Et o tout li sien chevalier alèrent cerchant les chasteaux, et s'en vint encontrant avec moult petit de chevaliers de Robert; loquel chaï de lo cheval, et fu pris et fu mené à Robert. Et li triste chevalier de Transmunde, quant il le virent à terre, non lui corurent à aidier, més tornèrent li cheval à fouir. Et quant Robert lo tint em prison, il pensa de combien d'argent se porroit rachater de prison, si lui demanda .x. mille besant. Et lui, pour recovrer sa richesce et la richesce de li saint, se fist poure, et à la fin paia. Et encoire fist piz, quar faussement prist lo trésor de saint Jehan-Baptiste; et li vaissel de lo autel et li ornement de l'églize sont donnez pour sa délibération. Més por ceste malice qu'il fist soi poure plus se fist de mal, quar Robert lui demanda puiz la terre qui lui estoit remese. Et Transmunde alléga que non lui pooit donner, quar elle estoit de la moillier, et li parent de la moillier la tienent en lo poesté. Et pour ceste chose rechut Transmunde divers tormens sur la personne soe, et tot pour la décecion qu'il fist à l'églize de misire saint Jehan-Baptiste.

Cap. XXXI. Et quant Robert vit que Transmunde non vouloit donner la terre por sa délivrance, cercha de acquester par vertut, et ordena [sur la roche] lo siége sur la forte tor de Ortonne, et là fist castel et ficcha li paveillon. Et la moillier de Transmunde et li autre parent, c'est un autre Transmunde qui lui estoit consobrin fil de lo frère carnal de lo père, et un autre autresi qui se clamoit Transmunde avec Bérarde fil de Adain et avec Bernart, et espéroient de vainchre en champ cil qui estoient dedens les chasteaux, et toute la contrée vont cercant jusque à Ravane. Et non lessent chevalier, ne évesque, ne abbé, et promète lor les chozes de li Normant, et li légier cheval, et li optime arme afferment que seront tost lor. Et cest vain et fol desirrier fist venir la gent tost à la vaine proie et gloire qu'il se créoient avoir de li Normant. Et puis que furent assemblez se trovèrent .x. mille. Et Robert, quant il sot lo avénement de ceste gent, se feinst de fouir, et recolli li paveillon et ardi lo chastel. Et li mol chevalier séqutoient ceste gent, et se confidoient qu'il fugissent, coroient alégrement par lo pré, et finalement vindrent à un pas où estoient abscons .ij. cent chevaliers de Robert, et lui o troiz cens atendoit emmi lo champ la bataille. Et adont avoit Robert .v.c. chevaliers, comment se fust chose que premérement non avoit de li sien propre que .lxxx., quar li plus en rechut de son oncle quant il le manda contre Baialarde, secont qu'est dit. Et puiz à lo issir de la silve, avoient passée la poste si s'aprocèrent toute la multitude, et Robert vint vers eaux. Et les chevaliers qui estoient repost les sécutèrent derrière. Et li chevalier qui non estoient hardit, non savoient où se peussent tourner pour fouyr, quar non avoient lieu où peussent échapper; et li Normant vainceor reteinrent lor main pour non traire sanc, ne encoire non prenoient li foible armes més li meillor. Li fill de Bernarde, avec lo neveu de Transmunde, furent pris. Lo évesque de Camérin, avec moult d'autres, fu retenut. Jehan évesque de Pene (Fermo?), més que estoit saint et révérende personne, estoit prison, més fu laissié aler. De li autre covient que disons, senon ceux qui escampèrent pour la pitié de Robert et qu'il leissa aler; et gaingnèrent quatre mille chevaux; et de autre beste et de autre masserie non est besoingne de dire. Et Robert, o .ij. prospère victoire, s'entorna en sa terre o honor de lui et de li sien chevaliers.

Cap. XXXII. Et lo conte Transmunde, quant il vit que la volenté de Dieu li estoit contraire, paia à Robert tant de deniers comment il pot assembler, délivra lui la terre, et en rechut alcune part de la main de Robert, et fu fait son chevalier, et ensi fu délivré de prison. Et li autre Transmunde fill de Bernarde et lo neveu partirent li chastel et furent ses chevaliers de Robert, més Robert ot sa part de li chastel.

Cap. XXXIII. Et Jordain, lo filz de lo prince Richart, qui non faisoit son comandement, fu maledit de son père. Més il fu repris de la gent soe, et pource requist d'estre bénédit; et li prince lui otroia sa bénédiction, toutes (voies) s'il faisoit sa volonté, et toutez foiz soit à lo jugement de lo duc Robert, et examinast la brigue laquelle estoit entre eaux. Et désirroit lo duc de lo fill retorner à lo grâce de lo père, et conseilla que lo fill rende à père Nocère de li chrestien, laquelle lo prince désirroit d'avoir, et que lo père doie concédir à lo fill la conté de Marse, Amiterne derrière soi, et Balvenise, et ensi fu fait. Et Jordain o .lxxx. chevaliers sien et o Berarde, et troiz filz de lo conte Odorize, entra en la terre de Marse, et destruist lo conte Berarde en prenant proie. Et Berarde estoit grandement encelan o sa gent et disoit qu'il non vouloit combatre contre nul chevalier de lo prince. Et puiz pour .lxxx. home de Jordain estoit abscons. Et par la fame de cest fait, li conte qui lui estoient voisin mandèrent tribut pour avoir la grâce de Jordain. Et Berart, fill del conte Berart, à cui pétition Jordain estoit alez à la terre de Marsi, laissa la compaingnie de Jordain, absconsément fouy par la monition de lo père, et toutes voiez jura par sacrement et fu fait chevalier de Jordain, non se curoit de son fouir, et estoit ferme, et aloient li Normant solacent par la planor. Et Jordain avec lo fil estoient souz clef. Et vezci coment li pape Lyon voloit combatre contre li Normant, et les voloit chacier, quar diz mille de ceus homes devant diz furent vaincus de .v. cent Normant, et lo pueple de quatre conté sont constraint de donner tribut à li chevalier Normant.

CAP. XXXIIII. Or veut li Père nostre, cestui moine qui ceste ystoire compila, dire alcune chose de ceuz qui non sont Normant, ne de rien ne toche à li Normant. Un grand home, qui se clamoit Attone, avoit .ij. filz, de liquel .ij. mist lo major en prison, le menor de lui loquel devoit governer comment son fill, et lo mist en prison à ce qu'il non demandast la part de son père. Et lo major se clamoit Attone come son père et lo menor se clamoit-il Transmunde; et tant lo tint en prison jusque que par le comandement de lo impéreor lo délivra. Et li menor estoit plus sage que lo major; et estoit plus large et graciouz à donner, et plus vaillant en fait d'armes. Et en ceste manière passa lo frère par sa sapience et apetichoit la puissance de son frère pour sa largeté; et puiz petit de temps après fu mort par la malice de lo frère carnel, ensi coment se dit. Et quant fu mort Attone, lo sien frère la (fille ou la femme?) de Attone donna pour moillier à un vilain vittupérousement, et la dame fu tost délivré de cellui marit quar tost fu mort. Et à lo ultime fist occirre ceste dame et ses enfans petiz, ensi come il avoit fait morir lo marit. Et prist les chevaliers liquel gardoient la dame et les fist morir de diverses penes. Et pour ce que li frère non lui donnèrent lo chastel, les fist noier en mer une pierre à lo col. Et en la fin cestui Transmunde vint à grant poureté et morut malvaisement.

Cap. XXXV. Et pour séquter la malvaistie de alcun autre, si dirons de lo conte de Marse, lequel se clamoit Bérarde, leva à ses frère la part lor de lo héritage de lor père, et leva les chasteaux à ceaux qui les avoient en sa conté, et les chasa de lor terre et de lor nation. Et li autre frère charnel, liquel se clamoit lo évesque

Pandulfe, afflize en ceste manière. Premèrement lo commensa à avier apertement et faisoit ses chozes secont que lo évesque vouloit. Il menjoient à une table et dormoient ; la moillier lui seoit as piez continuelment, et li fil lui estoit comment escuier. Et il non disoit qu'il (fût) frère de lo évesque més son servicial. Et lo évesque o pur et simple cuer un des filz fist clerc, et lui aprenoit com fill des chozes de l'yglize. Et à l'autre filz donnoit armes et chevaux et toutes les choses qui lui estoient neccessaires. Et en la fin lo dit Bérart vomi et geta lo venin, par lo boche, qu'il avoit en lo cors. Et quant lo frère estoit en un chastel qui se clamoit Auritine, liquel avoit lessié lo père à lui à governer, li conte ala audit chastel, avec ses chevaliers vint, et non lui fu tenut ne contredit d'entrer, quar lui mostroit amor. Et puiz quant il fu dedens il prist lo évesque son frère, et prist lo chastel, et chaça li servicial de son frère, et i mist ses gardes, et tant tint en prison l'évesque jusque à tant qu'il renoncia à lo héritage de son père, et tout lo donna à Bernart. Et après lo persécuta en les choses églize; et puiz fist sa fille nonnain ; et la fist abbaesse, et leva par force à lo évesque la décime et la rayson que devoit estre de l'évesque secont rayson. Et encoire fist piz. Quar par force mist main en '...... et maltraita...... le qu'il avoit .... la clef de lar...... ce absconse...... lui tr......... et ala pour......... aucuns ge .... ce que cea......... contredisoient, ardi

---

[1] Lacunes par le mauvais état du manuscrit.

lo chastel et les homes, liquel estoient .ij.c.xl. Et .ij. parent de ces gentilz homes, liquel estoient de Campagne, estoient venut en lor aide, liquel quar pooient fouir lo feu, Bernart lor donna ségurance et lor fida qu'il venissent à lui; liquel quant vindrent parler à lui amicablement, et subitement lor fist taillier la teste devant lui; dont maintenant rechoivent li sien fill le mal qu'il faisoit à ses prochains et en ses fils. Et pource que cest home non gardoit foi à li parent siens, ne ne timoit Dieu, fu donné la victoire à li Normant.

Ci se finist li septisme Livre,

Et comment li capitule de li .viij.

LI CAPITULE

DE LO UITIESME LIVRE.

Cap. I. De la présignation de Gimoalde archevesque, et de Joconde, et de un vilain.

Cap. II. Coment Gisolfe perséqutoit cil de Amalfe, et quel pène lor donnoit.

Cap. III. Coment occist .ij. fil de Maure. — Coment destruist cil de Pise et cil de Janue.

Cap. IIII. Coment persécuta li Néapolitain, li Sorrentin et li Gaytien.

Cap. V. Coment Gisolfe prist li castel de li Amalfetain, et coment li Patricie fu mort.

Cap. VI. Coment li Amalfetain voloient la cité sousmetre à lo pape Grégoire.

Cap. VII. Coment li Amalfetain donèrent à li duc la terre, dont Gisolfe plus l'afflixe.

Cap. VIII. Coment Leo moine prononcia chose false.

Cap. VIIII. Coment lo duc demanda paiz de Gysolfe.

Cap. X. Coment ceaux qui estoient dampnés à prison pristrent la roche et puiz la donnèrent à lo prince Gisolfe.

Cap. XI. Quant furent et qui le fillz de Gaymère et frère Gisolfe.

Cap. XII. Coment lo pape et la moillier de lo duc lo amonestèrent de faire la paiz.

Cap. XIII. Coment lo duc mist lo siége sur Salerne.

Cap. XIIII. Coment Richart prist li chastel de Gisolfe et fist un autre chastel, et lo duc encoire lui cercha pais. — Coment Gisolfe leva à cil de Salerne la tierce part de la vitalle. — Coment li archevesque souvint à li poure de la cité.

Cap. XV. Coment Gisolfe desrompoit toutes maisons, et non solement des choses de vivre més la leingne en enportoit.

Cap. XVI. Coment cil de Salerne menjoient la char non munde, et Gisolfe vendoit les chozes de vivre.

Cap. XVII. Coment li chien portoient le pain à son seignor.

Cap. XVIII. Coment il occist Gratien.

Cap. XVIIII. Coment lo duc et Richart furent proiez de lo pape pour aler en Champaingne.

Cap. XX. Coment lo abbé Robert despoilla son mostier, et comment lo duc et lo prince retornèrent à Salerne.

Cap. XXI. Coment la cité fu prinse, et Gysolfe fouy à la roche.

Cap. XXII. Coment lo prince Richart o l'ajutoire de lo duc asségèrent la cité de Naples, et qu'en fu fait.

Cap. XXIII. Coment à Gisolfe et à sa gent failli la vitualle, et cercha à la moillier del duc sa suer.

Cap. XXIIII. Coment Gisolfe vouloit parler à duc Robert.

Cap. XXV. Coment Gisolfe donna soi et li sien et la roche à lo duc.

Cap. XXVI. Coment lo duc demanda à Gisolfe la dent de saint Mathie et cil lui donna.

Cap. XXVII. Coment lo duc délivra de mander Gisolfe à Palerme et rechut lo sacrement, et lo laissa, et ses frères laissèrent la terre et alèrent au prince Richart.

Cap. XXVIII. Coment Gisolfe vint à lo pape.

Cap. XXVIIII. Coment lo duc et lo prince parlèrent ensemble, et lo duc lui donna ajutoire, et mist lo siége sur la cité de Bonivent.

Cap. XXX. Coment Jordain et Raynolfe furent fait chevaliers de lo pape.

Cap. XXXI. Coment Baialarde ot la grâce de lo duc Robert, et Azo Marchio prist pour moillier la fille Baialarde.

Cap. XXXII. Coment fu mort Ricchart. — Coment lo duc et lo prince firent grant bénifice à lo monastier de saint Bénédit.

Ci fenissent li Capitule del .vij. Livre,

Et commence .viij. Livre.

LO UITIESME LIVRE.

Cap. I. [Puiz par ordène de lo ystoire devons dire la prise de la cité de Salerne, dont fu cestui moine, et de la destruction de la seignorie de li Longobart. Veust cestui moine raconter alcune avision et prophétie qui en avindrent avant.] Car li révérentissime archevesque de Salerne, qui se clamoit Grimalde, estant en parlement avec li clerc, moult de foiz puiz moult de paroles disoit souspirant à haute voiz : Guay à Salerne! gay à Salerne! Et lui fu demandé pourquoi il disoit ceste parole ensi espesse et subitement. Et il responoit que non par sa volonté més par la volonté de Dieu lo disoit, et non pooit faire autre que aucune foiz non lui vénist ceste parole en boche. Et un religiouz moine, loquel se clamoit Jocunde, loquel pour estre en contemplation se mist en carcère, et adont puis comensa à avoir lo esperit de prophécie, et cil de la cité par moult expérience de que puiz avenoit. Adont lui fu demandé de cil de la cité que devoit entrevenir. Et cellui respondi : En la seignorie de lo filz de Guaymarie, prince de Salerne, sera finie la seignorie de li Longobart, et sera concédue à un optime home de autre gent pour loquel la cité sera exaltée. Et .i. autre bon séculer estant en son lit et pensant de la malvaistié de Gisolfe; et lui apparut Guaymère père de Gisolfe en sompne, et lui dist : La crudélité qui mais non fu oïe de lo malvaisissime mon fill Gisolfe, quar a levé le lor à cil de la cité, et lor leva lo membre, turbé le corage de cil de la cité; atendez un poi, quar sa puissance non s'estendra jusque à li .xl. ans; et ensi fu fait.

Cap. II. Et à lo férocissime prince de Salerne Gisolfe, et à l'iniquité soe continuelment cressoit et faisoit piz. Et la rage insaciable de loquel paroit que passast la crudélité de Néron et de Maximien. Et met en la misère gent de sa cité, la ire soe sans remmède s'estoit étendue, liquel alcun en avoit exaspéré tailla li membre, alcun desroboit, et commensa à estendre la soe malvaistié à ses voizin, à cil de Malfe. Et toutes voiez avoit juré de donner lor ajutoire de troiz cent homes à cil de Amalfe contre lor anemis. Et puiz par diverses manières le cerchoit de destruire, quar les faisoit agaitier par larrons de mer, et ne les leissoit naviguier par mer, et ensi lor tolloit lor gaaing. Et par terre ordena pédons intre liquel ancune foiz aloit li prince, et non les lessoit issir fors à lor vignez ne à lor jardins, et restreingnoit li infortuné citadin en la cité, et li vilain à li village. Et avicingne que soient ensi atornoiéz cil de la cité de lor anemis, toutes voiez se sostenoient de lor marchandise solement. Et alcune foiz se metoient en aventure et aloient par mer à ce que par lor marchandize peussent eschaper lor vies; et alcune foiz estoient pris et lor gaaing perdoient, et miex lor fust qu'il fussent noiéz en lo mer. Qu'il estoient en prison souffroient diverses pènes; quant il estoient en prison estoient batut et avoient fain et soif. Et puiz recevoient une crudélité qui maiz non fu oïe. Et nulle crudélité non fu pareill à ceste, quar chascun jor lor erent taillié un membre jusque à tant que ou il moroient ensi crudélement, ou il se rachatoient de moult grant pris. Puiz lui estoient levez alcun membre, alcune foiz lo mege, c'est un oill, ou une main, ou un pié; et se aucun non se pooit rachater, lui chasoient les .ij. oillz, et lui tailloient les mains et les piez. Et alcun moroient en prison por la puor et autre tribulation, quar en un estroit lieu aucune foiz en tenoit .xl. ensemble; et ceus qui moroient, pour ce que non se savist, les faisoit sosterrer la nuit, de li servicial sien. Et ceus qui se moroient par lo torment, disoient qu'il estoient mort de lor propre mort. Et en quaresme tant tailla de mains et de piez, et tailla tant de genital et trahi de oillz, car sans nulle autre viande lui fu donné à lui, et à quatre de ses, char à mangier habundante, més pour sa gole non se pooit saouler. Et pource qu'il estoit contraire à toute la vertut de Dieu, celui jor que saint Pierre par l'angèle fu délivré de la prison, quant il estoit à cène fit taillier les piez à .xij. homes de Amalfe en la présence soe. Et non est merveille s'il no pot honorer saint Pierre apostolo de Crist, car lo joedi saint, quant Crist cenoit avec ses apostoles, en loquel li home se confessent, il non failloit secont sa costumence de affligir et destruire li misère.

Cap. III. Or dit ensi l'ystoire que entre li torment

que faisoit Gysolfe à cil de Malfe, et il Gisolfe non soi
recordant de humanité, ne de la miséricorde de Dieu,
fist une grant malvaistié et péchié; quar un noble
home de Malfe, loquel se clamoit Maurus, habitoit ad
Amalfe; liquel Dieu tout puissant lo avoit fait ricche
et lui avoit donné .vi. filz, de liquel lo plus grant se
clamoit Panthelo. Et non se melloit en la perversité
de sa gent, més toute jor estoit devant Dieu, et estant
en Salerne fist moult de consolation, et donnoit solde
à ceus qui alloient au saint sépulcre en Jhérusalem,
où lo vérace Jshu-Crist avoit esté; ceaux recevoit en sa
maison et lor donoit lor toutes les coses nécessaires,
et lor aidoit à complir lor véage liquel avoient acom-
mencié à faire; et avoit fait cert hospital en Anthioce
et en Jérusalem, o la hélémosine de sa ricchesce les
soustenoit. Dont la renomée de cest home corroit quasi
par tout, lo monde en étoit plein, si que non solement
ceaus qui lo conoissoient, més cil qui non lo cognoissoient parloient de sa bonté. Et come est dit desus, quant Gisolfe ala à lo empéreor de Costentinoble,
il et toute sa gent à les despens de Pantaléon estoient
en sa maison, et estoit son conseillier. Et quant il
estoient en sa maison il pensoit comment il porroit
avoir la richesce de cestui Panthéléon. Et puiz torna à
Salerne, et se feingnoit de avoir l'amistié de Maure lo
père et de Panthaléon et de sez frères, et pour lo service que avoit receut lui prometoit de rendre lui la
mérite, et en recevoient présent, et lor remandoit
paroles de amistié, et lor prometoit service. En
cest temps, endémentre que Gisolfe perséqutoit cil de

Amalfe, tant li amis que li anemis de Amalfe en la feste de la consécration de saint Bénédit, entre diverses compainguies de divers pueples qui là vindrent, quar il i vint lo prince, et i vint Maure, et devant lo pape vindrent à dire lo occasion de lo odie entre lo prince et cil de Malfe, et qu'il pape deust chacier l'odie et metre la paiz. Et par coumandement de lo pape, Gisolfe promist à Maure que se en ceste brigue aucun de ses filz chaïst, que sain et salve lo lessast aller sanz nulle reanchon de monoie. Et puiz après ceste consécration Maure fu fait moine, et lo prince torna à Salerne. Et en petit de temps après, en une bataille en mer, l'un de li fill de Maure fu occis, lequel se clamoit Jehan. Et depuiz li autre filz, loquel se clamoit Maure come lo père, fu pris. Et en prime Gisolfe lo traita honorablement, et lui prometoit sécurité, et lo faisoit mengier avec lui, et souvent l'envitoit à jouer as tables anvec lui. Et puiz comensa à penser coment il lui porroit lever lo sien. Et par grant covoitize lo fist lever de table et lo fist metre en prison en sa chambre; et puiz lo fist metre en obscur lieu, souz la roche de la terre, et lo fist constreindre de divers fer, et lo fist tormenter de une mercière. Més pensant la ricchesce de Pantaléon et de lo frère, et vouloit que de celle richesce fust délivré, et lor demandoit .xxx. mille besant; et li frère en vouloient paier .x. mille, quar non avoient plus. Et finalment Agnès impératrix se mist en mège, quar estoit fame cristianissime et dévotissime, et metoit sa cure en les prisons, et enconforter li poure et appareillier l'églize. Dont vint à Salerne et se geta à

li piez de lo prince, et prometoit de paier cent livres
de or et faire soi taillier le doigt, et solement délivrast
cestui Maure. Et autresi pour lui délivrer estoit venut
tout lo collége de Saint-Bénédit pour proier pour lui.
L'empératrix fu desprizié de lo prince, et sa proière
fu vacante devant la face de lo tyrant. Més cestui, loquel non timoit lo jugement de Dieu ne la vergoingne
humane, premèrement lui fist chacier l'oill droit, et
puiz chascun jor lui faisoit taillier .i. doit de la main
et de li pié, et lo faisoit mengier poi, et o torment
faisoit débile lo home juste. Et en lo temps de yver
cellui cors faisoit baingner en aigue mesleslé avec
glace, et après tot cest martyre fist Maure noier en
mer et s'en ala à Jshu-Crist.

Cap. IIII. Et en cellui meismes temps avoit commencié Gisolfe de faire empédiment à ceuz qui estoient entor Salerne. Et à toute gent qui alloient par
mer faisoit comme à cil de Amalfe. Et subitement li
Pisain, liquel naviguoient par mer, pour tempeste de
mer clamèrent saint Mathie de Salerne à lor aide. Et
pour la mérite de li saint Mathie lo parut qu'il furent
délivré : quar subitement puiz la prière fu abbaissié
la tempeste. Et li Pisain avoient paor de la malice de
lo prince Gisolfe; il mandèrent avant message, loquel
dixist à lo prince de Salerne coment avoient eu tempeste, et comment il avoient esté délivré par la mérite
de saint Mathie de Salerne. Et li prioient qu'il lor
donast sécurité de venir au port de Salerne pour vi-
siter lo cors de saint Mathie qui estoit à Salerne. Et lo

prince concédi lor pétition, et por la malice qu'il avoit en cuer lor promist libéralité et adjutoire. Et li Pisain pour ceste sécurité vindrent au port de Salerne, et issirent de la nef et o piez deschauz allèrent à l'églize Saint-Mathie, et à l'autel là où estoit lo santissime cors sien donnèrent un paille et firent belle lumière, et toute l'églize aornèrent, puiz retornèrent à lo port. Més non trovèrent la nef, laquelle avoient lessié; car Gisolfe avoit fait lever la nef et toute la ricchesce. Et encoire fist piz, quar ceste gent afflixe par prison et par moult autres tormens. Et petit de li poure en laissa aller, liquel dixissent à lor parent de cil qui estoient en prison qu'il vénissent rachater li prison. Et null de li autre non laissa aler, s'il non paiast grandissime poiz de argent. Et vit Gisolfe que son trésor estoit plein de richesce de malvaiz acquest, fu moult alègre secont lo monde. Et à ce qu'il peust passer la richece de lo empéreor, commanda que li sien larron de mer que à nul home non pardonnassent. Et ces larrons cerchèrent la mer et trovèrent une nef de Génevoiz, laquelle pristrent et menèrent à lo prince, et lui donnèrent celle cose qu'il désideroit, tant de monoie comment il vouloit, car lor marchandise non estoit encoire vendue. Més non pourtant il retint tout et les mist en prison, et covint qu'il vendissent lor terres et lor maisons et touz lor biens pour eaux rachater de prison, dont lor fist similance et piz qu'il n'avoit fait à cil de Pise.

Cap. V. Et pour ceste diverse aspérité que continuelment accressoit, et pour ce qu'il avoit de monoie que avoit assemblé, lo corage de Gisolfe estoit monté en tant orgueill qu'il ne lui paroit de estre entre li home mortel més entre li dieu, et la soe vaine gloire il créoit qu'il fust plus grant que la puissance de lo empéreor. Et desprisoit li sien proxime et parent, et li autre gentil home se efforchoient de eauz humilier souz ses piés. Et en chascune par faisoit hédifier et faire forteresces qui non se pooit prendre, et turboit li seignor de entor, et deffendoit la terre soe. Et à lo maistre de la chevalerie de la cité de Naple, aucune foiz o navie, aucune par congrégation de larron, donnoit conturbation ; à lo duc de Sorrente ; et à lo ultime prist lo frère, et lo tint jusque à tant que fu prise Salerne et lui et lo subjuga en prison. Et à ceaux de Gayte non pardonna, car ceux qui estoient pris li nef soe afflisoit par prison et autre pène. Toutes voiez cil de Gayete, par prière de ceux qui estoient chaciez defors, sans deniers li leissoient, et les faisoit jurer de fidélité.

Cap. VI. Et puiz après ces choses mist son estude pour prendre li chastel de li Amalfitain, quar il aüna chevaliers et pédons et veinchi troiz chasteaux, liquel estoient da longe de la mer. Et pour ceste dolor, lo patricie de Amalfe morut. Et puiz quant il i fu mort, la moillier et lo filz retorna à son père, pour non soustenir la dolor de Gisolfe lo prince.

Cap. VII. Et puiz que cil de Amalfe furent privé de

lor seignorie qui avoient esté molestez par lonc temps de Gisolfe, pensèrent de trover seignor à qui il se devissent donner, et de qui il fussent deffendu. Et adont donnèrent la cité à lo pape Grégoire pource qu'il lor délivrast lo col de lo jouc de Gysolfe. Et lo pape qui amoit Gisolfe sur touz les autres seignors, pour ce que Gisolfe amoit tant lo pape et lui estoit tant obédient que avec nulle seignorie voloit faire liga ne avoir nulle amistié sans la volenté de lo pape, dont lo pape non voust réceper Amalfe. Més cerchoit la cité, laquelle lui estoit offerte, de sousmetre à Gisolfe, et ensi dist à li messagiers.

Cap. VIII. Et il non pooit oïr ceste parole. Et quant il entendirent la volenté de lo pape cil de Amalfe, il se retornèrent à lo adjutoire de lo vallantissime duc Robert à loquel donnèrent puissance de venir à la cité de faire une roche. Et quant lo prince lo sot, fu moult corrocié, dont ces prisons qu'il avoit de Amalfe à manière de beste lor fist taillier la char; et lo duc, come est dit, se fatigoit pour chacier Baialarde et Guillerme Arenga, non pot sovenir à li Malfitain. Et toutes voiez lor manda il naves en ajutoire et soldoiers, de liquel part en furent pris de lo prince et les fist tormenter. Et assembla puiz lo prince tant de gent come il pot et prist lo castel plus a près de Malfe et il en fist de lo sien propre.

Cap. VIII (*sic*). En cellui temps se leva un moine qui se clamoit Léo, fauz prophète, quar par les chozes qui avindrent puiz se monstra estre fauz prophète et que sa prophétie estoit fausse. Et disoit que moult sovent lui apparoit la virge Marie et saint Jehan de la part sinestre, et saint Pierre, et saint Paul, et sainte Lucie, et sainte Cécile, et lui disoient que lo prince devoit avoir victoire; et pource que moult parole lui disoient, se estachoit cest moine. Et commanda sainte Marie, à sainte Cécile que elle devist aporter un siége sur quoi cestui moine se deust soier; et lui commandoit la virge Marie à cestui moine que il deust porter lo message à lo prince que o furor deust molester li Amalfitain, et o damage les deust perséquter continuellement, accressant lor pestilence, car estoit sententié et ordené de Dieu; quar par cest torment et par la potence soe deust prendre Amalfe. Et puiz devoit refréner la hardiesce de li Normant et la malice de ceux qui la habitoient. Et lo prince, parce qu'il créoit ceste falze prophétie, se efforchoit quant qu'il pooit en sa malvaistie.

Cap. IX. Et lo duc, quant il fust plus puissant et plus richesce que Gisolfe, pour ce qu'il lui estoit caingnat, lui requist paiz por non estre diffamé de la destruction qui lui devoit venir à Gisolfe. Et lui prioit qu'il non devist faire ceste persécution, et lui prometoit que il vouloit faire, tant qu'il auroit, subjecte toute la princéé de Salerne. Et come ce fust chose que lo duc avoit renoncié la seignorie, se humilia et vouloit estre son chevalier. Et lo prince plus se levoit en superbe, et créoit que non fust par amor més par paor dixist celle parole, més manecha, et porta injure à lo seignor, quar non porta honor à li message soe.

Cap. X. Et un jor li gardien de la roche de Salerne où estoient en prison cil de Amalfe et gentil home de Naple, non estoient à la roche més i laissèrent quatre garson. Et quant ces quatre garson portèrent à mengier à li prison, et la prison estoit aperte, distrent li prison à li jovencel « quantes gardes sont defors? » et il respondirent que non i estoit reméz home se non il quatre. Adont li un regarda l'autre et pristrent li jovène et les mistrent en prison. Et rompent lor liens et serrèrent bien la porte, et se garnissent bien de pierres pour deffendre la roche, et mettent toute la force lor à combatre. Et puiz tornèrent li gardien de la roche; et quant il virent que cil que il avoient leissiéz en la roche bien ferrés, deffendoient la roche, il commencèrent à fouir, et prièrent Dieu qu'il les deffendist de l'ire de lo prince; més ne li martyr, ne li confessor ne les pot délivrer de l'ire de lo prince, qu'il ne lor mostrat sa crudélité. Puiz clama cil de la cité à combatre, et appareilla divers ystrumens pour prendre la roche, et manechoit li prison de faire pendre qui orent tant de présumption. Entre ceuz de la roche qui s'estoient rebellé estoit un de Amalfe, lequel se clamoit Pantaléo, à liquel Gisolfe avoit levé un oill, et un génital, et aucune dent, et li avoit taillié un doit del pié. Cestui par paour que li autre membre non lui fussent tailliez qui lui estoient remesez, prioit à ses compainguons qu'il rendre la roche, voustrent estre

à simplice grâce de lo prince, et paièrent la monoie
à lo prince ce que il devoient paier, et ensi furent
délivré de prison.

Cap. XI. Ceste ystoire si dist que quant Gaymère
fu mort il laissa .v. fillz : li premier fu Gisolfe prince,
Landulfe, et Guide moult bel et moult vaillant en fait
d'armes ; Jehan Seurre semblable à cestui, et li ménor
se clamoit Guimère détrattor et dévorator, quar non
se sacioit. Cestui moine qui cest livre compila leisse
ore la autre ystoire, et parle de vertu de Guide, et
aviengne qu'il fust séculer, toutes voiez estoit dévot à
l'églize et à lo servicial de Dieu. Et continuelment
sovenoit à li poure et lor donnoit hélémosines, et coses
neccessaires à l'églize, honeste chevalier, et plus vaillant que null de li Longobart. Quar quant li Normant
looient aucun de li Longobart disoient sage et fort et
sage chevalier est cellui ; més de cestui Guide disoient :
nul ne se trove entre li Longobart plus préciouz ; dont lo
prince pour ceste loenge que avoit lo frère ot envie et
non l'amoit come frère, et lui estoit contre à ce qu'il
pooit, et estoit ami à li anemis de Guide. Et en cellui
temps fu haingne et brigue entre Guide et Guimunde,
quar avoient ensemble la valée de Saint-Severin. Et
Guimunde voloit estre à lo jugement de lo prince Gisolfe. Més Guide, qui savoit bien que lo frère lui vouloit mal, voloit estre à lo jugement de lo prince Ricchart. Et lo jor déterminé ces .ij. par diverses voiez
vindrent à Capue. Et li Normant anemis de Guide,
quant il sorent qu'il devoit venir, lo séqutèrent et cer-

choient en quel manière il lo peussent occirre. Més Guide corut à l'arme et ala contre ses ennemis, et se combati fortement, et alcun en abati de lo cheval. Més un lui vint de costé et lo féri de la lance en lo costé et l'occist. Et ensi de un colp fu mort et estufa la lumière de tuit li Longobart.

Cap. XII. Et lo pape Grégoire, qui moult estoit sage, quar véoit que la prospérité de Gisolfe pooit estre destruite de lo duc Robert, non cessoit de amonester lo, quant par lettres quant par messages, que il deust requerre la paiz avec lo duc Robert et la unité, et faire liga avec lui. Et quant lo pape vit que lo prince non lo vouloit faire, proia que lo abbé Désidère i deust aler et dire lui que contre lo duc Robert non lui feroit adjutoire se ceste choze non faisoit. Et lui meist à veoir la mort et la destruction soe, se o lo duc non estoit bien. Et il non lo volic consentir, més manechoit par lo sien grant orgoill de destruire lo duc de terre. Et la suer avieingne que avoit moult receu de injure de lui, toutes voiez non failloit de lo amonester lo qu'il meist ins la crudélité soe et l'arogance, et pourveist la choze qui pooit entrevenir, et eust paor de lo judice de Dieu. Més Gisolfe s'en corrosa et dist li vergoigne, et la menacha que par la mort de lo marit la feroit ester o li vestement noir. Et elle plorant mua l'yre de lo marit et enclina à miséricorde, et lui proia qu'il non guardast à la chetiveté de son frère. Et lo duc escolta la moillier et lui demanda sa volonté, et vouloit savoir qu'elle vouloit faire de ceste choze. Et la dame dist : « Se Dieu laissast venir à complément, je voudroie que mon filz avist Amalfe, et mon frère non perdist Salerne. » Et lo duc loda que Salerne remanist à lo prince Gisolfe, et Amalfe soit de lo fill, loquel autresi estoit neveu de lo prince. Et lo pria la moillier que il deust fatiguer de metre entr'elz la paiz; més ensi come lo duc cerchoit la paiz li prince s'efforchoit d'avoir brigue et anemistié.

Cap. XIII. Et quant li duc vit la duresce de lo cuer de lo prince, qui non regardoit à l'amonition de lo pape, ne à la volenté de li amis qui lui conseilloient son bien, ne à la proière de sa soror, ne non regardoit à lo damage qui lui pooit entrevenir, il asembla troiz turmez de troiz manières de gent : c'est de Latin, de Grex et de Sarrazin, et comanda que venissent moult de gent et de navie à garder lo port. Et lui o chevaliers et arbalestiers, en lo moiz de jung, et comanda que fussent fichiez les tentes et tabernacles après de li mur de Salerne. Puis conmanda que fussent fait entorne de Salerne cité et chastel, et foire et marchié pour vendre et pour achater toutes chozez nécessaires, dont cil de la cité rappareillèrent les chozes lesquelles Gisolfe avoit fait abscondre. Salerne paroit nove pour les chozes ascouses lesquelles issoient fors, et lo ost de Robert, liquel estoit en camp, paroît nove et la belle contrée de Salerne. Et usoient de les coses absconses en la cité habundantement. Et lo duc recevoit bénignement ceuz qui estoient chaciez de lo prince, et à ses despens les governoit; et venoient à la cort de lo duc naves sanzse fin, liquelle non leissoient estre fame en l'ost de lo duc ne de pain, ne de vin, ne de char. Maiz véraiement nul Salernitain ne pooient avoir de ceste choze, ne buef, ne porc, ne castron, quar tant avoient esté afflicté de Gisolfe, que nulle beste ne lor estoient remése. Et Gisolfe defors de Salerne fist chasteaux, et disant la vérité, tant fist que non i laissa nulle choze où mont petit fort, que non feist la forteresce. Et lo duc prova de avoir la et manda sa gent là à combatre. Més parce que estoit fort à monter et i avoit trop boiz, ceux qui tenoient la roche non les lessoient aler.

Cap. XIIII. Et Richart prince de Capue vint de l'autre part en l'aide del duc Robert, et leva les voies et les fossez et li arbre qui estoient fait pour non aler à lo prince Gisolfe, et celle forteresce qu'il non vouloit salver pour soi destruist, et l'autre réserva pour soi. Et puiz lo duc sot la victoire de lo prince, et coment gardoit lo castel loquel avoit gardé pour lo duc, et lo duc proia lo prince Richart que en un mont après feist un autre chastel, pour laquelle cose soit deffendue toutes les voiez de Salerne, que nul ne puisse aler ne venir. Et ensi Salerne de la part de la mer fu atorniée de nefs, et de l'autre part estoit cloze de paliz et de fossez grandissimes; et de l'autre part estoit li ost de pédons et de chevaliers. Et la grâce de la pictié lassa lo cuer de lo duc, et pour la prière de la moillier demanda encoire paiz. Et ala li abbé Désidère à lo prince Gisolfe, quar maintenant que estoit destraint en tant de misère enclinast son corage; més Gisolfe ot en despit lor conseill et jura que en nulle manière voloit paiz avec lo duc.

Cap. XV. Et avant que lo duc eust assigié Salerne, lo prince avoit fait un commandement que tout home deust procurer choze de vivre pour .ij. ans, qui ce non peust faire issist de la cité; et ensi firent cil de la cité. Et puiz li duc mist lo siége, puis .ij. moiz Gisolfe comanda à li sien servicial qu'il devissent cerchier les cosez de li citadin de Salerne, lor fist lever la tierce part de toutes lor coses de vivre qu'il trovèrent, et pour ceste cose fu grant fame en la cité de Salerne. Quar ceus à cui failloient les coses non les trovoient à achater, et à la porte de la cité nou se donnoit hélémosine, quar la poureté estoit grant.

Cap. XVI. Solement li archevesque, liquel se clamoit Alfane, soustinoit lo poiz utile pour l'arme soe de vivre, et ce qu'il avoit donnoit à li poure. Més cestui fouy de Salerne, et fu receu de lo duc come père, et honoré de lo prince Richart, et cercha la terre soe et de l'Églize. Et assembla la grant habundance de vin et de grain, et restraint avec lui ses clers, liquel governa come filz, et les chasa de la misère et de la poureté par sa miséricorde, et tint li autre mascle et fames subjette à lui, comme bon pastor clama à soi, et lor donnoit toutes lor choses neccessaires de vivre.

Cap. XVII. Et une autre foiz lo prince meismes en

persone ala cerchier les maisons de cil de la cité, et tout ce qu'il trova de vivre tout lor leva pour soi, et non une part sole coment avoit fait avant. Car voloit deffendre come pooit la soe malvaise volenté et avarice. Et donnoit comment s'il l'achatast .iij. besans del moy de grain; et de ceux qui fouioient destruisoit lor mésons et faisoit porter la laingne à lo chastel pour ardre. Et puiz quant il ot destructe toute la cité commensa contre Dieu et contre li saint. Les croiz de l'église de or et d'argent prist et romppi, lo vout de saint Mathie évangeliste romppi, et destruist li vaissel liquel estoient apparcilliez pour servir Dieu.

Cap. XVIII. Et après ce failli à touz les chozes de vivre, et comence cil de la cité à mengier la char laquelle non est usée de mengier, c'est la char de cheval, de chien, de chat, et non lor remanoit beste en lor maisons; lo foie de un chien valoit .x. tarins, et la galine .xx. tarins, et l'of que faisoit la galine valoit .ij. deniers. Et quant lo prince souvent aloit par la cité et véoit li cors de li mort gésir par la voie, non se enclinoit de torner lo oill soe pour les veoir; més autresi come s'il non (avoit) coulpe de ceste cose, et passoit alégrement. Et à la fin ovri lo grenier où estoit lo grain soe et vouloit vendre celle victaille qu'il avoit achatée de li home soe. Et vendoit lo moy de grain qu'il avoit achathé .iij. besant, .xliiij. besant à ceuz qui lo pooient achater. Més li autre qui estoient poure, lo père non pooit porter lo filz à la sépoulture ne lo filz lo père. Et aucune foiz pour la grant débi-

lité de la fain, li viell moroient coment bestes sans
bénédiction de prestre; li jovène de subite mort moroient, et li petit qui non se pooient baptizer moroient pagan. Et quant venoient les fames à fillier,
non avoient aide de fame.

CAP. XVIIII. Quant li Salernitain estoient ensi constraint de ceste poureté et misère, laquelle puet estre
aparagié à la fame de Jhérusalem quant fu prise de li
Romain, quar li Judée qui estoit en Jhérusalem pour
grant pourcté se laissèrent vendre .xxx. pour un denier; et quant estoient li Salernitain ensi opprimés,
.ij. filz de un prestre aloient fors de la cité et un chien
les séquta, et vindrent là où estoit lo duc et demandèrent del pain pour Dieu. Et lor fu donné del pain,
et de cel qui lor fu donné li garson en donnèrent la
tierce part à lo chien; et lo chien prist lo pain et lo
resconst que ne lui fust levé. Et au soir, puiz que la
gent estoient recoillis en lor maisons, torna lo chien
en la cité o tout son pain, et lo mist as piéz de lo
prestre la pièce de lo pain, et puiz retorna dont estoit
venut. Et le séquent jor li garson orent pain assez, et
donèrent à lo chien un pain sain, et toutez voiez li
garson non savoient que lo chien faisoit de son pain.
Et lo chien au soir, come il avoit fait au premier jor,
porta lo pain à mengier à lo prestre. Et lo tiers jor
fist autresi; et créoit lo prestre que aucun chrestien
lui mandast cest pain pour l'amor de Dieu, et mist lo
prestre une carte à lo col de lo chien où avoit escrit :
« Je rent grâces à Dieu pour cui amor ceste élémosine

m'est faite, quar continuelment m'as souvenu à la moie neccessité, je non faille de proier Dieu pour toi. » Et puiz lo chien torna, et quant li fill del prestre virent celle letre que li chien avoit pendue au col, lui desloièrent et lo menèrent à la duchesse ensemble o tout la carte, et li dient lo fait comme avoit esté. Més la dame non lo créoit, et fit appareillier un sachelet plein de pain, et mistrent sur lo chien; et lo chien avoit paour pour lo pueple qui estoit de cescune (part), quasi come s'il dubitast d'estre accusé à lo prince, atendi l'ore qu'il avoit acostumée, et puiz qu'il fu soir ala (à lo) prestre, et lui porta lo pain que la ducesse lui mandoit. Et lo prestre escrit une altre carte : « Plus grant grâce te rent de plus grant élémosine que tu m'as mandé ». Et quant la ducesse vit la sapience de lo chien, donna la sentence que null ne fust contre lui, ne feisse mal, et substenta pour l'amor de lo chien li filz de lo prestre, et lor donnoit assez de bien pour mander à lor père. Et puiz lo sot lo prince, et commanda que lo chien fust occis; et lo prestre seignor de lo chien fu mis en prison, et fu cuit o fer chaut et afflit par autres diverses pènes jusque à tant qu'il fu mort. Et nul autre home estoit hardi de aler devant lo prince pour dire la misère soe, et la poverté, et se aucun home aloit pour ceste cose, il lo faisoit crever l'oill ou lui faisoit taillier la main ou pié, ou altre afflixion soustenoit.

Cap. XX. Entre li autre qu'il afflist par divers tormens (fut) un honorable clerc, loquel se clamoit Gratien, liquel avoit esté capellain à son ave et à son père. Quar li frère et li neveu de cestui Gracien non pooient soustenir la crudélité de cestui Gisolfe, alèrent..... liquel les enrichi et honora. Et Gisolfe, por la invidie qu'il en ot, se voloit vengier sur lo clerc innocent. Premèrement lui leva toutes les chozes propres soes, puiz lui leva touz les bénéfices ecclésiastiques, et lo constraint à jurer en la main de lo archevesque que mais non recevroit aucune cose de li frère; et à l'ultime lo mist en prison dont tant fu afflicté de fain, et de verme qui tout lo manjoient, et de autres angoises, qu'il fu martyre de Dieu.

CAP. XXI. Et lo duc amonité de lo prince Richart forni lo castel de bons gardiens, appareilla lo siége en la cité, et ordena novelles eschielles de chevaliers et de pédons, quar lo prince s'en vouloit aler en Champaingne pour acquester la terre de Saint-Pierre. Et puiz auvec lo duc furent à la cité de Saint-Germain; non solement à li seignor et à li servicial, més autresi à lor bestes, furent fait présent de l'abbé de Mont de Cassyn, et de toutes chozes nécessaires. Lo prince rechut lo domp, lo duc non lo voust recevoir, et dist qu'il non estoit venut pour lever les coses de lo monastier, més pour accrestre. Et li abbé ala à lui et lui proia qu'il non refusast les choses de li frère, liquel volent proier Dieu pour lui. Et lo duc que il non parust que il déprizast lo domp, en rechut aucune chose. Et le matin appareilla l'abbé la procession pour recevoir lo duc à grant honor. Et subitement virent ceaux à qui vouloient faire honor, ester o humile cappe agenoilliez devant l'autel, et veoit l'éclize aornée de pallez et de ses dons; et alore donna autre pailles o liquel furent covert li autel. Et puiz entra en capitule à parler à li frère, et humilement et pacifiquement lor donna moult or, pource que li frère prient Dieu qu'il lor pardonast lor pechiéz. Et coment père de li frère aloit par lo monastier et visitoit li inferme; et lor aministroit habundantement tout ce qui lor faisoit besoingne. Et requiert à chascun qu'il prient Dieu pour lui. Et quant il estoit à table pour mengier, dévotement demanda de lo sel, dont à lo frère qui lui aporta donna .c. besans. Puiz se partirent li seignor et alèrent lor voie, et quant il cheminoient il trovèrent tant de fame et de poureté, que non solement en sentoient li beste et li servicial de li seignor, més autresi li seignor, quar lor faillèrent les choses lesquelles avoient portées pour vivre, et non en trovoient à achater. Et si avoient moult mal temps de pluie, et de tronnorre, et de folgure, dont il estoient fatiguié et travaillié; et estoit si grant vent que li paveillon chaoient en terre. Et lo prince en cellui temps aquesta alcun chastel, més de ceus qui là habitoient rechut moult de richesce; més se prince voulist faire rayson de ce qu'il acquesta et de ce qu'il fist prendre à saint Pierre, la perte est de cinquante part plus que lo gaaing.

Cap. XXII. Et un abbé qui se clamoit Robert moult pécha, quar lo duc avoit fondé de novel un monastier et l'avoit moult enrichi de terre et de moble moult habundantement. Et cestui abbé Robert enleva le meillor qui là i ens fust, et enleva deniers qui là estoient recommandez de li Normant, et s'en ala à lo pape, et se feinst de dire qu'il voloit aler à lo duc Robert. Et que non aloit droitement fu desprizié de lo pape. Et s'en ala à lo roy de France et à lo roy d'Engleterre, et s'esforzoit de habiter avec eaux; et finelment lui failli la monnoie, et retorna à lo duc de loquel miséricordiosement fu rechut et fut restitué en son honor. Et en l'autre semaine tant fam oppresse cest seignor, qu'il furent constrainst, et pour la troppe macrèze tant aloient et curroient li chaval, quant li seignor et l'autre gent à pié. Et lo bénigne duc avoit en sa mémoire lo bénéfice qu'il entendoit à faire à saint Bénédit, il salli à lo monastier de Mont de Cassyn, et dota l'églize et li frères de pailles et d'autres domps. Et puiz s'en vindrent ensemble à Salerne, et gardèrent lo chastel et lor ost chascun en droit soi.

Cap. XXIII. Donnèrent bataille à la terre et jettent sajettes et mènent pierres, més nul non apert en la cité, quar cil de la cité estoient abscons coment la soris en la caverne. Et se aucun veut mener la pierre o la fionde, plus tost fiert li sien que li anemis; et cil qui veilloient la nuit as tors tant estoient fieble, que à pène pooient oïr lor voiz. Et vit lo duc que pooit prendre la cité par force, quar nul de cil de la cité combatoit contre li sien. Més timant la mort de ceuz qui i habitoient et que la poure gent non perdissent lor masserie, non vouloit. Més jà estoit venut que lo duc pooit avoir son désirrier, et fust mis terme et fin de la pestilence de cil de la cité. Et avint une choze, que fu une grant obscurité, tant que l'un home non véoit cil qui lui estoit à lo costé. Et un Salernitain ala à lo duc, et lui dist tout ce qu'il savoit de la cité, pris .i. compaingnie et alèrent à une petite porte, laquelle estoit murée novellement, et rompent et vont entor par la cité. Et saillent sur li mur, et entrent as tors, et nul ne trovèrent qui à eaux parlast. Et puiz tornèrent à lo duc et lui distrent ceste chose. Et li duc come sage manda auvec eaux chevaliers et autres homes armés, et ceuz qui gardoient la terre furent pris et liés. Et sont donés à li servicial en garde, et sans mot dire se leissèrent lier, quar il estoient tant débile de fame qu'il non pooient issir à la bataille. Et puiz que as tors furent mis li gardien de li duc, li fort chevalier normant commenchèrent à crier et à annoncier la victoire à lo duc. Et Gisolfe, quant il oï ce, comensa à fouyr, et se leva de lo lit et foy à la roche, et se appareilla pour soi vengier. Lo séquent jor, liquel estoit yde de décembre, c'est lo .xvi. jor, lo duc vaincéor manda sa gent à la cité. Et puiz i ala il et dona paiz à la cité, car come Dieu lui avoit concédut victoire avant de lo chasté de Salerne et de Amalfe, ensi meintenant en une nuit lui concédit la cité. Quar Dieu avoit proveu à lo malvaiz proposement de Gysolfe, liquel se estoit mis en cuer de ardre la cité s'il non la pooit deffendre. Et quant lo bon duc vit la poureté de cil de Salerne, commanda que en la cité se feist lo marchié, et de Calabre et d'autre part fist venir victaille et à bon marchié. Et en lieuz compétens fist merveillouz palaiz sur li mur de la cité, si que il estoient dedens et defors de la terre. Et après ce fu atornoié la tor de grandissimes paliz et y mist gardiens, et lo chastel liquel avoit fait Gisolfe pour garder la roche, fist habiter; et Gisolfe devisa li ystrument soe et menoit pierres. Un jor lo dyable, liquel aidoit à Gisolfe en sa perversité, la pierre laquelle estoit mandée en la tor se romppi, et une part de la pierre donna à lo costé de lo duc et parut qu'il en deust morir. Més par la vertu de Dieu, en poi de temps en fu garut.

Cap. XXIIII. Et quant lo duc Richart vit que la brigue de son anemi estoit venue à fin, cercha adjutoire à lo duc pour venir sur Naple. Et adont lo duc comanda à cil de Amalfe et à li Calabrez que li aillent o tout lor nefs et obéissent à lo prince plus que à lui. Et li prince comanda que soient fait chasteaux fors de li mur de la cité, et les fist enforcier, et fist porter laingne, et de li labor de ceuz de la cité rampli ses greingniers. Li navie estoit en mer et cerchoit de faire offense à la cité. Et cil de la cité de Naple garnissent la cité et veillant gardent les torres. Et à ce que Dieu lor deust aydier, quant à home tant à fame, vont par les églizes et sont en orations et jéjunoient. Et aucune foiz li bon chevalier issoient fors et clamoient li Normant à combatre, et aucune foiz tornoient o victoire. Et aucune foiz aloient contre ceaux qui estoient à lo navie et prenoient li marinier en dormant; une foiz pristrent .ij. c., et ij. galées entrèrent en lo port, dont n'avoient paor en la cité quar issoient defors à combatre, et assaillirent cil de Naple lo castel de lo prince, et en pristrent ce qu'il porent et puiz ardirent lo remanant. Et lo prince cerchoit de faire un autre chastel en un lieu plus estroit, à ce que constrainsist li citadin de issir de la cité, à réprimer lor férocité. Et une multitude de chevaliers et de pédons se levèrent, et constreinstrent li gardien à fuir et destruxirent lo castel. Et lo prince pour vergoingne avoit grant dolor, dont clama ses chevaliers pour faire venjance, et promist lo prince à li chevalier que se lor chevaux moroient de rendre meillor; et pour ceste promesse pristrent cuer li Normant, et sécutèrent li citadin et les occistrent, et pour ce que li chevalier non timoient furent plusor mort.

Cap. XXV. En cellui temps à Gisolfe commencèrent à faillir les despens, car donnoit troiz unces de pain pour chascun home, et une unce de fromage. Et il sol bevoit vin, et li frère en bevoient petit. Et jà se monstroit la magrèce en lor faces, et la vertut failloit en lor membres et non menoient pierres à cil de la cité, ne non crioient, ne non disoient vergoingne à ceuz de la cité, ne au duc comment avoient fait avant. Et la soror de Gisolfe manda à la ducesse sa soror et lui requist cose de vivre. Et lui manda à dire qu'elle deust réconcilier son marit à la bonne volonté de son meschant frère. Et la ducesse ot une de ceste .ij. grâces, c'est que fussent mandées choziouzes déliciouzes à mengier à sez frères, c'est poisson, oiseaux et bon vin, et toutes autres chozes déliciouzes ; més sa bone volonté (non ?) lui voust concédir.

Cap. XXVI. Et quant Gisolfe vit la largesce et la miséricorde del duc, pria qu'il lui peust parler, et lo duc non lo vouloir oïr. Et vindrent li premier message, et li secont, et li tiers, qui requéroient ceste chose. Et à l'ultime lo duc aempli la volenté de lo prince, et la nuit descendi de la roche, et lo duc se leva contre lui, més non lo vouloit recevoir à paiz. Et lo duc, quant il ot oï lo prince il dist : « Je cuidoie pour la parentesce que je fiz avec toi que l'onor moie en deust acroistre, et que tu me deussez estre en aide non solement de garder ma terre, més autresi me deussez aidier à conquester autre terre. » Et lo prince respondi : « Tu m'as maintenant fait en vitupère de tout lo monde, et sui mis à destruction et moi et ma gent, et non devoiez considérer la parentesce de li Normant, et devoez considérer ma parentesce, qui estions conjoint ensemble ; et maintenant me veuz chacier de l'éritage de mon père, tu qui me devroiez acquester autre terre. » Et lo duc o baisse voiz respondi : « Tu pooiez estre surhaucié pour lo mariage de ta suer coment tu dis, et estre enrichi, se la impatience et toe arogance non fust, et se non avisses désaconcié mon service, et sur touz les autres princes eussez esté surhaucié ; quar moi soul pooiez avoir .x. mille combatéors et bon home d'armes, et tu, pour moi destruire, alas à lo impéreor de Constentinoble et cerchas l'ajutoire de lo pape ; et pour moi destruire en tout requéris l'ayde de li fame. Et en tout moi avoiez en odie, et por ton chevalier non me voliste recevoir; et je te demandai la paiz pour ceuz de Amalfe et ne la vouliz faire pour proière moie, ne pour amonition de message non la voulis faire. Et maintenant par la grâce de Dieu ai-je donné pais à cil de Amalfe et à cil de Salerne. » Et quant il orent complit cestes paroles, sanz plus dire se partirent; et la ducesse sovent aloit à la roche, et reprenoit son frère de ce que non vouloit croire à son conseill. Et une autre foiz Gisolfe retorna à lo duc et ot celle réponse qu'il avoit eue avant de lo duc.

Cap. XXVII. Et puiz que par la pétition soe non trova fruct, proia lo duc, quar il vouloit trair la gent de lo duc, qu'il deust saillir en lo chastel où estoit lo duc, et que poist venir à parler avec lui; et lo fist lo duc, et promettoit Gisolfe de rendre la roche. Més solement fust il délivré et sa gent qui estoient dedens, més nulle parole non en fist. Et lo duc dist que non vouloit la roche sanz lo prince. Et lo prince quant il vit ce, il se donna il meisme avec la roche, et lo conte commanda qu'il fust gardé. Et il fist sa gent monter à la roche et garder la roche et li mur et la tor (l'an 1077). Et quant Johan, frère de Gisolfe, donna la roche, auvec loquel Johan avoit eu conseill Gisolfe, li gardien avoient paour de la sentence de lo duc. Més lo duc par la soe présence mistiga la paour lor, et fist venir à soi li caval dont fist chevaucier li plus grant, et avec veillante garde les fist garder, et li autre fist aler à la cort. Et lo matin rendi la maison soe à chascun gardien, et la proie qui se trova de cestui gardien, et lor pardona lor coulpe, et puiz li vaillant duc Robert o (ot) honor grande et confortable et permission de ami.

Cap. XXVIII. Et quant ces chozes devant dites furent faites, lo duc proia lo prince qu'il lui donnast la dent de saint Mathie, laquel avoit levée de l'églize, et lo duc lo savoit. Et ce faisoit lo duc qu'il non vouloit que la cité perdist celle relique, et lo prince confessa qu'il l'avoit et qu'il lui vouloit doner. Et absconsément comanda à son chambrier qu'il lui deust porter la dent de un Judée qui alore avoit été mort. Et puiz que lo ot celle dent, il la mist en un bel drap de soie et la manda à lo duc. Et lo duc qui sages estoit pensa la malice de Gisolfe, se fist clamer lo prestre liquel savoit coment estoit longue (la dent), et comment elle estoit faite; quar maintenant fu corrocié lo duc quant il vit que la dent non estoit faite ensi coment li prestre disoit. Lo duc manda disant à lo prince que s'il non avoit la dent de saint Mathie propre à lo jor séquent, qui trairoit à Gisolfe la dent soe. Et o grant festinance vint un message et aporta à lo duc la propre dent de saint Mathie, laquelle tenoit Gaymère lo malvaiz frère del prince, et la donna à lo dévot duc. Cestui Guaymère estoit tant malvaiz et pessime, que quant il estoit en cest péricule de turbation, non ot en horror de prendre la virgine à laquelle avoit juré de garder la virginité soe, non ot paor de la corrompre.

Cap. XXVIIII. Et lo duc, à ce qu'il monde lo principat de toute escandalizement, et libéralment lo puisse salver, demanda de li frère de Gisolfe le chastel loquel tenoit de Gisolfe. Et Gisolfe lo contredist et o ses fauz argumens quéroit de gaber lo duc. Et lo duc fist venir li nave à lo port et fers pour loier lo prince, quar lo vouloit mander à Palerme pour estre en perpétuel prison. Et alore fu un petit de plaint, car ses sorors soulement en ploroient, més toute autre persone en estoient liez et joians. Et li frère de Gisolfe vindrent, et coment lor fu comandé, Landulfe rendi lo val de Saint-Séverin et Pollicastre, et Guaymère rendi Cylliente. Et ensi fu finie toute brigue; et jura Gisolfe que, par soi ne par autre, mais non cerchera lo principée de Salerne. Més c'est sacrement tost getta par la bouche coment lo sacrement qu'il avoit fait à ceuz de Amalfe. Et la ducesse, par lo commandement de lo duc, lui donna moult de chosez, et li duc lui donna mil besans et chevaux et mulz. Et puis que Gysolfe fu privé de son principée et de li ancessor soe, s'en ala à lo principe Ricchart et fu receu gratiousement, et fu gardé honorablement. Et à ce que vesquis plus quiétement, mentre qu'il estoit sur Naple lo manda à Capue. Més en petit de temps se partirent corrociéz lui et lo prince.

Cap. XXX. Et que lo pape non estoit présent, Gisolfe atendoit son avénement, quar en lo bénéfice de lo pape non failloit de relever l'angoisse soe et misère. Et puis retorna lo pape, et Gisolfe ala à lui, quar toute l'espérance et toute la cure de Gisolfe estoit en lo pape. Et que lo pape lui vouloit bien et lo amoit come fill, lo rechut come amor de père et monstra à li Romain et toute manière de gent coment lui vouloit bien ; et lo fist prince de toutes les chozes de l'Églize, et lui comist tout son secret et tot son conseill, et disponist les toutes de l'Églize les choses (*sic*) à soe libéralité et volenté.

Cap. XXXI. Et en cellui temps vindrent à parler ensemble li dui seignor, c'est lo prince et lo duc. Et lo prince reprent lo duc et lui dist vergoingne, et lo duc la substint, et puiz refirent paiz, quar la humilité vaint la superbe. Et lo duc manda plus de nefs por restraindre lo port de Naple, et o li exercit de li chevalier ferma lo chastel et lo fist garder, liquel avoient rout li Néapolitain. Et puis .xxx. jors, avec lo conseill et avec la licence de lo prince, laissant les nefs à lo port et li chevalier en garde de lo chastel, lo duc ala asségier Bonivent (décembre, 1077), et fist forteresces entor et afflist li citadin de les choses lor.

Cap. XXXII. Et lo pape pour ceste chose et pour autre assembla lo consistoire et excomunica lo duc (Robert), et touz ceux qui lo sequtoient (3 mars, 1078). Et Jordain fill de lo duc (Richart), avec lo conte Rogier son oncle, volant avoir la grâce de l'Églize, alèrent à Rome et furent absolut de la excommunication, et firent ligue de fidélité avec lo pape.

Cap. XXXIII. Et Baialarde retornant à lo cuer soe manda sa mère avant pour avoir miséricorde de lo duc, et il vint après et rendi lo castel de Sainte-Agathe, et ot la grâce de son oncle. Et lo marchis, et lo noble Azo, quant il oïrent la victoire de lo duc, il non manda épistole ne non manda message, més vint-il en persone à proier lo duc qu'il donnast sa fille à son fill pour moillier; et lo duc lui concédi, et dota la fille de moult grant dote.

Cap. XXXIIII. Et mentre que ces chozes sont, lo prince Ricchart chaï malade, et quant il vint à la mort rendi à saint Pierre la Campaingne, et absolut de lo évesque de Averse fu mort, et enterré en cellui jor que Jshu-Crist céna avec ses disciples (le jeudi saint, 5 avril 1078).

Cap. XXXV. Or est licite choze meintenant, comme je ai dit au commencement de ceste ovre, de dire brévement lo bien qu'il firent à nostre monastier ces .ij. seignors (Robert et Richart), quar puiz que Richart fu prince de Capue, cercha de faire alègre l'Églize nostre, laquelle li prédécessor siens turboient; et oppresse ceux qui la persécutoient et menjoient, o la forte main de deffense, et destruist ceux qui destruisoient la possessions de lo monastier. Li chastel de lo monastier traist de la main de lo tyrant qui lo tenoient, et moult autres chasteaux siens laissa à lo monastier dévotement, à ce que li frère priassent Dieu pour lui contineument; quant il jéjunoient les consoloit de poisson. Et lo duc tant amoit l'abbé Désidère, qu'il l'avoit en révérence coment saint Benoit, et non voloit estre sanz la présence de lo abbé; et lo abbé non estoit meins amé de la ducesse, laquelle avieingne que lui fust parente, toutes (voies) lui paroît come fille. Cestui avoient eslit pour lor père et pour garde et salut de lor animes, et s'il estoit aucun jor que lo abbé non fust alé à lo cort, lo mandoient quérant par letre ou par message. Et quant il venoit li donnoient diverses coses, et à l'onor de l'Églize li donnoient divers pailles, et li mandoient diverses pièces de or et de argent; et pour lo vestement de li frère et pour lo mengier, mandoit chascun jor bésant moult et tarin, et en la solempnelle feste honoroit lo réfector de vaissel d'or et d'argent. Et (o) li mul et o li Sarrazin serve sien tout li monastier enricchisoit, et à dire la vérité, pour lo bénéfice de cestui tout lo monastier estoit enluminé. A ces .ij. seignors Dieu, loquel est père et rémunérator de tout bien, pour la mérite de saint Bénédit, lor en rende mérite en vie éterne. *Amen.*

(*Explicit l'Ystoire de li Normant;*)

(S'ensuit)
De un noble baron de Normendie, père (de) Robert.

CHRONIQUE
DE ROBERT VISCART
ET DE SES FRÈRES.

CHRONIQUE
DE ROBERT VISCART
ET DE SES FRÈRES.

LO PREMIER LIVRE.

DE UN NOBLE BARON DE NORMENDIE, LIQUEL ESTOIT PÈRE ROBERT.

Cap. 1. En la terre de Normendie, non loing de la cité de Constance, .I. chevalier, loquel se clamoit Trancède (Tancrède), loquel estoit de noble (lignée) et aorné de bones costumes. Cestui avoit une moillier moult noble, laquelle se clamoit Murielle, belle de face, et de toutes membres entière, honeste et en conversation sanctissime, digne de mémoire perpétuelment, et estoit merveillosement loée de tout home. Et de ceste cose est de faire espécial mention, quar elle estoit de chrestienne religion, comme se cognoist ou set par digne récitation ou digne dit, laquelle choze par toute Normendie se dit et se croit sanz nulle doute. Et se dit généralement que jamaiz non usèrent ensemble carnalement, que premèrement non s'agenollassent en terre, et requéroient à Dieu qu'il lor donnast fillz, liquel plaisissent à il Dieu devant sa face.

Et la requeste de ces .ij. fu exaudite devant Dieu, loquel non refuse la juste pétition, coment puiz se monstra.

Cap. II. Cestui, non sanz la disposition de Dieu, vindrent à lo nombre de .xij.; as quiex lo père lor Tancrède ensaigna et adoctrina de honestissime santité laquelle il avoit en soi, et qu'il fussent de la santissime églize apostolique deffensors et chevaliers, et destruire fortement la malvaistié de li Sarrazin. Et puiz li dui, c'est Humus (Guillaume) et Drocho liquel estoient li premier, vindrent en aage et en force de cors et de vertu et de volenté, et furent de lo père ensaigniez de chevalerie, et de lui honorablement, coment covenoit à telz homes, et furent ordenez chevaliers. (Ils vont en Pouille et au service du prince de Salerne.)

Cap. III. En cellui temps lo prince de Capue par force molestoit la terre soe (du prince de Salerne), et fu alègre de lo avénement de li Normant et les retint honorablement et o grans dons; liquel ot grant aide de li Normant, et de lor fidélité et de lor hardiesce; dont lo prince de Capue paroit premèrement qu'il deust et poist prendre toute la terre, et en poi de jors fu constrainst par contraire fortune de mander dons et de requerre o proierie de faire paiz secont la volenté de lo prince de Salerne. Et la paiz fu faite et fermée par divers sacremens. Et puiz que fu fermée la paiz, li Salernitain liquel premèrement firent lo nom de li Normant grant jusques au ciel, et puiz furent par lor vertu et hardiesce (délivrés de) la oppression de cil de Capue, pristrent

corage et volenté ensemble et o fortune; et moult
malvaiz homes, et qui petit avoient de conscience, et
comencèrent à avoir envie. Et premèrement non cessa
o la detraction de lo prince pléne de venim, se pensa
en son cuer que se li Normant remanoient en sa terre,
il seroit poi de temps seignor de sa terre, car certénement il cognoissoit sanz doute qu'il estoient sages
et plus vaillant que nul autre home. Car se la volenté
et lo corage de li Normant se muoit à faire ceste chose,
il pooient bien prendre lo prince et toute sa terre; et
de ceste cose avoit paour lo prince, quar non se confidoit de sa gent, quar non lui vouloient bien.

Cap. IIII. Et cellui temps, par la volenté de Dieu et
lo jugement loquel nouz poons conoistre, toute Puille
et Calabre estoit en tribulation et en dolor, laquelle
estoit commise soz la seignorie de lo impéreor de
Costentinoble pour régir, et governoit, loquel la destruisoit; et pour la déliver de sa main est certe chose
que Dieu manda li Normant. Car cil de Puille et de
Calabre estoient si malement constraint et destructe,
que sans lo service non se pooient soustenir, et sans
li tribut et rente qu'il donnoient chascun an à lo impéreor. Et à li Sarrazin covenoit que donassent tribut pour deffendre lor personne, quar non estoit
deffense en li Grex; et se non faisoient cest tribut,
atendoient mort ou prison perpétuel, il et lor fames
et lor enfans. Et ceste meschéance et misère estoit
tant creue, que estoit besoingne à lo impéreor ou laissier la terre à li Sarrazin, ou deffendre la pour soi. Et

comanda li empéréour que en la cité de Rége, laquelle est en Calabre, fust assemblé grant ost de Grez et de Longobart, en loquel exercit avoit mis Maniaco, et en certain jor assembla la multitude de Calabre et de Puille. Li Normant liquel sempremais vouloient estendre lor nome et lo vertu en toutes pars, non que fussent constraint par seignorie de alcun, més solement pour exalter la Éclize sainte de Dieu, alèrent là; et puiz lo prince de Salerne avec li autre Longobart i estoit alé. Et puiz quant furent assemblé li home et li nave de toutez pars, o bon et prospère vent alèrent en Sicille et vindrent après de la cité, et puis pristrent l'arme secont lo comandement de Manico, loquel estoit en lieu de l'empéreor, et quant la bataille fu ordenée, petit et petit comment est acostumance de bataille, commensa la bataille à aler contre la cité (Messine). Et li Sarrazin, liquel avoient esté sovent vainchut (vainchéor) de li Grex, se merveillèrent coment avoient esté hardi de entrer en lor terre, et coment ce fust chose que il non fussent acostumé de aler en lor terre, se non quant il lui portoient li tribut ou quant il demandoient paiz, dont li Sarrazin furent moult corrociez, et petit ou noient en orent paor, pource que estoient moult. Après la porte ordenèrent la bataille, et allèrent contre li chrestien; et quant il se assemblèrent, fortement combatirent d'une part et d'autre. Et de lo primier la fortune commensa à estre contraire à li Grex, quar maiz ou poi non orent victoire, dont en furent férut et moult occis, et jà estoient vainchut et voloient fouir. Humus (Guillaume), prince de li

Normant, non vouloit plus atendre, quar pooit entrevenir celle chose dont non porroient avoir temps de combatre : et premèrement conforta ses compaingnons qu'il soient hardi; et se font lo signe de la croiz, et s'en vont entre lor anemis isnélement come lyon entre li bestes, et fèrent li cheval de lo esperon, et s'en vont contre lor anemis. Et li Normant pour nulle paour non tardèrent, més o grant hardiesce se assemblèrent ensemble et séqutèrent li Sarrazin, et là comencèrent li Normant à combatre à main droite et à main senestre moult fortement de une part et d'autre de la bataille, et moult en occistrent. Et ensi li féroce Sarrazin, avieingne que soustenissent la bataille de li Normant par aucun hore, et toutez voies, quant il ne porent plus, foyrent dedens li mur de la cité, quar il non véoient coment il se poissent autrement salver. Et vint Humus avec ses compaingnons qui avoient pléne victoire de li Sarrazin, vindrent corrant et entrèrent en la cité eaux sécutant et férant, si que li Sarrazin non porent clorre les portes.

CAP. V. Et li Grex et li Longobart vindrent après li Normant, et autresi entrèrent en la cité. Et ensi de lui Sarrazin non eschappa, senon cil que li chrestien vouloient garder pour servir à eaux. Et en ceste manière la cité fu prise pour la hardiesce de li Normant. Et fu ordenée de li chrestien comment se devoit régir. Manico o tout son exercit ala sur Sarragoce (Syracuse); et li Sarrazin, quant lo sentirent près de la cité, issirent contre lui armés. Et puiz se assemblèrent o grant force et moult en furent mort. Et de la part de li Sarrazin avoit un Sarrazin qui se clamoit Archadie, c'est prince et doctor de la loy; et cestui estoit de tant grant force et hardiesce, que li Grex et li Longobart non pooient ester devant. Et puiz que il ot occis assez et moult de chrestiens, les fist fouir devant sa face comment li lop devant li peccoire. Et Humus, loquel se clamoit Bras-de-Fer, car par sa vertu sempre aloit au plus fort, non pooit plus soustenir lo damage de li chrétien, o grant force (ala) contre Archadie, et o grant vertu lui ficha la lance en lo cors. Et puiz que Archadie fu mort, en loquel estoit toute l'espérance de li Sarrazin, pour grant paour foyrent à la cité et serrèrent la porte et deffendoient la cité o les pierres. Et pour ce que la cité estoit mise en fort lieu et avoit moult de forteresces, douta Maniaco qu'il non perdist plus que non gaaingnier; pour laquel chose s'en parti et ala avec son ost à Trajane. Et Trajane estoit en la hautesce de un grant mont, et cellui mont estoit tant fort, que cil qui là habitoient non pooient avoir paour de nulle multitude de gent qui sur eauz venist. Et là estoient assemblé plus de .xv. mille Sarrazin, non pour garder lo lieu, més pour combatre contre li cristien. Et une grant part de li Sarrazin puiz qu'il virent que ces chrestiens avoient mis lor siége, vindrent contre li chrestien combatre; et li Normant, liquel avec li hardement avoient la fortune prospère, non orent paor de la multitude de li Sarrazin, ne autresi de lo lieu liquel estoit fort, alèrent contre li Sarrazin, et sans demorance moult en occistrent. Et cil qui remainstrent fugirent dedeus li mur. Et quant il combattoient contre li Sarrazin, et li Grez, liquel s'estudioient de voir la longue bataille et non se mistrent en lo péril, firent une grant proie de bestes, lesquelles non estoient deffendues ne gardées de null, et de ceste proie non firent part à li Normant. Et ceste choze comanda Manico maliciousement; quar, avoit paour pour la grant hardiesce de li Normant que non entrevenist à lui, et à sa seignorie, celle cose de laquelle avoit paour lo prince de Salerne, c'est qu'il non lui levassent sa seignorie, fist autresi que non eussent part li Normant en la proie, par envie qu'il avoient à lor hardiesce, et dont pensa de donner lor mort. Quar se pensoit Manico, pource que li Normant estoient furiouz, qu'il se deussent movoir à venjance et à manacier, et que par ceste manière autre, come par juste raison, les devissent touz taillier, car avoit grandissime exercit d'autre gent avec soi, et li Normant estoient moult petit de gent, liquel autre si vouloient asallir par manière de justice quant estoient armés, quar non se confidoient moult de li Grex. Et Humus Fier-Bras manda un chevalier soe pour lor part de la proie; et Manico non solement lui néga la proie, més lo bati, et pour vergoingne de li Normant lui péla la barbe o l'ongle soe; laquelle cose fu puiz à li Grex grandissime vergoingne. Et puiz ceste cose faite, li Normant pristrent conseill ensemble et non savoient que se faire. Et aucuns disoient que vouloient faire venjance, et aucun plus sages, et toutes foiz non estoient meins hardit, disoient qu'il estoit miex de soustenir aucun temps; et ensi fu commandé et confermée ceste cose, et la séquante nuit se partirent de lo exercit sans ce que Manico en seust riens, et s'en vindrent vélocement à Messine, et passèrent lo Farre, et vindrent en Calabre, et bien mostrèrent comment il se doloient de l'ynjure qui lor avoit esté faite ; quar venoient déprédant et destruiant les chasteaux et les cités, et adont passoient par la terre de li Grex, et touz les destruisoient ; et vindrent à une cité en Puille qui se clamoit Melfe ; et li Normant et cil de la cité firent conte Humus Fier-Bras.

Cap. VI. Et puiz li Grex sorent que li Normant non solement avoient faite la cité contre la dignité de lo impérator, et avoient faite ceste cité de la terre qu'il disoient estoit soe, més autresi avoient en cuer de seignorier toute Puille; li Grex firent grant ost et vindrent en Puille à Melfe, et avant que commencissent la bataille, mandèrent à dire à li Normant que il se partissent de Puille dedens troiz jors, et tornassent à lor païz en paiz, ou lo secont jor atendissent la bataille. Li Normant respondirent que avant vouloient combatre que fouir. Et li Grex avicingne qu'il avissent paour de la hardiesce de li Normant; toutes foiz se confidoient en ce que li Normant (étoient petit de gent). Et il se appareillèrent de combatre. Et lo secont jour lo conte Humus non vouloit trop targier la bataille à ce que li Grex non prenissent cuer, et laissa aucun de li sien pour garder la cité, et tuit li autre chevalier et pédons mena avec lui à lo plain et ordena la bataille. Et ala là où estoient li anemis, et appella l'aide de Dieu et à la première encontre qu'il vindrent ensemble, li Grex commencèrent à fouir, et li Normant sécutant li Grex, en occistrent moult. Més la plus grant part de Grex furent noiez en un flume qui se clame Olivète, en loquel estoit cressue l'aigue, dont non pooient passer.

Cap. VII. Et quant li Grex furent vainchut toute Puille en prist paour, et espécialment li Longobart qui non estoient de loing de Melfe, et mistrent eaux, et lor chasteauz et lor cités souz la seignorie de li Normant. Et molte de li Longobart, liquel avoient la vertu més non avoient lo use et l'art de combatre, comencèrent à perséquter (imiter) la vertu de li Normant, et non avant invidie més amant la lor vertu, furent fait optime chevalier et furent moult fidel ad acquester. Et puiz furent tutors de li Normant pource qu'il non savoient la contrée; et cestui estoient sage quar voloient avant être conservé o la vaillantize et sapience de li Normant, que estre sous la misère de li Lomgobart (de li Grex) et estre proiez de li Sarrazin.

Cap. VIII. Et puiz que sans doute sot lo roy de Constentinoble, assembla grant multitude de divers pars de chevaliers et de pédons, et les manda en Puille avec un qui se clamoit Ducéane, loquel estoit son préfect; et cestui accoilli avec soi li Longobart, liquel non estoient encoire avec li Normant, et vindrent à Melfe. Et puiz que Humus lo conte de Melfe sot que ceste gent estoient venut, non vouloit demorer à ce que peust avenir novité; et aviciegne que il avoit la fièvre quartane, toutes foiz descendi contre ses anemis o la bataille armé et ordené. Et quant vouloit ordener pour combatre, la fèbre lo pris, car ceste fèbre avoit envie de la gloire qu'il devoit avoir, ou que fu le jor et l'ore soe que lui devoit venir. Et lui prist fortement, dont non pooit estre à la bataille, conforta li sien chevalier, et mist son frère qui se clamoit Drocho en son lieu, et estoit en un mont après pour veoir la bataille. Et li Grex se confidoient en la grant multitude et commencèrent, et résistrent miex que non avoient fait en nulle bataille devant. Et voulant la bataille, atornoient li Normant, pour laquel chose li Normant orent moult grant fatigue; et quant lo conte vit ce, pour la grant ire qu'il ot, vainchi la fièvre et fu turbé que sa gent tardoient à veinchere. Et isnélement se arma et monta à cheval, et appella lo nome de Dieu en loquel avoit moult grand fiance, et ala là où estoit la plus forte bataille. Et coment fulgure entra là, dont li sien pristrent force, et vertu lor fu donnée de lo ciel, dont li Grex non porent avoir nulle espérance de victoire, puiz que Humus lo conte ot occis Duciane de lor, et fuyrent. Et en ceste manière li Grex et furent vainchut de li fortissime Normant, dont puiz autresi come toute Puille fu subjecte à Humus lo conte, aucun par force. Et la renommée gloriouse de cestui conte commensa à aler quasi partout lo monde; dont furent moult liez li Normant et espécialment ceux de (de là) li mont. Et clama à soi toz ses frères, senon dui qui estoient encoire trop petit, quar non pooient encoire faire ovre de chevalerie. Et ceaux assemblèrent parent et voisin, et vaillans homes, et non se curèrent se la voie estoit longue, et vindrent en Puille; et Humus lor donna chasteaux et cités à chascun secont ce qu'il lui paroit qu'il fust digne. Et par lonc-temps li Normant et li Longobart furent governez par lui. Et la mort, laquel met fin en toutes chozes, et autresi nul ne s'en puet garder, laquelle non pardone ne à honeste ne à puissance, elle enporta celui noble conte Humus, liquel estoit (honor) de cavalerie et merveillouz triumphator de ses anemis, à loquel non failloit nulle vertu.

Cap. IX. Et puiz que fu mort Humus et sousterré honorablement si coment covenoit à tel home, fu fait conte son frère Drocho, liquel estoit li secont par nativité après Humus. Et fu fait conte par commune volenté de li Normant. Et cestui en son temps en toutes chozes fu simillant à son frère, et moultiplica et accressi ce que son frère avoit acquesté. Et pource que en toutez contrées et congrégations sont plus de li malvaiz que de li bon, moult de li Longobart orent envie de la vertu et de la prospérité de li Normant; pour laquel chose firent une conjuration en moult de parties de Puille pour destruire li Normant, et laissant toutes les chozes qui estoient ordenées contre li Normant. Une cose espécialment raconte cest autor, laquelle fu faite malvaisement contre li Normant. A un lieu qui se clame Monticel, estoit un malvaiz traitor loquel se clamoit Riso, et cestui estoit ordenéor de tout lo vice, et à ce que peust plus nuire s'estoit fait compère del conte Drocho. Et lo conte non savoit lo tradement de son compère, dont lo conte estoit en cellui chastel avec aucun chevalier. Et cestui traïtor Riso s'en clost dedens l'églize avec aucun compaingne là où Drocho estoit acostumé de aler chascun matin par temps pour faire orations. Et lui o la main soe lui donna par derrière de une lance (à) qui lui estoit seignor et compère, liquel estoit désarmé et sécur; et autresi furent occis ceaux qui entrèrent avec lui en l'églize. Et li autre servicial de lo conte, liquel venoient, fugirent par paour et eschapèrent lor vies pour l'obscurité de la nuit.

Cap. X. En tel manière fu lo nobile conte occis; pour laquel chose li Normant, liquel estoient en diverses pars de Puille, s'assemblèrent pour faire la venjance, dont premèrement firent lor conte Umfre, loquel avoit par soupre-nom Baialarde. Et puiz asségèrent Monticel, et à la fin furent occis li traditor de diverses pènes, toutes voiez la pène non pooit estre tant grande com se covenoit à lor malvaistié lor. Et Riso, loquel fu chief de lor malvaistié, il lui furent tailliez toutes les membres l'une après l'autre, à ce qu'il soustenist plus lonc torment de sa persone. Et au derrain, avant qu'il morust, vif lo souterrèrent, et li autre furent pendut, et nulle autre pène non orent plus.

Cap. XI. Et depuiz li Normant se gardèrent de la malice de cil de Puille, et pensoient en toute manière

que non lor peussent nuire. Et quant plus s'estudioient
li Normant en vertu, tant plus cressoient en multitude
et en puissance. Li grant home de Puille, à qui li Normant laissoient tenir les chasteaux et les cités, s'en allèrent faussement à lo pape, et mistrent grant paour à
lui pape de li Normant, et disoient que se lo pape non
peusoit de chacier tost li Normant, il prendroient lo impère de Rome; et ensi firent venir lo pape o grant ost
de Todesque et de li Romain pour chacier li Normant.
Et lo conte sanz paor, puiz qu'il sot la venue de cest
ost, assembla tant de gent come il pot, et lor ala à
l'encontre en la fin de Puille, et puiz furent mort tuit
li Thodesque et moult de li Romain. Lo pape, loquel
se clamoit Lyon, fu constreinst à fouyr à une terre qui
se clame Civite o petit de homes qui estoient remez;
et li Normant qui estoient là ascégèrent celle terre tant
de temps, que cil de la cité furent constraint, aucun
por paour de li Normant, et aucun pour necessité de
vivre, de faire descendre lo pape par lo mur de la cité,
et lo donnèrent à lo Normant. Et lo conte qui avoit
en soi toute pitié et miséricorde, quar lui ne nul de sa
gent non se murent, quar timoient Dieu en lor fait,
et recheurent lo pape o grant révérence et o tant de
honor coment il porent. Et lui prient dévotement o
grandissime plor et larmes, et en tant que tuit cil qui
là estoient en présence disoient que non porroient
dire de boche; pour laquel choze lo pape sot et entendi la honestissime vertu de li Normant en autre
manière que non lui estoit fait entendant; et que estoit
piétouz et sanctissime, provit soutillement à la utilité

de sainte Éclize, et (donna) à régir à lo conte Unfroi et à li subcessor toute Puille et Calabre de la fin de Granière jusque à lo Faro. Et ce fist-il par sa bone volenté o li conseill de li cardinal soe. Et (non) solement fist imperpétue paiz avec eaux, més autresi lo fist deffensor et confanon de l'Églize sainte de Dieu. Ce fist-il pour ce qu'il l'amoit comment père fait lo filz, et pour délivrer la terre de la tribulation en lo temps présent et de venir, quar savoit certénement que la républica est bénédicte, se fussent tout li home del monde droit comme cestui estoit. Et puiz li saint pape s'entorna à Rome o grandissime domps et présens que il ot, et tuit li sen, de lo excellentissime conte. Et torna à Melfe avec sa gent, et assembla la grandissime multitude de Normans et de Longobart, et fist dui de ses frères console, c'est Malgiere et Humo (Guillaume); et à Malgier dona Capitenat, et à Humo donna Principat. Et Malgiere puiz petit de temps morut, et laissa son consolat à Humo son frère. Et Humo lo donna à un autre frère soe qui se clamoit Goffroy.

Cap. XII. Et mentre que lo conte Umfre régissoit Puille en pais, Robert Viscart, meillor de touz, lo duc et gloire de toute la gent de li Normant, car il estoit honor de cavalerie et exemple de estre vaillant home, expert et de grant force, et de grant cuer, et de plus grand hardiece que home qui se trovast, non fu meillor de lui, quar de cestui soul tout lo munde avoit paor; et lo dieu Marte, lo dieu de la bataille, se merveilloit de sa hardiesce; Pallas, laquelle est déesse de

hardiesce et de sapience, se merveilla de lo savoir de
cestui Robert; et Mercurie, liquel est dieu de haut
parler, se merveilloit de la éloquence de cestui. Et alore
cestui Viscart préma o bataille Valligratania, c'est Calabre; de loquel dist ceste auctor que estoit tel home
que home devant lui non fu el monde, sans les roys,
et de liquel descendirent rois, liquel destruistrent puiz
la gent sarrazine. Cestui avoit fait une terre laquelle
se clamoit saint Marc, et puiz tint en prison Pierre
Bissiniane. Et puis fu mort li vénérable console Un-
frey, et subcesse à lui en la seignorie de toute Puille,
et avoit commise à Rogier son frère, liquel estoit venut de oultre-mont; et qu'il devist régir Cusance et
Marturane, et que il devise server et acquester de
toutes pars, et coment se dira puiz de acquester la
Sycille. Et par invidie entre dui frères fu aucun
brigue, et discorde tant grande que non se recordoient de la dignité lor. Li un fist moleste contre
l'autre, et leissoient de acquester la terre; et plus tenoient cure à l'ire lor que à la raison et au conseill de
lui amis, dont donnoient occasion de alegresce (à) lor
anemis. Et la rayson de ceste discorde fu quar l'un
non vouloit que li autre fust son per et semblant à lui.
Et l'autre non pooit souffrir que son frère fust plus
grant de lui, ne non est de croire que par avarice avissent discorde. Et pour ceste discorde li Grex pristrent
cuer et vindrent de nuit à une terre qui se clamoit
Nicastre, et occistrent .lx. Normant qui gardoient la
cité. Et ceste fu grant occasion dont ces .ij. frères
firent paiz et vengèrent la injurie que li Grex lor avoient

faite. Et furent en concorde et partirent entr'els la terre de Anchifolie jusque à la cité de Rége en Calabre. Et à Rogier fust concédut qu'il feist un chastel en Melit. Et la terre de Melit (d'Ascala) fu rendue à Robert, quar Rogier son frère la tenoit par force, et puiz chacèrent li Grex de la terre de Nicastre. Et puiz Viscart ala cel an en Puille, et assembla et avec son fidel frère Rogier moult de gent, loquel autresi assembla tant de gent come il pooit, et vint jusque à Rége. Et avieingne que Rége soit en fort lieu et soit bien appareillié, et l'asiégia, et la fame de li Normant avieingne que fust par tout lo monde esparse, non lui fist paour. Car i se confidoient en la force de la cité, et atendirent lonc-temps, et en la fin donnèrent eaux et la cité à la volenté de li Normant.

Cap. XIII. Et puiz que la cité fu rendue et Viscart fu fait duc, et puiz lonc-temps ordenèrent-il avec aucune part de lo ost retorna en Puille. Et li autre sécutèrent lo révérentissime seignor Rogier, liquel avoit sempre la volenté de aler as choses plus fortes. Et ala delà lo Pharo en Sycille, liquel vindrent à Messine, et non firent senon préde de bestes, et occistrent les homes qu'il trovèrent et puiz tornèrent in Calabre. Et en cellui temps estoit prince de Palerme un qui se clamoit Bercaniente, liquel avoit grant brigue à lo seignor de Cathainne, loquel se clamoit Vittumen, pource que Vittumen avoit occis lo marit de la soror de Bercanent. Et Bercanent avoit levé une grant part de la terre à Vittumen; et que non pooit résister, vint

Vittumen à lo conte Rogier pour adjutoire et lui promist de lui aidier à conquester toute la Sycille, et o deniers et o chasteaux, et ceste promission fist o sacrement. Et lo vénérable conte, quar sa volenté moult tempestoit pour avoir la Sycile, et puiz qu'il fu prié de Vitume non refusa de aler là. Et assembla sa gent, et ala en Sycille à un lieu qui se clame Trelachi, et puiz que cil de Messine lo sorent, il s'armèrent et alèrent après lo conte là où il estoit. Et un de ceuz de Messine que lui estoit mort lo frère, o une fole hardiesce non à lui recordoit de la parole de Senecca, loquel dist : « La venjance non se doit faire o festinanze », dont ala por occirre Vittumen. Et toutes voiez non portoit ne escu ne haubert, et celle triste gent aloient mal armés. Et en ceste manière encontrèrent lo conte Rogier, dont lo conte fu corrocié que fu hardi d'aler à lui, et lui donna de l'espée parmi les reins et lo tailla parmi, et la part de sus chaï en terre, et la part de souz non chaï si tost, et fu portée de li pié; et avicingne que ce soit forte cose à croire, toutes foiz se doit croire. Et pour cest coup li nostre pristrent hardiesce, et li Sarrazin de Messine de paor conmencèrent à fouir, et moult en furent occis. Et puiz que fu faite ceste victoire, Vitumen remeist en Cathane pour desconfire li Sicylien, et li conte torna en Calabre.

Cap. XIIII. En cellui an lo duc gloriosissime Viscart ensemble avec son frère Rogier o grant navie vindrent en Sycile contre Messine, laquelle cité vainchirent et pristrent. Et puiz que fu vainchue la cité, et ordena lo duc gloriouz Robert Viscart avec son frère, et alèrent à lo chastel Saint-Jehan, à liquel vint encontre Berchanente o moult Arabic, et moult Affricain, et moult Sycillien à combatre contre lo duc, et estoient en universe .xv. mille homes. Et ceuz de lo duc entre à cheval et à pié estoient .vij. cent chrestiens. Toutes voies savoient li chrestien que non est la victoire en la multitude, més est en la fortitut qui est en ciel. Més autrefoiz avoient prové lo simillant bataille, et alèrent contre la multitude de li Sarrazin, et après lo flume qui se clame Gaudente, et sans nulle demorance, coment est acostumance, fortement se aidoient à li .ij. mains. Et à la fin furent mort moult de li Sarrazin et petit de li chrestien. Et ensi furent mort, li anemis de Christo fugirent, et li Normant les sécutèrent o grant hardiesce; .x. mille païens furent mort, et li autre se salvèrent en lo castel de Saint-Jehan. Et li nostre o victoire alèrent o moult de proie à lo lieu qui se clamoit Calatisebet, où avoit bone fontaine, et là se reposèrent et mengèrent et dormirent. Et lo secont jor partirent la proie. Et lo conte Rogier ala à faire proie en la part de Argentière, et delà mena moult de proie, et la donna à son frère Viscart à partir. Et firent un chastel en un lieu qui se clamoit Saint-March, et puiz qu'il orent fait lo chastel, et là laissèrent homes qui bien deffendirent Messine; et laissèrent Vitume pour molester Sycille; et il tornèrent en Calabre. Et une sole nuit demorèrent en Rége, et lo duc s'en ala en Puille, et lo conte ala à Melit.

Cap. XV. Et petit de temps après ce, lo conte Rogier, liquel désirroit la mort de li Sarrazin, torna en Sycille o tout .ij.c. chevaliers, et puiz fist en divers lieuz, et vint à Trajano. Et li Grex qui là habitoient puiz qu'il sorent la vertu et la hardiesce de lo conte, voustrent faire par lor volenté ce qu'il lor estoit nécessaires, et eaux se sousmistrent et lor cités à lui, et lo conte estoit là en la nativité de Nostre Seignour (1061). Et quant il oï que si légat lui avoient aportée la moillier, laquelle avoit faite venir de Normendie, et torna à Mélit avec la moillier soe et o appareillement royal fist les noces. Et la dame estoit noble de nativité, et belle de cors et de face, et ensaingnie de honestes costumes. Et puiz que furent faites les noces, il prist Peterleo o l'ajutoire de Vuttime. Et puiz ala en Puille à lo duc Robert pour la part de Calabre, laquelle lui avoit promisse. Et puiz conut que lo frère lo tenoit en parole et non lui donnoit veraie promission. Il torna à Mélit et assembla optime chevalerie, et s'appareilla de partir la Calabre avec lo frère, non par prière més par force (l'an 1062). Et lo dubitant (Robert) que la demorance non lui feist damage, en petit de temps assembla grant exercit et vint assigier Mélit. Et puiz quant lo conte sot qu'il venoit et s'approximoit, sanz paour, quar en nul fait la fortune non lui avoit esté contraire, appareilla la bataille, et par la porte aperte lui ala contre pour combatre; et puiz qu'il furent assemblé, chasant et foyant, et par lonc-temps mostrèrent lor vertu, et plus por eaux prouver que pour nocère et coment pare fortune combatoient. Et Hernant frère de la contesse, quasi lo plus prove de toute l'assemblée, de un chevalier qui lui vint encontre, lui fu fondue la pancière en lo dos et fu mort. Et que estoit conneu de li Normant de l'une part et de l'autre, la soe mort turba la compaingnie; et plora lo duc et lo conte, et fu fait fin à la bataille dont n'estoit encoire avenue la cose semblable. Et li conte et sa gent o grant pleint portèrent lo cors en la cité, et lo ensepélirent honorablement comment se covenoit. Et avieingne que ceste mort moult desplaisist à lo duc, et li sien se lamentoient de la discorde qui estoit entre ces .ij. frères, et lui prièrent qu'il deust requerre paiz et lui donner alcune rente, toutes voiez lo duc nulle choze commensoit qu'il laissast imparfaite, asségia la terre en .ij. pars, desus et desouz, o dui chastelz de laingne, non se vouloit partir (que il eut lo conte) en prison, ou par faim, ou par soif. Et ces frères non se recordoient de la dignité et fraternité lor, quant si fort estoient anemis. Vitume, liquel deffendoit la part de li Normant en Sycille, à un castel liquel en traïson se vouloit rendre et se clamoit Antiléon, [et là] fu occis en traïson de cil de la terre; et cil de la terre de Géraciane non laissèrent pour la mort de Vitumine, liquel aidoit moult à li Normant, non laissèrent, pource que estoit assigié Mélit, qu'il non mandassent letres à Mélit, à lo conte Rogier, comment lui donnoient le castel lor. Et lo conte de grant cuer, char se confidoit de sa gent, ala en Sycille avec .c. chevaliers, et li autre laissa pour garder la terre, et prist Gracien loquel lui fu donné pour volenté de cil de la cité Grex, liquel habitoient là, et rechut lo sacrement.

Et lo duc quant il lo sot fu triste de la partance de son frère, et de lo chastel qui lui estoit donné, et laissa chevaliers tant coment lui estoit neccessaire pour asségier la terre, et li autre mena avec soi et séquta son frère sanz demorance; et que nulle chose non lui paroit forte, avoit espérance ou par force (ou) pour son savoir qu'il avoit, qu'il auroit son frère en prison. Més la grâce de Dieu dispona lo contraire, quar lo conte pour aidier à Mélit torna tost par autre voie, et non se encontrarent contre lo duc, puiz perdi lo castel qui lui estoit donné. Et lo duc perdi toute l'espérance de pooir prendre son frère; et pource non vouloit perdre tote sa fatigue, pensa prendre lo castel qui estoit doné à son frère. Et vit que li chastel estoit assis en tel lieu que ne pour trébuc ne pour artifice ne par bataille se pooit prendre, lui plot par autre manière prover sa fortune. Il laissa lo habit de chevalier et se vesti come moine, soul, sans armeure, publiquement de jor sailli en la forte terre de Géracie. Et en cellui chastel estait un home grec qui se clamoit Basile, moult puissant de génération et de richece. Et pource que lo duc avoit eu amistié et cognoissance avec lui, puiz qu'il ot venc la terre, ala à la maison de cestui pour soi conseiller à lui, et Basilie lo rechut honorablement. Més un servicial de cestui Basile puiz espia que ce estoit lo duc, et puiz lo révéla à li voisin, et sans demorance tuit li vilain de la terre armés vindrent à la maison de celui Bazile, et il foy à l'Églize pour la subite rumor, et fu pris de li vilain et fu occis. Et la moillier, avieingne que non fust coulpable, fu tormentée de li vilain; et se la grâce de Dieu non avist aidié, lo duc eust esté mort vilanement. Et en la fin lo pristrent et lo mistrent en prison o grant garde et non lui portèrent (honor), et non lui prometoient senon la mort. Et puiz ses chevaliers sorent ceste cose, ploroient et non savoient qu'il devissent faire. Il mandèrent à lo conte Rogier et lui firent assavoir ce que lor estoit entrevenut à lo duc lor seignor, et mandèrent un chevalier; loquel Rogier se mut de pitié fraternel, et laissa aler toutes choses qu'il avoit fait contre lui, et mena li chevaliers, et ceux liquel avoient lessié lo frère pour asségier Melit, ala en Sycille pour asségier lo castel, et mist li paveillon soe defors, et clama à soi li plus sage de Géréziane et parlèrent ensi.

Cap. XVI. « Pour ce que m'avez gardé la fidélité famosissime o manifeste opération, laquel fidélité non vouz estoit constreinte de nul home, més solement de vostre bone volenté me donastes la terre, je vouz en rent mille grâces, filz et amis, et touz les temps de ma vie me efforcerai de rendre vouz en grâces, quar la sage fidélité votre a pris mon anemi, loquel avieingne que me soit frère, toutez voiez a esté plus moleste à moi que à nul autre home, il a esté subtillissime larron de celles coses, lesquelles je ai acquestées vaillantement, et à la soe avarice à pène tout lo monde porroit souffire; et a considéré lo sang mien plus que nulle choze, et pensé ma mort et destruction manifeste à vouz, et absconsément. Més vouz l'avez lié comment se covient à la malvaistié soe; et l'avez en prison, et l'avez gardé

jusque à ma venue. Clarement se manifeste quant de
bien est venut à vouz et à nouz. Et avieingue que ceste
bone cose soit manifeste, toutez voiez est forte cose à
raconter, quar premèrement, pour lo prendre de cestui, est délivré Mélit loquel tenoit assigié, et ai-je ceste
terre délivré qu'il me vouloit tollir; laquelle est vie,
libéral et richesce à vouz et à nouz, et grant gloire
et grant honor en aurez de Dieu et de li home de
cest fait, et de moi rétribution, quar bien l'avez dé-
servi; et de nul averez animistié, quar pour la diverse
et male costume soe, li chevalier sien m'ont fait lor
duc, quar sont liez de la male fortune soe, et se vouz
en doutez demandez lor à ceaux qui là sont en présent.
Or maiz, ce qu'il manechoit de faire à moi, voil-je que
il sousticingne : amenez-lo sà devant moi, quar non
ne pariroit que les pènes fussent grant se je non lo
veisse de mes oilz. Ce que vous feistez de Basile et de
la moillier en absence de moi non me desplaist. Més
cestui qui a offendut moult homes, et devant moult
homes voill-je qu'il soit puni, quar nulle loy est plus
juste que cil qui ont art de mort morent en lor art. »
Et puiz quant lo pitouz conte ot compli ceste parole,
tout fust chose qu'il eust autre cose en cuer, li Géra-
cien furent moult liez de ce qu'il estoient loez, et
avoient bone promission; et encontinent orent aporté
lo duc devant la présence de lo conte, il plora de grant
joie, et lo rechut révérentement coment seignor et
frère carissime, et lo remena avec soi en Calabre ; et de
cellui temps en avant lo duc ot concorde avec son frère
lo conte toute sa vie, et lui donna la moitié de Sycille et

de Calabre que fust soe, et l'autre moitié lui recommanda. Et puiz lo duc s'en ala en Puille, et lo conte avec sa moillier s'en retorna en Sycille. Et estant aucuns jors à Trajane, un jor ala por faire proie à une terre qui se clame Vichosie. Et cil de Trajane o commun conseill essagèrent de chacier la comtesse, laquelle estoit remese o petit de gent, liquel combatirent tout lo jor, et quant il virent qu'il non faisoient utilité, avoient paour de lo avénement de lo console, toute la nuit fabricarent en une petite fosse, laquelle estoit entre lo palais de lo console et l'autre part de la cité, quar lo palaiz estoit en l'extrémité de la cité. Et puiz vint lo conte, moult de foiz combatirent moult fortement, quar li Grex non vouloient donner la cité ne lo conte non la vouloit laissier; et puiz moult de jors, la gent de lo conte pour lo fréde et pour petit de viande estoient moult malement. Més plot à Dieu que une nuit li Grex dormoient, et lo conte espia la contenance lor, occis li garde et prist la cité et la tor qui estoit moult forte. Et lo jor sequent lor donna pène, et finelment fist p[r]endre un qui se clamoit Plotine avec autres qui avoient esté chief de la rébellation.

Cap. XVII. Et en cellui an meismes lo conte qui estoit à Trajane, li home de lo chastel de Saint-Jehan rechurent .v. cent homes, chevaliers approvés, de Affrica et de Arrabe pour chacier li Normant. Et puiz que lo conte lo sot ala encontre, et quant il fut après lo castel à .ij. milles, manda .xxx. chevaliers eslit, de liquel fist chief Serlone son neveu, filz de Serlone son frère, à ce que feissent proie. Et alèrent fin après la porte à ce que li annemis ississent defore et les séqutassent; et il estoient en un val où estoit li boiz après de la voie, come homes sages et ensaingniez de bataille. Et li Sarrazin séqutèrent cil qui faisoient la proie desouz cellui val, et adont lo conte o grant cuer o haute voiz clama l'aide de Dieu secont que estoit l'usance de li Normant quant il commançoient bataille, et férirent sur li Sarrazin. Et Serlone o tout ses chevaliers se torna contre li Sarrazin, ensi que tuit furent mort. Et ensi par expériment se mostra la chétiveté de li Affricain et Arabe, de venir combatre contre li Normant.

Cap. XVIII. Et avieingne que li Sarrazin fussent moult dolent de ceste prospérité qui avenoit à li Normant, toutes voies non savoient que Dieu combatist pour eauz ne contre la néquitie lor, et créoient faire grant service à Dieu de perséquter li chrestien, et assemblèrent autre foiz .xxx. mille chevaliers et pédons sanz nombre, et avec lor multitude se créoient chacier li Normant, liquel estoient moult petit de gent. Et pour ceste grant congrégation et désiroient de venir à combatre, et vindrent à Cerrane pour la asségier. Et puiz quant il furent après lo chastel, demorèrent à près lo flume. Et fu dit à lo conte coment estoient venut. Et lo conte manda Serlone son neveu o .xxx. chevaliers à conforter li home de Cerrane, que il prometoient à estre là lo secont jor. Et coment home de grant cuer non lui paroit nulle choze se il (Serlon) non mostroit la vaillantize de ses parens et sa hardiesce, et vouloit avant que son oncle venist faire alcune cose dont il fust nomez et fust puiz loez. Dont au matin lo secont jor avec ses .xxx. chevaliers descendi de lo castel et appella l'aide de Dieu, et fu hardi de assaillir celle grant multitude et exercit; et encontinent o grant paour, quar créoient que lo conte fust venut o grant exercit, ou par la potence de Dieu dont est chose certène que à lui est de donner et de tolir la victoire, touz fuirent, et li chrestien les séqutèrent fortement, moult en occistrent; et puiz furent fatiguié et non porent plus retorner [à lo castel, et en cellui jor lo conte come il avoit promis] à li paveillon li Sarrazin, et li Normant pristrent de li meillor chose qu'il trovèrent et s'en tornèrent à li chastel. Et en cellui jor lo conte come il avoit promis o tout cent chevaliers vint à Cérane. Et puis li nostre manchèrent de perséquter li Sarrazin, (et ils) se recuillirent de toutes pars, pour laquel cose moult plus tornèrent à li paveillon que non avoient esté devant; et tant paroit celle multitude coment tout li païen de tout lo monde se fussent aüné ensemble. Et li conte ne nul de li soe se recordoit de avoir veu tant multitude ensemble. Et puiz que fu passée la nuit, et estoit jà tierce, lo conte qui maiz non fu vainchut, à ce que li sien non dubitassent pour la multitude de li anemis, clame li sien à soi et o ceste parole les conforta, et dist : « Ensi je croi que null de vous dubite que la victoire soit pour la multitude de la gent, ou vieingne de Dieu »; et raconte l'ystoire antique et ramène à mémoire, « quar en moult de grant bataille lesquelles avons euez delà et desà de lo Farro, sempremaiz avons eu victoire, et maiz non fûmes senon petit de gent, et combations avec moult de gent; adont o certe foi et sanz doutance est de croire que sol Dieu puet donner et tollir la victoire, quar il puet faire tout ce qu'il veut ou o moult, ou o petit, ou o nulle cose; adont non dubitons nouz; quar se serons o pitouse volenté à son service, porrons nous faire celle cose, laquelle sanz la grâce soe non porrons faire se fusson moult sanz fin. Pour laquel cose, o fortissimes chevalier, non aiés doutance, més soiez sécur de la victoire; fortement alons à la bataille, quar se lui poons vaincère ceste grandissime bataille et multitude de diversez parties, por laquel cose je non doute que petit de fatigue aurons à conquester l'autre part de Sycille, nul salut ne se puet espérer en la fuie, laquel Dieu liève de toute la génération nostre, laquelle cose se voulions fouir non seroit sans grant vergoingne, ne non seroit sans péril de vie, quar pour l'aspre vie et pour la multitude de li anemis non porrions eschaper; et se voulons sà estre reclus, comment ce soit choze que nous n'atendons autre aide de nulle part, et prolongons la bataille, li anemis acroistront en plus grant nombre et nouz pour deffaute de vitaille non poons ester; et solement o tout l'arme devous cerchier la victoire nostre ». Et puiz que li conte o conforté sa gente par ceste parole et par similante, tuit par une parole respondirent qu'il vouloient combatre. Et lo conte commanda qu'il se armassent, et de tuit li

sien fist .ij. batailes, acommensa descendre del mont
à la valée por combatre. Et li anemis, puiz qu'il les
virent venir armés à combatre, laquel chose non atendirent alègre, mistrent de toutes pars chevaliers et
autre gent qu'il non peussent eschaper par fouir, et o
festinance les cerchoient de enclore, laquelle li chrestien non pensoient de faire. Puiz fu donné lo signe par
lo commandement de lo consule en la première bataille, de laquelle estoit chief Serro, et fu veu un chevalier vestut de blanc, o cheval blanc, moult grant de
persone et de face, estre tenut en révérance o un gofanon blanc et la croiz rouge, et cest chevalier o grant
impet rompant entre li anemis. Et coment il estoit
merveillouz, merveillosement les turboit; pour laquelle cose la nostre gent pristrent merveillose hardiesce, et force, et o haute voiz clamoient l'aide de
Dieu, et sans nulle tarjance corurent contre li anemis, séqutant cellui chevalier, et à la part contraire
de li Sarrazin failli la force et la hardiesce; et puiz li
Archadie de Palerme fu occis, et fu occis de une lance
de lo consolle, li Sarrazin getoient li arme, et par
fugue cerchoient de eschaper à la mort lor. Més li
chrestien non remanirent de les persécuter et de occire,
juque que .xx. mille armes en mandèrent en Enfer,
solement de chevalier, et li autre pour la nuit qui sour-
vint fuiant en lo haut mont escanpèrent la nuit lor vie.
Et li Normant furent fatigié, quar moult en avoient
occis, o joie retornèrent à li paveillon de li anemis,
et partirent également la proie. Et confortèrent lor
cors de mengier, et de boire, et de repos; et li séquent

jor de matin alèrent à li mont où estoient fouiz li anemis; une part en occistrent et l'autre mandèrent à vendre en Puille et en Calabre (l'an 1063).

Cap. XIX. Et puiz en ceste manière Cérane fu délivré de lo siége. Et lo vénérable conte (alant) vers Argente o .ij. c. chevalier, comment ce fust cose qu'il apportassent de la proie sans fin, .vij. c. chevalier de Arrabe se estoient partut de la cité absconsément par une brève voie pour issir par une voie secrète et estroite et cavée, et (surprendre) li nostre qui menoient la proie. Et cest chevalier estoient abscons entre .ij. montaingnez sur la voie cavée. Et li conte avec la plus grant part de li chevalier venoient derrière; et li chrestien qui venoient et menoient la proie, entroient en celle voie cavernouse, dont pour les pierres que il lor menoient subitement lor levèrent la proie et aucuns occistrent de ceux qui menoient la proie et li autre furent constraint à fouir à lo mont. Et quant lo conte oï la criée, vélocement corut, à pène ot espace de clamer sa gent liquel estoient fouy à la montaingne, et séquta li anemis, et recueilli la proie et ot moult lie victoire; quar là perdi un optime chevalier, c'est Gautier de Similico, liquel curroit hardiement contre li anemis et fu occis.

Cap. XX. Puiz petit de jour lo conte venant de Palerme o proie, subitement survint une multitude de anemis, et par la male aventure lor furent hardi de combatre contre li Normant, et li Normant tuit les occistrent, si que par la maléditte aventure lor non remainst un vif.

Cap. XXI. En cellui meismes temps lo duc de Puille Viscart avoit asségié une terre en Calabre qui se clamoit Jelo; et ceuz de Ajello non porent soustenir lo fort assaut de li duc, rendirent la terre; toutes voiez avant que rendissent la terre furent mort approvéz chevaliers de lo duc, ce est Rogier-Ebollante et Gilebert son neveu de Rogier, et lor cors sont en sainte Euphamie [loquel estoit de moinnes noirs, més maintenant lo tiennent li frère de Saint-Jehan par force.]

Cap. XXII. Puis que lo conte qui estoit de grant cuer ot Aiolle, quar nulle home estoit major de lui de grant cuer, et par publique comandement fist assembler tuit li Normant et Longobart de Puille et de Calabre, et fist asségier Bar (l'an 1068), cité grande et bien garnie par nature de lieu et par artifice, dont le lieu est moult fort; et autresi estoit bien garnie de bons combatcor. Més maiz non avoit esté seignoriée de gent latine, et jamaiz non vouloient oïr nomer li Normant. Et se confioit lo duc de l'ayde del frère soe par mer et par terre et de toutes pars, et asseigia late (la cité?) de toutes pars en tel manière que nul home non pooit issir de la cité. Et lo glorisissime frère sien, lo conte Rogier de Melit, restreingnoit la bataille marine. Et à ce que plus légèrement peussent secorre l'un à l'autre, fist un pont de la terre jusque à la navie, l'un de une part de la cité et l'autre de part de li confin, et o vit

de vingne lo miex qu'il pot. Et avicingne que ceuz del
Bar eussent paor de la vertut de li Normant plus que de
nulle chose; et toutes foiz pour mostrer qu'il mostrassent que il non eussent paour, et pour non donner espérance à li anemis de prendre la cité, lo premier jor que
fu mis siége mistrent sur la forteresce et sur li mur quant
or et quant argent et quant bone vestement avoient, o
tant alégresce et son de tromppe et tuit li ystrument
qu'il avoient, à ce que l'ost qui estoient defors lo poissent bien veoir. Et lo duc plus sage que home vivant,
plus ot lo cuer à prendre la cité, et en brief temps fist
tors de laingne et diverses générations de trébuc et de
autres ystrumens, et chascun jor o terribile assaut
donoit à li mur de la cité. Et cil de la cité se efforcent
de deffendre la cité o pierres et o dart, et mistrent lo
sarement de vingne pour recevoir li cop de li trébuc.
Toutes voies non volirent maiz ovrir la porte por
combatre contre li Normant. Et poi qu'il virent lo
duc invictissime ester ferme pour confondre la cité,
coment ce fust chose que il non avoient espérance
qu'il fust longuement si ferme, et ce qu'il non pooient
faire tuit ensemble cherchèrent de faire par un home
sol. Et au soir de nuit, quant li duc estoit à souper
en son paveillon, un home del Bar prist hardiesce,
quar lui fut promis deniers, et vint tout soul jusque
à lo paveillon de lo duc, et entra sécurement dedens
coment ce fust un de la famille, et geta .i. dart à lo
duc; més, par la grâce de Dieu, non lui fist mal; et
puiz quant il l'ot mené, comensa à fouir, et pour ce
que la nuit estoit obscure, non peust estre pris. Et

lo duc se merveilla de telle aventure, et fu corrocié de tant perfidie coment avoient cil de Bar. Més à ce qu'il se peust miex garder de lor euganement, commanda que fust faite une maison de pierre dedens l'ost. Et en cellui temps, un Grec qui se clamoit Argentine, avoit gardée la cité de Bar par troiz ans à Dyogène, impéreor de li Grex; et cestui, puiz qu'il vit que ne par force ne par enging qu'il eussent non pooient délivrer la cité del siége de li Normant, il manda en Costentinoble pour cercier aide. Et li message alèrent, et quand ils retornèrent, il amenèrent nefs chargiez de gent et de vitaille. Puiz quant vindrent à Duras un de ces Normans qui se clamoit Zocelin, loquel lo impéreor avoit fait duc de Chorinthe et le avoit fait chief de li nef qui devoient aler en Puille, vindrent devant Bar li message sien qui portoient ces lettres qui disoient : « Gozelin, duc
« de Chorinte, mande salut à Archiéchie, duc de Bar.
« Sachiez pour cert que à la quarte nuit ou plus tost
« vendrons à toi o grant aide, pour laquel cose faites
« feu sur li mur de la cité, à ce que voions la voie
« par quoi devons venir; et à ce que vouz aiez plus
« grant foi de nouz, nouz aurons lumière en nos
« nefs. » Et celle nuit, cil de Bar qui atendent l'ajutoire, facent (firent) feste et portent en lor mains ciergez ardans. Més lo révérent conte quant il connut li navie de li Grex o lo lume comme estoille, ala lor encontre plénement et comanda que en chascune nef fust faite lume come en celles qui venoient, et poiz petit à petit se mesla entre li anemis, et quant il fu

entr'elz, il commensa à crier comment s'il les voulist assaillir. (*Bari se rend; les deux princes vont en Sicile, et attaquent Palerme*)¹. . . . . Més il (leur neveu) torna sain et salve; et sa gent créoient qu'il fust mort, pour laquelle chose il ploroient. Et un autre jor, li Normant assailloient en moult de manières la cité de celle part que gardoit lo conte. Et cil de la cité plus universalment que non soloient vindrent pour deffendre celle part. Et lo duc plus savoit de touz, et pour ce se clamoit Viscart pour sa hardiesce, de l'autre part de la cité o .xxx. chevalier rompirent la porte, et une grant part de la cité jusque à li mur dedens pristrent et tindrent. Et quant lo conte lo sot, il ot paour que tuit cil de la cité non se tornassent contre lo duc et lo chasassent, quar il estoient petit de gent, et ala là o une part de son excercit, là où estoit lo duc entré; et lo jor après virent cil de la cité que ils non pooient ressister contre la vertu de li Normant, orent conseil avec li message qui aloient et tornoient; li citadin donnèrent la cité del Bar (Palerme), laquelle premèrement se clamoit Panorme, à lo duc et à lo conte son frère, homes qui jamaiz non furent vainchut, et donèrent ceste cité royal sur certène loy et covenances qui encore sont gardées (janvier 1072). Et à ce que li citadin non avissent hardement de rompre les covenances et faire bataille, firent faire .ij. chasteaux moult fors, l'un après de la

---

¹ Il y a ici, d'après le texte latin, une omission de vingt-cinq lignes, provenant peut-être du copiste, et que le manuscrit n'indique pas.   C. F.

mer, et l'autre en un lieu qui se clame Galga, et les firent faire en brief temps.

Cap. XXIII. En cellui temps (que) ces .ij. frères, qui mais non furent vainchuz, estoient en Palerme, Serlo lor neveu, qui moult se confidoit en sa vaillantize, non se peut garder de la malice de li Sarrazin en Cerrane. Un jor un Sarrazin, ami et familiare soe (anuncia à) lui que solement .vij. chevaliers de Arabe devoient venir à Cerrete (Cerrane) pour proie, et Serlo lo crut et les séquta o petit de gent; et moult de anemis estoient absconsément repost; Serlo perdi li compaignon, et li cheval lui failli, et fu constraint de saillir en une rippe qui lui estoit après, dont il estoit sécur que nul ne lui pooit venir derrière, et coment li porc salvage entre li chien, et touz ceuz qui devant lui venoient non se partoient sanz pène. Et puiz toute la multitude s'asembla devant lui, et o dart et o sajétes menèrent et donèrent plus de mille cops, et en ceste manière rendi la soe sainte arme à Dieu; et puiz alèrent et traistrent lui cuer del ventre et lo se mengèrent; et puiz lui taillèrent la teste et la mandèrent en Affrica à lor roy, loquel se clamoit Theunimio par son nom.

Cap. XXIIII. En celui temps, Gisofe, prince de Salerne, combatoit contre cil de Amalfe, et la cose pour quoi il avoient brigue estoit quar lo père de Gisolfe quant il asseia Amalfe fu occis. Et cist Amalfiten non pooient résister contre Gisolfe. Il se mis-

trent à régir et à deffendre soi et la cité lor à lo duc
Viscart, et lo duc fist quatre chasteaux en un mont de
après. Et puiz que Gisolfe non pot avoir la cité ferma
paiz avec eaux. Més la ducesse non pot tenir lo duc
qu'il non asségiast Salerne (1077); et Abajalart, neveu
de lo duc, qui estoit anemi de lo duc son oncle, estoit
dedens Salerne. Et quant cestui virent que pour lonc
siége et pour fame non pooient résister la terre, issirent absconsément de nuit por un de lor anemis, et
ala o poi de gent en Calabre à Saint-Séverin. Et puiz
que cestui se fu parti, lo prince n'ot nulle adjutoire,
rendi la cité à lo duc.

Cap. XXV. En cellui an meisme (1077) lo duc à
Canne prist Hermant, frère de Bajalarde, et lo manda
en prison à Melit; et Bajalarde, pour délivrer son frère,
rendi à lo duc un chastel que il tenoit contre la volenté de lo duc. Et lo duc lui promist de délivrer lo
frère. Et puiz passèrent alcun moiz que Hermant non
fu délivré. Et Abajalarde, pour l'amor de ¹ (son frère,
impétroit) pour ce que (lo duc deust acm)plir la
prom(esse soe; més lo duc respon)di : je non irai (à
Gargane de ce jor) à .vi. ans, et a(vant Hermant non
peust es)tre délivré. Et (Abajalarde, con)turbé de ceste
(response, mist lo siége) à un chastel qui (se clame
la Rip]pe de Sainte-Agathe, et entra là et fist brigue
à la terre de lo duc, et lo duc vint pour lo asséger.
Més messages aloient et venoient pour ordener que lo

---

¹ Il y a ici plusieurs lacunes dans le manuscrit, qui a été gâté en
cet endroit; le texte latin a servi à les remplir.   C. F.

duc délivrast Hermant, et rechust lo sien chastel (1078). Et quant ceste chose fu faite, Bajalarde et son frère alèrent en Costentinoble pour amener lo impéreor pour combatre ; et qu'il non lo porent amener, furent mort de dolor.

Cap. XXVI. Non estoit encoire complit l'an (1078), que vint un exercit par mar de Affrica en terre de Otrente et Calabre. Li viel home occioient, et li jovène rendoient pour argent; et alcun enportoient en Affrica à lo roy. Et le secont an vindrent à Mazaire après de Trapane o grant navie, et entrèrent en lo port par force, et desrobèrent la cité, et .viij. jors lui donnèrent bataille, et (asségiérent) lo chastel loquel avoit fait lo conte. Més dedens estoient hardit combatéor, et lo premier jor que vint là l'ost, mandèrent messages à lo conte coment l'ost estoit venut. Et lo conte encontinent ala o tout sez Normans, et sanz demorance moult de Sarrazins furent mort; et li autre, qui estoient remains, petit foyrent en Affrica à lor roy.

Cap. XXVII. Et puiz que li conte ot ceste victoire, torna à Melit par Cataine, et comanda à Hugues de Brechie son gendre, loquel avoit fait seignor de Cataine, et lui proia qu'il se gardast de l'engane et fraude de li Sarrazin, et espécialment de cil de Sarragoce (Syracuse). Et puiz se parti Hugue, et plus se confida en sa grant hardiesce que à lo sage conseill de lo conte, et clama en son ajude Jordain, vaillant chevalier et fill de lo conte, et alèrent à combatre contre cil de Sarragoce. Et un jor Benervete, prince de Sarragoce, assembla une grant multitude et se abscondi en un val non de loing de Cataine, et manda. xxx. bon chevalier pour faire issir li citadin de la cité. Et puiz que Hugue et Jordain lo sorent, mandèrent après eauz. xxx. autres chevaliers pour faire fouir et donner lor impédiment. Et lui puiz o tout l'ost sanz festinance les alèrent séqutant plus avant que non estoit reposte la multitude ; et alore Benervente puiz la grant multitude, li féri derrière et fu mort (Hugue), et Jordain o petit de gent à grant pène peust eschaper de la main de li anemis. Et li xxx, liquel manda premèrement Hugue, persécutèrent li anemis, fuirent à Pacernonie [viij. milles loing de Cataine] et se salvèrent l'âme. Et puiz lo conte vénérable sot ceste cose, ot grant dolor de li sien, et sanz demorance assailli lo castel, liquel estoit moult riche et servoit à Beneverte, et estoit en la pertinence de Sarragoce; et o grant hardiece et vertu lo vainchi. Il fit rompre li mur et geter en terre, et touz les homes qu'il trova occist, fors les fames et les enfans eschapèrent la vie, liquel furent vendut en Calabre. Et puiz o tout li ost soe ala par lo val de Nuit, et ardi et tailla tout li labor; pour laquel chose lo séquent an fu grant famine en Sycille. Et quant ceste chose fu faite, lo conte et Jordain son fill portèrent li paveillon lor à Trabelle, et mist lo siége entor et procurent de lo prendre. Et après à Trabello estoit un lonc champ quasi d'une part attornié de mer, et cil de Trabelle, quar pour l'ost non pooit aler à autre part, chascun jor menoient berbis et li autres bestes à paistre. Et puiz que Jordain, lequel estoit de grant cuer coment son père, lo sot, o .c. chevaliers abconsément de son père naviga la nuit en cellui lieu, et se abscondi en un val obscur, et passa la première hore del jor, li pastor amenèrent infinite turme de bestes de diverses manière à paistre. Et se partirent solement .x. chevaliers, car se toute la multitude de li chevalier fussent issut fors, force non fussent issut cil de la cité; et pour la griée de li pastor tuit li home de Trabelle corurent pour recovrer la proie et prendre li anemis. Et li premier qui estoient issut fors de la terre jà estoient assemblés avec li .x., et Jordain et toute li autre issirent del val et se mistrent dedens la terre et li anemis qui estoient issut defors, et touz les occistrent ou les portèrent liez ensemble o tout les bestes à li navie, et poiz les portèrent à lor paveillons. Et quant ceste choze fu faite, ceux qui estoient en la cité en cellui meismes jor se rendirent. Et puiz lo conte vint de Trabello, et cil de lo castel similantement se rendirent.

Ci se comence lo secont (Livre) de l'amirabile duc Viscart.

LO SECONT LIVRE.

Cap. I. Puis que la admirable magnificence de lo duc Viscart non ot plus que acquester, désidera de acquester lo impére de Costentinoble, par juste et honeste occasion. Et une rayson estoit que la infidèle gent de li Grex desprisoit de faire débite obédience à l'églyse romaine. L'autre raison estoit pour faire venjance de la gréve injure qu'il avoit rechut de li Grex, quar Michiel, loquel avoit sagement governé lo empiere, quant il vit que la vertut de li Normant pooit nuire à l'empiere, lor vouloit à perpétuel paiz soi acorder avec elz. Et adont prist voie et manière que la fille del duc Viscart fust moillier de son premier filz. Et puiz ceste parentesce fu faite, li Grex naturalment sont anemis non solement à li Normant, més de tuit li Latin pour l'envidie qu'il ont de il; pour la desplazance de cellui mariage, chacèrent Michiel, lor seignor, de lo roalme, et lo constreinstrent d'estre moine loing de Costentinoble. Et pour ce que son filz marit de la fille de lo duc avoit esté coroné, à ce que li Normant non peussent remanoir en celle seignorie, lo firent chastrer à ce qu'il ne peust engendrer, et mistrent en prison la fille de lo duc; quar se elle fust retornée à son père avoient paour, por ce qu'elle avoit porté corone, ne prensist pour marit alcun vaillant home loquel vousist raquester le royalme. Et entre ces avoit un Grec qui avoit lo venin del païz, faingnoit et disoit qu'il estoit Michiel empéreor, et qu'il estoit fouy de la malice de li Grex; pour laquel choze, puiz que li duc avoit vainchut Bar, venoit à lui pour ajutoire por pooir raquester son royalme. Et lo duc qui estoit plus sage de toz homes, avieingne que par moult de indice de moult de parole non doutast qu'il disoit mensonge, et toutez foiz ceste mensonnie lui pooit estre moult utile pour avoir de li chastel de li Grex. Et lo tint .ij. ans honorablement avec lui, et pour ceste malice qu'il trovoit en li Grex. Et la hardiesce de lo duc fortificoit la rayson, ordena lo ducée soe pacifiquement, et ordena son exercit par mer en Ydrote (Otrante), et manda une part de son exercit por espier li fait de li Grex, et se por fortune peussent prendre chastel ou cité. Cil alèrent et noient ne porent; toutes foiz distrent que en l'ynsule de Groffe (Corfou) estoient moult de gent, liquel en nulle manière del monde porroient résister contre la puissance de lo duc. Et adont sanz demorance lo duc entra en lo navie (l'an 1080), et en brief temps applica à la terre de li anemis, après de la terre qui se clame Herricho, et toutes foiz alcune de li nef, pour lo fort vent, alèrent à Baiosa [laquelle est un autre insule], més puiz tornèrent à lo duc. Et pour paor Cassioppe et Corffo et altre cités, furent subjecte à lo duc. Et puiz quant vindrent à un lieu qui se clame La Valonie, adont en vain li Grex vouloient contrester contre li Normant.

Et li duc o trébuc assalli la cité, et encontinent li home et la cité furent subjecte. Et autre firent à cil qui habitoient en Canne qui lui estoient après; et puiz alèrent à Duras et l'asségèrent et chascun jor lor donnoient bataille. Et cil de la cité s'efforchoient de deffendre o pierre et o sajètes, et puiz lor failli la force, et rendirent la cité.

Cap. II. Et jà avoit esté dit à Alexio, roy de Costentinoble, comment li Normant come anemis estoient venus, et des terribles batailles qu'il faisoient partout là où il venoient. Adont assembla batailles sanz nombre pour combatre li Normant (l'an 1081). Et jà cil de Venice, pour moult de domps et promissions, vindrent en adjutoire à Alexi jusque à Duras. Més lo duc, loquel à nulle cose estoit pégre et toutes chozes espioit, manda une part de sa gent à combatre par mer avant que entrassent en lo port, et comencèrent la bataille hardiement. Et quant li Vénicien non porent plus soustenir, fugirent et demandèrent trièves jusque au secont jor pour faire paiz. Et puiz fu donnée trièvre, li ost de lo duc retorna à li paveillon. Més li Vénicien, qui habitent et conversent avec li Grex, sont usez de la fausseté de li Grex. Toute la nuit emplirent lor nefs de pierres et de sajètes pour combatre et orent lances aiguës. Et lo secont jor, lo duc manda à caux pour confermer la paiz. Més non solement négarent, més manechoient. Et la séquente nuit vindrent à Duras pour combatre contre lo duc. Més la gent de lo duc naviguèrent contre eaux hardiement, et comencèrent à combatre; més une nef de li Vénicien fu noié, et li autre fuyrent, et ensi la bataille fu finée.

Cap. III. Et lo jor après, li servicial de lo duc alèrent sà et là por aporter vitaille. Et de un haut mont virent en un val une grant multitude de gent com se tout le munde i fust assemblé, et Alexe les menoit. Et ces o grant festinance retornèrent à lo duc et li distrent tout lo fait. Et le bon duc, qui maiz non fu vainchut, liquel, par la grant hardiesce qu'il avoit, et pour moult de choses prospères qui lui estoient avenues, n'avoit paour de nulle choze, ne nulle choze non lui paroit forte; et que alcun de li sien non eussent de la grant multitude paour ne espérance de fouir, fist traire toutes les nefs en terre et les fist ardre. Et encoire se monstra la merveillouze sapience de lo duc et sa grant hardiesce, quar à ce qu'il non peust perdre la victoire laquelle avoit acostumé d'avoir, leva de son exercit celle espérance laquelle ont li pauroz. Et puiz que furent arses les nefs, chascun ot espérance de salver soi par bataille. Alexi mist son exercit près de lo exercit de lo duc à .ij. milles, et por ce que estoit alé la plus grant part de lo jor, lo duc estoit sollicite de ordener son fait et à espier lo fait de ses anemis. Et avieingne que son cuer eust espérance de la victoire, laquelle devoit avoir, toutes voiez non vouloit combatre jusque au séquent jor. Et la nuit dormi avec son filz Boramunde, et au matin oïrent dévotement la messe, et se confessa et acommunica il et toute sa gent. Et en sa présence clama toute sa gent, et lor pria qu'il fussent vaillant, et puiz, par son commandement, tuit se armèrent, et furent ordenéez les batailles, et les mena bel et plénement pas à pas en lo lieu où estoient li anemis. Et Alexi de l'autre part ordenoit la turme soe; et en première bataille mist li Engloiz (qui) soloient doner cuer à li Grex, et les autres après coment lui paroient plus hardit, et alcun en mége et alcun derrière. Et il séoit sur un cheval moult légier, et par paur qu'il avoit estoit sempre derrière et regardoit que faisoient li Engloiz. Et fait fu signe d'une part (et d'autre), et commencèrent à combatre (le 18 octobre 1081). Et li Engloiz au commencement combatirent avec arme qui estoit faite coment coingnie fortement; més pour ce que non avoient escu ne haubert; més li vaillant duc o la seconde bataille comme lyon assembla contre li Engloiz, et deffendant o l'escu et o l'arme, et les férirent o la lance et o l'espée, et moult en occistrent. Et puiz furent vainchut li Englois. Lo duc parmi de li anemis ala où estoit Alixes, et cellui puis que oït lo terrible nom de Viscart, liquel nom parroit que sonast par tout l'air, il prist lo cheval et isnélement s'enfoui et son ost autresi, et li Normant après, et tant en occistrent que fu merveille, et orent en prison. Et en cellui camp avoit une églize de Saint-Nicholas, et moult de ceux qui fuyoient entrèrent en l'églize; et li autre montèrent sur l'églize tant qu'il rompirent li tref et chaïrent, et tuit cil qui estoient dedens occistrent. Et puiz quant lo duc vit qu'il non pooit avoir Alixe en sa main, et vit qu'il avoit la victoire, retorna à li paveillon de ses anemis et commanda que quelconque home tochast .i. paveillon, fust riche, fust poure, sans brigue fust sien; saus lo paveillon de Alexe, qui fu gardé pour lo duc. Et celle nuit et lo jor séquent demorèrent là o grant joie et o grant triumphe, et furent moult riche de la robe de li Grex. Et li vaillant duc, à ce que l'ost peust estre sécur (et à ce qu'il) constraint cil de Duras qu'il se rendissent, il fist en brief temps un chastel fortissime en une montaingne à près un flume qui se clamoit Deuna, et se clamoit lo chastel Viscart. Et quant il estoit lonctemps sur Duras, un marcheant de Venice qui se clamoit Dominique, ami et familiare de li Grex, gardoit une moult forte tor dedens la cité. Et lo duc parla une nuit à lui secrètement, qu'il rechut en la tor homes armés de lo duc et lui promist une quantité de argent. Et puiz qu'il furent, levèrent lo gofanon de lo duc dont pour paor dedens troiz jors se rendirent (8 février 1082).

Cap. IIII. Et puiz que lo duc ot la cité, il la bailla à garder à Froment de Rosoi, et lo duc s'en ala o tot son ost à Castoire. Et Alexi avoit mis en garde de celle cité troiz cent Engloiz, quar non se confidoit de li paourous Grex. Et puis vint lo duc pour metre siége. Et il se mostrèrent appareilliez de deffendre la cité. Més puis que lor anemis orent appareilliés divers générations de trébuc, orent conseill li Grex avec li Engloiz et se rendirent eaux et la cité à lo duc. Et lo duc lor concédi la liberté qu'il avoient souz Alexe. Et ce faisoit-il à toutes les cités qu'il prenoit; pour laquel chose il estoit jà tant amé de li Grex, que moult de chasteaux et de cités de lor bone volenté se rendoient à lui.

CAP. V. En celui an que li magnifique duc Viscart prist Castoire, li empéreor de li Todesque, loquel se clamoit Henri, tenoit enclos et asségé lo pape Grégoire en la tor de un qui se clamoit Crescence. Et li Romain plus s'enclinoient à lor avarice que à lo commandement de l'églize, pour ce qu'il voloient pour pape lo évesque de Ravene qui se clamoit Gillebert. Et un Romain por part de lo pape vint à dire ceste chose à lo duc et à querre ajutoire. Et puiz lo duc, plein de fidélité et de constance, entendi ceste chose, fu moult conturbé en soi meismes, quar se dubitoit de perdre la terre qu'il avoit conquestée o grant fatigue et ensi novellement laissier la à governer à autre entre la fausseté de li Grex. Et autresi lui paroit moult fort, et contre la foi soe lui parroit de faire se, en tant de neccessité, non sovenoit à lo seignor soe de ce qu'il lui prioit. Toutes foiz fist capitain son filz Bojamunde de son exercit; et lui o une sole nef vint à Ydronte, et de là manda par tout lo duchié soe ses letres et général commandement que de où seroient homes d'armes ou pédons, ou chevaliers, sauz nulle demorance doivent sécuter lo duc à Rome (1084). Et puiz tuit li Normant et tuit li Longobart, sauz nulle excusation, vindrent en la fin de Compaingne, et tant près qu'il pooient voir Rome. Lo duc, loquel pour sa grant hardiesce non laissoit lo sens ne la hardiesce, ordena la bataille coment devoit combatre, et à bel pas les mena, quar il créoit sans doutance que li Thodesque et li Romain venissent contre lui armés ; ne pour ceste espérance non laissa de faire ce qu'il avoit comencié.

Cap. VI. Et puiz que li empéreor de Rome sot sanz doute que venoit lo duc, pour la fausseté de li Romain, qui jamaiz non sont ferme à lor seignor, et pour la prospérité et fortune de lo duc, ot grant paor et se parti de Rome (au commencement du mois de mai), et non vouloit voier par expérience et fortune de lo duc laquelle avoit oï dire.

Cap. VII. Et quant li Thodesque s'en furent fouy, li duc rompi le mur par force et entra en Rome, et contre la volenté de li Romain o grant hardiesce traist lo pape Grégoire de la tor de Crescience, et lo mena à son siége à Saint-Jehan-de-Latran. Et cil de la cité non vouloient que ce fust sanz pène de lo duc qui ce avoit fait, assaièrent de lo vainchere par bataille [et] lo tiers jor de subite et sanz provision. Et lo duc encontinent clama sa gent et les fist armer et combatirent fortement, et puiz furent vaint li Romain, et une grant part de la cité fu arse, et puiz mandèrent pour paiz à lo duc. Et la paiz fu confermée o tot moult sacrement secont la volenté de l'une part et de l'antre, et à lo pape fu gardée la liberté pour lo fidélissime duc sien. Et li pape ot paour de remanoir avec li Romain, si s'en ala avec lo duc en Puille.

Cap. VIII. Et quant fu Henri fouy, li roy de li Thodesque, et li duc de li Normant avoit tant de victoire en Rome, adont Bojamunde fil de lo duc asséja une cité de Grèce, laquele se clamoit Arse. Et Alexi, qui bien savoit que li duc non i estoit, qui moult avoit grant paur de lui, ala o moult de gent pour délivrer la cité. Et Bojamunde, moult noble chevalier, quar ressembloit à la haute noblesce de son père, laissa lo siége et lui ala encontre o bataille ordenée por combatre; et quant vindrent por combatre, li Grex, secont lor costume, foyrent, et Bojemunde ot la victoire. Et ensi avint que en .i. jor lo duc invictissime et lo fil veincèrent ij. empéreors, l'un à Rome et l'autre en Grèce.

Cap. IX. Lo duc laissa le pape à Bonivent, et que lo sien cors n'avoit jamaiz repos, retorna à la terre de li Grex, laquelle estoit la plus grant part soe. Et la venue soe fist grant alégresce à sa gent, et grant paour et dolor à Alexe. En cellui yver acquesta moult de cités et moult de chastelz, et de ceste hore en avant Alexe non lui vouloit estre encontre. Et quant vint l'esté lo duc estoit à troiz jornées près de Costentinoble, et avoit acquestée tant de terre. Et Alexe, liquel avoit esté desconfit .ij. foiz en bataille, avoit déterminé de plus tost laissier l'empére que de combatre plus contre lui. Et la riche cité de Costentinoble non atendoit autre de Alexe que destruction. Alore, à li .xv. jors de Jul (1085), quant lo sol entroit en li signe de lyon, et la mort, laquelle a sempre invidie de toute joie, vainci et supéra lo duc Viscart, loquel non maiz (fut) vainchut, liquel faisoit paour à tout le munde, ne l'escut sien jamaiz non volta en bataille; et mist terme en sa vie et en sa seignorie.

Cap. X. Et en cellui an que lo duc assembla les nefs en Ydronte pour aler en Grèce (1080), lo vénérable conte Rogier o .xxij. chasteaux fait artificiosement asséja Tauromonie. Et un jor aloit de un chastel à l'autre avec un sol compaingnon qui se clamoit Ansalarde, pour ordener des chozes, et aucun Sarrazin estoient abscons à près la voie en une fracte, et subitement lui corurent sus et occistrent Ansalarde, loquel se mist entre lo conte et li Sarrazin. Et lo conte, qui étoit soul et désarmé, non pooit combatre moult anemis, appéne pot eschapper. Més à la fin, celle cité se rendi à lo conte pour lo lonc siége et pour fame.

Cap. XI. Et puiz quant Tauromine fut rendue, lo conte retorna en Calabre. Et un païen, loquel lo conte avoit fait major et gardien de Catane, dona Cathane a Béneverte, anemi de lo conte. Et ce fist il pour avarice, quar lui dona et promist moult d'argent. Et puiz que Jordain lo filz entendi ceste choze, encontinent vint là o tout .c. chevaliers, o liquel vint Robert de Quinteval, très noble chevalier et fort, de Normendie, et Helya, liquel avoit esté premérement Sarrazin, més puiz fu catholique home et de grant cuer et destructor de li Sarrazin, et bien ensainguié de chevalerie secont li Normant. Cestui fut puiz pris de li Sarrazin del castel de Saint-Jehan; et pour ce qu'il non vouloit renoier Christ, fu taillié en petites pièces, et ensi entérement amoit Crist. Et quant ceste gent venoient avec Jordain à Cathaine, Béneverte fu superbe pour la grant gent qu'il avoit, ovri la porte et lor ala encontre fors de la cité. Més pource que lor anemis estoient usé de combatre et avoient grant cuer et non se curoient de la multitude, pristrent la bataille et alèrent contre lor anemis. Et Jordain, qui moult en occist de sa forte main, cerchoit de combatre contre Béneverte; més Béneverte va fuyant, et non voloit contrester contre Jordain, coment lo cerf fuge devant lo lyon. Et que la fortune fu moult contraire à la gent de Béneverte, non pooient torner à la cité quar les portes furent clozes, et moult qui non porent entrer dedens furent occiz. Et puiz li anemis furent rechut dedens li mur, et Jordain non se vouloit partir avant qu'il eust prise la cité. Et estoit entor la cité avec ces .c. chevaliers coment avist moult grant gent. Et Béneverte, qui non se confidoit en sa force ne de ceuz de la cité, et la nuit seconde avec un Sarraziz traytor s'enfouy en Sarragoce (Syracuse), et la demandoit quar lui estoit promise. Et cil de Sarragoce lui donnèrent la mort, laquelle non lui avoient promis; aviengne que estoit juste cose de doner lui secont sa malvaistie.

Cap. XII. Après celle nobilité et vertu qu'il ot conquesté Sycille, la ordena pacifiquement ; et la soe fame, laquelle se clamoit Herenborc, fu morte, dont en prist une autre, laquelle estoit de lo noble sanc de Karllmaingne, laquelle avoit née en Lombardie, et de la part de lo père et de la mère avoit esté ensaingné de honestez costumez, et se clamoit Alesmalquize. Ceste dame avoit dui soror moult belles, lesquelles dona pour fames à dui de ses filz : la major à Goffrey, et la menor à Jordain, home discret et amable. Et Goffroy ot une maladie qui non se pooit curer, dunt en la vie de sa fame se fit moine et servi à Dieu. Jordain passoit touz ceux qui estoient de son temps de vaillantize et de honestez costumes, tant come fu en lo monde, et demoroit en Sarragoce dont lo père l'avoit fait prince. Et lui vint une fièvre aguë et fu mort. Et lo sanctissime conte quant il vit que non avoit fill, fit proière à Dieu, et fu avec la dame soe, et engendra fil et filles, et vescut jusquez en vielletce, et fu sollicite à faire et hédifier ecclizes, lesquelles li noble hoir sien governèrent après lui et les enrichirent par toute sa terre. Et secont l'usance de France les ordena religiosement, et fu deffensor de li orphane et de li vidue, et aidoit à li paure. Et ce estoit similitude de santité, et toutez foiz par nécessité de nature humane fu besoingne qu'il morust, et manda à Dieu son arme clarissime avec li saint. Et fu son cors enterrez honorablement en l'églize, laquelle il avoit faite. Et quant il fu mort, Symon, son premier fil, fu fait consolle, liquel vescut petit de temps ; et toutes foiz fu grévement guerroié de cil de Puille.

Cap. XIII. Après cestui subcédi cellui grant home, et plus que home, lyon de justice et fermement de paiz, Rogier, loquel fu merveille de lo munde et resplendor de toute vertu, et sur touz autres roys sage et grant, loquel premérement fu conte, et puiz, par la volenté de Dieu et par sa sapience, fut duc de Puille et prince de Capue, et à lo ultime fu roy de Sycille, de Tripolle et d'Affrica, et li fin de son royalme multiplica longuement.

Cap. XIIII. Et dist lo maistre qui raconte li fait de cestui et sa grant loenge, que non suffiroit la sagesce de Tullie, et ensi met fin de son Livre.

Explicit Liber,

DEO GRATIAS.

APPENDIX.

I.

GLOSSAIRE

DES MOTS INUSITÉS.

A

Accessoit : arrivoit.

Accolta (interpellation) : vous qui êtes ici réunis! ou *ascolta*, écoute! écoutez!

Accomunica : communia.

Achate-pain, *acate-pain* · corruption de *catapan*, officier de l'ancien empire grec.

Afféca (*afléca?*) : affligea, fut contraire.

Aoint : joint, ajouté.

Ape : abeille.

Aplica : accueillit, adopta.

Arme (prist l'arme, page 112) : fit l'épreuve par le fer rougi.

Artifice : machine de guerre.

Asoutilliée : arrangée, fortifiée, défendue.

Aspide : aspic (serpent). La phrase où ce mot est employé (page 29), est un proverbe italien.

Auguste, l'*auguste* : titre de dignité dans les familles impériales de Constantinople, donné à l'empereur régnant.

Avénement : arrivée.

Avier : flatter, être de son avis.

B

Bestiame : bestiaux.

C

CAINGNAT, *coingnat* : parent.
CANICIE : blancheur des cheveux, chevelure blanche, vieillesse.
CASTRIMARGIE, *gastrimargie* : gourmandise, goinfrerie.
CAYCI, *cayti* (li) : gouverneur, officier militaire (mot arabe).
CECARE : aveugler, nuire, offenser.
CERNATOR : éplucheur, tamiseur de farine.
CÉSAIRE : le césar ; titre de dignité inférieur seulement à celui d'empereur, à Constantinople.

CITRE : citron et autres fruits analogues.
CLARÈRE : vin clairet.
COCOLLE, *cuculle* : capuchon.
COILLIR : assembler, cerner.
COMPOSTEMENT : en ordre, posément.
COMPRENDRE : soumettre, vaincre.
CONOSCENTICO : connoisseur.
CONVERSATION (l'habit de) : l'habit monastique ; matière de conversation (page 22), règle monastique.
CRUDÈLE (la) : la mort.

D

DÉEN : dessin.
DEFFETTE (lo) : la négligence.
DENAVIERS : deniers.

DOMER : vaincre, subjuguer.
DUCÉE (la) : le duché.

E

EFFORCIÉS : renforcés.
ENVOISE (s') : s'en aille.

ESTROITES : serrées, nombreuses.

F

FÉRUE : blessure.
FESTINA (se) : s'empressa, s'avisa.
FLACOLLE : flambeau (page 155).

FORCE, *forse* : peut-être.
FORTESCE : force, vaillance.
FRÈDE (lo) : le froid.

G

GATH : chat, machine de guerre.
GÉNÉRATIONS : sortes, espèces.

GENNILLE : génisse.
GRATE : claie en osier.

APPENDIX.

I

Imoit (il se imoit) : il s'abaissoit.
Impet : vigueur, courage.

Insidioient, *insidier* : tendre, tendoient des embûches.

J

Judée : un Juif.

L

Liga, *ligat* (li) : attacha, frappa ; frappés d'excommunication.

M

Maçast : détruisit, écrasât.
Manchement : diminution, privation.
Manchier : diminuer, mutiler. *Mancoit, manchoit* : diminuoit.
Manco : moins. *Cose manque* : chose moindre. *Manque poiz* : moindre poids.
Mandre : clôture en bois, parc pour enfermer les troupeaux.

Manesa, *manechia* : menaça. *Manesa* (page 22) : toucha de ses mains.
Masserie : meubles, bagage.
Meallez : mailles (pièce de monnoie).
Mége : moitié. *A mèje voie* : à mi-chemin.
Métoient, *mètre* : moissonnoient, moissonner.
Mozicue : griffe?

N

Néquitie : méchanceté, perversité.

Noce : noyer (arbre).
Noiceles : noisettes, noix.

O

Occidental : assassin.

Opprist : retient, ralentit.

P

Pala : palais, édifice.
Pari, *pare* : pairs, officiers.
Pat : pacte, convention.
Patrie : parâtre.

Péperce, *péorée* : poivre, mélange poivré.
Pet : poitrine.
Pingnote : petite coquille.

Pollistre: poulains et pouliches.
Prède : proie, butin.
Prème desoupre : opprime, presse, serre en dessus.
Premérevaire : printemps.

Principe : prince. *Principe, principée :* principauté, autorité de prince.
Provoier : explorer, reconnoître un lieu.

R

Récéper, *récepter :* recevoir, accepter.
Recoistre : reconnoître, témoigner de la gratitude.

Rencloste : se ferme, demeure.
Rompre : se précipiter.

S

Sallute : forêt, bois, passage.
Salmes : salaisons?
Ségoingnier : inquiéter, vexer, attaquer.
Seige : signe, caractère, inclination?

Sence (lo) : le soin, la sollicitation.
Sollie : tabouret.
Souvenu, *souvenir, sovenir :* subvenir, aider.

T

Tacer : taire.
Tidue : tous les jours, chaque jour.
Tradement : trahison, traîtrise.

Travacles : travaux de fortification.
Trébuc : machine de guerre.

V

Veincéor : vainqueur. *Veinchère :* vaincre.

II.

HYSTORIA ROTBERTI GUISCHARDI.

(Extrait, inédit, d'un Manuscrit de la Bibliothèque Royale, n° 6257 de l'ancien fonds Latin, et du xiiie siècle.)

Rotbertus Wischardi de Normannia exiens, vir pauper, miles tamen, ingenio et probitate sua Apuliam, Calabriam sue ditioni submisit, et insulam Siciliam de manu Ysmaelitarum liberavit; Rotgeriumque fratrem suum ejusdem insule comitem appellavit. Deinde mare transiens, Durachium, urbem nobilem, cepit; Dalmatiamque et Bulgariam super Alexium imperatorem adquisivit. Insuper eum ter bello fugavit, et romanum Henricum semel ab urbe fugere compulit, et pontificem romanum quem ceperat, ab eo liberavit. Qui cum innumerabilia pene fecisset probitatis indicia, hoc de illo constans habetur, quod, nisi morte preoccupatus fuisset, filium suum Boamundum imperatorem faceret, se vero regem Persarum, ut sepe dicebat, constitueret, viamque Jherosolimorum, destructa paganismitate, Francis aperiret. Nunquam victus est quamvis sepe pugnaverit. Venetos, qui contra eum omni virtute sua convenerant, cum stolo suo ita profligavit, ut nec fuga nec pelagus illis esset auxilio. Nec fuit terrarum locus ita remotus, in quo rumor, fama, timor Wischardi per omnium fere ora non volitaret; et ut verius de eo dici possit, nulli regum aut imperatorum Wischardus secundus extitit. Solebat enim de eo dicere Guido, dux Aquitanorum, qui fuit vir illustrissimus et preliator fortissimus, ita ut cum fratre suo Willelmo, qui jam obierat, Wasconiam sibi subjugarent : Nullum hominem probum debere vocari, nisi solum Wiscardum, qui, cum generis esset ignoti et pauperculi, majus omnibus fecisset hominibus. Wido autem, dux predictus, novi monasterii cenobium Pictavi (à) fundamentis erexit ; quem de propriis redditibus juxta munificentiam suam valde ditavit, domnoque Ugoni abbati Cluniacensi ad disponendum tradidit (1). Rotbertus autem Wischardi in terra mortuus est imperatoris, ut cum magno exercitu terra marique contra eum (Alexium) perrexerat. De quo quidam aiunt quod veneno necatus est. Sepultus est autem apud Venusiam in cenobio monachorum quod ibidem ipse adhuc vivens construxerat.

Reliquid enim Rotbertus Wichardi moriens filios duos : Boamundum, quem adhuc privatus de privata uxore genuerat; et Rotbertum ducem Apulie, quem de filia principis Salerni susceperat : quibus terram sibi adquisitam dimisit. Rotbertus autem dux filium Willelmum genuit, et ducem post se Apulie reliquit; qui sine herede mortuus est. Boamundus vero, dum, post mortem patris sui, Francorum proceres Jherosolimam tenderent, eis, relictis omnibus, ut dictum est, se sociavit, et consortem laboris sese fieri rogavit. Qui postea, capta a Francis Antiochia, princeps ejusdem urbis factus, magnum, ob sue probitatis meritum,

---

(1) La donation faite à l'abbaye de Cluny, par Guillaume, duc d'Aquitaine, du monastère qu'il fit édifier à Poitiers, *monasterium quod facio edificare juxta civitatis sedem Pictavis*, est de l'année 1076. L'ancienne charte existe à la Bibliothéque royale, et elle est imprimée dans le nouveau *Gallia Christiana*, tom. 11, *instr.*, col. 354, et dans Mabillon, *Annal. ord. Benedict.*, tom. IV, p. 633.

dedit posteris documentum. Nec non ob morum elegantiam filiam Philippi regis Francorum, Constanciam nomine, uxorem habere meruit; de qua filium Boamundum juniorem suscipiens, post se reliquit heredem. Rotgerius autem comes, frater sepe dicti Wischardi, Rotgerium filium sue dominationis successorem moriens instituit.

In hoc tempore Willelmus, cognomine Rosseth, qui Anglis imperabat, moritur. Enricus vero frater ejus regnum suscepit ejusdem. Fuerunt enim ambo filii Willelmi Bastardi, qui Angliam adquisivit.

Rotgerius Rotberti Wiscardi nepos, mortuo Willelmo Apulie duce, et Boamundo juniore Antiochiam migrante, utriusque possedit hereditates; et cum omnia prospere sibi cessissent, regem se vocari maluit, et multos nobiles, ne sibi forent contrarii, alios exheredavit, alios occidi precepit, et eorum terras solus possedit.

III.

CHARTE

(inédite)

DE LA DONATION FAITE A L'ABBAYE DE CLUNY, PAR PLUSIEURS CHEVALIERS NORMANDS, DE L'ÉGLISE DE SAINT-CASSIEN D'OLZIATE, DANS L'ANCIEN ROYAUME DE NAPLES,

EN L'ANNÉE 1093.

Anno ab incarnatione Domini Nostri Jhesu Christi millesimo nonagesimo tertio, et mense octubre, indictione secunda, Ecclesiæ et Monasterio beati Petri qui vocatur Cluniensis, Nos in Dei nomine, omnes milites quorum nomina subter legitur : Primus Wifredus, Ardericus, Oglerius et Algisus, Johannes Arnoldus, Lanfrancus et Arnoaldus germanus, Bernardus Lanfrancus, Americus et Otto pater et filii, Lanfrancus de Rancate, Oddo, Umbertus pater et filius Ardengo, Otto filius Odonis, Bertrame, Uberto et Ardengo germanus, Bertrame, Maginfredus, Oberto, Otto, Rolandus et Rolandus filius Ottoni, Fredencione et Rolam filius Algerii, et Johannes Abbaiamonte, et Lanfrancus Williencione filius, Bertrame, Milo de Zelonico et Olricus de Salbiate, Pagano de Binago Scavo, Arnoldus de Olziate, Girardus et Alberto pater et filius, Oldo et Anselmus de Rancate, et Johannes, et Ariberto, et Alberto, Adelardus, Wifredus clericus, Bonefatio, Wilielmus et Rogerio germanus, Otto filius Bertrami, Wala filius Maginfredi et Maginfredus germanus, Petrus filius Algisi et Olricus germanus, et Oricus filius Uberti, et Americus filius Bernardi, Bernardus, Johannes Abiatici, ipse Bernardi, Petrus filius Alkeri, Gallerio et Williencione filii, Rusticus de Zelonicus et Otto germanus, Frogerio filius Arnoldi, Oprandus, Brochardus et Johannes germanus de Salbiate, Wifredus, Wilielmus de Binago, Tedoldo, Arnoldo, Bezo, Cunradus, Walandro, Ariprando, Roboldus et Petrus germanus, Siro, Aldus, Wilielmus, Americus, Rodulfo, Johannes germanus, Ardricus, Luitprandus, Wido, Willientione, Pagano filius Wiberti, Oliverio, Anselmus, Obizo, Odo filius Miloni, Wilielmo, Otto de Zelonico, Rusticus, Lanfrancus, Benenato. Nos omnes milites secundum nostram legem quod professi sumus vivere, Langobardorum et Romanorum principibus, diximus : Quisquis in sanctis ac venerabilibus locis de suis rebus aliquid contullit, centuplum accipiet et vitam eternam possidet. Et ideo, nos omnes supranominati milites, presenti die et ora, damus et offeramus, presenti die et ora *a parte* de ecclesia et monasterio Sancti Petri Cluniensis, id est ecclesia una *quod* est edificata in isto loco *Olziate* (1), in honore *Sancti Cassiani* martiris; et est ipsa ecclesia juris nostri; cum omnibus casis et rebus territoriis ad ipsam ecclesiam Sancti Cassiani legibus et moribus pertinentes, ubique inventum fuit *pro* qualicumque ingenio, omnia utrinque. Et permaneat omni tempore ipsa ecclesia cum omnibus suis rebus, qualiter subter legitur, propter commutationem animæ nostræ, et defunctorum parentum nostrorum et peccata redimendum; ita ut *damodo* in antea omni tempore, ipsa ecclesia Sancti Cassiani, cum omnibus suis, pro priore illo Petrus presbyter Dei servo et monachus de ecclesia et monasterio Sancti Baptista Johanni, quod est edificato in loco Vertemate intra castro quod dicitur Vetus, et pro omni priore suo successore qui in ipso monasterio Sancti Johanni proordinato esse videtur, et (per) suos monachos quod ipse habet, ipsa ecclesia Sancti Cassiani et suis rebus sit omni tempore detempta, et ordinata, et ministerium faciendum pro nobis peccatoris, et nostrorum parentum defunctorum peccata redimendum. Et de illis casis et rebus territoriis, sediminibus cum edifitiis, clausuris, campis, pratis, pascuis, vineis et silvis, cum omnibus areis suarum et usibus eis pertinentibus, de frugibus et censum quod de istis rebus annue dominus dederit et exierit, fatiat illis prioribus et monachis de monasterio de loco Vertemate, quod est de congregatione Sancti Petri Cluniensis, quod eis necessitas fuerit. Etsi damodo in antea ullo tempore, ullus abbas aut priore de isto monasterio Sancti Petri Cluniensis, si de ista ecclesia Sancti Cassiani, aut de ullis rebus ad ipsa ecclesia pertinentes, ulla invasione per nullo ingenio fecerit ad nullum omnino de ordine clericorum, canonicorum et monachorum seu ad nullus omo laicorum, aut si ad istis prioris et monachis de isto loco Vertemate de predictâ ecclesiâ Sancti Cassiani nec de suis rebus virtute aut ullas potestas fecerit et claruerit; ipsa ecclesia Sancti Cassiani, cum omnibus suis rebus, debeat nostram potestatem revertere, dum usque venerit illa potestas de servi Dei qui in hoc ordine, qualiter superius legitur, fatiat permanere. Et promittimus atque spondemus nos omnes milites, cum nostros heredes, istam ecclesiam Sancti Cassiani, cum omnibus suis rebus, omni tempore *a parte* de ecclesia et monasterio Sancti Petri Cluniensis et predicti prioris, omni tempore defendere et defensare. Quod si defendere non potuerimus, aut si contra hanc cartam offersionis per quodvis ingenium agere aut causare presumserimus, in duplum ipsis rebus pars ecclesia Sancti Petri et prioribus restituere promittimus, quia sic ita nos convenit : unde tres carte offersionis uno tenore scripte sunt. Actum isto loco Olziate. Signum manibus de istorum militis qui hanc cartam offersionis ut supra fieri rogaverunt. Signum manibus Bernardi, Ardengi, Pagani, Bertrami, Arnoldi et reliqui testes. Ego Rogerio qui et Ingezo, notarius sacri palatii, scripsi post tradita, complevi et dedi (2).

Mediolus qui et Otto, judex et missus domni imperatoris, autenticum hujus exempli vidi et legi, et sicut inibi continebatur, sic in isto legitur exemplo, extra litteras plus minusve.

Ego Ambrosius qui et Paganus, judex et missus domni tercii Henrici imperatoris, autenticum hujus exempli vidi et legi, et sic in eo continebatur sicut in isto legitur exemplo, in litteras plus minusve.

Albertus judex et missus domni regis, autenticum hujus

exempli vidi et legi, et sic in eo continebatur sicut in isto legitur exemplo, extra litteras plus minusve.

Ego Lanzo judex autenticum hujus exempli vidi et legi, et sic in eo continebatur sicut in isto legitur exemplo, extra litteras plus minusve.

Rolandus judex et missus domni secundi Chunradi regis, autenticum presentis exempli videns legi, et sic in eo continebatur sicut in isto legitur exemplo, extra litteras plus minusve.

Ego Heriprandus, judex et missus domni tercii Henrici imperatoris, autenticum hujus exempli vidi et legi, et sic in eo continebatur sicut in isto legitur exemplo, extra litteras plus minusve.

Johannes notarius sacri palatii auctenticum hujus exempli vidi et legi, et hoc exemplum ex ipso auctentico exemplavi, et sic in eo continebatur sicut in isto legitur exemplo, extra litteras plus minusve.

NOTES SUR CETTE CHARTE.

(1) Page 323. OLZIATE, où existoit l'église de S. Cassian, donnée à l'abbaye de Cluny par cette Charte, est un lieu connu aujourd'hui sous le nom de *Cassano*, *San-Cassano* et *S. Casciano*, non loin des ruines de l'antique Cossa, dans la Pouille, province ultérieure, sur la route de Naples à Bari. (C. F.)

(2) Page 324. Ici (après le mot *dedi*) finit réellement le texte de la Charte originale; elle étoit *signée* de la main des chevaliers qui font la donation, Bernard, Ardengo, Pagan, Bertram, Arnold et autres, et elle fut reçue et écrite par Roger Ingezo, notaire du sacré palais. Une expédition authentique en fut faite peu après; c'est celle que j'ai sous les yeux, et qui est passée des Archives de Cluny dans la collection de la Bibliothèque royale. Cette copie vaut l'original; sept officiers publics de l'empire réunissent leur témoignage et leur *signature* pour certifier

la conformité de cette copie avec l'*autenticum*, et parmi eux se trouve, le dernier, un autre notaire du sacré palais, nommé Jean, qui a expédié cette copie sur l'original même, comme il le déclare, *et hoc exemplum ex ipso auctentico exemplavi ;* l'écriture du corps de l'acte est en effet de la même main que le certificat de ce même notaire Jean.

Des six autres officiers publics qui authentiquent notre expédition, trois, qui s'appellent Médiolus surnommé Otton, Ambrosius surnommé Pagan, et Hériprande, sont qualifiés de juges et de légats, *judex et missus*, de l'empereur Henri III; les trois autres, Albert, Roland, et très vraisemblablement Lanzo, remplissent les mêmes fonctions pour le roi Conrad II; ils certifient tous avoir vu et lu l'original, et que ce qui y étoit contenu se retrouve dans cette copie, sauf quelques lettres de plus ou de moins, *extra litteras plus minusve*.

La mention de ces juges et légats, d'un empereur Henri III, et d'un roi Conrad II, qui figurent ensemble et le même jour pour authentiquer cette Charte, est une singularité historique digne de quelque attention, et qui n'est pas exempte de difficulté.

L'empereur Henri III, surnommé le Noir, étant mort en l'année 1056, les agens de son autorité ne purent pas figurer dans un acte fait après l'année 1093. Henri III eut un fils nommé Conrad; mais il ne paroît dans l'histoire qu'avec le titre de duc de Bavière. L'empereur Henri IV, frère de ce Conrad, et tous deux fils de Henri III, eut au contraire un fils, l'aîné de tous, nommé Conrad, qui se révolta contre son père, à l'instigation de la comtesse Mathilde sa tante, se fit couronner *roi des Romains* à Monza et à Milan, en 1093, et conserva ce titre jusqu'à sa mort, survenue en 1101. C'est dans cet intervalle de temps que notre Charte fut expédiée; sa subscription est donc conforme aux faits recueillis par l'histoire; les juges et légats *domni* TERCII *Henrici imperatoris*, sont ceux de l'empereur d'Occident Henri IV, qui, en effet, disent les auteurs de l'*Art de vérifier les Dates*, tom. I, p. 19, *se nomma, dans ses diplômes, tantôt Henri III, tantôt Henri IV;* et les juges et légats *domni secundi Chunradi regis*, sont ceux de Conrad, fils de ce même Henri III ou IV, qui se fit roi des Romains, en 1093, malgré son père, et qui se qualifia Conrad II, parce que Conrad le Salique, son bisaïeul, étoit pour lui le roi Conrad I, ayant été, comme lui, couronné roi d'Italie à Monza et à Milan. Il paroît, du reste, que les officiers publics de l'empereur et ceux du roi vivoient en bonne intelligence, intervenoient dans les mêmes actes, simultanément, sans rivalité et presque sans préséance, tandis que la plus vive inimitié ne cessa d'exister entre les deux princes. L'empereur fit mettre Conrad au ban de l'empire, le déshérita, et le poursuivit jusqu'à la mort (en 1101).

D'après ces données historiques, l'époque de l'expédition de notre copie de Charte reste fixée entre l'année 1093, qui fut celle du couronnement de Conrad II, et l'année 1101, qui est celle de sa mort. Si l'intérêt du sujet nous en faisoit un devoir, on rétréciroit vraisemblablement cet intervalle au moyen des noms des deux notaires impériaux qui doivent figurer sur d'autres documens de la fin du xie siècle, contemporains de notre Charte.

(C. F.)

IV.

CHARTE

(inédite)

DE LA FONDATION DE L'ÉGLISE DE NOTRE-DAME DE GYMARA, A SCIACCA, EN SICILE,

Par la princesse JULITTE, sœur du roi Roger, en l'année 1103.

In nomine Domini Jesu Christi, et individuæ Trinitatis, amen. Notum sit omnibus tam presentibus quam futuris, quod ego domina JULLITA, filia comitis Rogeri, cum consensu et voluntate fratris mei Rogeri, regis Sicilie, ducatus Apulie et principatus Capue, edificavi in dominio nostro quamdam ecclesiam in honore beate Marie Virginis, in termino Sacce, pro animabus patrum, et matrum, et filiorum antecessorum et amicorum meorum, et pro illis qui interfecti fuerunt cum filiis meis. Ego dictam ecclesiam fundavi extra muros Sacce, et vocatur Sancte Marie de Gimara ; et est subjecta ecclesie Cluniacensis ordinis et monachis ibidem Deo servientibus. In puram et perpetuam elemosinam dedi et concessi, et in hac presenti carta totam terram confirmavi, sicuti via extendit ubi sita est, ab ingressu ecclesie juxta crucem, et de cruce usque ad viam publicam que vadit ad civitatem que dicitur Achortaj. Et transite viam recta linea usque ad mare, et totam terram que est sicuti aqua que venit de balnea usque ad mare, totam terram infra vallonem et viam que venit de castro Sacce et vadit ante dictam crucem que est inter castrum meum et ecclesiam, per illam dictam terram que prope est vallonem quem vos transitis quando eatis apud Sanctum Calogum, ad balneum situm in montana : totam dictam terram, sicuti ego J. dixi, que est infra vallem prope fontanam et descendit ad mare, et viam que venit de Sancto Calogo usque ad crucem predictam, de cruce recta via ad mare, est tota de donacione mea. Et propter hoc volo et notum facio omnibus quod hanc donacionem ratam et concessam, absque omni calumpnia, contradicione, et demanda, pace et honorifice, quiete et solute permaneant (*sic*). Propterea, dedi et concessi duos casallinos predicte ecclesie, scilicet Bugsabaragi et Beginum, cum omnibus pertinentiis et villanis suis. Ego vero, propter pacem predicte ecclesie, monachis qui Deo ibidem serviunt, et alios viros et vicinos, jussi et feci terminos et divisiones. Ita dico imprimis, et incipio divisiones inter Raabenamuth, et Busabaragi, et Reabularge. Versus orientalem ad dextram descendo ; hic incipio prius ire ad viam que descendit de Raabenamith ad grutam parvam de arbore que dicitur ficus Salvaticus. Dimitto grutam ad sinistram et descendo ad dexteram recte viam que vadit ad molandinum, eo usque ad terram albam versus Reabularge. Dimitto Reabularge ad dextram, et descendo per viam que est inter duas terras albas, una ad dextram, et aliam ad sinistram, et per illam viam descendo, et eo rectam viam usque in proximum vallonem, et de illo vallone recta via per dictum vallonem usque ad flumen. Postea per flumen sursum, flumen ad flumen, usque ad petram magnam, que est in medio flumine prope passum ad dextram; et de dicto lapide respicite versus dextram, et eatis recta via usque ad illam petram, et bene apparet; et de infra petra recta via usque ad aliam petram sursum parum ad primum lapidem, et illa est in dicto vallone, et istam dimittatis ad sinistram. Item eatis sursum per dictum vallonem, usque ad terram albam que est in cacumine montis. Et de illo loco descendatis recta via usque ad proximum vallonem, et in dicto vallone est quasi parum toronum de minutis lapidibus, et est principium vallonis; et de illo loco ascendite sursum recta via sicuti linea est usque ad petram que est parum ante erea de Raspestra et de dicto lapide ad cream. Circa eam sunt plures lapides, et infra cream est in termino tres divisiones, ad sinistram Bugsabaragi, versus dextram Reabularge et Signagi. Et hic dimittatis Reabularge retro, et modo sumus in divisionem Signagi; et de Busabaragi, eamus recta via usque ad Gymaras que sunt ante oculos nostros per petrarum, et per illum marginem recta via per cristum marginem usque ad petram de Gissa, una ad dexteram, et alia ad sinistram, et sunt in pede montis qui vocatur Sarassenis mons Jenone. Et de illa petra que est ad dexteram, ascendite sursum usque in altam montanam per illum dictum vallonem, et super illam dictam montanam in summitate sunt tres divisiones: et primam de Busabaragi; secundam de Signagi; tertiam de Azadin. Nunc modo incipimus iter Bugsabaragi et Azadadin. Vertamus ad sinistram et eamus serre ad serram vel criste ad cristam usque ad cream de Filio Presbyteri, que est inter domum et Gyssam, et illa Gyssa que est prope salinam, et sunt prata; in medio est ficum unum. De illa crea camus recta via que est in crista vel seram usque ad ultimam montanam que dicitur Bybilam, in vallone que est pede montana Bybilam, et Sarraceni vocant Timorem, in lingua latina Angardia. In dicto vallone facimus tres divisiones : unam de Busabaragi, aliam de Begine et alteram de Adadim. Per mediam montanam ascendimus sursum, postea de summitate descendimus ad monasterium usque ad flumen quod venit de Begine : sicuti aqua descendit ad dextram, est de Azadino; similiter sicuti aqua descendit ad dexteram, est de Begin. Postea eamus flumen quod venit de Begin, flumen ad flumen, cursum aque usque ad alium flumen in loco ubi ambo se congregant aquas, et sunt termini de Begyn, et de Azadai, et de Raapſila. Item eamus *iterum* cursum aque, que est divisio inter Bigin et Raabſila sicuti aqua descendit de montana, usque ad portam que dicitur Triemesse, usque ad petram que est in vallone, et est magna petra; et ibi sunt due vallones subter montana que vocatur Linymin, et de illo loco venit ad vallem de Landri, et congregant se ibi divisa de Raabſilla et concluse sunt hic divise de Raabſilla et de Begyn. Hic dimittamus Raabſilla retro, et ascendamus per vallem de Landres sursum usque ad viam que venit de Calambeloth, et jungimus ad fontanam que est in vallone prope viam. Hic cessamus viam nostram et dimittamus iter : Revertamus ad primum locum, scilicet ad grutam parvam de arbore, et reiteramus viam nostram ire ad sinistram, ad primum locum ubi prius incepimus has divisiones, et eamus rectam viam, ad sinistram, inter Busabaragi, et Raabemamut.

De gruta arbore incipiamus ire ad sinistram, et ad dextram dimittamus terram de sancta Maria. Transimus per viam ultra que venit de Raabenamuth et vade ad Reabularge. Nos ivimus criste ad cristam recta via usque ad grutam magnam que est in Rogicum, et dicitur gruta de patre Nasii ; de illa gruta ad nidum avis non est nisi parum ab ista gruta de nido ad foramen nidonigis qui est in dicto Rogito ad fiontem Rogitum, et ibi est districtum parvum inter terram albam et Rochitum. Et de illo loco descendite ad proximam vallonem, postea vallonem ad vallonem usque in thorionem qui dicitur Stratonis, qui est prope viam, et ibi solebant obumbrare bestias de Gofuth. In thorone et de illo thorono descendite ad flumen in quo est passum de Strato qua venit de Calathebeloth et vadit apud Sacce. De illo loco flumen ad flumen usque ad viam que transit per portam Arzilie vel creta, de porta ad proximam vallonem, et de dicto vallone sursum non transire ultra, sed vallone ad vallonem, sicuti aqua currit tempore suo quando pluit, usque ad locum ubi est parvum planum et pontosum propter multitudinem aquarum, ibi est terminus de Raabenamuth et de Bugsaberagi. Et de illo loco eamus recta via usque ad viam que venit de Mazarie et vadit ad Aggrigentinum. Transite viam ultra per medium petrarum per dictam vallonem et in marginem usque ad viam que venit de Monteliane sursum et de Azarivo venit ; et illo loco dicto sunt termini de Bugsabagi et Raabchabtivo. Dimittamus viam retro et descendamus rectam viam in vallone que dicitur Herminie, et ibi est parvum parthosum et planum inter montanas. De illo loco transite ultra flumen, et flumen ad flumen usque sursum, et dimittatis montanam parvam ad dextram, Raabchattivo ad sinistram, et venite recta via per magnam pendatam, et ascendite supra cristam, et venite ad magnam petram que vocatur Misilbe, et alia est parva in via prope magnum lapidem. De illo loco descendite per planum de Bruscas, et venite ad magnam petram que est in dicto plano. Ex alia parte est ad sinistram

Raabchaitivo; et de illo dicto loco eamus pro pede montana usque ad flumen, ad locum ubi se congregant aque; et est ibi una petra in medio, ibi sunt inclusi termini de Raabchaitif, et de Begyno. Ex alia parte de isto flumine est divisio de montana que dicitur gruta Chatona, versus de Begyn, terram filii Aruth. Dimittamus retro infra divisiones ecclesie sancte Marie, et dicitur serra Aruth Filius, et tota est de ecclesia et aqua similiter. De lapide qui est in medio flumine, eamus rectam viam usque ad parvum thoronem; de illo thorone ad unam petram que super se sustinet aliam recta et alta : de illo loco sursum ad dextram de Begynem ad sinistram de Raabchaitivo de flumine, sumus in territorio Begynem. Item de dicto lapide alta eamus sursum ad maximam multitudinem lapidum; de illo loco in altum ascendimus in locum qui vocatur Zeliny, et ibi est una petra alta in summitate montis, et ibi adorant Sarraceni. De illo loco descendamus per margines ad Gymaras ad toronem parvum, et venimus ad montem qui est inter Begyn et Raabmaimon (de sursum potestis videre Beguin et Raabmaimot), in medio est de illa montana ad aliam parvam montanam postea ad minorem; et ite recta via usque ad flumen, et transite ultra ad tres lapides unde una incisa est cum manu : et de istis lapidibus vertetis recta via ad dexteram, per unam parvam portam, et ibi invenietis lapides plures similiter edificamentum. Transite ultra usque in vallonem, postea vallone ad vallonem usque in altum; et ibi invenietis prope viam que venit de Calathebeloth et vadit apud Saccam, de via, viam ad viam, usque ad fontanam predictam. Haec et hic sunt finita et terminos quos nos jussimus et precipimus fieri sicuti in dominio nostro.

Ego Julitta cum consensu et voluntate fratris mei Rogeri, regis Sicilie, dedi et concessi, et ortum juxta fontanam, et in hac carta cum omnibus pertinentiis casalinis predictis confirmavi. Et si est aliquid, vel aliquis de nostris, qui aliquod impedimentum super hanc donationem velit facere vel contradicere, destruat eum Christus sicuti fecit Sodomam et Gomorram, et demergatur in profundum inferni. Et propter hoc (jussimus), ut firmum et ratum sit, cum sigillo nostro munimine roborari. Data anno Domini millesimo centesimo III°. indictione quarte. Amen.

V.

LES FAMILLES NORMANDES,

PAR DUFRESNE DUCANGE.

Bibl. Royale, Suppl. fr., n° 1224.
(*Extrait du Ms. autographe.*) (1)

PRÉFACE.

Je ne doute pas que ce titre ne donne sujet à plusieurs de demander quel rapport et quelle connexité la Normandie peut avoir avec l'Orient, et pourquoy je mesle les familles du Nort et du Septentrion avec celles qui ont paru dans l'empire de Constantinople, dans la Terre-Sainte et dans la

---

(1) Nous bornons cet extrait aux noms et aux temps qui intéressen les textes anciens que ce volume renferme.   (C. F.)

Dalmatie (1). J'avoue que la surprise seroit légitime et raisonable, si je ne découvrois le motif qui m'a porté à les faire entrer en cet ouvrage. Mon dessein n'est pas de traiter des familles alemandes, de Suède et de Danemarch, mais seulement de celles de notre Normandie qui ont signalé leur valeur dans l'Orient, au service des Grecs, ou contre eux, et qui leur ont enlevé la meilleure partie de leur empire, par la conquête tant de la Pouille et de la Calabre, que d'une partie de la Dalmatie, et même de l'isle de Sicile sur les Sarrazins d'Afrique, qui l'avoient emportée sur les Grecs. La connoissance de ces familles est nécessaire pour l'intelligence de l'histoire byzantine, qui en fait souvent mention; et quoyque les lumières que je tâche de donner pour découvrir leurs origines paroissent foibles, à cause de l'éloignement du temps auquel elles ont paru, et que, pour la plupart, elles sont éteintes, je me persuade néantmoins que ce petit recueil donnera quelque jour pour développer les nuages qui semblent obscurcir l'histoire de ces temps-là, et particulièrement celle des Grecs, qui en ont corrompu les noms et les surnoms.

Les anciens Gaulois ont autrefois fait trembler tout l'univers par les déluges des peuples qui sont sortis à foule de leur pays, pour aller conquérir les régions et les provinces les plus reculées, où ils ont formé des colonies auxquelles ils ont laissé des vestiges de leur nom. Les nations du Nort se sont pareillement dispersées dans toutes les parties du monde, ayant jetté de la terreur par leurs débordemens, qui

---

() Cet écrit de Ducange est à la suite de son travail sur *Les principautés et royaumes de Hiérusalem, de Chypre et d'Arménie, et les familles qui les ont possédées*. C'est à quoi cette première phrase de la préface des *Familles normandes* fait allusion. (C. F.)

APPENDIX.

ont inondé presque toute la terre. La France a ressenti long-temps les effets de leur valeur, et s'est veue presque assujétie à ces barbares, auxquels, pour aquérir une paix, elle a esté obligée de céder la plus florissante de ses provinces. C'est celle qui, de leur nom, retient aujourd'hui celuy de *Normandie*, laquelle, avec le temps, s'est trouvée peuplée de naturels françois et de Normands étrangers. L'une et l'autre de ces nations guerrières ont mis au jour et formé des hommes vaillans et belliqueux qui, se voyant dans le repos et dans l'oysiveté, par la paix que leurs princes leur avoient procurée, ont cherché dans les pays éloignez des occasions de faire éclater leur courage, et de donner des preuves de leur valeur.

L'Italie en a été le théâtre, laquelle, estant travaillée de guerres intestines, par les divisions et les différends qui s'élevèrent entre les princes de Capoue et de Salerne, y attira l'un de ces peuples qui, impatiens de repos et de la paix, cherchoient avec passion des emplois dans les armes, dont ils faisoient profession (1). Leur valeur éclata d'abord lorsque, en l'an 1017, ils se joignirent à Melo, gentilhomme natif de Bari, qui, estant mécontent des Grecs, attira à son party Gislebert et ses frères, qui furent depuis comtes d'Averse, et, avec eux, leur fit fortement la guerre dans la Pouille; ensuite ils se mirent au service du prince de Capoue; puis, l'ayant abandonné, parce qu'il ne leur fournissoit pas leur solde assez largement, ils se donnèrent à Gaymar, prince de Salerne, son ennemi, qui, avec leur

---

(1) Ducange cite principalement dans ce mémoire les ouvrages suivans: *Chr. Fossæ novæ*; *Chron. Casin.*; *Guill. Apuliensis*; *Alexander Mon. in chron. sancti Barthol. de Carpinetro*; *Gaufr. Malaterra*; la *Collection Byzantine* pour l'époque dont il s'occupe; *Gio. Villani*; *Orderic Vital*, *Lupus Protosp.: Scylitzés*, etc. (C. F.)

secours, mit le prince de Capoue à la raison. Cependant leur réputation et leurs progrez attirèrent de temps en temps, de la France, les autres gentilshommes normands, qui y arrivèrent en si grand nombre, qu'ils formèrent un corps très considérable dans la Pouille; ils s'y rendirent si puissans, que Maniancès, gouverneur de la Calabre et de la Pouille pour l'empereur de Constantinople, pria le prince Gaymar de les luy envoyer pour s'en servir à la conqueste de l'isle de Sicile, tenue par les Sarrazins, qu'il avoit eu ordre d'entreprendre. D'abord les Normands y firent des merveilles, et se firent admirer également par les Grecs et par les Infidèles; mais l'injustice des Grecs les ayant privés des dépouilles qui leur appartenoient, jointe à la persuasion d'Ardouin, seigneur milanois, qui avoit été maltraité de sa personne par Maniancès, dans les armées duquel ils avoient esté employés, fit qu'ils se révoltèrent contre lui.

Ils remportèrent en ceste occasion plusieurs victoires, deffirent Maniancès, et Boiannès et Docien, qui lui succédèrent en ce gouvernement, en diverses rencontres, et enfin, s'estant rendus maistres de ces deux provinces, ils en firent le partage entre eux, donnant le nom et le titre de Duc à Robert Guischard, et celui de Comtes aux autres; puis passèrent dans l'isle de Sicile, d'où ils chassèrent les Sarrazins; et, avec le temps, ils érigèrent toutes leurs conquestes en titre de royaume, qu'ils transmirent à leurs successeurs de leur nation, tant que, par alliance, il passa en la famille des empereurs d'Occident, et de celle-là en d'autres. C'est ce que j'espère de faire voir par la généalogie abrégée de la principale famille d'entre elles, qui est celle de Tancrède de Hauteville, qui a possédé la dignité royale, et de quelques autres qui se verront ensuite.

GÉNÉALOGIE DES ROIS DE SICILE.

I. (1) TANCRÈDE DE HAUTEVILLE.

TANCRÈDE, seigneur de Hauteville au pays de *Constantin* (Cotentin) en Normandie, vivoit sous le duc Richard II, qui l'eut en grande estime pour sa valeur, à la cour et aux armées duquel il servoit avec dix chevaliers de ses vassaux : ce qui fait voir qu'il n'estoit pas de la basse noblesse, ni sorty des vavasseurs et escuiers, comme veulent la plupart des écrivains; mais qu'il estoit de l'ordre des bannerets et de ceux qu'on nomme barons, qui avoient droit de porter bannière en guerre et d'avoir cry d'armes. Jean Villani s'est mépris lorsqu'il a mis en avant qu'il estoit issu de la famille des ducs de Normandie (2). Il fut marié deux fois, et laissa de ses deux femmes douze filz et plusieurs filles. Le nom de sa première femme n'a pas esté remarqué par l'histoire antiennement; quelques modernes la nomment Morielle (3); mais bien celui de sa seconde, qu'elle nomme Fransende ou Frédésende (Freessenda), qui fut inhumée au monastère de Sainte-Eufémie, situé sur la mer Adriatique, bâti et doté par Robert Guischard, qui y établit pour abbé Robert abbé de Saint-Evroul en Normandie.

---

(1) Ce chiffre romain devant un nom, indique son degré généalogique.

(2) On trouvera, dans divers passages des deux Chroniques ou des pièces de l'appendix, cette diversité de sentiment sur l'origine plus ou moins illustre de Tancrède de Hauteville.   (C. F.)

(3) La Chronique de Robert Viscart (*suprà*, p. 263) donne formellement à la première femme de Tancrède le nom de *Muriella*, ainsi que son texte latin, publié pour la première fois dans la *Bibliotheca sicula* de Carusius, tome II, imprimée en 1723, long-temps, il est vrai, après la mort de Ducange.   (C. F.)

II. ENFANS DE TANCRÈDE DE HAUTEVILLE

ET DE SA PREMIÈRE FEMME (MURIELLE).

II. 1ᵉʳ, GUILLAUME, surnommé *Bras-de-Fer*, à cause de sa force extraordinaire, ayant appris qu'il y avoit guerre entre les princes de Capoue et de Salerne, partit de son pays avec ses frères, et vint en Italie en l'an 1035, où il se mit d'abord dans les trouppes du prince de Capoue, puis se jetta en celles de Gaimar, prince de Salerne (1), où ils acquirent tous tant de réputation par leur valeur, que Maniacès, qui avoit esté envoyé par l'empereur de Constantinople pour combattre les Sarrazins de la Sicile, pria Gaimar, qui estoit venu à bout de son ennemy par leur moyen, de faire en sorte qu'ils voulussent l'accompagner dans cette entreprise, leur promettant de grandes récompenses. Ce que Guillaume, Dreux et Humfroy ses frères, ayant accordé, ils passèrent avec lui dans la Sicile, où ils firent divers exploits, et deffirent les Sarrazins; mais sur ce que les Grecs avoient partagé le butin sans leur en faire part, ils se soulevèrent contre eux, et avec Hardouin, l'un des capitaines qui estoient avec eux dans leurs trouppes, et qui estoit Milanois de nation (2), et non François comme veut Scylitzès, passèrent dans la Pouille, où ils firent le dégât, et s'emparèrent de plusieurs places sur les Grecs, et entre autres de la ville de Melfe, qui est la clef de cette province. Ils défirent ensuite Docéan, qui avoit succédé à Maniacès, et Bojoannès, successeur de Docéan. Enfin s'estant rendus maîtres de plusieurs places, ils se les partagèrent, donnant le titre de comte à Guillaume comme à leur chef, et faisant Melfe capitale de leurs conquêtes, dont Ardouin eut sa

---

(1) Ceci se rapporte au chapitre 7 du second livre de l'*Hystoire*; *suprà*, p. 38. (C. F.)

(2) *Servicial de Saint-Ambroise*; *suprà*, p. 41. (Id.)

part. Guillaume décéda incontinent après, vers l'an 1045 (1), sans avoir laissé aucun enfant. (2)

II. 2ᵉ. Dreux, Drogo et Drogon, eut premièrement pour son partage des conquêtes de la Pouille, la ville de Vénouse ; puis, son frère (Guillaume Bras-de-Fer) estant décédé, il lui succéda au gouvernement général, d'où, en un titre de l'an 1053, ind. 6, contenant quelques donations qu'il fit à l'abbaye de la Trinité de Venouse, il prend ces qualitez ; *Ego Drogo, divina Providentia, dux et magister Italiæ, comesque Normannorum, totius Apuliæ atque Calabriæ*; lequel titre est souscrit de Humphroy son frère, et de Raoul, cousin de Dreux. Il tint peu d'années le gouvernement, ayant esté assassiné dans Montolio, comme il entroit dans l'Église, par un seigneur de la Pouille que Maleterre nomme Ris, Guillaume de Jumiéges et Robert, abbé du Mont-Saint-Michel, Wazon, qu'ils qualifient comte de Naples, ajoutant qu'il le tua en l'église de Saint-Laurent le 10ᵉ jour d'aoust, l'an 1050 ou le suivant. (3)

Il laissa, entre autres enfans, III. Richard, qualifié fils du comte *Drogo*, et sénéchal de Robert Guischard duc de Calabre et de la Pouille, et de son fils Roger, qui, avec sa sœur Aumberge, rebastit l'église cathédrale de Nicastro, qui avoit esté ruinée par les Sarrazins. Le titre qui fait mention de ceci est de l'an 1101, et porte en termes exprès que Robert Guischard et le comte Roger estoient oncles de Richard, le sénéchal duquel il est parlé en d'autres titres. Mais il y a erreur en celui de 1101, dans lequel le père de Richard est nommé Drago, au lieu de Drogo. Il épousa une dame nommée Albenda (4) dans les

---

(1) L'an 1046, selon l'*Hystoire*; *suprà*, p. 60. (C. F.)

(2) Il avoit épousé Guide, fille de Guaymar, prince de Salerne; *suprà*, p. 54. (C. F.)

(3) Drogon fut tué par Riso, seigneur de Monticello (dans la Basilicate), et son compère, à Mont-Alègre, le jour de la Saint-Laurent, 10 août 1051; *suprà*, p. 82, 83, 273, 274. (C. F.)

(4) Il épousa la fille de Guaymar, prince de Salerne; *suprà*, p. 60. (Id.)

titres, de laquelle il eut un fils nommé IV. Robert, qui souscrit un titre de son père pour l'abbaye de Saint-Anastase-de-Carbon ; de l'an 1100, ind. 10. Ceste dame est qualifiée tante d'Alexandre de Clermont, dans une charte de l'an du monde 6634, ind. 4, qui revient à l'an de N. S. 1125, auquel Richard, séneschal, et Albende estoient décédez. Dreux eut encore une fille nommée III. Rocca (1), qui fit plusieurs bienfaits à l'abbaye de Mont-Cassin, qui furent confirmez par Roger, comte de Sicile et de Calabre, son oncle. On lui donne pareillement pour fille III. Gertrude, femme d'Ardouin Milanois, qui se joignit aux Normands de la conqueste de la Pouille, duquel on fait descendre les Ardouins de Sicile. De fait, Scylitzès témoigne que Robert Guischard estoit parent d'Ardouin, ce qui ne peut avoir esté que par alliance. Domnizon parle d'un Ardouin Milanois. (2)

II. 3ᵉ. Humfroy, surnommé Abailard (3), fut étably par son frère (Drogo) dans le château de Lavello avec titre de comte ; puis, après sa mort, laquelle il vengea, il lui succéda dans le gouvernement général de la Pouille. Le pape Léon IX estant venu dans ses Estats en l'an 1054, avec une puissante armée de Lombards et d'Alemands, Humphroy le deffit et l'assiégea dans Civitella, ville située dans la province de Capitanate, d'où le pape ayant esté chassé par les habitans, il le reçut humainement, et ayant conclu une paix ensemble, il (Humphroy) le conduisit dans la ville de Bénévent. Par le traité, le pape lui accorda et à ses successeurs toute la terre que les Normands avoient conquise, et que lui et ses suc-

---

(1) La fille de Drogon fut donnée pour femme, par Guaymar, à un *Robert, frère carnel* du comte *Richart*, fils d'Asclitene; *suprà*, p. 67 et 91.

Drogon ne mourut donc pas sans enfans, comme le disent des écrivains modernes. (C. F.)

(2) Voyez la note 2, à la page 338, qui précède. (*Id.*)

(3) Ni l'*Hystoire* ni la *Chronique* ne donne le surnom d'Abailard à Humfroy ou Humfred, troisième fils de Tancrède et de Murielle de Hauteville. Ducange suit ici Malaterra. (C. F.)

cesseurs pourroient conquérir à l'ennemi, vers la Calabre et la Sicile, à condition de tenir le tout en fief de saint Pierre.

Il mourut l'an 1057 (ou l'année précédente, selon quelques uns), et fut inhumé au monastère de Vénouse.

L'histoire fait mention d'un de ses enfans (1) nommé III. Abagelard ou Abailard, qui, ayant esté dépouillé par Robert Guischard, son oncle, de ce qui lui devoit appartenir de la succession de son père, se retira premièrement en la cour de Gisulfe, prince de Salerne, avec lequel il estoit en l'an 1073 (2). Il se joignit ensuite avec les comtes de Comersan et de Montcayeux, et autres seigneurs qui s'estoient révoltez contre Robert. Et durant cette guerre, Agyre, qui commandoit dans Bari au nom de Robert, s'estant pareillement soulevé contre ce prince, donna sa fille en mariage à Abailard, et remit la place entre ses mains. Enfin Robert l'ayant assiégé dans Sainte-Séverine, il (Abailard) fut obligé de luy rendre le château, affin d'obtenir la liberté de III. Herman, son frère utérin, qu'il avoit fait prisonnier, peu auparavant, dans un combat, pour la liberté duquel il fut encore obligé de luy remettre celui (le château) de Saint-Agade (qu'il avoit pris sur Robert). Et enfin l'un et l'autre (frère) voyant qu'ils ne pourroient subsister avec leur oncle, se retirèrent en la cour d'Alexis Comnène, empereur de Constantinople, qui leur donna d'autres emplois.

Guillaume de la Pouille donne encore à Humfroy III, une fille, mariée

---

(1) Humfroy avoit épousé la sœur du duc de Sorrente; *suprà*, p. 90.
(C. F.)

(2) Abailard, ou Balalard, ou Abayalart, fut en effet le fils du comte Humfroy; *il avoit esté filz de lo frère* (de Robert Viscart); *suprà*, p. 147. Il se ligua contre Robert avec Gozelin et autres; voilà pourquoi le duc son oncle le *dépouilla* de ses possessions, qu'il lui rendit bientôt après. Abailard ne fut pas pour cela plus fidèle à Robert, et entra dans une nouvelle entreprise contre lui en Calabre, pendant qu'il combattoit contre les Arabes en Sicile. Robert détruisit cette nouvelle ligue, qu'avoit suscitée Richard, prince de Capoue. Herman fut frère d'Abailard, et fait prisonnier par Robert; un traité le délivra (l'an 1078). Les deux frères allèrent à Constantinople, et n'ayant pu obtenir des secours de l'empereur, ils moururent bientôt après de douleur. *Suprà*, p. 144, 193 et 297.
(C. F.)

à Guidilon ou Gradilon (1), qui s'engagea avec ses beaux-frères dans la guerre contre Robert Guischard, qui, l'ayant fait prisonnier, lui fit crever les yeux. Ainsi ceux-là se trompent qui disent que Humfroy n'eut qu'une fille nommée Valdèle, qui épousa Jean Griseo, dont les successeurs furent seigneurs de Partanna.

II. 4ᵉ. GEOFFROY fut apanagé, suivant Orderic Vital, par Tancrède son père, de toutes les terres qu'il possédoit en Normandie; *après quoi il conseilla* à ses autres enfans d'aller brusquer la fortune où bon leur sembleroit. Ce qui pourroit faire présumer que celui-ci, Geoffroy, fut l'aîné (2). Quoy qu'il en soit, il ne demeura pas pour cela en Normandie, mais il suivit la même route que ses frères, et vint avec eux en Italie, où il posséda le comté de la Capitanate. Ce comté avoit esté laissé en mourant par Mauger son frère, à Guillaume son autre frère, lequel, pour l'amitié qu'il portoit à Geoffroy, le luy quitta libéralement (3). Il se rendit maître du château de Guillamate et des environs de Teano, avec le secours de Robert Guischard. Il fut aussi comte de Brindis, et épousa une dame nommée *Sicholgaüe*, avec laquelle il fit plusieurs bienfaits à l'église de Brindis, et fonda l'abbaye de Notre-Dame, sous l'archevesque Eustache, qui vivoit en l'an 1062.

Il laissa, entre autres enfans, III. Robert, premier du nom, comte de

---

(1) *Garilgione, marit de la soror de Bajalarde; suprà*, p. 213. (C. F.)

(2) Geoffroy, selon l'opinion commune et l'autorité de l'histoire, fut le quatrième fils de Tancrède et de Murielle de Hauteville. Geoffroy, accompagné de Mauger, Guillaume et Roger, fils de Frédésende, seconde femme de Tancrède, ne se rendit en Italie qu'au temps de Humfroy, après l'année 1054. Il avoit pu être apanagé par son père de ses possessions en Normandie, comme étant *l'aîné* des enfans demeurés auprès de lui, ses frères devant préférer leurs principautés d'Italie au manoir paternel. Geoffroy, que l'histoire surnomme Ridelle, conduisit ensuite une expédition normande en Sicile. *Suprà*, p. 94, 148. (C. F.)

(3) Ceci est conforme à ce que dit la *Chronique; suprà*, page 276.
(C. F.)

Comersan, et III. Dreux, surnommé Tasson, comte de Lamber-Chastel, frère de Robert, qualifié comte de Lovetel en un titre de l'an 1094, où il est parlé de IV. Guillaume, son fils; l'un et l'autre firent de grands biens à l'abbaye de Saint-Barthélemy de Carpineto, et à d'autres églises. Robert Ier, comte de Lovetel, est qualifié neveu de Robert Guischard par le pape Grégoire VII, et prend la qualité de comte des comtes, c'est-à-dire de comte palatin de la Pouille, en un titre de l'an 1095 (1). Il fut père de IV. Robert, deuxième du nom, qui se qualifie comte des comtes de Lovetel, et comte palatin, dans un titre de l'an 1115; et dans un autre de la même année, il se dit fils du comte Robert Ier. Il vivoit encore en l'an 1126, et eut pour successeur en ses dignitez, V. Guillaume, son fils, qui, en un titre de l'an 1137, s'inscrit pareillement comte des comtes de Lovetel, et fait mention de Robert, son père, et de Robert, son aïeul, comte de Lovetel. Il y a lieu de croire que le comté fut confisqué sur luy, parce qu'il se voit incontinent après passé dans la famille de Basseville, comme nous verrons dans la suite.

Les titres font encore mention d'autres seigneurs avec la qualité de comtes, ou du moins le surnom de Lovetel; car il est parlé, dans un acte de l'an 1093, de Raoul de Lovetel et de Guillaume de Hauteville, son frère, qui souscrivent la fondation de l'église cathédrale de Squillaci, par le comte Roger de Sicile. Il s'en voit un autre de l'an 1118, qui est de Raymond, fils de Rodulphe, comte de Lovetel.

Philibert Mugnos parle autrement de la *descente* de Geoffroy, qu'il surnomme de Hauteville (peut-estre, parce qu'il succéda aux terres de son père comme aisné), lui donnant pour fils Guillaume de Hauteville, qui souscrit quelques titres du comte Roger des années 1092, 94 et 98; ce qui pourroit estre le Guillaume, frère de Hugues, dit le Roux, qui souscrit un titre de Roger, comte de Sicile, de l'an 1094. Quelques uns lui donnent encore pour fils III. Robert, surnommé Scaglione, comte d'Averse, seigneur de Marturana et de Petarolla, et grand connestable de Naples sous le roy Roger. Ce Robert

---

(1) Orderic Vital parle en deux endroits de lui, et le qualifie même de.... de Robert Guischard, écrivant qu'il l'accompagna en toutes ses entreprises jusqu'à sa mort, arrivée en l'an 1085. Guillaume de la Pouille remarque encore que le duc Robert, son oncle, lui donna, et au comte Girard, le gouvernement du jeune Roger, son fils. Anne Comnéne parle aussi de lui, ainsi que j'ai remarqué ailleurs.

eut pour fils, suivant le même auteur, IV. Guillaume de Hauteville, qui se trouva au couronnement du roy Roger, l'an 1129. Celui-ci laissa deux enfans, sçavoir : V. Raoul Scaglione, général des armées du même roy, et Henri, qui se trouva avec son frère dans les troupes, où il commanda. C'est de luy que l'on fait descendre les Scaglioni de Naples.

II. 5ᵉ. SERLON fust le seul de ses frères qui demeura en Normandie à la suite du duc Robert, qui l'affectionna beaucoup pour sa valeur, dont il rendit des preuves dans les occasions.

Il eust un fils du même nom que lui, qui fut un vaillant chevalier. Ce III. Serlon fils passa en Italie pour chercher employ dans les troupes de ses oncles, et suivit son oncle Roger en la conqueste de la Sicile, où il acquit tant de réputation, et se comporta avec tant de courage et de conduite, que le comte Roger luy accorda, et à Aregot du Puiset, la moitié de l'isle, ou plutost de leurs conquestes. Mais comme il travailloit à les conserver, il fut assassiné par la trahison d'un seigneur Sarrazin, avec lequel il avoit contracté une espèce de fraternité, l'an 1070. (1)

Il avoit épousé la fille de Raoul, comte de Baiano, laquelle le comte II. Roger fit depuis épouser à Angelmar, simple capitaine, mais vaillant de sa personne. Cet Angelmar s'estant soulevé quelque temps après contre Roger, ce prince reprit sur luy la ville de Giracio et d'autres places, qu'il mit entre les mains de IV. Elvise ou Éliuse, fille de Serlon, qui estoit pour lors mariée à Roger de Barnaville, seigneur normand issu d'une très noble famille, qui devint, au droit de sa femme, seigneur de Girace et de Castelnovo. Ce seigneur est nommé en quelques titres du comte Roger des années 1094, 1095 et 1097, vers lequel temps il s'engagea avec Boémond dans le voyage de la Terre-Sainte, où il perdit la vie en un combat contre les Infidèles, en une sortie d'Antioche, au mois de juin l'an 1098, et fut inhumé en l'église de Saint-Pierre d'Antioche. L'histoire parle avantageusement de ses belles qualités. Il laissa deux enfans, sçavoir : V. Raymond de Barnaville, seigneur de Girace, qui mourut sans postérité, et V. Rocca, qui espousa

---

(1) *Serlone son neveu, fils de Serlone son frère* (du comte Roger) *Suprà*, p. 287 et suiv. Mort de Serlon à Cerrane, p. 296. (C. F.)

Guillaume de Creon ou de Craon, dont elle estoit veuve en l'an 1142, comme on l'apprend d'un titre de cette année-là. De leur mariage vint VI. Roger de Craon, comte de Girace, qui se souleva contre le roy Guillaume II, et ne laissa qu'une fille unique, VII. Guerrère, comtesse de Girace, femme du comte Ardouin, de race lombarde. D'eux vint VIII. Roger, comte de Girace, et de celui-ci IX. Roger II, dont la fille X. Élizabeth porta le comté de Girace en la maison de Vintemille, qui le possède encore à présent.

II. ENFANS DE TANCRÈDE DE HAUTEVILLE

ET DE FRÉDÉSENDE SA SECONDE FEMME.

II. 6ᵉ. ROBERT, surnommé GUISCHARD (Viscart et Wiscard, *le Rusé*) (1), fils aîné de Tancrède de Hauteville et de Frédésende, sa seconde femme, est celuy qui poussa la réputation des Normands à un haut degré de gloire dans l'Italie, où il fut si puissant, qu'il entreprit de faire en même temps la guerre aux empereurs de Constantinople et d'Alemagne. Son frère Dreux luy donna premièrement le château de Saint-Marc, qu'il avoit bâti peu auparavant sur les frontières de la Calabre, laquelle province il luy abandonna ensuite (2). Humbert, son autre frère, estant décédé, il luy succéda au gouvernement général. Ce fut pour lors qu'il fit éclater sa valeur et son adresse, s'estant rendu maître de toute la Pouille, de la Calabre et d'une grande partie de la Sicile. Après la prise de Rhegio, il prit en l'an 1060 le titre de duc, qui luy fut confirmé par le pape Nicolas, et depuis par Grégoire VII. Je ne veux pas m'engager à toucher ses principales actions, qui m'emporteroient au-delà de mon dessein, par de trop longues narrations; me contentant de remarquer qu'il mourut d'un flux de ventre au mois de

---

(1) Nous portons cette notice à sa place généalogique; Ducange la plaçoit la dernière de celles qui concernent les enfans du second lit de Tancrède, comme étant la plus étendue de toutes. (C. F.)

(2) D'après notre *Hystoire*, les commencemens de Robert Viscart en Italie ne furent pas heureux; il fut mal reçu par ses frères Drogon, alors

juillet, l'an 1085 (1), en l'isle de Céphalonie, ou, suivant l'archevesque Romuald, en l'isle de Cassope, estant âgé de plus de 60 ans, ou, selon Anne Comnène, de plus de 70, et ayant tenu la dignité de duc 26 ans (2). Le nécrologe du Mont-Cassin et celuy de Saint-Maurice d'Angers, rapportent sa mort plus précisément au 16 de juillet (c'est le 18). Son corps fut apporté à Vénouse, au monastère de la Trinité, où l'épitaphe qui est rapportée par Guillaume de Malmesbury lui fut dressée. Il fut marié deux fois; la première avec une dame normande nommée Alberade qui estoit d'une très noble famille. Robert, en son Histoire de Jérusalem, s'est mépris, ayant avancé qu'elle estoit originaire de la Pouille, quoique néantmoins il soit véritable qu'il l'épousa en cette province et qu'elle lui fut donnée en mariage par Girard, neveu de cette dame, lequel l'accompagna en toutes ses expéditions (3); mais ayant reconnu qu'elle lui estoit parente dans les degrés prohibez, il s'en sépara par autorité de l'Église (a), épousa incontinent

---

comte, et par Humfroy, qui lui succéda, peut-être comme frère du second lit. *Lonc temps ala comme celui qui va sans voie,... et est contraint de poureté de choses de terre.* Possesseur du château de Saint-Marc et de l'autorité sur la Calabre, *il prist voie de larron,... et coment lui plasoit prenoit proie continuelment. Supra*, p. 69, 74, 75, 158, 276, etc.   (C. F.)

(1) *A lo xv. jors de Jul, quant lo sol entroit en li signe de lyon. Supra*, p. 310. Mais plus exactement, selon le texte latin : *Decimo quinto calendas Augusti*, qui, en 1085, répondoit au vendredi 18 juillet. (C. F.)

(2) Robert arriva en Italie, sous le comte Drogon, vers 1050, fut fait comte en 1057 et mourut en 1085. Il est vraisemblable que l'âge que lui donne Anne Comnène est au-delà de la vérité.   (C. F.)

(3) *Girart de Bonne-Herberge.... lui dist: O Viscart, pren ma tante, soror de mon père, pour moillier.... Et adont prist Robert la moillier, laquelle se clamoit Alvérarde, et fu Girart son chevalier de Robert (Supra*, p. 76). *Et trova que Alvérade non lui pooit estre moillier pour ce que estoient parent; il laissa et demanda à Gisolfe, prince de Salerne, sa soror* (fille de Gaimar). *Ibid.*, p. 119.   (C. F.)

(a) Elle est inhumée dans un tombeau de marbre en l'abbaye de la Trinité de Vénouse avec cette épitaphe :

Guiscardi conjux Albereda hac conditur arca ;
Si genitum quæris, hunc canusinus habes.

après Sigelgayte, ou *Gayte*, fille de Gaimar, prince de Salerne. Les solemnitez de ce mariage se firent à Salerne, l'an 1058. Anne Comnène l'a décrite comme une Pallas, déesse de la guerre, qui suivoit son mari en toutes ses entreprises (1). Philippes Mouskes s'est aussi mépris, écrivant que cette dame fut fille de Landoul, duc de Pouille. Elle est notée par les historiens pour avoir voulu empoisonner Boëmond, fils de son mary et de sa première femme, et même d'avoir empoisonné son mary (2). Elle mourut vers l'an 1090, le 15ᵉ jour d'avril, et fut inhumée en l'église du Mont-Cassin. Je ne m'arrête pas aux fables que quelques auteurs ont avancées touchant la mort de ceste dame, qu'ils disent avoir esté bruslée vive par jugement rendu par l'empereur Alexis.

Postérité de Robert Viscart. Fils du premier mariage de Robert Guischard.

III. 1ᵉʳ. MARC, surnommé BOEMOND et SANISQUE, donna l'origine aux princes d'Antioche. (3)

Enfans de Robert Guischard et de sa seconde femme.

III. 2. ROGER, fils aîné de Robert Guischard et de sa seconde femme, luy succéda aux duchés de la Pouille et de la Calabre, desquels il avoit esté investy du vivant de son père, nonobstant les prétentions de Boëmond, son frère aîné du premier lit, qui fut obligé de céder à la

---

(1) Nous voyons, *suprà*, p. 159, qu'après la conquête de Messine, il y fit venir la duchesse pour jouir de ses prospérités. Elle l'excita aussi contre Bajalarde, neveu du duc, et le duc l'assiégea dans San-Severino, d'où, toutefois, il lui permit de sortir sain et sauf. *Ibid.*, p. 209. (C. F.)

(2) *Suprà*, page 320,... *Veneno necatus est.*

(3) Boëmond, Boamunde, Bojamande, seconde le duc Robert son père dans toutes ses entreprises; c'est à lui que Robert laissa le commandement de l'expédition de Morée en 1084, année où Boëmond remporta une victoire signalée sur l'empereur Alexis. Il prit part ensuite aux guerres saintes, s'y distingua, fut le premier prince latin d'Antioche, épousa Constance, fille de Philippe Iᵉʳ, roi de France, et mourut en Italie en l'année 1111. Boëmond est plusieurs fois nommé dans l'*Hystoire* et dans la *Chronique*.

(C. F.)

force (1). Roger fut secouru en ceste occasion par Roger, comte de Sicile, son oncle, qui en avoit esté prié par son frère Robert (Guischard) avant mourir. Le comte Roger luy abandonna encore (à son neveu) tout ce qu'il possédoit dans la Calabre, se réservant la Sicile. Les différens des deux frères furent à la fin terminez; le duc Roger ayant abandonné à Boëmond la principauté de Salerne, Otrante, Galipoli et quelques autres terres: le titre de duc lui fut confirmé par le pape Urbain II au concile de Melfe. Enfin après avoir fait plusieurs conquestes et laissé des marques de sa générosité et de sa prudence, il mourut l'année 1111, le 27ᵉ jour d'avril, ou, selon d'autres, au mois de février, et fut inhumé en l'église de Saint-Mathieu de Salerne, que Robert Guischard son père avoit fait bâtir.

Il avoit épousé Adèle, fille de Robert-le-Frison, comte de Flandres, nièce de Philippe Iᵉʳ, roy de France, et pour lors veuve de Canut, roy de Danemarch, laquelle décéda au mois d'avril l'an 1115, suivant Romuald. (Voir leur descendance, à la page 349.)

III. 3. ROBERT; il mourut au mois d'avril, l'an 1110; il accompagna son père en son dernier voyage de la Grèce. Il a souscrit un titre du duc Roger, son frère, pour l'église de Cusanne, de l'an 1095, où il se qualifie fils du duc Robert, et un autre pour l'église de Panormes, de l'an 1089.

III. 4. GUY se trouva avec son père dans les guerres qu'il eut tant contre les Grecs que contre les Vénitiens. Après son décès (du duc Robert), il s'engagea avec son frère Boëmond dans le voyage de la Terre-Sainte, où il donna des preuves de sa valeur, et l'accompagna encore depuis dans les guerres qu'il eut avec l'empereur Alexis. Il mourut d'une fièvre, ou, selon Guillaume de Malmesbury, de poison durant le siége que le prince son frère mit devant la ville de Duras l'an 1107. Alexis tâcha dès le vivant de son père de l'attirer à son party, luy ayant offert une femme de la famille impériale. Il mourut l'an 1108.

III. 5. HÉLÈNE fut accordée en mariage par son père à Constantin Ducas Porphirogénète, fils unique de l'empereur Michel Ducas, en l'an 1076. (2)

---

(1) Dans un titre de l'an 1100, il porte la qualité de duc de Bari.

(2) On peut voir dans l'*Hystoire* combien peu Robert Viscart fut empressé de cette alliance : il ne céda qu'à la troisième ambassade de l'empereur et à la richesse des présens. *Supra*, p. 214. (C. F.)

III. 6. Mathilde fut mariée par son père à Raymond Bérenger, deuxième du nom, marquis et comte de Barcelonne, et après son décès, à Aymeri II, vicomte de Narbonne.

III. 7. Sibylle épousa du vivant de son père Ebles, comte de Roure et Champagne, fils d'Hildouin, comte d'Arcyes et de Rameru.

III. 8. N. fut conjointe par mariage avec Hugues, comte du Mans, fils d'Azon, marquis de Ligurie, lequel l'ayant répudiée sans cause légitime, fut excommunié par le pape Urbain II. Quelques uns écrivent qu'elle épousa depuis Renaud, comte de Marsi; ils la nomment *Herie*, mais je crains qu'ils ne la confondent avec Hélène, qui fut accordée à Constantin Ducas.

III. 9. Mabille, surnommée *Courte-Louve*, épousa, l'an 1088, Guillaume de Grantemesnil, seigneur normand auquel elle apporta quinze châteaux en dot, qui lui furent enlevez par Roger, duc de Calabre, son beau-frère, contre lequel il s'étoit révolté, ayant été obligé de se retirer à Constantinople avec sa femme; mais depuis, il fit son apointement avec luy, et passa ensuite dans la Terre-Sainte, avec le prince Boëmond. Il mourut en la Pouille au retour du siége d'Antioche.

Aucuns attribuent encore pour fille à Robert, la femme d'Esthienne roy de Hongrie, mais sans fondement.

IV. ENFANS DE ROGER, DUC DE LA POUILLE,

ET D'ADÈLE DE FLANDRES,

(Petits-enfans de Robert Guischard, arrière-petits-enfans de Tancrède de Hauteville.)

IV. 1. *Guischard*, mourut au mois d'août de l'an 1108.

IV. 2. *Guillaume*, duc de la Pouille, fils aîné du duc Roger, prit, après sa mort, le titre de duc de la Pouille et de Calabre, qui luy fut confirmé en l'an 1114 par le pape Pascal au synode qu'il tint à Cyperano. Ce pape estant décédé, et Gélase luy ayant esté substitué, il (Guillaume) le vint trouver avec le prince de Capoüe à Caïète, où ayant esté investy des mêmes duchés, il luy fit hommage et luy prêta le serment de fidélité. Il fit le même à l'endroit du pape Calliste, successeur de Gélase, en l'an 1120, en la ville de Bénévent. Il mourut âgé de plus de 30 ans, en la ville de Salerne, l'an 1127, le jour de saint Nazaire, le 27 du mois de juillet, et y fut inhumé avec son père, ayant tenu le duché l'espace de quinze ou seize ans.

Gautier, chanoine de Térouenne, écrit que la mort de son frère (Louys qui suit) luy causa un tel déplaisir, qu'il tomba dans une grande maladie durant laquelle, voyant qu'il ne pouvoit échapper, il fit venir l'archevesque de Salerne et l'évesque de Troie, et en leur présence, il donna au pape Honorius II et au saint-siége tous ses biens, tant immeubles que meubles. Mais le comte Roger, son cousin, sur la nouvelle de sa mort, en vint prendre possession, ce qui causa un grande division entre le pape et lui.

Cinnamus s'est mépris écrivant que le duc, allant à la Terre-Sainte, engagea à Roger tous ses estats, qui demeurèrent depuis ce temps-là en sa possession. Il épousa Caitelgrime, fille de Robert, comte d'Acrola, de Mont-Caieux et d'Avelin, l'an 1116. Elle survéqut à son mari; quelques uns la font fille de Jourdain I*er*, prince de Capoüe.

IV. 3. *Louys*, décédé sans avoir pris alliance. Sa mort causa celle de son frère, qui en conçut un déplaisir si sensible, qu'il en mourut peu de temps après. Ainsi, il faut rapporter celle de Louys vers l'an 1126, puisque le duc Guillaume mourut en 1127.

IV. 4. Ammirato, en la généalogie de la maison de Gesualdo au royaume de Naples, la fait descendre d'un *Guillaume*, qui se dit, en un titre de l'an 1141 (rapporté entier par Ughellus avec un autre de même teneur) : *filius quondam bonæ memoriæ domini Rogerii, gloriosi ducis*, lequel fut seigneur de la baronie de Gesualdo, qui est près de Salerne. Mais, si ce que les auteurs avancent est véritable, il faut que ce Guillaume ait été bâtard du duc Roger, parce que premièrement il avoit un fils nommé du même nom qui lui succéda; en second lieu, parce que Gautier, chanoine de Térouene, assure que le duc Guillaume, fils de Roger, n'eut qu'un seul frère; tant y a que ce Guillaume se donne pour femme, dans un titre, une dame nommée Albérade, fille d'une autre appelée Diomède, et pour fils *Guillaume*.

APPENDIX. 351

II. 7ᵉ. MAUGER (septième fils de Tancrède, et le deuxième du second lit) fut établi par son frère Humfroy, comte de la Capitanate, lequel comté il laissa en mourant à Guillaume son frère. (1)

II. 8ᵉ. ALVÉRADE (ou Alvérad), huitième fils de Tancrède. (2)

II. 9ᵉ. GUILLAUME (neuvième fils de Tancrède) (3), que plusieurs historiens confondent avec son frère aisné (II. 1ᵉʳ.), eut, de son frère Humfroy, le comté du Principat pour son partage des conquestes. Son frère Roger ayant eu différent avec le duc Robert, il le reçut en ses estats, ce qui lui attira les troupes de ce duc, avec lequel il fit quelques combats. Mais la paix s'estant faite entre eux, Guillaume fut secouru par Robert, son frère, contre ses ennemis qui l'attaquoient, ce qui arriva en l'an 1058. Il résista puissamment aussi avec Jourdain, filz du prince de Capoue (Richart), contre Godefroy, marquis de Toscane, qui estoit dans la Pouille de la part de l'empereur Henry pour attaquer les Normans, en l'an 1066, et l'obligea d'accepter la paix. (4)

Il laissa entre autres enfans (5) : III. 1. Robert, comte du Principat; III. 2. Richard, et III. 3. Ranulfe, surnommez prieurs, ou du Principat, par les historiens des guerres saintes ; III. 4. Tancrède, comte de Syracuse, et III. 5. une fille qui fut donnée en mariage, par Robert Guischard son oncle, en l'an 1081, à un seigneur vénitien nommé Dominique, en reconnoissance de ce qu'il avoit mis entre ses mains la

---

(1) *Suprà*, p. 94, etc.

(2) Inconnu dans l'histoire des expéditions des Normands en Italie.

(C. F.)

(3) C'est le Guillaume (Guillerme) du deuxième lit, qui arriva en Italie en l'année 1054. *Suprà*, pages 94 et 96, 112, 114, 117, 119, 120, 121. (*Id.*)

(4) *Suprà*, les premiers chapitres du sixième Livre, et p. 175. Il guerroya de nouveau contre Richart (p. 176), mit son fils Jourdain en déroute (p. 177); il mourut à Rome *d'une fièvre et d'un chaut* (ibid), vers l'année 1071. (C. F.)

(5) Guillerme épousa la fille de Guide, oncle de Gisolfe, prince de Salerne, cousine de la deuxième femme de Robert Viscart. *Suprà*, page 120. (C. F.)

ville de Duras, dont il estoit gouverneur de la part des Grecs (1).

III. 1. Robert, comte du Principat, fit quelques bienfaits à l'église de la Sainte-Trinité-de-Vénouse, pour les âmes du duc Robert et de Guillaume son père, et ses autres parens qui y estoient inhumés, par un titre de l'an 1098, où son frère Tancrède et Guillaume de Hauteville, entre autres, sont nommez.

Robert fut père de IV. Guillaume, comte du Principat, qui se dit filz de Robert, comte du Principat, en un titre de l'an 1101; pour la mesme église.

De Robert (Guillaume) naquit V. Nicolas, comte du Principat, qui se dit, dans un titre de l'an 1141, filz et héritier de Guillaume, qualifié comte au même titre. Nicolas fit plusieurs bienfaits au monastère de Cave, comme on recueille d'un titre l'an 1131, où il est dit cousin de Roger, roy de Sicile. Je crois que V. Guillaume, frère de Nicolas, est le Guillaume comte du Principat qui, s'estant soulevé contre le roy Guillaume Ier, fut arrêté et fait prisonnier à Palerme. Je ne sçais si Richard, surnommé du Principat, maréchal de l'empereur Frédéric II, qui l'envoya avec des troupes dans la Terre-Sainte, estoit issu de cette famille, ce que son nom et son surnom pourroient faire présumer. Entre les autres enfans de Guillaume Ier, comte de Principat V. Richard et Ranulfe se firent signaler dans les guerres d'outre-mer, comme j'ai remarqué ailleurs, où j'ai fait voir qu'ilz n'estoient pas enfans de Guillaume Bras-de-Fer, mais de ce Guillaume comte du Principat. Richard, duquel il est fait mention dans le titre de 1104, dont nous allons parler, épousa la sœur de Tancrède, prince d'Antioche, et en eut VI. Roger, qui succéda à son oncle en cette principauté, VI. Guillaume, qui se retira de la Terre-Sainte durant le premier siége de la ville d'Antioche, et VI. Esthiennette,

---

(1) La *Chronique*, *suprà*, p. 306, dit que ce Dominique étoit, non pas un *seigneur vénitien*, gouverneur de Durazzo pour les Grecs, mais bien *un marcheant de Venise, ami et familiare de li Grex, et qui gardoit une moult forte tour dans la cité*. Aussi le duc lui promettoit, non pas sa nièce, mais beaucoup d'argent. La *Chronique* se tait sur le mariage de la fille de Guillaume avec le Vénitien, et ce qu'elle dit du marchand ne rend pas cette alliance probable. La prise de Durazzo est du 8 février 1082. (C. F.)

abbesse de l'abbaye de Notre-Dame-la-Grande, en la ville de Hiérusalem. Quant à VI. Tancrède, fils de V. Guillaume Ier, comte du Principat, il est qualifié comte de Syracuse et neveu de Robert Guischard et du comte Roger, en un titre de l'an 1104, par lequel il fit plusieurs donations à l'église de ce lieu. Il épousa Murielle, dame normande, nommée dans le même titre, dont il eut trois fils VII. Robert, qui mourut avant son père, et fut inhumé dans le monastère de Sainte-Luce de Noti, que son père avoit fait bâtir en l'an 1103; VII. Richard et Guillaume, qui sont nommés au titre de cette fondation.

II. 10. HUMBERT,
II. 11. TANCRÈDE,
} 10e et 11e fils de Tancrède.

Je ne trouve rien des actions de ces deux seigneurs; car je n'oserois pas assurer que Humbertopule, que l'empereur Alexis Comnène attira avec ses troupes en sa cour, au commencement de son règne, c'est-à-dire vers l'an 1083, ait esté fils d'Humbert, ce que cette addition de *pule*, qui signifie chez les Grecs *petit* ou *enfant*, semble induire; et quoique Anne Comnène lui donne le nom de Constantin, qui n'estoit pas un nom usité en ce temps-là en France, et pour surnom celluy d'Humbertopule, on pourroit toutesfois se persuader que les Grecs luy donnèrent ce nom depuis qu'il fut en la cour d'Alexis. Ce qui est constant, est que Humbertopule estoit François et qu'il servoit Alexis en ses armées avec des trouppes françoises, comme Anne Comnène, en divers endroits, et Zonares le témoignent formellement. Ils ajoutent qu'ayant conspiré avec Ariebe, seigneur arménien, contre l'empereur, il fut banny de l'empire et ses biens furent confisquez.

II. 12. ROGER, le dernier des fils de Tancrède et de Frédésende de Hauteville, qui étoit demeuré en la maison paternelle à cause de sa trop grande jeunesse, estant parvenu à un âge plus avancé, quitta son pays et vint trouver ses frères dans la Pouille (1), où ils avoient déjà fait de grandes conquêtes, et y fut reçu par

---

(1) Vers l'an 1054; *suprà*, p. 94. (C. F.)

Robert Guischard, qui luy donna des emplois dont il s'aquitta dignement, gagnant les cœurs des soldats par ses libéralitez, d'où il fut surnommé *la Bourse*, parce qu'il l'avoit toujours en la main pour en répandre ses largesses. Quelques uns attribuent ce surnom au roy Roger son fils, d'autres au duc Roger son cousin. Il est inutile de cotter ici ses belles actions, dont le nombre est trop grand pour en entreprendre l'histoire. Il suffira de dire qu'il se trouva avec Robert Guischard, son frère, à la conqueste de l'isle de Sicile (1), qui estoit tenue par les Sarrazins d'Afrique, depuis l'an 1066 jusques en 1089, qu'il en demeura entièrement le maître, en laquelle dernière année il prit encore les isles de Malthe et de Gozze. En suite de tant de victoires, il prit le titre de comte de Sicile.

Il mourut en la ville de Mileto, en Calabre, au mois de juillet, l'an 1101, âgé de soixante-dix ans, et y fut inhumé en l'églize épiscopale qu'il avoit fait construire (2). Le Nécrologe du Mont-Cassin rapporte sa mort au 22ᵉ jour de juin.

Il eut plusieurs femmes, entre lesquelles la première fut *Judith*, fille de Guillaume, frère de Richard, comte d'Évreux, qui estoit filz de Robert, archevesque de Rouen et petit-fils de Richard, premier du nom, duc de Normandie; sa mère Hadewise, fille de Geroy, estoit veuve de Robert de Grentemesnil, lorsque son père l'épousa. Robert de Grentemesnil, abbé de Saint-Évroul en Normandie, et issu du premier mariage, estant allé en la Pouille, et y ayant obtenu l'abbaye de Sainte-Euphémie et diverses terres, Judith et Emma, ses deux sœurs utérines, qui avoient pris le voile de religieuses en la chappelle de Saint-Évroul, quittèrent le cloître et allèrent trouver leur frère utérin, qui, par son crédit, fit épouser Judith à Roger, et l'autre à un comte dont le nom et la famille n'ont pas esté remarqués. Le moine Joffroy, qui cotte ce mariage vers l'an 1061, nomme cette princesse *Dolicie*, et la qualifie

---

(1) *Suprà*, pages 148, 151, 257, 279, 284, 292, 295, 298, 310. (C. F.)
(2) *Suprà*, page 312.

petite-fille des ducs de Normandie, de même qu'Orderic Vital dit que l'abbé Robert, son frère, estoit cousin des mêmes ducs.

Cette femme estant décédée, il s'allia en secondes noces avec Eremburge (1), fille de Guillaume, surnommé Berleng, comte de Mortain, et petite-fille de Robert, comte de Mortain, qui estoit frère utérin de Guillaume II, duc de Normandie; plusieurs la confondent avec la première femme de Roger. Enfin, après la mort d'Eremberge, il prit pour troisième femme Adelaïs, fille, suivant Orderic, et selon d'autres, nièce de Boniface, marquis de Montferrat et fille de son frère, avec laquelle il vivoit en l'an 1096 (2). Ce mariage se fit l'an 1089. Cette princesse, après le décès du comte, se remaria en secondes noces avec Baudoin Ier, roy de Hiérusalem, d'où elle est ordinairement qualifiée reyne dans les titres qui parlent d'elle.

---

(1) La *Chronique* ne donne que deux femmes au comte Roger. Ce fut en 1061 qu'il apprit, étant en Sicile, que *li légas lui avoient apportée la moillier, laquelle avoit fait venir de Normandie, et torna à Milet*, pour faire la noce; la *dame estoit noble de nativité* (page 281). Il ne paroît donc pas qu'il soit ici question de la *Judith* dont parle Ducange, puisque Judith étoit établie en Italie auprès de son frère l'abbé Robert, et que Roger épousa une femme qu'il avoit envoyé chercher en Normandie par ses officiers. La première femme du comte Roger de Sicile (qu'il épousa en 1061, à l'âge de trente ans, guerroyant déjà depuis sept ans en Italie, où il s'étoit rendu dès l'âge de 24 ans); cette première femme dut donc être Eremburge; *la soe fame, laquelle se clamoit Hérenborc fust morte, dont en prist une autre*, dit la même Chronique, *suprà*, page 312. Cette comtesse Herenborc avoit un frère, nommé Hermant, qui entra au service du comte et fut tué en 1062, devant Mélit, dans un engagement avec les troupes de Robert Viscart (*suprà*, p. 284). (C. F.)

(2) Herembore ou Heremborge étant morte, le comte Roger épousa, vers l'an 1089, une fille du noble sang de Charlemagne, née en Lombardie et nommée Alesmalquize. Voilà ce que dit notre *Chronique*, page 312, et cette Alesmalquize paroît bien être Adélaïde fille du marquis Boniface de Monferrat. (C. F.)

ENFANS DE ROGER, COMTE DE SICILE,

ET DE SA PREMIÈRE OU SECONDE FEMME (HÉREMBERGE).

III. 1. GEOFFROY souscrit un titre du comte Roger, son père, pour l'église de Panorme, en l'an 1095, et un autre pour celle de Parta, de l'an 1094, où il est qualifié encore enfant. (?) Il fut accordé par son père à une des sœurs d'Adélaïs, sa dernière femme; mais il décéda de la lèpre avant que le mariage eût esté consommé (1). Il souscrit la fondation que son père fit de l'église cathédrale de Squillaci, l'an 1093.

(III. Nous aurions de bonnes raisons pour inscrire ici *Jourdain*, comme fils légitime de Roger et de la même mère que Geoffroy; *voyez* au n° 13 ci-après, page 364.) (C. F.)

(III. Nous faisons, plus bas, la même observation à l'égard de *Julitta*, mentionnée sous le n° 12, page 362.) (C. F.)

III. 2. MAUGER souscrit la même fondation que Geoffroy en l'an 1093.

III. 3. MATHILDE fut mariée par son père à Raymond, comte de Toulouse et de Provence, vulgairement reconnu sous le nom de comte de Saint-Gilles, en l'an 1080. Il est probable que ce mariage fut dissous par l'autorité de l'église, ou que cette princesse décéda avant son mary, qui épousa depuis Claire, fille d'Alphonse, roy de Castille. L'année de ce mariage peut faire croire que, si c'est cette Mathilde qui épousa encore Robert, comte d'Eu, fils de Guillaume, comte d'Eu en Normandie, elle estoit veuve de Robert lorsqu'elle épousa le comte de Saint-Gilles; d'autant que le titre que l'on apporte, pour justifier cette alliance avec le comte d'Eu, fait voir que le comte Roger et la duchesse Eremberge, son père et sa mère, vivoient encore lorsqu'il fut dressé, estant constant qu'Eremberge estoit décédée avant l'an 1089, qui fut l'année en laquelle Roger épousa Adélaïs.

Tant y a que l'on fait descendre de ce Robert l'illustre famille d'Areto en Sicile.

---

(1) *Suprà*, page 312. Geoffroy se fit moine du vivant de sa femme, dès qu'il s'en fut séparé. (C. F.)

III. 4. EMME fut recherchée en mariage par Philippe 1er, roy de France, qui avoit répudié Berthe de Hollande sa femme légitime, et même elle luy fut envoyée par le roy Roger. Mais comme elle fut arrrivée en la cour de Raymond, comte de Saint-Gilles, son beau-frère, à qui Roger avoit laissé la conduite de cette affaire, le comte s'estant apperçu que le Roy n'avoit autre dessein que de mettre la main sur les deniers de sa dot, et non de l'épouser, il la donna en mariage à Robert, troisième du nom, comte de Clermont et d'Auvergne, après le décès duquel elle épousa Raoul, surnommé *Machabée*, comte de Montcayeux ou de Severiano, avec lequel elle vivoit en l'an 1100 et 1105.

III. 5. CONSTANCE épousa Conrad, roy d'Italie, fils de l'empereur Henry IV et de Berthe, sa première femme. Ce prince avoit esté créé duc de la Basse-Lorraine par son père, avec lequel ayant eu quelque desmêlé, il se retira en Italie, où il se fit couronner roy, l'an 1093 (*suprà*, p. 326), et d'autant qu'il avoit besoin d'appuy pour s'opposer aux forces de son père, il fut persuadé par le pape et la comtesse Mathilde de rechercher en mariage la fille de Roger, comte de Sicile, qui la luy accorda avec une dot considérable. La solemnité des épousailles se fit en la ville de Pise l'an 1095. L'abbé d'Usperg écrit que le prince fit ce mariage contre son inclination, ayant proposé de conserver le cœlibat, ne s'y estant laissé emporter que par la persuasion de ses amis et par la nécessité de ses affaires, et qu'il s'y comporta avec tant de retenue, que l'on a douté s'il la toucha. Conrad mourut l'an 1101, et fut inhumé à Florence. Godefroy, moine de Saint-Pantaléon, confond mal à propos cette princesse avec la comtesse Mathilde, qui fit don de son patrimoine au saint-siége. Mugnos la nomme Ioland.

III. 6. BUSILLE fut mariée, en l'an 1097, à Calaman, roy de Hongrie.

III. 7. N. fut femme de Hugues de Gersay, originaire de la province du Mans en France, seigneur vaillant et courageux, à qui Roger donna le gouvernement de la Sicile durant son absence et qui y perdit la vie en un combat contre les Sarrazins, l'en 1075. Je n'ay pas d'autre preuve de cette alliance, sinon que Malaterre le qualifie gendre de Roger, qui est un terme souvent équivoque. (1)

---

(1) La *Chronique* fournit une preuve de cette alliance. Elle dit, pages

III. JULITTA. (Il faut nécessairement placer ici cette autre fille du comte Roger au nombre des enfans de sa première femme ; nous en donnons la preuve à la page 363, note 2, ci-après. Ducange a considéré Julitta comme étant fille d'Adèle Marquise, et née après 1089, faute de monumens. C'est sur leur autorité que nous donnons à cette princesse un autre lien généalogique. C. F.)

ENFANS DE ROGER ET D'ADÉLAÏS MARQUISE,

SA SECONDE FEMME.

III. 8. SIMON naquit l'an 1092 (1), et mourut âgé de onze ans; il souscrit le titre de Richard-le-Sénéschal, filz du comte Dreux, pour l'église de Nicastro, de l'an 1101. (2)

III. 9. ROGER, premier roy de Sicile, fils aisné de Roger, comte de Sicile, et d'Adélaïs de Montferrat, naquit l'an 1097 ; il avoit à peine atteint l'âge de quatre ans lorsque son père mourut, lequel chargea en mourant la comtesse Adélaïs, sa femme, de la tutelle de ce prince et du gouvernement de ses seigneuries, dont elle s'acquitta avec beaucoup d'adresse et de prudence.

Estant parvenu en un âge plus avancé, il prit la conduite des affaires, et la comtesse sa mère, après avoir quitté la régence, se retira en la Terre-Sainte, où elle épousa Baudoin Ier, roy de Hiérusalem. A peine Roger y fut engagé (dans les affaires), qu'il accrut ses

---

298 et 299, que Hugues de Bréchie fut gendre du comte Roger, qui le fit seigneur de Catane. Hugues fut tué dans un combat contre les Sarrazins, dans les environs de Catane, mais après l'année 1077 sans aucun doute.

(C. F.)

(1) Il confirma l'année suivante la fondation que le comte Roger son père fit de l'église cathédrale de Squillaci, ainsy qu'il se pratiquoit en ce temps-là, où les enfans à la mamelle confirmoient les actes de leurs pères.

(2) La *Chronique*, page 312 *suprà*, dit que Symon, *premier fils* du comte Roger (Geoffroy et Jourdain étant morts avant lui), succéda à son père, *vescut petit de temps*, et néanmoins *fut grèvement guerroié de ceux de Puille*. Si Roger mourut en 1101 et Simon en 1103, les termes de la Chronique sont fort exacts.

(C. F.)

APPENDIX. 359

états de ceux de Guillaume, duc de la Pouille, son cousin, décédé sans enfans; et quoique le duc en eût disposé en faveur du pape Honorius II et du saint-siége, il s'y maintint par la force des armes et obligea le pape à luy en donner l'investiture, ce qui fut fait par l'étendart, l'an 1128, dans l'octave de l'Assomption de Notre-Dame.

Se voyant en possession de tant de seigneuries, Roger commença à mépriser le titre de duc, et crut qu'il pouvoit légitimement s'arroger celuy de roy, ce qu'il fit à la persuasion de son oncle Henry de Montferrat, comte de Saint-Ange, et ensuite il se fit couronner solemnellement en la ville de Palerme, qu'il établit capitale de son royaume, le 15ᵉ jour de may, l'an 1129, suivant une ancienne chronique. Mais si cela est véritable, il faut qu'il ait esté couronné deux fois, car les écrivains demeurent d'accord que Roger, n'ayant pu obtenir du pape Innocent II le titre de roy, se rangea du côté du pape Anaclet, qui disputoit à Innocent la dignité de souverain pontife, lequel lui accorda le titre de roy et l'investiture de toutes ses seigneuries, et luy envoya un cardinal qui le couronna dans l'église de Palerme, le jour de Noël, l'an 1130.

Ce seroit ici le lieu de cotter ses principales actions, comme il s'empara de la principauté de Capoue, comme il fut dépouillé par l'empereur Lothaire des provinces qu'il possédoit en Italie, et comme il les recouvra; comme il fit prisonnier le pape Innocent II, et l'obligea de lui donner l'investiture de la Sicile et de la Pouille; les guerres qu'il entreprit en Afrique et contre les Grecs, et autres expéditions militaires; mais je laisse toutes ces circonstances de sa vie qui m'engageroient au-delà de mon dessein. Je remarque seulement que ce qui a esté mis en avant par quelques écrivains, que Louis VII, roy de France, retournant de la Terre-Sainte, l'an 1153, et passant par la Sicile, y couronna le roy Roger, a peu de probabilité (1). Le

---

(1) C'est à l'année 1149 qu'on fixe généralement le passage du roi Louis VII, dans la Sicile, à son retour de la Terre-Sainte. Il existe une lettre de ce même Louis VII à Guillaume II roi de Sicile, dans laquelle il rappelle *les bons offices* qu'il a reçus de son aïeul (le roi Roger), mais il n'y a ni un mot ni une allusion en rapport avec cette supposition, que Louis VII couronna roi de Sicile Roger I. Ducange a donc bien justement discrédité cette supposition, détruite aussi par la lettre du roi Louis VII que nous indiquons ici, qui a été copiée à Londres par

temps de sa mort n'est pas constant dans les auteurs : Romuald dit qu'il mourut le 27 de février, l'an 1152, *Indict.* 1 ; Robert, abbé du mont Saint-Michel, cotte son décès au 29e jour d'avril, l'an 1153 ; d'autres la rapportent au 27, d'autres au dernier de février de l'année suivante, ce qui est conforme à son épitaphe, rapportée par quelques écrivains, qui remarquent qu'il vécut cinquante-neuf ans et qu'il en régna vingt-trois (lisez 53), où toutes fois il semble qu'il y a erreur en l'âge, n'en ayant vécu que cinquante-sept, s'il est vray qu'il naquit l'an 1097. Romuald dit qu'il vécut cinquante-huit ans, deux mois et cinq jours. Il fut inhumé en l'église cathédrale de Palerme.

Roger fut marié trois fois : la première avec *Albérie* ou Géloire, fille d'Alphonse, roi de Castille, et d'Élisabeth, sa quatrième femme, laquelle (Albérie) décéda le 6e jour de février, l'an 1138.

En secondes noces Roger épousa *Sibylle*, fille de Hugues II, duc de Bourgogne ; mais elle mourut incontinent après ses noces, à Salerne, et fut inhumée au monastère de La Cave, en l'église de la Trinité avec cet épitaphe : *In hoc tumulo jacet corpus reginæ Siciliæ, uxoris quondam Rogerii Siciliæ regis.* Une ancienne chronique rapporte sa mort à l'an 1150.

Ensuite Roger reprit une troisième alliance avec *Béatrix*, fille de Guitier, comte de Retel en Champagne, et de Béatrix de Namur.

Outre ces trois femmes, Orderic Vital en met une quatrième qui doit avoir esté la première si ce qu'il écrit est véritable, laquelle il dit avoir esté fille de Pierre Léon, et sœur de l'antipape Anaclet, duquel il obtint le titre et la dignité de roy de Sicile. Filadelphe (?) Mugnos dit qu'après celle-cy, il en épousa une seconde qu'il nomme *Ayrolde*, issue des comtes de Marsi, qui vécut peu de temps.

III. 10. N., fille de Roger et d'Adélaïs. Cette comtesse (Adélaïs, la veuve de Roger) ayant, après la mort de son mary, pris le gouvernement de ses états durant la minorité de son fils (Simon d'abord, et Roger ensuite), pour s'appuier de quelque illustre alliance, donna cette sienne fille N. à Robert de Bourgogne ; il estoit fils puîné de Robert de France, duc de Bourgogne. Son père eut dessein de faire ce prince son successeur au duché, à cause que Henry, son fils aisné, estoit

---

Bréquigny, et publiée dans le tome XVI des Historiens de France, page 150. (C. F.)

décédé. Mais Hugues, fils de Henry, se rendit maître de la Bourgogne, et en chassa Robert, qui se retira en Sicile; (celui-ci) ayant épousé la princesse fille du comte Roger, il gouverna l'État l'espace de dix ans, durant la minorité du jeune prince, lequel ayant atteint l'âge de commander, Adélaïs, qui craignoit que Robert ne voulût pas quitter le poste où il estoit, le fit empoisonner.

III. 11. Mathilde est qualifiée sœur de Roger, roy de Sicile, par l'abbé de Celesin, et femme de Ranulfe, comte d'Avelin et de Montcayeux. Ce seigneur s'estant révolté contre le même roy, fut dépouillé par luy de toutes ses terres. IV. Robert, qui naquit de ce mariage, fut enveloppé dans la disgrâce de son père, durant laquelle il donna des preuves de sa valeur dans les guerres qu'il eut avec Roger, et particulièrement au siège de Naples, où il se trouva avec son père au secours de Sergius, qui en estoit seigneur. Ranulfe eut un frère nommé Richard, de Rochecadine, qui prétendit au comté d'Avelin (1); le même Ranulfe laissa, de l'alliance qu'il contracta avec Mathilde, IV. Robert, comte d'Avelin, IV. Simon, comte de Butera en Sicile, et IV. Adélaïs. Robert, comte d'Avelin, eut trois enfans, sçavoir V. *Renaud*, comte d'Avelin, qui épousa Frédésende, V. *Robert* et *Dreux*. IV. Adélaïs, fille de Ranulfe et de Mathilde de Sicile, épousa Renaud d'Avenel, probablement fils de Richard de l'Aigle, seigneur normand, auquel Orderic donne aussi le surnom d'Avenel, parce qu'il estoit comte d'Avenel en la Pouille. Il mourut vers l'an 1126, et fut inhumé en l'église de Catane, où se voit son épitaphe. De ce mariage vinrent V. Adam et Mathilde, qui sont nommez en un titre de leur mère, pour l'église de Catane, de l'an 1134. D'Adam vint VI. Roger d'Aquila, comte d'Avelin, qualifié par Hugues Falcand cousin du roy Guillaume Ier, lequel, en considération de sa jeunesse, et à la prière d'Adélaïs, sa cousine, et aïeule de

---

(1) Si cela est ainsy, il faut que Ranulphe soit fils de Robert, seigneur de Montcayeux, qui souscrit un titre de Dreux duc de la Pouille, frère aisné de Robert Guischard, de l'an 1053. Dans un autre de l'an 1068, il se dit comte de Montcayeux et seigneur de Tricarico; sa femme y est nommée Améline. D'autres tiennent que c'est le comte Raynulphe qui fut fait duc de la Pouille par le pape Innocent II et par l'empereur Lothaire, l'an 1137.

Roger qui estoit son unique héritier, luy pardonna la révolte en laquelle il s'estoit engagé avec plusieurs barons de Sicile. Les autres comtes d'Avelin sont issus de Roger, dont la généalogie se voit dans Campanile.

III. 12. JULITTE, ou Judithe, ou Joette, ainsi qu'elle se trouve nommée dans un ancien titre, épousa Robert de Basseville, surnommé Zamparroni, seigneur normand, comte de Conversan, à qui le roy Roger donna le château de Sacca; il estoit probablement issu des comtes de Conversan, dont il est parlé cy-dessus. De cette alliance vint IV. Robert de Basseville. Guillaume de Tyr, parlant de ce dernier, qui troubla toute la Pouille sous le règne du roy Guillaume Ier, dit qu'il estoit fils de la tante de ce roy. Cinnamus, Othon, évesque de Frisengen, Robert, abbé du Mont Saint-Michel, et Collenutio le reconnoissent en leurs histoires sous ce surnom, qui témoigne qu'il estoit issu originairement de la famille de Basseville, en Normandie, de laquelle Orderic Vital fait mention lorsqu'il parle de Nicolas de Basseville, en l'an 1057. Mais Hugues Falcandus, qui a écrit particulièrement la vie de Guillaume, roy de Sicile, et les troubles qui arrivèrent sous son règne, Fazel, Costanzo et les autres historiens de Sicile, suppriment ce surnom et ne le reconnoissent que sous le titre de comte de Loretel. La Chronique de l'abbaye de Casauve, dont l'auteur vivoit de son temps, le nomme Robert de Basseville, comte de Loretel. Falcand le fait disertement cousin de Guillaume et neveu du roy Roger, ajoutant que le comte prétendit à la couronne de Sicile, sur ce que le roy Roger, son oncle, avoit ordonné par son testament que, si Guillaume, son fils, n'estoit pas trouvé propre par les États pour le gouvernement, le comte Robert fût élevé à la couronne. Cette disposition luy ayant formé les pensées de régner, luy attira la haine de Guillaume. Pour éviter ses embûches, il se retira dans la Pouille, où, à la suscitation du pape, il s'engagea dans une grande révolte, et joignit à son party plusieurs barons d'Italie. Le roy y descendit en personne, avec une puissante armée pour le combattre, le deffit, ensemble les troupes de l'empereur Manuel, qu'il y avoit attirées. Il (Robert de Basseville) retourna depuis en Sicile, après la mort de Guillaume, par l'entremise de la reyne Marguerite de Navarre, veuve du roy, qui le rappela durant sa régence. (1)

---

(1) Cette note généalogique de Ducange, relative à la princesse *Julitta*,

FILS NATUREL DE ROGER. (?)

III. 13. JOURDAIN, seigneur de *Neti*, bâtard de Roger, fut un vaillant seigneur qui signala son courage en diverses occasions, où il fut employé par son père, dans la Sicile, qui sont racontées par les auteurs

---

fille du comte Roger de Sicile, exige des modifications essentielles, pour être exacte. Des documens inconnus à Ducange, en seront le fondement et les preuves.

Julitta (ou Giletta) ne peut pas rester dans la liste des enfans d'Adélaïs, *seconde* femme du comte Roger, comme l'entend Ducange, puisque ce second mariage de Roger ne fut célébré qu'en 1089 ou 1090 (*supra*, p. 356, note 1), et que cette même princesse fut mariée *avant* l'année 1100 au comte Robert Zamparoni, et reçut en dot la ville et le territoire de Sacca (aujourd'hui Sciacca, l'ancien lieu nommé *Thermæ* ou *Aquæ Selinuntiæ*, connu de Diodore de Sicile, Strabon, Pomponius-Méla et Pline). La preuve du mariage et de la dot de Julitta, avant l'année 1100, résulte du témoignage de Fazelli (*de Reb. Siculis, dec.* 1; *lib.* 6, *cap.* 3), qui mentionne un diplôme du comte et ensuite roi Roger qui confirme, en l'année 1100, cette donation faite antérieurement à sa sœur par son père. Ce fut en cette même année 1100, que Julitta fonda à Sacca une grande église en l'honneur de Sainte-Marie-Magdelaine, et Pirro, dans son histoire des Églises de Sicile (*Sicilia sacra*, I, p. 735), donne à cette pieuse fondation un motif tout-à-fait analogue à ce que l'histoire raconte de la vie de Julitta, *ad sui facinoris*, dit Pirro, *scilicet stupri turpitudinem*, ce qui suppose encore un enfant né avant l'année 1090. De plus, la même princesse fonda, en l'année 1103, dans le même lieu de Sacca, une autre église en l'honneur de Sainte-Marie de Gymara ou *de Iummariis*. Le diplôme de cette fondation n'est mentionné ni par Fazelli, Pirro ou Muratori, ni par les historiens des princes normands de la Sicile; mais il existoit de ce diplôme deux exemplaires dans les archives de Cluny, l'église de Sainte-Marie de Gymara ayant été donnée par le même acte de 1103 à cette célèbre abbaye. Ces diplômes sont aujourd'hui à la Bibliothèque du Roi (*supra*, Prolégomènes), et cet acte authentique va prouver plus évidemment encore que la naissance de Julitta est de beaucoup antérieure à l'an 1089 ou 90, époque du mariage de Roger avec Adélaïde. En 1103, en effet, elle fonda cette nouvelle église, *pro animabus patrum et matrum et filiorum antecessorum et amicorum meorum, et pro illis qui interfecti*

de ce temps-là (1). Sa mort, arrivée dans la ville de Syracuse, l'an 1093, causa une douleur très sensible à son père, qui le consideroit comme son héritier apparent en ses États, n'ayant pour lors aucuns enfans mâles que luy, et luy ayant fait épouser peu auparavant la sœur de la comtesse Adélaïs de Montferrat, sa femme. Il fut inhumé en l'église de Saint-Nicolas de Syracuse, selon Fazel, mais Costanzo et Pirre disent que son tombeau se voit encore, avec une inscription à demy gâtée, dans la sacristie de l'abbaye de Mili dans le gouvernement de Messine, lequel cotte sa mort en l'an 1093.

Quelques auteurs écrivent que Jourdain n'estoit pas bastard : en effet, dans tous les titres où il souscrit, comme aussi dans son épitaphe, il est qualifié simplement fils du comte Roger, et son père même le joint toujours avec Geoffroy, son filz aîné. (2)

---

fuerunt CUM FILIIS MEIS. Il est évident que si des chevaliers avoient servi avec ses fils et avoient péri avec eux dans les combats, en 1103, les fils devoient être nés au moins avant 1089, époque la plus reculée du second mariage du comte Roger. Julitta fut donc un enfant du premier, une sœur de Geoffroy et de Jourdain, une fille conçue de la même mère qu'eux, d'Eremberge mariée en 1061 avec Roger, et les quarante-deux ans qui séparent ce premier mariage, de la fondation faite par Julitta en 1103, sont un intervalle à peu près suffisant pour les deux générations que font Julitta et ses enfans morts à cette même époque. Il seroit donc très rationnel, dans la généalogie du comte Roger de Sicile, frère de Robert Viscart, et la tige de la race royale normande qui gouverna cette île pendant tant d'années, d'inscrire Julitta, femme du comte Robert Zamparoni, dans la liste des enfans du comte Roger et d'Eremberge sa première femme. Avec les documens qui sont sous nos yeux, et notamment le diplôme de 1103, dont je donne le texte plus haut (p. 327), Ducange auroit, avant moi, émis cet avis, et l'auroit accrédité de sa science et de son nom.

(C. F.)

(1) L'*Histoire* et la Chronique parlent également des brillantes qualités et de la valeur de Jourdain. Il prit part aux plus importantes expéditions militaires de son oncle Robert Viscart et de son père Roger. Celui-ci l'avoit marié à la sœur cadette de sa seconde femme Adélaïde, et l'avoit fait prince de Syracuse; il mourut environ trois années après ce mariage (en 1093), à Syracuse, d'une fièvre aigue. *Suprà*, p. 312. Roger eut d'autres enfans après la mort de celui-ci et de Geoffroy. (C. F.)

(2) Les termes de la *Chronique* ne permettent pas de supposer Jourdain

FILLES DE TANCRÈDE DE HAUTEVILLE,

estant incertain si elles sont issues du premier ou du second mariage.

II. 13. N. épousa Richard, comte d'Averse et prince de Capoue, fils d'Anchetil, gentilhomme normand (1). De ce mariage sont sortis quelques princes de Capoue dont la suite se verra ailleurs. Aucuns nomment cette dame Fridérune.

II. 14. N., autre fille de Tancrède, fut conjointe par mariage avec le comte de Conversan. Quoique le nom de ce comte ne soit pas spécifié dans l'histoire lorsqu'elle parle de cette alliance, néantmoins on pourroit présumer que ce fut Tristan qui eut en son partage, des conquêtes des Normands, Monte Piloso (2), d'autant que Geoffroy, comte de Conversan, qualifié neveu de Robert Guischard par Orderic Vital et autres, en estoit possesseur, et fut obligé d'en faire hommage à ce duc, l'an 1067. Roger, duc de la Pouille, soumit les terres de ce Geoffroy et de ses vassaux à la seigneurie de son frère Boemond. Il (Tristan) accompagna le duc Robert (Viscart) en sa dernière entreprise contre les Grecs, et se trouva présent à sa mort, l'an 1085. Robert, duc de Normandie, au retour de la Terre-Sainte, passant par la Pouille, épousa sa fille, nommée III. Sibylle. Il eut encore, entre autres enfans, III. Guillaume, comte de Conversan, Robert, Tancrède, l'un des plus

---

illégitime. Elle dit : *ceste femme* (Adélaïde) *avoit dui soror moult belles, lesquelles dona pour fames à dui de ses filz, à Geoffroy et à Jordain,* page 312. Roger se maria en 1061 et c'est en 1079, dix-huit ans après, que Jourdain son fils parut pour la première fois dans l'histoire de la vie de son père; *ibid*, page 298. (C. F.)

(1) L'*Histoire* nomme (*suprà*, page 55) Asclétine seigneur normand qui eut La Cerre dans le premier partage des conquêtes en Italie, en l'année 1043. (C. F.)

(2) Dans le même partage un autre seigneur nommé Tristan eut en effet Monte-Piloso. *Ibid.* (*Id.*)

grands seigneurs de la Pouille, qui se révolta contre Roger, comte et depuis roy de Sicile, auquel, à la fin, il fut obligé de vendre ses terres.

De l'un d'eux sortit IV. Alexandre, comte de Conversan, qui vivoit en l'an 1102, qui fut présent à la donation que Boemond II, prince d'Antioche, fist du monastère de Saint-Barthélemy de Tarente à l'abbé de Carbon, l'an 1126.

Il est encore parlé d'un Alexandre de Conversan, qui estoit à la cour dans les troupes de Manuel Comnène, l'an 1168 et 1176. Le comte de Conversan, beau-frère de Robert Guischard, eut encore pour filz III. Robert, comte de Montcayeux. Francesco Nigri donne le surnom de Basseville à ces comtes.

II. 15. N., fille de Tancrède, mariée à Eudes Bonmarchis, de laquelle alliance issirent III. Tancrède, prince d'Antioche, III. Guillaume, qui fut tué au siége de Ninive, et une fille mariée à Richard du Principat, de laquelle alliance vint IV. Roger, prince d'Antioche. Cette dame se retira sur la fin de ses jours à Otrante.

II. 16. N. Philippes Mouskes ajoute aux enfans de Tancrède une fille qu'il dit avoir esté mère de Robert Crespin, qui se signala dans les guerres de la Pouille et en celles de la Grèce, sous les empereurs de Constantinople. Mais un ancien auteur, qui la nomme Gonnor, assure qu'elle estoit sœur de Foulques d'Alnou, duquel Orderic Vital fait mention, qui ajoute encore aux enfans de Tancrède un *Herman*. (1)

---

(1) Vient ensuite la descendance de Roger, roi de Sicile, qui n'intéresse pas notre texte. (C. F.)

VI.

NOTES ET ÉCLAIRCISSEMENS.

Page 11. *Fu eslit un qui se clamoit Robert Crispin.... et ala en Costentinople* (pag. 12).

« Robert Crespin fut fils puîné de Gislebert Crespin et de Gonnor d'Alnou ; il se signala dans les armées des Grecs, avec les François qu'il conduisoit tant sous Romain Diogènes, empereur, que sous Michel Ducas. Il fut empoisonné par les Grecs. — J'ai donné son éloge dans les observations sur Bryennius. » (Note de DUCANGE à la suite des *Familles normandes.*)

Page 13. *Ursell, honeste chevalier et vrai et fidel.*

« Oursel ou Ursel de Bailleul, issu de la noble famille de Bailleul, au pays de Caux, est pareillement fort renommé en l'histoire Bysantine, sous l'empire de Michel Ducas et Alexis Comnène. J'ay aussi donné son éloge au même ouvrage. » (Note du même DUCANGE, dans le même ouvrage.)

Toute cette narration où Urselle figure avec les *Augustes* et les *Césaires*, n'est que l'histoire des démêlés de la cour impériale de Constantinople pendant les règnes d'Eudocie, de Michel VII, etc. (Voyez l'*Art de vérifier les Dates*, tome I, pages 434 et 435.)

Page 162 à 294. *Gozolin.*

Joselin de Drencho, Norman de nation, tint le premier

rang dans la cour de l'empereur Romain Diogène, qui l'envoya pour secourir la ville de Bari qui estoit assiégée par le comte Roger, duquel il fut fait prisonnier. Malattera parle de luy fort avantageusement, tome II, c. 43, comme aussi Guillaume de la Pouille. (Autre note de Ducange.)

Page 308. Lo duc Robert Viscart.... rompi le mur par force et entra en Rome.... et une grande part de la cité fu arse.

Il existe sur l'entrée de Robert Viscart à Rome, et le ravage que son armée fit dans la ville, une note contemporaine de cet événement. Un moine qui en fut le témoin, en nota *le jour et l'heure* à la fin d'un manuscrit que Montfaucon a vu dans le monastère de *Crypta-Ferrata*, dans les environs d'Albano. Montfaucon s'exprime ainsi :

In alio codice x (xi) sæculi menbran. Ascetica varia ; in fine, alia manu, legitur nota sequens. Ἔτυς ϛφϟϛ ἰνδ. ζ Μαΐυ μηνὸς κθ. ἡμέρᾳ γ'. ὥρᾳ γ'. ἐσέβη ὁ Δοὺξ εἰς τὴν Ῥώμην καὶ ἐπόρθησεν αὐτήν. Hoc est, *anno mundi* 6592 (*id est Christi* 1084), *indictione* vii, *mensis maii* 29, *feria tertia, hora tertia, ingressus dux Romam, ipsam depopulatus est.* Agitur hic de expeditione Roberti Guiscardi, qui ingressus Romam, Gregorium VII Papam eduxit ex carcere, Henricum imperatorem expulit, urbem in defectionis pœnam vastavit et incendit. Quæ monachus iste, quo tempore gesta sunt, ad calcem codicis consignavit : nam manus sæculum xi præfert. (*Diarium italicum*, pag. 336.)

TABLE DES MATIÈRES.

Prolégomènes, par l'Éditeur.................. Pages j à cvij

L'YSTOIRE DE LI NORMANT.

Prohème de lo Storiographe...................... 1
Invocation...................................... 3
   Li Capitule de lo premier Livre................ 5
Livre premier, XLIII Chapitres.................. 9
   Li Capitule de lo secont Livre................. 32
Livre secont, XLV Chapitres..................... 35
   Li Capitule de lo tiers Livre.................. 70
Li tiers Livre, L Chapitres..................... 72
   Li Capitule de lo quart Livre.................. 107
Lo quart Livre, LIII Chapitres.................. 110
   Li Capitule de lo quint Livre.................. 140
Lo quint Livre, XXVIII Chapitres................ 142
   Li Capitule de lo sexte Livre.................. 165
Lo sexte Livre, XXVIIII Chapitres............... 166
   Li Capitule de lo septisme Livre............... 189
Lo septisme Livre, XXXV Chapitres............... 192
   Li Capitule de lo uitiesme Livre............... 225
Lo uitiesme Livre, XXV Chapitres................ 228

CHRONIQUE DE ROBERT VISCART...... 261

Lo premier Livre, XXVII Chapitres............... 263
Lo secont Livre, XIIII Chapitres................ 301

APPENDIX.

- I. Glossaire des mots inusités.................... Page 315
- II. Hystoria Rotberti Guischardi (extrait inédit d'un manuscrit de la Bibliothéque Royale)..................... 319
- III. Charte inédite de la donation faite à l'abbaye de Cluny, de l'église de Saint-Cassien d'Olziate, au royaume de Naples, par des chevaliers normands, en l'année 1093... 321
- IV. Charte inédite de la fondation de l'église N.-D. de Gymara, à Sciacca, en Sicile, par la princesse Julitta, sœur du roi Roger, en l'année 1103..................... 327
- V. Des Familles normandes de Sicile; extrait d'un manuscrit inédit de Du Cange........................... 333
- Tancrède de Hauteville....................... 337
  - Sa descendance mâle....................... 338
    - Guillaume Bras-de-Fer..................... ibid.
    - Drogon............................... 339
    - Humfroy.............................. 340
    - Geoffroy.............................. 342
    - Serlon................................ 344
- Robert Viscart............................. 345
  - Sa descendance........................... 347
    - Mauger............................... 351
    - Alvérade.............................. ibid.
    - Guillaume............................. ibid.
    - Humbert.............................. 353
    - Tancrède.............................. ibid.
- Roger..................................... ibid.
  - Sa descendance........................... 356
  - Filles de Tancrède de Hauteville................ 365
- VI. Notes et éclaircissemens....................... 367

FIN DE LA TABLE.

ERRATA.

Page 38, ligne 16, chose; més; *lisez :* chose. Més.
    Id., 18, main. La poesté; *lisez :* main, la poesté.
    39, 8, s'avuèrent; *lisez :* s'aünèrent.
    67, 8, estimer de tout lo monde, estoit amé; *lisez :* estimer, de tout lo monde estoit amé.
    88, 3, de la cité; *lisez :* de La Cité. (*Id.*, p. 171.)
    111, 10, coment je vouz ai dit; *lisez :* , coment je vouz ai dit.
    112, 3, lo principat; *lisez :* lo Principat. (*Id.*, p. 117.)
    Id., 13, est après de mètre; *lisez :* à près de mètre.
    119, 6, prou; *lisez :* prov.
    159, 2, à la moillier; *lisez :* o la moillier.
    181, 6, li autre liquel sailloient par l'escalle li Sarrazin; *lisez :* li autre, liquel sailloient par l'escalle, li Sarrazin.
    204, 23, et à li beste, et la potence; *lisez :* et à li beste. Et la potence.
    220, 7, (Fermo?) *lisez :* (Penne.)
    317, 30, Pignote (*pignotta*); *ajoutez :* et petit pot de terre.
    358, 6, lien généalogique; *lisez :* lieu généalogique.

www.ingramcontent.com/pod-product-compliance
Lightning Source LLC
Chambersburg PA
CBHW050247230426
43664CB00012B/1853